조선시대 의궤 차자 표기 연구

– 규장각 소장 가례嘉禮 관련 의궤를 중심으로 –

이 저서는 2010년 정부(교육부)의 재원으로 한국연구재단의
지원을 받아 수행된 연구임(NRF-2010-812-A00119)

조선시대 의궤 차자 표기 연구

\- 규장각 소장 가례嘉禮 관련 의궤를 중심으로 -

김연주

景仁文化社

책머리에

의궤는 박사 학위 논문을 준비하면서 알게 되었다. 이 문장을 시작으로 의궤와의 첫 만남을 〈영건의궤류의 차자 표기 연구〉라는 이름으로 부끄럼을 무릅쓰고 고백한 때가 2009년이니 제법 시간이 흘렀다. 그때 의궤와의 또는 의궤를 통한 다양한 소통의 가능성에 관심을 두고 있음을 함께 고백했었다. 이후 의궤 관련 논문들을 소박하게나마 간간히 내놓고 '조선시대 차자 표기 자료 DB구축'이나 '조선시대 의궤 용어 사전 편찬'과 같은 의궤 관련 과제들을 꾸리면서 의궤와의 인연이 다하지 않았음을 확인하곤 했었다.

이제 〈조선시대 의궤 차자 표기 연구〉를 통해 두 번째 고백을 하고자 한다. 〈조선시대 의궤 차자 표기 연구〉는 '규장각 소장 가례 관련 의궤를 중심으로'라는 부제가 붙는다. 이 부제가 말해주듯이 규장각 소장 가례 관련 의궤에 보이는 차자 표기 어휘를 해독하고 차자 표기의 특성을 밝히는 데 주력하였다.

규장각 소장 가례 관련 의궤에 주목을 한 이유는 무엇보다도 이들 의궤에는 인물의 복식을 비롯해 잔칫상에 오르는 음식과 식재료는 물론이고, 행사에 사용된 다양한 물품의 크기와 재료 등이 상세하게 기록되어 있는데 이들 기록 대부분은 우리말 어휘를 한자로 차용한 표기라는 점 때문이다.

약탈 의궤 반환 문제가 사회적인 문제로 대두되고, 유네스코 세계기록유산에 등재되면서 의궤에 대한 사회적 관심이 날로 높아졌지만, 그에 비해 정작 의궤에 수록된 용어 대부분은 우리말 어휘를 한자로 차용한 표기가 많아 전공자가 아니고는 일반인이 접근하기에 용이하지 않았다.

의궤의 차자 표기 연구는 국어학의 기반 확대와 국어사 연구 자료의 확충이라는 점에서 그 필요성이 인정된다. 아울러 방대한 의궤를 통한 학제 간 연구의 전문 자료 제공과 국역 사업에 필요한 국어학적 기초 자료 제공이라는 점에서도 시급히 연구되어야 할 부분이다. 특히 최근 의궤류의 역주 작업이 활발하게 이루어지고 있고, 기존 사전류 등의 잘못이 그대로 역주에 반영되고 있는 실정을 감안하면 의궤의 차자 표기에 대한 이해와 올바른 접근법이 무엇보다 필요한 때라 할 수 있다.

이 책은 이런 점을 고려하여 개별 어휘에 대한 해독과 함께 기존 연구의 문제점을 중심으로 차자 표기의 올바른 풀이 방법을 찾고자 하였다. 나아가 의궤는 다양한 학문 분야에서 종합적으로 연구되는 자료이므로 이 연구가 자료에의 접근을 용이하게 함으로써 특히 국어학, 역사학, 복식사 등 국학의 기초 연구에 초석을 놓는 결과로 이어지기를 기대한다.

이 책을 준비하면서 내내 예전의 첫 고백을 가슴에 새겼다. 궁박하기 짝이 없는 첫 고백을 앞세우면서 오늘의 아쉬움을 앞으로 의궤를 통해 당대의 생활 및 사람들과 소통하는 더 큰 그림으로 보답하겠노라 했었다. 고백은 여전히 궁박하고, 그래서 아쉬움과 다짐도 당연히 유효하다.

2015. 8. 20. 김 연 주

차 례

1. 서 론

1.1. 연구 목적

의궤가 대중의 관심을 받기 시작한 때는 1980년대 중반 약탈 의궤 반환 문제가 사회적인 문제로 대두되고 부터이다. 이후 2007년에 '조선왕조 의궤'란 명칭으로 유네스코 세계기록유산에 등재[1]되어 그 중요성을 입증하자, 의궤에 관한 단행본들이 속속 발간되고 있다.

하지만 의궤에 대한 사회적 관심이 높아지는 데 비해 정작 의궤에 수록된 용어 대부분은 한자로 기록되어 있을 뿐 아니라 이들 기록 중에는 우리말 어휘를 한자로 차용한 표기가 많아 전공자가 아니고는 일반인이 접근하기에 용이하지 않았다.

의궤의 고유어휘를 찾아 해독하고 설명하는 연구, 나아가 사라진 옛말을 찾는 연구는 최근 쏟아져 나오는 의궤의 역주 작업에서 없어서는 안 될 작업이다. 더욱이 기존 사전류와 연구 등에서 잘못된 풀이가 그대로 역주에 반영되고 있는 실정을 감안하면 의궤 용어에 대한 바른 풀이가 무엇보다 시급한 때라 할 수 있다.[2]

이에 이 연구는 의궤의 보다 폭 넓은 이해를 위해 규장각 소장

---

1 세계기록유산으로 등재된 의궤는 규장각 소장 546종 2,940책과 장서각 소장 295종 529책이다.

2 기존 사전류와 연구 등에서 잘못된 풀이가 그대로 역주에 반영되고 있는 실정에 대한 자세한 내용은 김연주(2012: 463)를 참조할 수 있다.

가례嘉禮[3] 관련 의궤에 보이는 차자 표기를 국어학적 분석을 거쳐 해독함으로써 국어 어휘사 기술에 새로운 어휘 자료를 제공하는 것은 물론이고, 의궤의 사료적 가치를 더하고자 한다. 이는 관련 분야 연구자들에게 많은 편의를 제공할 뿐만 아니라, 의궤라는 한국학 기초 자료를 연구하는 토대 마련과 함께 학제 간의 연구 활성화에 기여하는 등 한국학 연구를 위한 기초 작업으로서의 역할이 될 것이다.

1.2. 연구 대상 및 방법

1.2.1. 연구 대상

이 연구는 규장각 소장 가례嘉禮에 속하는 의궤를 대상으로 이들 문헌에 차자 표기된 어휘들을 해독하고, 지난 시기에 사용된 우리말 어휘를 찾아냄과 동시에 이를 바탕으로 훈민정음 창제 이후의 차자 표기법의 특성을 살피는 것이 목적이다.

따라서 연구의 주된 대상은 규장각 소장 가례 관련 의궤로 하고, 필요에 따라 여타 의궤류는 물론이고 인명이나 지명의 차자 표기들을 함께 살필 것이다. 그리고 다양한 각도에서 가례 관련 의궤에 나타나는 차자 표기를 분석하여 이들 표기가 담고 있는 지난 시기

3 혼례婚禮를 흔히 가례라고도 부르지만, 여기서는 오례 즉, 길례吉禮·가례嘉禮·빈례賓禮·군례軍禮·흉례凶禮 중의 하나를 가리킨다. 가례嘉禮에 속하는 의궤에는 왕실의 혼례식을 정리한 〈嘉禮都監儀軌〉와 왕세자와 왕비의 책봉을 담은 〈冊禮(冊封)都監儀軌〉, 연향 관련 의궤인 〈進宴(進饌, 進爵)儀軌〉 등이 대표적이다.

에 사용된 우리말 어휘를 찾아내고자 한다.

이 연구에서 규장각 소장 가례 관련 의궤 자료를 연구 대상으로 삼은 기준은 다음 세 가지이다.

첫째, 가례에 속하는 대표적인 의궤로 〈가례도감의궤嘉禮都監儀軌〉와 〈책례(책봉)도감의궤冊禮(冊封)都監儀軌〉, 〈진연(진찬, 진작)의궤進宴(進饌, 進爵)儀軌〉는 17세기부터 20세기에 이르기까지 간행되었기 때문에 시대에 따른 어형의 변화를 기대할 수 있다.

둘째, 가례나 책례, 연향과 같은 왕실 행사에 관한 기록에는 다양한 물목物目들이 등장하는데, 이들 대부분 차자 표기로 기록되어 있다. 가령, 인물의 복식과 잔칫상에 오르는 음식과 식재료는 물론이고, 행사에 사용된 다양한 물품의 크기와 재료 등이 상세하게 기록되어 있을 뿐만 아니라, 그 종류도 다양하다.

셋째, 규장각에 소장되어 있는 가례 관련 의궤는 서지적인 파악이 이미 이루어진 상태이고 자료를 획득하기에도 수월하기 때문이다.

이 연구에서 연구 범위로 설정한 문헌을 약호와 함께 제시하면 아래의 표와 같다.

종류	번호	문헌	규장각 도서번호	약호
가례	1	[眞宗孝純后]嘉禮都監儀軌	奎 13105	1727가례
	2	[莊祖獻敬后]嘉禮都監儀軌	奎 13109	1744가례
	3	[仁祖莊烈后]嘉禮都監儀軌	奎 13061	1638가례
	4	[純宗純宗妃]嘉禮都監儀軌	奎 13180	1906가례
	5	[景宗端懿后]嘉禮都監儀軌	奎 13092	1696가례
	6	[正祖孝懿后]嘉禮廳都廳儀軌	奎 13114-v.1-2	1762가례
	7	[顯宗明聖后]嘉禮都監儀軌	奎 13071	1651가례
	8	[肅宗仁元后]嘉禮都監儀軌	奎 13089	1702가례
	9	[景宗宣懿后]嘉禮都監儀軌	奎 13094	1718가례
	10	[純祖純元后]嘉禮都監儀軌	奎 13122	1802가례
	11	[文祖神貞后]嘉禮都監儀軌	奎 13130	1819가례

	12	[憲宗孝顯后]嘉禮都監儀軌	奎 13139	1837가례
	13	[憲宗孝定后]嘉禮都監儀軌	奎 13143	1844가례
	14	[哲宗哲仁后]嘉禮都監儀軌	奎 13147	1851가례
	15	[高宗明成后]嘉禮都監儀軌	奎 13153	1866가례
	16	[純宗純明后]嘉禮都監儀軌	奎 13174	1882가례
	17	[英祖貞純后]嘉禮都監都廳儀軌	奎 13102	1759가례
	18	[肅宗仁敬后]嘉禮都監王世子嘉禮時都廳儀軌	奎 13078	1671가례
	19	[肅宗仁顯后]嘉禮都監都廳儀軌	奎 13084	1681가례
	20	[昭顯世子]都監儀軌	奎 13197	1627가례
진연	1	[己亥]進宴儀軌	奎 14358-1-2	1719진연
	2	[甲子]進宴儀軌	奎 14360-1-2	1744진연
	3	[乙酉]受爵儀軌	奎 14361	1765수작
	4	園幸乙卯整理儀軌	奎 14518	1795원행
	5	慈慶殿進爵整禮儀軌	奎 14362	1827진작
	6	[戊子]進爵儀軌	奎 14363	1828진작
	7	[己丑]進饌儀軌	奎 14368	1829진찬
	8	[戊申]進饌儀軌	奎 14371-1-3	1848진찬
	9	[戊辰]進饌儀軌	奎 14374-1-3	1868진찬
	10	[癸酉]進爵儀軌	奎 14375	1873진작
	11	[丁丑]進饌儀軌	奎 14376	1877진찬
	12	[丁亥]進饌儀軌	奎 14404-1-3	1887진찬
	13	[壬辰]進饌儀軌	奎 14428-1-4	1892진찬
	14	[辛丑]進饌儀軌	奎 14446	1901진찬
	15	[辛丑]進宴儀軌	奎 14464	1901진찬
	16	[壬寅]進宴儀軌	奎 14479	1902진연
책례	1	[孝宗仁宣后]中宮殿冊禮都監都廳儀軌	奎 13066	1651책례
	2	隆熙兩皇后復位時冊禮都監儀軌	奎 13187	1907책례
	3	[玉山大嬪陞后]冊禮都監都廳儀軌	奎 13201	1690책례
	4	[景宗宣懿后復位]冊禮都監儀軌	奎 13097	1722책례
	5	[孝宗]王世子及嬪宮冊禮都監儀軌	奎 13062	1645책례
	6	[顯宗]王世孫冊禮都監儀軌	奎 13067	1649책례
	7	[顯宗]世子冊禮都監都廳儀軌	奎 13068	1651책례
	8	冊禮都監儀軌/[冊禮都監(朝鮮) 編]	奎 12897	1649책례
	9	[莊祖世子受冊時]冊禮都監儀軌	奎 13108	1736책례
	10	[懿昭世孫受冊時]冊禮都監儀軌	奎 13199	1751책례
	11	[英祖王世弟受冊時]冊禮都監儀軌	奎 13099	1721책례
	12	[正祖王世孫]冊禮都監儀軌	奎 13112	1759책례
	13	[純宗王世子受冊時]冊禮都監儀軌	奎 13169	1875책례
	14	[肅宗世子受冊時]冊禮都監儀軌	奎 13076	1667책례
	15	[文祖]王世子冊禮都監都廳儀軌	奎 13125	1805책례

16	懿仁王后尊號大妃殿上尊號中宮殿册禮王世子册禮冠禮時册禮都監儀軌	奎 13196	1609책례
17	[獻懿大院王純穆大院妃完孝憲王義王妃]追封册封儀軌	奎 13217	1907책례
18	[高宗]尊奉都監儀軌	奎 13158	1907존봉
19	[文孝世子受册時]册禮都監儀軌	奎 13200	1784책례

1.2.2. 연구 방법

연구의 효율성과 정밀성을 위해, 조사·검토가 이루어진 문헌을 대상으로 원문을 입력하였다. 입력 자료를 윤독하고 1, 2, 3차 교열을 통해 차자 표기 용례를 추출하였다. 정보처리 작업으로는 차자 표기 용례 추출작업 → 서지정보 처리작업 → 정보처리 색인작업의 과정을 거쳤다.

이어 차자 해독 방법은 훈민정음 창제 이후의 한글로 표기된 고유어와 차자 표기를 대응시켜 해독하였다. 그런데 의궤에 차자로 기록된 어휘들이 중세 한국어나 근대 한국어 한글 문헌 자료에 나타나지 않는 경우가 많다. 이는 의궤가 특정한 의식儀式이나 규례規例의 성격을 띠고 있는 문서라는 내용상의 특수성과 연관이 있는 것으로 자연히 전문 분야에서만 쓰이는 용어가 주류를 차지하기 때문인데, 이런 경우에는 부득이 현대 한국어를 중심으로 유추하여 재구하는 방법을 취하였다. 현대 한국어와의 대응은 의궤 자료에 차자가 나타나는 문맥적 환경을 고려하여 대응 어휘를 선정하고 의미를 추정하였다.

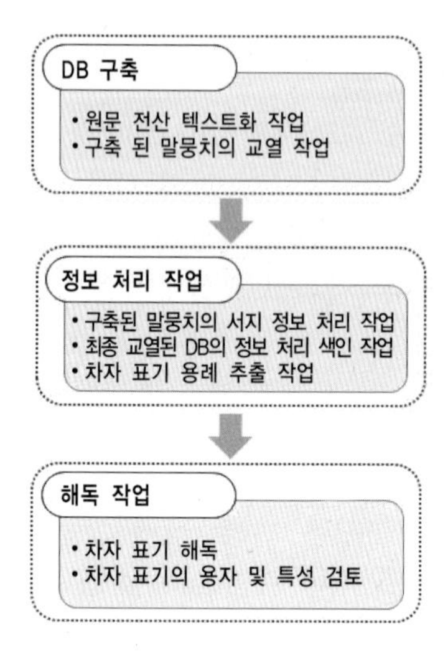

〈차자 표기 해독의 과정 및 내용〉

이 책에서 제시되는 여러 문헌 자료는 다음과 같이 줄여 쓰기로 하며, 이외의 약호와 용례는 유창돈 (1985)을 따르기로 한다.

1. 사전류

『동아 새국어사전』〈동아〉
『새우리말 큰사전』〈새우리말〉
『17세기 국어 사전』〈17세기〉
『우리말 분류사전』〈분류〉
『우리말 큰사전』〈큰사전〉
『한국한자어사전 1, 2, 3, 4』〈한자〉
『조선시대 의궤 용어 사전』〈의궤용어〉
『표준국어대사전』〈표준〉
『건설용어대사전』〈건설〉
『건축대사전』〈건대〉
『건축용어사전』〈건용〉
『건축용어사전』〈건축〉

『한국건축사전』〈한건〉

2. 옛 한글 문헌

『倭語類解』〈倭語〉
『字類註釋』〈字類〉
『同文類解』〈同文〉
『訓蒙字會』〈字會〉
『蒙語類解』〈蒙語〉
『新增類合』〈類合〉
『行用吏文』〈行用〉
『飜譯朴通事』〈飜朴〉
『譯語類解』〈譯語〉
『飜譯老乞大』〈飜老〉
『度支準折』〈度支〉
『東韓譯語』〈東韓〉
『石峯 千字文』〈石千〉
『靑丘永言』〈靑〉
『漢淸文鑑』〈漢淸〉
『老乞大諺解』〈老諺〉
『雜攷, 俗字攷, 俗文攷, 借字攷』〈借字攷〉

2. 차자의 해독과 분석

이 장에서는 차자 표기된 어휘의 성격에 따라 복식 관련, 찬품 관련, 조리용구 관련, 건축 관련, 기타, 단위명사로 구분하여 해독하였다. 복식 관련 항목은 의복과 장신구를 주로 묶었고, 곤자손, 느름적, 전유ᄋᆞ와 같은 찬품류를 찬품 관련 항목에 포함시켰다. 그리고 조리에 쓰이는 도구를 조리 용구로, 부재를 비롯한 건축용 재료와 건축에 쓰이는 연장 등을 건축 관련 항목으로 모았다. 그 밖에 비누나, 졈불, 잉아 등을 기타 항목으로, 艮衣, 冬音, 月乃, 吐里 등은 물품의 단위를 밝히는 단위명사 항목으로 묶었다.

이 장에서 분석 대상으로 삼은 어휘 항목은 총 177개이다. 이들 어휘의 선정 기준은 가례 관련 의궤에 나타나는 표기 중 현용 사전류에 등재되어 있지 않거나 등재되어 있더라도 잘못 풀이하고 있는 어휘를 우선으로 하였다.

2.1. 차자 표기 해독

2.1.1. 해독의 기준[1]

의궤 차자 표기를 해독하는 데에 필요한 근거 자료는 매우 빈약

1 해독의 기준은 김연주(2009a: 30-34, 2009b)를 따른다.

하다. 해독 대상 어휘들은 기존의 고어사전은 물론이고 최근에 간행된 주제별 사전에서도 구체적인 설명이 나오지 않는 것이 대부분이다. 따라서 이 연구에서는 해독의 객관성을 유지하기 위해 다음과 같은 기준을 세워 적용하기로 한다.

(1) 이표기 우선하기

어떤 용자用字가 음音·훈차訓借의 가능성을 동시에 지닐 때는 이표기를 우선적으로 활용한다. 가령, '所串'의 경우 〈한자〉에서는 '송곶'으로 풀이한다. '所'를 음가자로 보면 '송곶'의 가능성이 있고, 현재 '송곶'이 쓰이고 있어 설득력이 있다. 그러나 '所串'과 이표기 관계에 있는 '朴串'을 통해 '所串'의 '所'는 훈차되었음을 확인할 수 있으며 따라서 '所串'은 '바곶'의 표기임이 분명해진다.

(2) 용자례用字例 활용하기

보다 체계적이고 일관성 있는 해독을 위해 가례 관련 의궤류의 차자 표기에 사용된 용자의 색인을 작성하여 이를 활용한다. 이는 적어도 동일 문헌 내에서 일자일음一字一音의 원칙을 가능한 유지하기 위한 것이다.

(3) 한글 문헌 자료에서 대응 어휘 찾기

중세 한국어나 근대 한국어 한글 문헌 자료에서 대응 어휘를 찾는다. 만약 문헌 자료에 여러 형태가 제시되어 있는 경우에는 빈도가 높은 형태를 대표형으로 정한다. 가령 '東海'의 경우 옛 문헌 자료를 통해 '동희'에 대응되는 것을 알 수 있다. 또 옛 문헌 자료에는 '동희'와 함께 '동희'의 표기가 보이나 '동희'가 우세하게 나타나기 때문에 '동힉'를 대표형으로 한다.

(4) 현대 한국어를 중심으로 유추하기

문헌 자료에서 대응 어휘를 찾을 수 없는 경우에는 현대 국어를 중심으로 유추하는 방법을 적용한다. 예를 들어 '蛇(斜, 沙)羅'의 경우 옛 문헌 자료에서는 대응 어휘를 찾을 수 없지만 현대어 '사래'를 통해 '사래'의 표기임을 추정할 수 있다.

(5) 문맥 상황 고려하기

차자 표기가 나타나는 전후 환경을 적극 고려한다. 특히, 차자 표기의 전후 환경은 동음이의어일 경우에 판별 기준으로 활용될 수 있다. 예를 들어 '甫兒'는 용기容器와 부재部材를 동시에 가리키는 동음이의어인데 이 둘의 구분은 이들이 나타나는 전후 환경을 살피고서야 판단할 수 있다. 가령, 아래 예 ①의 '甫兒'는 '딜동힉, 소라, 약탕관, 사발, 대텹' 등 그릇류와 함께 제시되어 있어 용기를 지칭할 가능성이 높고, ②의 '甫兒只'는 '안초공, 살미주두, 행소로, 단갈소로' 등 부재들과 함께 제시되어 있어 '부재명'로 보아야 한다. ③의 乬은 음·훈차의 가능성을 동시에 지니는데, 이처럼 어떤 용자가 음·훈차의 가능성을 동시에 지닐 때는 이표기를 우선적으로 활용할 수 있다. 하지만 현재 걸쇠, 들쇠 둘 다 쓰이고 있기 때문에 '이표기 우선 활용'도 쓸모가 없다. 이때는 표기의 문맥 상황을 통해 보다 정확한 의미를 파악할 수 있는데, ③을 보면 乬金와 함께 巪金가 나란히 등장하고 있어 乬金은 '들쇠'를 표기하였음을 확인할 수 있다.

① 〈進展重修都監儀軌〉 陶東海, 小羅, 藥湯罐, 沙鉢, 甫兒, 大貼.

② 〈仁政殿營建都監儀軌〉 按草工, 甫兒只, 山彌柱頭, 行小累, 單㓒小累.
③ 〈莊祖世子受責時册禮都監儀軌〉 鑾金十介, 㐌金十介.

(6) 전통한자음으로 읽기

이표기도 없고, 해독의 근거가 되는 앞선 시기 형태나 후대형도 없으면서 단 1회 사용된 용자는 해당 한자를 전통 한자음으로 읽는 것을 원칙으로 한다.

(7) 보다 적극적으로 해독하기

어떤 용자를, 의미적 연관성을 고려해서 선택한 것으로 판단되는 경우는 문헌에 나오는 새김에 전적으로 얽매이지 않고 독자讀字로 해독하기로 한다. 예를 들어 '童'은 새김이 '어리다'인데 '童耳機'에서는 '짧다'의 의미를 나타낸다. 이때 '짧다'의 의미는 '童'의 새김과 무관하지 않은 것으로 보고 독자로 읽는다. 이는 표기자에게 '어리다'와 '짧다'를 의미적으로 연관 짓고자 하는 의도가 있다고 추정하는 것이다.

(8) 한글 의궤와 대조하기

한글로 쓰여진 『ᄌᆞ경뎐진쟉졍례의궤』와 한문본인 『慈慶殿進爵整禮儀軌』의 대조를 통해 차자 표기에 대응하는 간행 당시의 독음을 확인할 수 있다.

(9) 의궤 차자의 표기상 특징 고려하기

의궤 차자의 표기상 특징을 적극 활용한다. 의궤의 기록이 복수 표기 형태를 생산하는 요인이 되는 입말을 바탕으로 하고, 표기자가 여럿이라는 점은 해독에 의미있는 단서가 될 수 있다. 또한 기저형의 한자음에 이끌린 용자用字 교체와 같은 표기상의 특징도 적극 고려할 사항이다.

위와 같은 기준에 의거하여 차자 표기를 해독한 결과는 근대 한국어 음운 체계[2]에 따라 표기하며 다음과 같이 제시하기로 한다.

① 개별 어휘 항목의 표제는 해독된 재구형을 제시한다. 차자 표기를 표제항으로 내세우지 않는 것은 대부분 이표기가 다양하게 나타나서 그 대표형을 정하기가 용이하지 않기 때문이다. 그리고 본문에서는 편의상 재구형 표시 (*)는 하지 않기로 한다.

예) 1 [가리마]

② 용자례로 제시되는 차자 표기는 재구형을 함께 표시한다. 예를 들면, 아래의 '가막쇠'나 '덧보' 등은 모두 필자가 재구한 것이다. 이 용자례로 제시되는 차자 표기 어휘에는 가례 관련 의궤는 물론이고, 영건營建, 국장國葬, 상호上號, 추숭追崇 등 여타 의궤류의 것도 포함되어 있다.

(1) [加]
01 加乃 가래(1800국장四 059ㄱ10)
02 加樑 덧보(1895국장二 101ㄱ05)
03 加莫金 가막쇠(1671가례 163ㄴ08)
04 加方朴只 덧방바기(1748영건 121ㄴ09)
06 加足 덧발(1748영건 178ㄴ05)
07 金加夫沙里 김더부살이(1759책례 091ㄱ11)
08 多加里 다가리(1633영건 035ㄱ05)

2 근대 한국어 음운 체계는 김동소(1999: 188)에 의거한다.

09 三隅加羅 세모가래(1858영건 025ㄴ01)
10 宋乭八里 송돌파리(1748영건 182ㄴ03)
11 牛毛加沙里 우모가사리(1800국장二 100ㄴ12)
12 付椽加板朴只四分釘 부연덧널바기너푼못(1667영건 127ㄱ05)
13 加春舌 덧춘혀(1904영건一 032ㄱ02)
14 加大樑 덧대들보(1904영건一 081ㄴ07)
15 加彎衝椽 덧만충연(1895국장二 130ㄴ09)
16 加彎衝椽朴只廣頭釘 덧만충연바기대갈못(1895국장二 130ㄴ09)

③ 해독의 최종 결과는 다음과 같이 제시하고 앞선 시기 한글 문헌에 나오는 근거 자료가 있는 경우 함께 나타낸다.

(3) ① [더] : 加(훈가자)
[그] : 文(훈가자)
[레] : 剌(음가자)
② 加文剌 더그레 團領內拱也〈行用〉
搭다護호 ○ 더그레〈譯解 上44ㄴ〉
금 드려 ᄧᆞᆫ 로 더그레예(織金羅搭護)〈飜朴초 上27〉
흰 노 큰 더그레예(白羅大褡胡)〈老諺 下45〉

2.1.2. 복식 관련 어휘

복식[3]은 '옷과 장신구를 아울러 이르는 말(〈표준〉)'이지만 이 책에서는 의복과 장신구뿐만 아니라 고름과 같은 의복의 부분 명칭 등도 이 부류에 포함한다. 이 절에서는 가례 관련 의궤에 보이는 복식류 차자 표기 어휘 중에서 38개를 선별하여 해독한다.

3 복식명이라는 용어에 대한 정의와 연구 대상 범위에 대해서는 박부자(2014)를 참조할 수 있다.

1 [가리마]

加里麻(1829진찬二 73ㄱ11)

의궤의 차자 표기에서 '加', '里', '麻'는 다음과 같이 쓰였다.

(1) [加]
01 加乃 가래(1800국장四 059ㄱ10)
02 加樑 덧보(1895국장二 101ㄱ05)
03 加莫金 가막쇠(1671가례 163ㄴ08)
04 加方朴只 덧방바기(1748영건 121ㄴ09)
05 加足 덧발(1748영건 178ㄴ05)
06 金加夫沙里 김더부살이(1759책례 091ㄱ11)
07 多加里 다가리(1633영건 035ㄱ05)
08 三隅加羅 세모가래(1858영건 025ㄴ01)
09 宋乫八里 송덜파리(1748영건 182ㄴ03)
10 牛毛加沙里 우모가사리(1800국장二 100ㄴ12)
11 付椽加板朴只四分釘 부연덧널바기너푼못(1667영건 127ㄱ05)
12 加春舌 덧춘혀(1904영건一 032ㄱ02)
13 加大樑 덧대들보(1904영건一 081ㄴ07)
14 加彎衝椽 덧만충연(1895국장二 130ㄴ09)
15 加彎衝椽朴只廣頭釘 덧만충연바기대갈못(1895국장二 130ㄴ09)

(2) [里]
01 椵頭里 가두리(1900영건A 122ㄱ04)
02 加里木 가리목(1776추숭 195ㄱ02)
03 康達里 강다리(1901영건 074ㄱ10)
04 介古里 개고리(1800국장四 099ㄴ01)
05 巨里 거리(1677영건 013ㄱ02)
06 乬古里 걸고리(1764영건 048ㄱ11)
07 鷄子多里 계자다리(1647영건 057ㄱ08)

08 古古里 고고리(1681가례 305ㄴ01)
09 高沙里 고사리(1795원행四 009ㄴ08)
10 金錘沙里 김삽사리(1795원행附編四 030ㄱ05)
11 內亐里 안우리(1752영건 065ㄴ10)
12 多加里 다가리(1633영건 035ㄱ05)
13 㺚皮所百四十四乬里 달피바백사십사거리(1828진작二 022ㄴ04)
14 都干里 도가니(1873진작 002ㄱ03)
15 道里 도리(1832영건 071ㄱ11)
16 道里頭丁 도래두정(1667책례 080ㄴ02)
17 陶方文里 도[딜]방그리(1667영건 156ㄴ07)
18 豆里木 두리목(1681가례 315ㄱ06)
19 鑞染麻古里 납염마고리(1677영건 034ㄱ08)
20 李介夫里 이개부리(1690책례 143ㄴ10)
21 亇古里 마고리(1681가례 240ㄴ01)
22 莫古里 마고리(1610책례 148ㄱ10)
23 末里 마리(1677영건 037ㄱ04)
24 覓西里 멱서리(1795원행附編一 048ㄴ06)
25 㮛道里 보도리(1832영건 097ㄴ11)
26 沙里 사리(1873진작 01ㄴ02)
27 西道里 서도리(1832영건 104ㄱ06)
28 小小條里 소소조리(1800국장二 170ㄴ03)
29 所湯隅里 바탕우리(1901영건 143ㄴ11)
30 東古里 속고리(1795원행四 040ㄱ12)
31 水筩巨里金釘 슈[물]통거리쇠못(1832영건 070ㄱ12)
32 旕味里 엇미리(1677영건 030ㄱ08)
33 旕尾里 엇미리(1830영건 093ㄴ12)
34 旺只道里 왕지도리(1900영건A 108ㄴ09)
35 牛毛加士乙里 우모가사리(1721책례 240ㄱ02)
36 鍮亐里 철[쇠]우리(1681가례 293ㄴ10)
37 銀豆古里 은두고리(1651책례 034ㄱ05)
38 銀豆仇里 은두구리(1681가례 288ㄱ06)
39 帳巨里金 장거리쇠(1873진작 036ㄴ10)

40 章道里 장도리(1676책례 037ㄱ12)
41 赤古里 져고리(1671가례 008ㄴ08)
42 簇頭里 족두리(1795원행四 049ㄱ10)
43 池恙沙里 지즛사리(1676책례 071ㄴ04)
44 吐里 토리(1828진작二 005ㄴ03)

(3) [麻]
01 麻古里 마고리(1858영건 034ㄱ08)

'加', '里', '麻'는 모두 음차[4]로 쓰여 각각 [가], [리], [마] 음을 나타낸다.

이상에서 加里麻를 분석한 결과는 다음과 같다.

(4) ① [가] : 加(음가자)
[리] : 里(음가자)
[마] : 麻(음가자)

'가리마'는 '예전에, 부녀자들이 예복을 갖추어 입을 때 큰머리 위에 덮어쓰던 검은 헝겊을 말한다. 비단 천의 가운데를 접어 두 겹으로 만들고 그 속에 종이나 솜을 넣은 것으로, 앞머리의 가르마 부근에 대고 뒷머리 부분에서 매어 어깨나 등에 드리운다.(《표준》)'

加里亇〈秋官志 3〉〈正祖實錄 12년〉,[5] 加里麽〈京都雜誌, 風俗〉로도 표기하

---

4 이 책에서는 한자의 음音을 빌어온 경우를 '음차音借', 훈訓을 빌어온 경우를 '훈차訓借'라 부르기로 한다. 그리고 용자用字를 분석하여 더 세분할 때에는 남풍현(1981: 11-16)에서 제시된 '훈독訓讀, 훈가訓假, 음독音讀, 음가音假'라는 용어를 쓰기로 한다.

5 (1) 各宮房水賜里醫女針線婢, 各營邑女妓, 本髮加首之上, 載以加里亇〈秋官志 3, 定制, 加髢申禁事目〉
(2) 常賤女人, 街上露面之類及公私賤, 幷許令以本髮加首, 而貼髢加髢之制, 各別禁斷。

지만, 가례 관련 의궤 자료에는 보이지 않는다.

한편, 복식류 가리마와 동음이의어로 보이는 加里亇〈日省錄 1796년 2월 11일〉는 한자 蟶을 언해한 것으로 옛 문헌에 가리뭇, 가리맏, 가리맛으로 나타나고, 현대 한국어에 가리맛, 가리맛조개로 남아 있다.

2 [더그레]

加文剌(1681가례 118ㄴ01)

의궤의 차자 표기에서 '加', '文', '剌'은 다음과 같이 쓰였다.

(1) [加]
01 加乃 가래(1800국장四 059ㄱ10)
02 加樑 덧보(1895국장二 101ㄱ05)
03 加莫金 가막쇠(1671가례 163ㄴ08)
04 加方朴只 덧방바기(1748영건 121ㄴ09)
05 加足 덧발(1748영건 178ㄴ05)
06 金加夫沙里 김더부살이(1759책례 091ㄱ11)
07 多加里 다가리(1633영건 035ㄱ05)
08 三隅加羅 세모가래(1858영건 025ㄴ01)
09 宋乫八里 송덜파리(1748영건 182ㄴ03)
10 牛毛加沙里 우모가사리(1800국장二 100ㄴ12)
11 付椽加板朴只四分釘 부연덧널바기너푼못(1667영건 127ㄱ05)
12 加春舌 덧춘혀(1904영건一 032ㄱ02)
13 加大樑덧대들보(1904영건一 081ㄴ07)
14 加彎衝椽 덧만충연(1895국장二 130ㄴ09)
15 加彎衝椽朴只廣頭釘 덧만충연바기대갈못(1895국장二 130ㄴ09)

各宮房水賜里˙ 醫女˙ 針線婢˙ 各營邑女妓, 則本髮加首之上, 戴以加里亇, 以示區別等威之意, 內醫女仍用冒緞, 餘則用黑三升。〈正祖實錄, 12년 10월 3일〉

위의 예를 보면 '加'는 음차와 훈차로 다 쓰였음을 알 수 있다. 이처럼 어떤 용자用字가 음音·훈차訓借의 가능성을 동시에 지닐 때는 이표기를 우선적으로 활용한다. 가령, '所串'의 경우 〈한자〉에서는 '송곳'으로 풀이한다. '所'를 음가자로 보면 '송곳'의 가능성이 있고, 현재 '송곳'이 쓰이고 있어 설득력이 있다. 그러나 이표기 관계에 있는 '朴串'을 통해 '所串'의 '所'는 훈차되었음을 확인할 수 있으며 따라서 '所串'은 '바곳'의 표기임이 분명해진다. 그런데 加文剌은 다른 표기가 보이지 않아 '이표기 우선하기' 기준을 활용할 수 없다. 다만, 현대 한국어 '더그레'를 통해 加가 훈차로 쓰였음을 짐작할 수 있다.

(2) [文]

01 陶方文里 도[딜]방그리(1667영건 156ㄴ07)
02 文乃木 물래목(1832영건 102ㄴ04)
03 文魚 문어(1748영건 034ㄴ05)
04 雲龍文起畵 운룡문기와(1900A영건 057ㄴ12)
05 七寶文起畵 칠보문기와(1900B영건 047ㄱ09)
06 朴文乙釘 바글정[못](1676책례 030ㄱ05)

위의 예를 보면 의궤 자료에서 '文'은 주로 음차로 쓰였음을 알 수 있다. 하지만 드물게는 方文里[방그리], 朴文乙釘[바글정[못]]처럼 훈차로 쓰인 예도 보인다. 加文剌에서는 훈차로 이용되어 [그] 음을 나타낸다.

(3) [剌]

01 水剌 슈라(1795원행四 001ㄴ08)
02 水剌鼎 슈라정[솥](肇慶壇營建廳儀軌抄册)

'剌'은 음가자로 쓰여 [레] 음을 나타낸다. 한자에 '레'가 없어 剌을 차용한 것으로 보인다.

이상에서 '加文剌'을 분석한 결과는 다음과 같다.

(4) ① [더] : 加(훈가자)
[그] : 文(훈가자)
[레] : 剌(음가자)
② 加文剌 더그레 團領內拱也〈行用〉
搭다護호 ○ 더그레〈譯解 上44ㄴ〉
금 드려 ᄧᆞᆫ 로 더그레예(織金羅搭護)〈飜朴초 上27〉
흰 노 큰 더그레예(白羅大褡胡)〈老諺 下45〉

加文剌은 근대 한국어 한글 문헌에 '더그레'로 표기되어 있어 지금의 '더그레' 표기임을 알 수 있다. 그런데 현용 복식 관련 연구서에서는 우리말 '더그레'보다는 加文剌을 전통 한자음대로 읽은 '가문랄'을 쓰고 있다. 심지어 복식명 '더그레'의 표기인 '加文剌'을 '加文刺'으로 잘못 표기하고 전통 한자음인 '가문척'으로 읽(고복남 1986: 380, 557)은 예도 보인다. 하지만 加文剌은 한자로는 搭護, 搭胡, 褡護 등으로 표기되는 우리말 더그레[몽고어 degelei 차용[6]]를 한자[加文剌]로 차자 표기한 것(오창명 1997: 32)이므로 '가문랄'로 읽는 것은 잘못이다.

의궤 자료에 보이는 더그레의 종류로는 襦加文剌, 裌加文剌가 있는데, 襦-는 '핫'[7]의 훈독자로 쓰여 '솜을 둔(〈한자 四〉) 더그레'를 나타

---

6 이기문(1991: 129)에서는 '더그레'를 몽고어 degelei와 그 음상과 뜻이 완전히 일치하는 것으로 보아 이의 차용으로 믿어진다고 밝힌 바 있다.

7 綿袴兒 핫바디〈譯語 上45〉
襦 다ᄅᆞᆫ 한옷 유 襖 핫옷 오〈類合 上31〉
襖 한옷 오〈倭語 上45〉

낸다. 裌-에서 裌은 훈독자로 쓰여 [겹][8]을 표기하였다.

加文羅〈吏文續輯覽〉로도 표기하였지만 가례 관련 의궤에는 보이지 않는다.

3 [감투]

甘土(1671가례 154ㄴ03)

䫩頭(1681가례 226ㄱ09)

敢頭(1762가례下 018ㄱ11)

위 표기는 제1음절의 '甘 : 䫩 : 敢'과 제2음절의 '土 : 頭'의 대응 관계를 보인다. 이들은 모두 음가자로 이용되었기 때문에 독음을 [감]과 [투]로 확정짓는 데 별 무리는 없다.

(1) [甘]

01 甘伊白休紙 감이백휴지(1866가례下 017ㄴ06)

02 甘佐非 감자비(1677영건 074ㄱ12)

03 甘湯板 감탕널[판](1651가례 087ㄱ03)

(2) [䫩](없음)

(3) [敢](없음)

(4) [土]

01 都土落 도타(토)락(1802가례上 168ㄱ06)

02 土烽爐 토봉로(1762가례下 083ㄴ08)

---

8 裌 겹옷 협 袷衣〈字會 中12〉
裌衣 겹옷〈同文 上55〉

03 土手 흙손(1748영건 197ㄱ04)
04 土首朴只三寸丁 토수바기세치못(1748영건 239ㄱ02)
05 土火爐 토화로(1762가례下 057ㄱ12)

(5) [頭]

01 擧頭美 거두미(1722책례 195ㄴ04)
02 曲頭乬鎖 곡두걸쇠(1764영건 073ㄴ09)
03 貫頭乼 관두줄(1900영건A 117ㄱ06)
04 大頭工 대[큰]두공(1805영건 012ㄱ01)
05 頭匣金 두겁쇠(1677영건 034ㄱ03)
06 頭里木 두리목(1706가례 260ㄴ06)
07 鑞染鷲頭沙瑟 납염취두사슬(1901영건 095ㄴ10)
08 龍頭朴只 용두바기(1748영건 238ㄴ03)
09 龍頭乻只 용두얼기(1830영건 082ㄴ10)
10 龍鳳頭 용봉두(1866가례上 046ㄴ04)
11 無翼工頭朴只四寸丁 물익공머리바기네치못(1748영건 115ㄴ10)
12 朴只廣頭丁 바기광두정[대갈못](1866가례下 007ㄱ06)
13 魚饅頭 어만두(1866가례上 021ㄴ04)
14 椽頭朴只 셧가래머리[연두]바기(1764영건 103ㄱ08)
15 雲頭所湯 운두바탕(1866가례上 151ㄴ11)
16 銀頭古里 은두고리(1651가례 108ㄱ13)
17 長椽頭朴只七寸頭釘 장연머리바기일곱치머리못(1764영건 097ㄴ05)
18 仗地金頭釘 장지쇠머리못(1677영건 040ㄱ08)

이상에서 甘土, 鹽頭, 敢頭를 분석한 결과는 다음과 같다.

(6) ① [감] : 甘(음가자), 鹽(음가자), 敢(음가자)
[토] : 土(음가자), 頭(음가자), 頭(음가자)
② 감토 모(帽)〈類合 上31〉
감토(小帽子)〈譯語 上43〉

'감토(〉감투)'는 '예전에, 머리에 쓰던 의관衣冠의 하나로 말총, 가죽, 헝겊 따위로 탕건과 비슷하나 턱이 없이 밋밋하게 만들었다.(《표준》)' 의궤에서는 왕의 가례 때 귀유치[歸遊赤]가 홍의紅衣나 자의紫衣를 입고 흑단운혜黑檀雲鞋를 신고 감투를 쓴 것으로 나온다.[9]

4 [거두미]

擧頭美(1676책례 079ㄴ05)

의궤의 차자 표기에서 '擧', '頭', '美'는 다음과 같이 쓰였다.

(1) [擧]

01 擧金 걸[들]쇠(1802가례上 142ㄴ09)

02 擧乃機 걸개틀(1706가례 077ㄱ05)

03 擧乙皮 걸피(1706가례 222ㄱ08)

04 支擧 지개(1706가례 070ㄱ01)

(2) [頭](2.1.2.1 甘土 항 참조.)

(3) [美](없음)

'擧', '頭', '美'는 모두 음차로 쓰여 각각 [거]와 [두], [미] 음을 나

---

9 ① (1762가례下 096ㄱ09)歸遊赤十員所着 紅衣 紫衣 黑緞雲鞋 多繪 青行纏 敢頭
(1762가례下 096ㄱ10)豆錫吐環等物尙衣院濟用監預爲造作看品都監後內侍府
(1762가례下 096ㄱ11)良中進排事捧甘何如手決內依甘
② (1671가례 154ㄴ01)謄錄 嘉禮 歸遊赤 紅衣
(1671가례 154ㄴ02)紫衣 墨段雲鞋 多繪 青行纏
(1671가례 154ㄴ03)甘土 豆錫吐環子 尙衣院 濟用監 都監
③ (1819가례下 025ㄴ01)歸遊赤內官 紅紬衣 紫的紬衣 甗頭
(1819가례下 025ㄴ02)多繪 豆錫吐環 青木行纏 黑緞雲鞋

타낸다.

이상에서 '擧頭美'를 분석한 결과는 다음과 같다.

(4) ① [거] : 擧(음가자)
[두] : 頭(음가자)
[미] : 美(음가자)

'거두미'는 '궁중 의식 때 하던 머리 모양으로 큰머리라고도 한다. 어염족두리를 쓰고 말아 올린 가체 위에 목제 가발을 얹는데 여기에 쓰인 목제 가발이 '떠구지'이다(박정자 외: 2010).' 현용 국어사전에는 거두미 대신 '큰머리'[10]가 등재되어 있다. 〈정조실록〉 12년 10월의 기록에 "어유미[於由味]와 거두미[巨頭味]는 명부命婦들이 항시 착용하는 것이나, 일반 백성들 집에서 혼인할 때 착용하는 것은 금지하지 않는다."고 한 것으로 보아 정조대正祖代에 이르러 결혼이나 잔치에 평민도 과장된 머리 형태인 어여머리[於由味]와 큰머리[巨頭味]를 연출하였다는 것을 알 수 있다.

去豆微〈朝鮮女俗考 6章, 婚姻論財〉, 巨頭味〈正祖實錄 12년 10월 3일〉로도 표기하였지만 가례 관련 의궤에는 보이지 않는다.

거두미에 후행 요소가 다양하게 와서 의미를 분화시키기도 한다.

擧頭美簪(1676책례 073ㄱ08)
擧頭美函(1690책례 055ㄴ02)
擧頭美黑角簪(1722책례 196ㄱ02)
擧頭美朱紅函(1690책례 145ㄴ08)
嘉禮擧頭美髢髮(1718가례 127ㄱ09)

---

10 예식 때에, 여자의 어여머리 위에 얹던 가발. 다리로 땋아 크게 틀어 올렸다. ≒떠구지머리.(〈표준〉)

5 [거들지]

巨等(乙)只(1887진찬二 004ㄴ12)

(1) [巨]

01 巨乃 걸레(1690책례 088ㄱ10)
02 巨里 거리(1866가례下 045ㄱ06)
03 巨里金 거리쇠(1681가례 324ㄱ06)
04 巨勿釘 거물정[못](1667책례 047ㄱ07)
05 鐙子巨里正鐵朴只鐵 등자거리정철바기쇠(1690책례 130ㄴ04)
06 筧巨里釗 멱거리쇠(1901진연三 001ㄴ03)
07 沙巨鎖 사걸쇠(1764영건 095ㄴ09)
08 水筩巨里金釘 슈[물]통거리쇠못(1832영건 070ㄱ12)
09 帳巨里金 장거리쇠(1877진찬三 001ㄱ12)
10 條所四巨里 줄바사거리(1610책례 089ㄱ11)
11 中巨勿釘 중거물정[못](1877진찬二 010ㄴ05)
12 執巨伊 집개(1651책례 054ㄴ04)

(2) [等(乙)](없음)

等(乙)[11]은 等과 乙의 상하합자인 고유한자[12]로 [들] 음을 나타낸다. 여기서 '乙'은 음절말 표기자[13]로 쓰였다.

---

11 等과 乙은 상하합자이지만 편의상 나란히 적고, 하자下字에 해당하는 자를 괄호로 묶었다. 이하 상하합자를 나란히 제시할 경우, 하자下字는 괄호로 묶어 구분한다.

12 이러한 조자 방법은 훈민정음 창제 이후에 형성된 것으로 고유어를 표기하는 데 종성을 정확하게 표기하려는 노력과 고심이 잘 나타나 있다(김종훈 1992: 57).

13 의궤 자료에서 보이는 음절말 표기자는 2.1.2.22 乶只 항 참조.

(3) [只]

01 加方朴只 덧방바기(1901영건 121ㄴ09)
02 間莫只 간막기(1866가례下 124ㄴ04)
03 甘執只 감잡이(1610책례 066ㄴ12)
04 古莫只石 고마기돌(1900영건A 108ㄱ10)
05 串只 꼬지(1901영건 096ㄱ04)
06 唐只金 댕기쇠(1830영건 055ㄱ08)
07 陶者朴只 딜자바기(1901영건 145ㄴ08)
08 頭折吐莫只 두절토막(1866가례下 050ㄴ05)
09 龍頭乽只 용두얼기(1647영건 093ㄴ08)
10 栗角只(1866가례下 042ㄱ04)
11 莫只鐵 마기쇠[철](1866가례下 006ㄴ09)
12 莫只鐵 마기쇠[철](1722책례 157ㄴ02)
13 蜜雪只 꿀설기(1828진작 001ㄱ08)
14 方乫只 방[모]갈퀴(1759가례下 176ㄴ12)
15 甫乙只 볼씨(1706가례 009ㄱ02)
16 浮獨只 부독이(1706가례 015ㄴ02)
17 飛只音金 비김쇠(1667영건 111ㄱ01)
18 所也只 쇠야기(1819가례下 122ㄴ07)
19 首沙只 슈[머리]사기(1706가례 008ㄴ12)
20 雙發阿只引防 쌍바라지인방(1830영건 062ㄴ11)
21 乽只 얼기(1866가례下 005ㄴ04)
22 隅莫只石 귀막기돌(1901영건 193ㄴ12)
23 月ケ只 달마기(1706가례 107ㄴ06)
24 耳只匠 구기장(1866가례下 074ㄴ10)
25 猪肉煮只 저육복기(1866가례上 021ㄴ03)
26 箭ケ只 살마기(1667책례 080ㄴ03)
27 助乙只 졸기(1751책례 106ㄱ07)

'巨'와 '等(乙)', '只'는 음차로 쓰여 각각 [거], [들], [지] 음을 표기한다.

이상에서 '巨等(乙)只'를 분석한 결과는 다음과 같다.

(4) ① [거] : 巨(음가자)
[들] : 等(乙)(음가자)
[지] : 只(음가자)

'거들지'를 표기하였다. 거들지는 '한삼汗衫'이라고도 하며 ① 손을 가리기 위하여서 두루마기, 소창옷, 여자의 저고리 따위의 윗옷 소매 끝에 흰 헝겊으로 길게 덧대는 소매를 말한다. 또 ② 궁중에서, '속적삼'을 이르던 말(《표준》)'이기도 하다.[14]

6 [고고리]

古古里(1681가례 305ㄴ01)

의궤의 차자 표기에 쓰인 '古'와 '里'의 용례는 다음과 같다.

(1) [古]
01 介古里 개고리(1901영건 264ㄱ08)
02 古骨之 고골지(1866가례下 128ㄴ10)
03 古莫里石 고막이돌(1832영건 025ㄱ11)
04 古毛介 고모개(1627가례 106ㄴ05)
05 古無金 고무쇠(1706가례 214ㄴ05)
06 古尾乃 고미릭(1677영건 053ㄴ02)
07 古月乃 고다래(1706가례 217ㄴ11)
08 古音 고름(1902진연三 039ㄴ05)
09 古音鐵 굄쇠(1832영건 093ㄴ02)
10 達古竹 달고대(1900B영건 060ㄴ09)
11 鑞染麻古里 납염마고리(1677영건 034ㄱ08)

---

14 『국역고종정해년진찬의궤』(298)에서는 거들지를 당의나 삼회장 저고리의 소매부리에 덧대는 흰 헝겊으로 흰색 명주나 무명에 창호지로 속을 넣어 소매 끝에 덧댄다고 풀이한다.

12 摩古子 마고자(1901영건 010ㄴ05)
13 朴古之 박고지(1828진작二 002ㄱ12)
14 方古里 방고리(1848진찬二 021ㄱ07)
15 四足莫古里 사족[네발]마고리(1610책례 148ㄱ10)
16 所古味 바구미(1795원행四 040ㄱ12)
17 束古里 속고리(1795원행四 040ㄱ12)
18 食古里 밥고리(1902진연二 092ㄱ05)
19 銀豆古里 은두고리(1671가례 013ㄴ09)
20 赤古里 져고리(1676책례 056ㄴ08)

(2) [里](2.1.2.1 加里麻 항 참조.)

'古'와 '古', '里'는 모두 음차로 쓰여 [고]와 [고], [리] 음을 표기한다. 이상에서 '古古里'를 분석한 결과는 다음과 같다.

(3) ① [고] : 古(음가자)
[고] : 古(음가자)
[리] : 里(음가자)

'고고리'를 표기한 것으로 지금의 족두리[15]를 말한다. 고고리는 '중국 원나라 때에, 부인들이 나들이할 때 머리에 쓰던 관冠으로 우리나라에 전해져 족두리의 원형原形이 되었다고 한다(〈표준〉).'

의궤 자료에는 고고리와 같은 말인 簇頭里(1795원행四 049ㄱ10)도 함께 쓰였다.

---

15 簇頭里 〈五洲衍文長箋散稿15, 東國婦女首飾辨證設〉王考小節……高麗史, 元賜王妃古古里, 卽冠名傳於世, 則金簇頭里, 凡乃古古里之音, 近而訛者歟.

7 [고롬]

古音(1902진연三 039ㄴ05)

의궤의 차자 표기에서 '古'와 '音'은 다음과 같이 쓰였다.

(1) [古](2.1.2.6 古古里 항 참조.)

(2) [音]

01 龕室流音 감실호름(1677영건 040ㄴ05)
02 乬音金 걸음쇠(1800국장四 102ㄱ01)
03 高音木 굄목(1866가례上 148ㄴ03)
04 古音鐵 굄쇠(1832영건 093ㄴ02)
05 塊音鐵 굄쇠(1832영건 106ㄴ07)
06 訥非音 누임(1681가례 205ㄴ06)
07 龍舍音 용마름(1759책례 041ㄴ11)
08 朴老音味 박놈미(1722책례 165ㄱ07)
09 別音炭 벼림탄(1866가례下 129ㄱ01)
10 非其音金 비김쇠(1667책례 042ㄴ05)
11 士乙音炭 살음탄(1706가례 281ㄱ04)
12 三面上流音 삼면상호름(1764영건 046ㄴ04)
13 三甫半半冬音 삼포반반두름(1627가례 125ㄴ12)
14 上遠音 웟머름(1906가례二 011ㄴ09)
15 垂音 드림(1819가례下 004ㄱ10)
16 鍮法音鐥 유[놋]법음선(1706가례 013ㄴ12)
17 齊音同 제음동(1706가례 008ㄱ10)
18 條乙音鉅 졸음거(1676책례 053ㄱ03)
19 照音菊花童 조임국화동(1819가례下 015ㄱ07)
20 草飛乃六同二舍音 새나래여섯동두마름(1812책례 135ㄴ02)
21 汗音黃銀 ᄯᆞᆷ황은(1866가례下 010ㄱ11)
22 好音金 홈쇠(1633영건 039ㄱ11)

'古'와 '音'은 둘 다 음차로 쓰여 각각 [고]와 [롬] 음을 나타낸다. 이상에서 '古音'을 분석한 결과는 다음과 같다.

(3) ① [고] : 古(음가자)
[롬] : 音(음가자)
② 고롬 반(襻)〈倭語 上36〉

'고롬(〉고름)'은 '저고리나 두루마기의 깃 끝과 그 맞은편에 하나씩 달아 양편 옷깃을 여밀 수 있도록 한 헝겊 끈으로 옷고름이라고도 한다.(〈표준〉)' 古音은 여러 가지로 해석이 되는 동음이의어로 다음을 보면 ①과 ②의 古音은 출현하는 환경이 차이가 있음을 알 수 있다.

① 古音次紫的桃榴甲紗兩尺(1902진연三 039ㄴ05)
領及古音次紫的桃榴紋甲紗(1848진찬三 039ㄴ04)

② 古音木(1748영건 069ㄱ02)
古音鐵(1832영건 093ㄴ02)
長臺古音(1901영건 097ㄱ03)
古音青石(1901영건 100ㄴ11)

즉 ①과 ②의 古音은 각각 '(옷)고름'과 괴다의 명사형인 '굄'을 나타낸다. 이 경우 문맥을 적극 활용하여 표기가 지시하는 바를 보다 명확하게 파악할 수 있다. 또한 ②의 굄은 高音으로도 표기하고 있어 高音과 이표기 관계에 있음을 알 수 있다.

高音木(1866가례上 148ㄴ03)
高音木(1762가례下 021ㄴ12)

뿐만 아니라 다음을 보면 高音은 '고기나 생선을 진한 국물이 나오도록 푹 삶은 국'(〈표준〉)을 이르는 '곰'을 표기하기도 한다.

截肉及高音所假家(1848진찬二 013ㄴ03)

이상의 논의를 종합하면 古音은 첫째 (옷)고름을 가리키고 둘째 괴다의 명사형 굄을 동시에 지시하는 동음이의어이다. 따라서 정확한 의미는 문맥을 살펴보고 알 수 있다.[16] 굄은 古音뿐만 아니라 高音으로도 표기하며, 이 高音은 음식명 '곰'을 동시에 나타낸다.

8 [수미개]

求尾介(1744진연 083ㄱ12)

의궤 자료에서 求, 尾, 介는 다음과 같이 쓰였다.

(1) [求](없음)

(2) [尾]

01 古尾乃 고미릐(1866가례下 107ㄴ11)

02 文魚六十尾 문어육십미(1719진연二 050ㄴ06)

03 尾金 밑쇠(1690책례 130ㄴ02)

04 雄尾里 웅미리(1802가례上 153ㄴ01)

---

16 高音, 古音에 대한 기존 연구서의 풀이는 다음과 같다.

① 高音木 : 지금의 굄목, 고임목을 표기한 것으로 물건의 밑을 받쳐서 괴는 나무를 가리킨다.(〈한자〉)

② 高音 : 고임. 즉 굄의 차음. 물건의 밑을 받쳐서 괴는 일이나 또는 괴는 물건.(『국역가례도감의궤』(511))

③ 高音所 고음소 : 고기를 고는 곳으로 추정.(『국역헌종무신진의궤2』(52))

05 陳於尾 진어미(1812책례 119ㄱ10)
06 平尾里 평미리(1819가례下 074ㄴ11)

(3) [介]
01 介古里 개고리(1765수작二 052ㄱ07)
02 介也之 개야지(1901영건 235ㄴ01)
03 介湯 개탕(1677영건 033ㄱ03)
04 乬介 걸레(1828진작二 021ㄴ04)
05 金者斤介 김자근개(1795원행附編四 030ㄱ05)
06 獨之介 독지게(1633영건 044ㄱ06)
07 同介甘佐非 동개감자비(1900영건A 117ㄱ02)
08 銅丫飛介 동[구리]마놀개(1829진찬二 016ㄴ09)
09 吳介不 오개불(1795원행附編四 035ㄴ12)
10 助里介 조리개(1866가례下 128ㄴ10)
11 執介 집게(1902진연二 023ㄱ01)
12 苔里介 태리개(1677영건 053ㄱ10)
13 筒介 통개(1830영건 067ㄴ02)
14 橫搗介 홍도개(홍도ᄀᆡ, 홍독개)(1795원행附編一 048ㄱ01)

'求'와 '尾', '介'는 모두 음차로 쓰여 [ᄭᅮ], [미], [개] 음을 표기하였다.

이상에서 求尾介를 분석한 결과는 다음과 같다.

(4) ① [ᄭᅮ] : 求(음가자)
[미] : 尾(음가자)
[개] : 介(음가자)
② 귀옛골 ᄭᅮ미개(墜子寶盖)〈漢淸 337〉
ᄭᅮ밀 식(飾)〈類合 上32〉
ᄭᅮ밀 장(裝)〈字會 下20〉

현재 '꾸미개'는 '옷, 돗자리, 망건 따위의 가장자리를 꾸미는 헝검 오리(《표준》)'를 가리킨다. 의궤 자료에 따르면 망건을 새로 만들 때 소입되는 물목에 꾸미개가 들어 있다.[17]

網巾八件新造所入 …… 求尾介次冒段長六寸廣八分一片(1765수작二 016ㄴ12~017ㄱ03)

9 [너울]

羅兀(1802가례上 079ㄴ09)

汝火(1627가례 047ㄴ06)

羅火(1610책례 175ㄴ03)

위 표기는 제1음절의 '羅 : 汝'와 제2음절의 '兀 : 火'의 대응 관계를 보인다. 먼저 의궤의 차자 표기에 쓰인 '羅', '汝'의 용례는 다음과 같다.

(1) [羅]
01 加羅 가래(1667영건 110ㄱ02)
02 道羅金 도래쇠(1648영건 80ㄱ04)
03 木加羅 목가래[18](1667책례 090ㄴ12)

---

17 전통 복식 전공자인 이민주 선생님께 의궤에 나타나는 꾸미개에 대해 자문한 결과 '편자의 마무리 단계에서 선처럼 대는 곳에 구미개[求尾介]의 소요량과 비슷한 크기의 천이 들어가는 것으로 보아 망건의 편자 가장자리 끝에 필요한 천이 바로 꾸미개일 것'이라는 답을 얻었다.

18 의궤 자료에서 '羅'는 음차로 이용되어 [래]와 [라] 음을 나타낸다. '羅'가 [래] 음 표기는 이표기 관계에 있는 蛇羅(1832영건 067ㄱ05) : 沙乃朴鐵(1900영건B 055ㄱ03)를 통해 '羅'가 [래] 음 표기임을 분명하게 알 수 있다. 이때 '羅'는 [래] 음을 나타내며, [ㅣ] 음이 생략 표기되었다. '羅'는 향약명에서도 [래] 음 표기에 활발하게 쓰인 것으로 나타난다.

04 蛇羅 사래(1832영건 067ㄱ05)
05 所羅 소라(1866가례下 029ㄴ11)
06 銀者羅 은자라(1706가례 014ㄴ04)
07 照羅赤 조라치(1873진작 020ㄱ01)
08 鑄伐羅 주바라(1721책례 148ㄴ03)
09 靑板把羅知 청판바라지(1647영건 074ㄱ03)

(2) [汝](없음)

'羅'와 '汝'는 각각 음가자와 훈가자로 쓰여 [너] 음을 표기한다. 제2음절의 이표기 대응은 '兀'과 '火'이다. 다음은 이들 용자가 쓰인 용례이다.

(3) [兀]
01 網兀 망올(1671가례 149ㄴ07)
02 方兀 방올(1866가례上 139ㄴ02)
03 垂兀 술(1762가례上 088ㄴ08)
04 愁兀 술(1736책례 068ㄴ09)
05 靑兀赤 청올치(1900B영건 060ㄴ06)

(4) [火]
01 其火 기울(1719진연二 054ㄴ03)
02 火口門乻骨 아궁이문얼굴(1647영건 062ㄱ09)
03 火口門樞鐵 아궁이문지도리쇠(1832영건 106ㄴ08)
04 火口板帶木 아궁이널띠목(1830영건 090ㄱ09)
05 火防兩邊莫只板朴只 화방양변막기널박기(1901영건 116ㄴ08)
06 火防赤貼 화방적첩(1764영건 021ㄱ10)
07 火陽炙 화양적(1795원행四 001ㄴ07)

月乙羅 다래〈鄕藥集成方〉
斜羅夫老 사래부루〈鄕藥集成方〉

08 火箸 부젓가락(1795원행四 038ㄱ12)
09 火摘介 부집게(1877진찬二 048ㄴ04)

'兀'과 '火'는 각각 음가자와 훈가자로 쓰여 [울] 음을 표기한다. (4)를 보면 '火'는 의궤의 차자 표기에서 대부분 훈독자로 쓰였음을 알 수 있다. 汝火에서처럼 훈가자로 쓰여 [너] 음을 표기하는 경우는 아주 드문 편이다.

이상에서 '羅兀', '汝火', '羅火'를 분석한 결과는 다음과 같다.

(5) ① [너] : 羅(음가자), 汝(훈가자), 羅(음가자)
[울] : 兀(음가자), 火(훈가자), 火(훈가자)
② 擁蔽 其面은 너울이며 면사ᄀᆞ튼 뉘라〈家禮諺解 二:12〉

'너울'은 '조선 시대, 궁중이나 양반 집안의 부녀자들이 나들이할 때 얼굴을 가리기 위하여 쓰던 쓰개(〈표준〉)'를 말한다. 〈의궤용어〉에서는 汝火를 너울로 설명은 하면서 '여화'로 읽고 있다.[19] 하지만 汝火와 羅兀은 우리말 '너울'을 표기한 것이므로 둘 다 '너울'로 읽는 것이 적절하다.

의궤 자료에는 다양한 종류의 너울이 보이는데, 구성과 소재에

---

19 汝火[너울]차복 조선 시대 부녀자들이 외출할 때 얼굴을 가리기 위해 착용하던 대표적인 내외용內外用 쓰개. 그려 시대의 부녀자의 쓰개인 몽수에서 유래하였으며 원립圓笠 위에 검은색 라羅를 드리워 너울은 얼굴을 가리는 형태이다. 너울은 초기에는 입모笠帽·개두蓋頭로 통칭되었다가 인조 5년(1627)~영조 20년(1744) 사이의 의궤 10책에는 여화[汝火: 너울]로, 영조 35년(1759)~광무 10년(1906)의 의궤 10책에는 너울[羅兀]로 쓰고 있음을 알 수 있다. 특히 국상 때의 것은 조선 말기까지 개두蓋頭로 표기되었다. 의궤에는 소재와 형태에 따라 겹너울[裌羅兀], 조라너울[皁羅羅兀, 皀綃汝火, 皀羅紬汝火]이 보인다.(〈의궤용어〉)

따라 裌汝火(1690책례 010ㄴ07), 皀羅羅兀(1819가례上 041ㄴ03), 黑紬羅兀(1819가례上 042ㄴ05), 紫的羅裌羅兀(1819가례上 058ㄱ06), 鴉靑羅兀(1906가례一273ㄱ03), 皁綃汝火(1681가례 015ㄴ09), 皁羅紬汝火(1681가례 015ㄴ10), 白紬汝火(1671가례 010ㄱ10), 白綃汝火(1671가례 010ㄱ11), 黃綃汝火(1671가례 010ㄴ10)으로 구분하였다.

한편, 너울을 만드는 장인을 羅火匠(1610책례 175ㄴ03)이라고 한다.

10 [누비]

訥飛(1651가례 090ㄴ06)

累飛(1651책례 042ㄴ11)

縷紕(1795원행四 037ㄱ05)

陋飛(1706가례 207ㄱ08)

訥非(1721책례 193ㄱ08)

위 표기는 제1음절의 '訥 : 累 : 縷 : 陋'와 제2음절의 '飛 : 紕 : 非'의 대응 관계를 보인다. 먼저 제1음절의 이표기 대응은 '訥, 累, 縷, 陋'이다.

(1) [訥]

01 訥非音 누임(1681가례 205ㄴ06)

02 常女夫瓦一訥 보통암수기와일우리(1882가례二 150ㄱ11)

'訥'은 음차로 쓰여 [누] 음을 표기한다. '訥'은 기와를 세는 단위명사로 쓰이기도 하는데 이때는 '우리'로 읽는다. 한 우리[一訥]는 '기와 2000장을 이른다.[20](〈표준〉)'

20 〈한자 四〉에서는 기와 1000장이 '우리'의 단위라고 풀이한다.

(2) [累]

01 單乫小累 단갈소로(1805영건 012ㄱ11)

02 累里介 누리개(1832영건 067ㄴ06)

(3) [縷](없음)

(4) [陋]

01 飛陋 비누(1819가례下 085ㄱ11)

제2음절의 이표기 대응은 '飛', '紕', '非'이다. 다음은 이들 용자가 쓰인 용례이다.

(5) [飛]

01 乫飛蒸 갈비찜(1795원행附編一 037ㄴ06)

02 銅末飛介 구리마늘개(1706가례 016ㄱ12)

03 豆飛陋 콩비누(1866가례下 050ㄱ07)

04 飛乃 나래(1764영건 020ㄱ05)

05 飛排刀 븨비도(1866가례下 012ㄱ08)

06 飛只音金 비김쇠(1667책례 060ㄴ01)

07 飛只音布 비김포(1690책례 127ㄱ05)

08 草飛乃 새나래(1866가례下 097ㄱ03)

(6) [紕](없음)

(7) [非]

01 牛前脚乫非 소앒다리갈비(1866가례上 285ㄱ05)

02 甘佐非 감자비(1866가례下 058ㄱ01)

03 弓非背 활븨비(영건1832 104ㄱ08)

04 大非排 대븨비(1627가례 111ㄱ03)

05 豆非陋 콩비누(1762가례下 123ㄴ05)

06 每佐非 매자비(1866가례下 102ㄴ07)
07 非其音鐵 비김쇠(1676책례 030ㄱ04)
08 飛非刀 븨비도(1690책례 132ㄴ03)
09 非枕 비침(영건1900B 121ㄱ08)
10 梁纛巨非 양둑거비(1762가례下 127ㄴ03)

위 예를 보면 의궤 자료에서 '飛'는 주로 훈차로 쓰여 [나] 음을 나타내고, 음차로 쓰여 [비] 음을 표기하는 경우는 드문 편이다.

이상에서 '訥飛, 累飛, 縷緋, 陋飛, 訥非'를 분석한 결과는 다음과 같다.

(8) ① [누] : 訥(음가자), 累(음가자), 縷(음가자), 陋(음가자), 訥(음가자)
[비] : 飛(음가자), 飛(음가자), 緋(음가자), 飛(음가자), 非(음가자)
② 누비 長衫〈漢清 253b〉
니분 누비 뎌르며(被褐短)〈杜초 十五35〉
누비다(衲一衲)〈同文 上56〉
누비쳥(衲襪子)〈譯語上45〉
누비바디(衲袴兒)〈譯語上45〉
누비長衫(衲頭)〈漢253b〉

'누비'를 표기하였다. '누비'는 '두 겹의 천 사이에 솜을 넣고 줄이 죽죽 지게 박는 바느질. 또는 그렇게 만든 물건(〈표준〉)'을 가리킨다. 縷飛〈順和宮嘉禮時節次〉로도 표기하였는데, 가례 관련 의궤에는 보이지 않는다. 訥飛, 累飛, 縷緋, 陋飛, 訥非는 납의衲衣에서 유래된 '누비'를 음차한 표기이다.

누비의 종류는 납작누비, 오목누비, 겹누비, 세누비 등 누비의 간격과 기법에 따라 다양한데,[21] 다음을 보면 의궤에서는 주로 오겹누비가 보이고, 누비를 한 직물을 함께 밝히고 있다.

白正布五甲訥飛(1651가례 090ㄴ06)

---

21 『정미가례시일기주해』(42)

白正布五甲訥飛(1681가례 243ㄱ05)
白正布五甲訥飛(1671가례 166ㄱ09)
正布五甲訥飛(1651가례 090ㄴ06)
正布五甲訥非(1721책례 193ㄱ08)
五甲訥非(1721책례 195ㄱ05)
正布五甲累飛(1651책례 042ㄴ11)
五甲累飛正布(1651책례 043ㄴ07)
正布五甲累飛(1667책례 075ㄴ01)
五甲累飛(1667책례 078ㄱ09)
五甲累飛(1721책례 216ㄱ02)
五甲累飛正布(1736책례 151ㄴ07)
五甲累飛(1736책례 153ㄱ11)
五甲累飛(1751책례 157ㄱ03)
五甲訥飛(1681가례 243ㄱ05)
白正布五甲訥飛(1681가례 243ㄱ05)

11 [누임]

訥非音(1681가례 205ㄴ06)

의궤의 차자 표기에서 '訥', '非', '音'은 다음과 같이 쓰였다.

(1) [訥](2.1.2.10 訥飛 항 참조.)

(2) [非](2.1.2.10 訥飛 항 참조.)

(3) [音](2.1.2.7 古音 항 참조.)

'訥'과 '非', '音'은 각각 훈차와 음차로 쓰여 [누]와 [이], 명사형 어미 [ㅁ]을 표기한다.

이상에서 '訥非音'을 분석한 결과는 다음과 같다.

(4) ① [누] : 訥(음가자)
[이] : 非(음가자)
[ㅁ] : 音(음가자)
② 모시누이니(白苧)〈柳物三草〉

〈한자〉에서는 訥非音을 '누임'으로 읽고 '피륙이나 실을 잿물에 삶아서 희고 부드럽게 하는 것'으로 풀이하였다. 가례 관련 의궤에서도 訥非音次鄉絲(1681가례 205ㄴ06)로 제시되어 있어 '누임'의 표기 보는 데 큰 무리는 없을 듯하다. 그런데 昌訥非音〈尙方定例〉으로도 쓰이는 것을 보면 訥非音은 누임과 누빔(누비) 둘 다 표기했을 가능성이 있다.

12 [당기]

唐只(1902진연三 038ㄴ11)

의궤의 차자 표기에서 '唐'과 '只'는 다음과 같이 쓰였다.

(1) [唐]
01 唐家 닫집(1722책례 023ㄴ01)
02 唐達古 당달고(1752영건 052ㄴ11)
03 唐大貼 당대텹(1802가례上 105ㄴ11)
04 唐防草 당막새(1832영건 109ㄴ09)
05 唐甫兒 당보ᄋᆞ(1802가례上 105ㄴ11)
06 唐砂鉢 당사발(1827진작二 028ㄱ07)
07 唐沙磁椀 당사[사긔]자완(1866가례下 021ㄴ04)
08 唐鍾子 당죵ᄌᆞ(1802가례上 105ㄴ11)
09 唐朱紅 당주홍(1681가례 111ㄴ02)
10 唐湯器 당탕기(1802가례上 105ㄴ11)
11 唐荷葉 당하엽(1610책례 168ㄱ03)
12 唐黃丹 당황단(1762가례下 055ㄴ01)

위의 용례에서 보듯이 '唐-'은 대개 원산지가 중국임을 뜻하지만[22] 04에서처럼 '당초무늬를 놓은 막새기와'를 나타내기도 한다. 또한 02의 '唐-'은 '小'의 의미를 지니는 것으로 보인다. '唐達古'에 대칭되는 '長達古(긴 통나무에 밧줄을 매어서 쓰는 달궂대(《한건》))'를 통해 '唐'이 '小'를 지시할 가능성이 제기된다. 즉 '唐'은 현재 '당唐꼬마(키가 몹시 작은 사람(《표준》))'처럼 '小'의 의미를 나타내는 것으로 보이는데 확실하지는 않다.

그런데 위의 용례에서 보이는 '唐'은 '唐只'의 '唐'과는 거리가 있다. 즉 용례의 '唐'은 서로 의미적 연관성을 찾을 수 있으나 '唐只'에서는 음가자로 쓰여 [당] 음에 가까운 자로 '唐'이 선택된 것으로 보인다.

(2) [只](2.1.2.5 巨等(乙)只 항 참조.)

'只'는 음차로 쓰여 [기] 음을 나타낸다.

이상에서 '唐只'를 분석한 결과는 다음과 같다.

(3) ① [당] : 唐(음가자)
[기] : 只(음가자)
② 髮係曰 당기〈東言〉

'당기'의 표기로 지금의 '댕기'를 말한다. 다른 표기로 唐紒〈秋官志, 定例〉, 唐祄〈正祖實錄 12년 10월 3일〉[23]도 있지만 가례 관련 의궤에는

---

22 김왕직(1987: 170)에서는 '唐-'이 붙은 것은 청화백자靑華白瓷류이고, '沙-'가 붙은 것은 백자白瓷류라는 견해를 보이기도 한다. '唐-'이 청화백자류의 뜻으로 쓰일 때는 대개 지시물이 용기류로 한정된다(김연주 2009a: 330).

23 一, 今此禁制, 亶出於祛奢之聖意, 誘以代用簇頭里° 如七寶之類, 如前飾用, 則有改制之名, 無昭儉之實也° 凡係首飾金玉′ 珠貝及眞珠唐紒′ 眞珠套心之屬, 一幷禁斷° 〈正祖實錄 12년 10월 3일〉

보이지 않는다.

관련어로 唐只金(1830영건 055ㄱ08)가 보이지만 옛 문헌 자료는 물론이고 현대 한국어에서도 찾아보기 어려워 기물의 쓰임과 모양은 알 수 없다.

13 [도타(토)락]

都多益(1819가례上 154ㄱ04)

道土落只(1744진연 100ㄴ01)

都土落(1802가례上 168ㄱ06)

桃吐落(1759가례上 100ㄱ01)

道土落只(1719진연二 011ㄴ07)

道吐落(1829진찬二 008ㄴ01)

都多落(1721책례 188ㄴ06)

위 표기는 제1음절의 '都 : 道 : 桃'와 제2음절의 '多 : 土 : 吐', 제3음절의 '益 : 落'의 대응 관계를 보인다. 먼저 의궤의 차자 표기에 쓰인 '都', '道', '桃'의 용례는 다음과 같다.

(1) [都]

01 都干里 도가니(1873진작 002ㄱ03)
02 都乃金 도래쇠(1762가례 상092ㄴ06)
03 都亇 도마(1706가례 013ㄴ10)
04 都筏盂 도[딜]발우(1829진찬二 054ㄴ09)
05 夫都只次白苧布 부독이감백저포(1829진찬二 054ㄱ05)
06 長洪都介 장[긴]홍도개(1720혼전 246ㄱ03)
07 紅都叱介 홍돗개(1866가례上 037ㄱ10)

(2) [道]

01 古道乃 고다리(1681가례 257ㄱ04)
02 道乃巨物釘 도래거멀못(1677영건 036ㄱ07)
03 道乃同串丁 도래동곳못(1901영건 172ㄱ07)
04 道乃鐵 도래쇠(1819가례下 014ㄴ11)
05 道里 도리(1832영건 067ㄴ03)
06 道里木 도리목(1901진연二 023ㄴ01)
07 同道里 동다리(1877진찬三 004ㄴ07)
08 三寸道乃頭釘 세치도래두정(1866가례上 116ㄱ02)
09 西道里 서도리(1832영건 104ㄱ06)
10 旺只道里 왕지도리(1900영건A 108ㄴ09)
11 圓道里 굽도리(1832영건 066ㄴ12)
12 長道里 장도리(1877진찬三 004ㄱ03)
13 柱道里樑栿次 주도리들보감(1819가례下 123ㄴ10)
14 紅氈徵道里 홍전징도리(1877진찬三 034ㄴ10)
15 橫道介 홍도개(1901영건 237ㄴ01)

(3) [桃](없음)

위의 예를 보면 의궤 자료에서 '都', '道', '桃'는 주로 음차로 쓰여 [도] 음을 나타난다.

제2음절의 대응 관계를 보이는 '多'와 '土', '吐'는 의궤에서 다음과 같이 쓰였다.

(4) [多]

01 鷄子多里 계자다리(1647영건 057ㄱ08)
02 多加里 다가리(1633영건 035ㄱ05)
03 多大 다대(1866가례下 005ㄱ10)
04 多士麻 다사마(1828진작二 004ㄴ10)
05 多繪匠 다회장(1866가례下 025ㄱ09)
06 同多欄 동다라니(1900영건B 107ㄱ04)

(5) [土](2.1.2.1 甘土 항 참조.)

(6) [吐]

01 寶吐莫只 보토마기(1878국장四 079ㄱ07)
02 北分吐 뒷발막(1721책례 160ㄴ12)
03 吐莫 토막(1812책례 099ㄱ01)
04 吐木 토막(1721책례 158ㄴ03)
05 紗帽吐莫 사모토막(1878국장四 079ㄱ07)

제2음절의 '多'와 '土', '吐'는 모두 음차로 쓰여 [타] 음을 나타낸다. 제3음절의 이표기 대응은 '益', '落'이며, 이들은 모두 음가자로 쓰여 [락] 음을 나타낸다.

(7) [益]

01 天益 철릭(1721책례 039ㄴ10)
02 都多益 도토락(1747존숭 082ㄱ09)

(8) [落](없음)

(9) [只](2.1.2.5 巨等(乙)只 항 참조.)

'只'의 전통 한자음은 '지'이나 이두, 구결, 향약 등 차자 표기에서는 [지] 음 표기에 쓰인 예가 없고 모두 [기] 음 표기에만 쓰인다(남풍현 1981: 46). 그러나 의궤 자료에서는 '只'가 [기] 음과 함께 [지] 음 표기에 사용된 용례가 보이는데 '甫兒只 보아지(1830영건 039ㄱ05)', '排只乃 밀지러(1832영건 104ㄱ04)' 등이 그것이다. 뿐만 아니라 [키(乫只갈키(1759가례下 176ㄴ12))] 음 표기에도 쓰인 것으로 나타난다(김연주 2009a: 59).

이상에서 '都多益, 道土落只, 都土落, 桃吐落, 道土落只, 道吐落, 都多落'

을 분석한 결과는 다음과 같다.

(10) ① [도] : 都(음가자), 道(음가자), 都(음가자), 桃(음가자),
道(음가자), 道(음가자),)都(음가자),
[타, 토] : 多(음가자), 土(음가자), 土(음가자), 吐(음가자),
土(음가자), 吐(음가자), 多(음가자)
[락] : 諡(음가자), 落(음가자), 落(음가자), 落(음가자),
落(음가자), 落(음가자), 落(음가자)
[ㄱ] : 只(말음표기), 只(말음표기)
② 都多諡 도토락당긔〈廣才物譜〉
都多諡 도타락 박는 장〈典律通補 卷6〉
도토락〈명미가례시일긔〉

지금의 '도투락'으로 '혼례할 때 신부가 드리는 댕기나 여자아이용 작은 자줏빛 댕기(〈표준〉)'를 말한다. 〈한자〉에서는 都多諡을 '도다익'으로 읽고 '도투락. 도투락댕기. 어린 여자아이가 드리는 댕기의 한 가지'로 풀이하고 있다. 그런데 都多諡은 우리말 '도투락'을 표기한 것이므로 전통 한자음으로 읽은 '도다익'은 '도투락'으로 바로잡을 필요가 있다.[24]

圖吐洛〈順和宮嘉禮時節次〉으로도 표기하는데, 가례 관련 의궤에는

24 都多諡, 道土落只, 都土落, 桃吐落, 道土落只, 道吐落, 都多落은 한자로 차용한 우리말인데도 전통 한자음으로 읽고는 우리말로 잘못 설명하는 예는 더 있다. 먼저 『두산백과』에서는 도투락댕기를 설명하면서 도다익당지(都多諡唐只)라고도 한다고 풀이하고 있다. 또 궁궐 안에 도투락댕기를 만드는 도다익장(都多諡匠)이 있었다고 설명하고 있어 都多諡唐只를 전통 한자음대로 읽은 독음이 자칫 도투락댕기의 다른 이름으로 왜곡될 수 있어 주의가 필요하다. 뿐만 아니라 『한국민족문화대백과』에서는 '도투락[都吐絡]'이란 용어는 '도다익(都多諡)'에서 유래된 것으로, 본래 금박을 의미한다고 설명하고 있다. '도다익'은 우리말 '도투락'을 한자로 차용 표기한 都多諡을 전통 한자음으로 읽은 것인데, 이 도다익에서 도투락의 어원을 찾고 있는 것이다.

보이지 않는다.

한편 도투락에 대한 현용 사전류나 연구서에서는 대체로 '도투락 댕기'의 준말로 보거나 댕기의 일종으로 설명하고 있다.

〈한자〉	도투락. 도투락댕기. 어린 여자아이가 드리는 **댕기**의 한 가지.
〈의궤용어〉	조선 시대 원삼이나 활옷의 혼례복을 입고 족두리나 화관을 쓴 뒤쪽 뒤에 길게 늘이는 **댕기**의 일종. 다홍색이나 검정색 사絲 또는 단緞으로 만든다. 도투락 댕기를 만드는 장인을 都多益匠이라고 한다.
〈표준〉	혼례할 때 신부가 드리는 댕기나 여자아이용 작은 자줏빛 댕기.
〈큰사전〉	도투락 **댕기**의 준말.
〈한국복식사전〉	도투락 **댕기**의 준말.
〈모발학사전〉	도투락댕기 [道吐樂唐只] ① 예장용禮裝用 **댕기**의 하나. 조선시대부터 사용된 것으로 원삼이나 활옷 등 혼례복을 입고 족두리나 화관花冠을 쓰고 쪽 뒤에 길게 늘인다. 다홍색·검정색 등의 사沙나 단段으로 만든다. 180cm 길이에 10~12cm 나비의 크기로 만들어 중앙을 제비부리로 접어 두 가닥이 되게 한다. 겉은 위의 뾰족한 부분에서 횡선이 진 곳까지 중앙선을 공그르고, 안쪽 횡선 중앙에 두 가닥의 끈은 달아 쪽에 돌려 댕기를 고정시킨다. 겉에는 금박을 하고 댕기 위쪽에 석웅황石雄黃이나 옥판을 달고, 밀화·칠보 등의 장식을 중앙선에 달면 좌우가 연결된다. 길이는 치마 길이보다 약간 짧다. ② 어린이용 댕기: 예장용의 도투락댕기와 같은 것을 어린이용으로 만든 것. 어린이는 뒷머리가 짧으므로 댕기 위에는 조그만 깃을 달아 뒤통수back point 귀밑머리채 밑에서 바짝 달아주게 되어 있다.

그런데 다음을 보면 도투락이 댕기의 일종 외에 갓이나 옷, 댕기, 부채, 띠 등에 금박 등으로 수놓은 문양의 뜻도 포함하고 있을 가능성이 있다.[25]

芙蓉冠……左右彩珠纓落又設紫的綃纓子印黃都多益〈樂學軌範 9〉

---

25 오창명(1997: 46-47)에서는 '도투락'을 중세 한국어의 '도티다'와 관계있는 명사형으로 보아 둥근 단추나 장식 모양으로 만든 것을 말한다고 풀이한 바 있다.

傳曰迓祥服都多益所入金工曹無所藏許令貿易〈燕山君 57, 11월〉

반면 19세기 문헌 『五洲衍文長箋散稿』에는 귀한 신분의 처녀들이 머리를 땋고 그 끝에 금화金花를 그린 두 갈래의 댕기를 다는데 그 댕기를 '도투락[圖吐絡]'이라고 한다는 설명이 있어 도토락이 금박으로 그린 문양 자체가 아니라 댕기의 명칭으로 사용되고 있음을 분명히 하고 있다.

이상을 종합하면 '도투락'이 특정 문양과 그 문양을 수놓은 댕기를 아우르는 말로 쓰이다가 어느 시기에 댕기를 특칭하게 된 것으로 보인다.

14 [동다리]

同道里(1795원행四 055ㄴ08)

東道里(1696가례 206ㄴ07)

童道里(1627가례 030ㄴ03)

위 표기는 제1음절의 '同 : 東 : 童'의 대응 관계를 보인다. 의궤의 차자 표기에 쓰인 '同과 東, 童', '道', '里'의 용례는 다음과 같다.

(1) [同[26]]

01 菊花同 국화동(1610책례 115ㄴ11)

---

26 同은 인명 표기에도 활발하게 쓰였다.

朱簾匠 朴欣福仇乙同(1610책례 174ㄴ08)

豆錫匠 洪業同(1610책례 175ㄱ02)

崔莌同(1719진연一 048ㄱ07)

裵夢同(1795원행五 004ㄱ07)

洪介同(1795원행附編四 028ㄱ05)

02 單袱二同[27] 홑보자기두동(1610책례 080ㄱ05)

03 同多欄 동다라니(1900영건B 107ㄱ04)

池時同(1795원행附編四 031ㄴ08)

趙雙同(1795원행附編四 032ㄱ01)

鄭福同(1795원행附編四 032ㄱ02)

崔三同(1795원행附編四 033ㄴ02)

金表同(1795원행附編四 033ㄴ03)

27 同은 의궤 자료에서 명사의 단위를 나타내는 데도 활발하게 쓰였다. (단위를 나타내는 명사의 종류는 〈한자 一〉 참조.)

① 피륙 50필을 한 묶음으로 세는 단위

單袱二同(1610책례 080ㄱ05)

行子布一同(1902진연二 092ㄱ11)

木綿十二同(1762가례下 054ㄱ12)

綿紬二同(1906가례一134ㄱ03)

布子三同(1906가례一134ㄱ04)

② 나무토막 1백 개를 한 묶음으로 세는 단위

楓木三同(1690책례 176ㄱ12)

杻炬一同(1721책례 240ㄱ03)

兵曹木十一同三十疋(1751책례 031ㄱ06)

③ 먹 10자루를 한 묶음으로 세는 단위

常墨一同(1759책례 042ㄴ02)

黃筆十六柄眞墨三同九丁(1721책례 109ㄴ12)

④ 붓 10자루를 한 묶음으로 세는 단위

黃筆三同(1812책례 050ㄴ01)

⑤ 볏짚, 약초, 풀 1백 단을 한 묶음으로 세는 단위

穀草一同(1610책례 100ㄴ10)

黃草一同(1610책례 152ㄱ07)

草飛乃三十六馱二同(1812책례 137ㄱ04)

⑥ 물고기 1천 마리 또는 2천 마리를 한 묶음으로 세는 단위

⑦ 미역 2천 5백 오리를 한 묶음으로 세는 단위

⑧ 새끼 1천 5백 발을 한 묶음으로 세는 단위

⑨ 꽁지 깃 1백 개를 한 묶음으로 세는 단위

04 同領 동정(1848진찬三 046ㄴ01)
05 同磨只刀 동마기도[칼](1727가례 275ㄱ09)
06 同發伊 동바리(1828진작二 022ㄴ03)
07 同發耳 동바리(1829진찬二 059ㄱ06)
08 同積貼 동적첩(1667영건 090ㄴ02)
09 同正 동정(1638가례 038ㄱ10
10 同丁 동정(1906가례一 178ㄱ07)
11 蒙同 몽동이(1610책례 051ㄴ10)
12 色同 색동(1902진연三 039ㄴ05)

(2) [東]
01 東串丁 동곶못(1748영건 118ㄱ03)
02 東子 동자(1830영건 040ㄴ04)
03 東海 동희(1671가례 174ㄴ11)

(3) [童]
01 菊花童 국화동(1610책례 066ㄴ12)
02 童介 동개(1866가례下 106ㄱ02)
03 童多繪 동다회(1706가례 169ㄴ03)
04 童發里 동바리(1819가례下 123ㄴ05)
05 童耳機 동귀틀(1830영건 051ㄱ01)
06 童乼 동줄(1802가례上 154ㄴ03)
07 小童子 소동자(1610책례 146ㄱ08)
08 小蒙童 소몽동(1667책례 060ㄴ01)

'童'은 '어리다'에서 의미 전이된 '짧다'를 나타내는 표기로 후행하는 기물의 모양을 한정짓는 구실을 한다. 왜냐하면 '童-'과 함께 쓰인 기물들은 '짧다'의 의미를 포함하기 때문인데, '童耳機 동귀틀(짧은 귀틀)', '童發里 동바리(짧은 기둥)', '童子柱 동자주(짧은 기둥)', '童大欄 동다라니(짧은 다라니)' 등이 그 예이다(김연주 2009a: 65).

또한 의궤의 차자 표기에서 童과 同, 東의 교체가 빈번하게 일어난다.

童	同	東
童串(1821국장四 015ㄱ005)	同串(1762가례上 092ㄱ08)	東串丁(1748영건 118ㄱ03)
童多繪(1706가례 169ㄴ03)	同多繪(1671가례 009ㄴ09)	東多繪(1744진연 097ㄴ08)
童大欄(1748영건 177ㄴ05)	同多欄(1830영건 040ㄱ04)	-
童道里(1627가례 030ㄴ03)	同道里(1667영건 099ㄴ02)	東道里(1681가례 143ㄱ08)
童發里(1819가례下 123ㄴ05)	同發耳(1829진찬二 059ㄱ06)	東發里 〈정순후원릉二 039ㄱ19〉
童耳機(1830영건 051ㄱ01)	同耳機(1900영건B 049ㄴ)	東歸機(1748영건 111ㄴ11)
童迲(1802가례上 154ㄴ03)	同迲(1784책례 193ㄴ10)	東迲(1819가례下 110ㄴ08)
童筒(1657영건 077ㄴ05)	同箇(1900영건A 121ㄱ06)	-
童筒壁楦(1647영건 077ㄴ05)	同介壁楦(1901영건 089ㄱ01)	-
小蒙童(1667책례 060ㄴ01)	小蒙同(1681가례 287ㄴ10)	-
菊花童(1762가례下 091ㄱ01)	菊花同(1681가례 240ㄱ09)	-

이들의 교체가 흔하게 나타나는 이유는 '同', '東'이 '童'과 음이 동일한 데서 온 혼용의 결과이다. 이처럼 의궤에서는 훈독자로 쓰인 자가 그 자와 음이 동일하거나 유사한 다른 자와 교체되어 쓰인 예가 종종 있는데, 이는 의궤의 차자에서 발견되는 표기상의 독특한 특징이라 할 만하다.

물굽셧가래	馬足椽	馬族椽
개판	盖板	開板
귀돌	隅石	遇石
동[구리]맛대야	銅味鐥	銅莫大也
막즈	磨子	亇子/莫子
부연	婦椽	付椽
새발쇠	鳥足鐵	鳥族鐵
전복복기	全鰒煮只	全鰒卜只

(4) [道](2.1.2.13 都多益 항 참조.)

(5) [里]

01 椵頭里 가두리(1900영건A 122ㄱ04)
02 加里木 가리목(1776추숭 195ㄱ02)
03 康達里 강다리(1901영건 074ㄱ10)
04 介古里 개고리(1800국장四 099ㄴ01)
05 巨里 거리(1677영건 013ㄱ02)
06 乫罟里 걸고리(1764영건 048ㄱ11)
07 鷄子多里 계자다리(1647영건 057ㄱ08)
08 古古里 고고리(1681가례 305ㄴ01)
09 高沙里 고사리(1795원행四 009ㄴ08)
10 金鍤沙里 김삽사리(1795원행附編四 030ㄱ05)
11 內亏里 안우리(1752영건 065ㄴ10)
12 多加里 다가리(1633영건 035ㄱ05)
13 㺚皮所百四十四乬里 달피바백사십사거리(1828진작二 022ㄴ04)
14 都干里 도가니(1873진작 002ㄱ03)
15 道里 도리(1832영건 071ㄱ11)
16 道里頭丁 도래두정(1667책례 080ㄴ02)
17 陶方文里 도[딜]방그리(1667영건 156ㄴ07)
18 豆里木 두리목(1681가례 315ㄱ06)
19 鑞染麻古里 납염마고리(1677영건 034ㄱ08)
20 李介夫里 이개부리(1690책례 143ㄴ10)
21 亇古里 마고리(1681가례 240ㄴ01)
22 莫古里 마고리(1610책례 148ㄱ10)
23 末里 마리(1677영건 037ㄱ04)
24 覓西里 멱서리(1795원행附編一 048ㄴ06)
25 樑道里 보도리(1832영건 097ㄴ11)
26 沙里 사리(1873진작 01ㄴ02)
27 西道里 서도리(1832영건 104ㄱ06)
28 小小條里 소소조리(1800국장二 170ㄴ03)
29 所湯隅里 바탕우리(1901영건 143ㄴ11)

30 東古里 속고리(1795원행四 040ㄱ12)
31 水箭巨里金釘 슈[물]통거리쇠못(1832영건 070ㄱ12)
32 禿味里 엇미리(1677영건 030ㄱ08)
33 禿尾里 엇미리(1830영건 093ㄴ12)
34 旺只道里 왕지도리(1900영건A 108ㄴ09)
35 牛毛加士乙里 우모가사리(1721책례 240ㄱ02)
36 鍮亐里 철[쇠]우리(1681가례 293ㄴ10)
37 銀豆古里 은두고리(1651책례 034ㄱ05)
38 銀豆仇里 은두구리(1681가례 288ㄱ06)
39 帳巨里金 장거리쇠(1873진작 036ㄴ10)
40 章道里 장도리(1676책례 037ㄱ12)
41 赤古里 져고리(1671가례 008ㄴ08)
42 簇頭里 족두리(1795원행四 049ㄱ10)
43 池涜沙里 지즛사리(1676책례 071ㄴ04)
44 吐里 토리(1828진작二 005ㄴ03)

위의 예를 보면 의궤 자료에서 '東'과 '同', '道', '里'는 주로 음차로만 쓰였음을 알 수 있다. 이 중 里는 [리] 음을 표기한다. 현재는 '동달이'로 남아 있지만 당시 언어 현실이 음절 경계를 정확하게 인식하지 못했음을 감안하면 현실음을 반영한 표기라 할 수 있다.

이상에서 同道里, 東道里, 童道里'를 분석한 결과는 다음과 같다.

(6) ① [동] : 東(음가자), 同(음가자), 童(음가자)
[다] : 道(음가자), 道(음가자), 道(음가자)
[리] : 里(음가자), 里(음가자), 里(음가자)

현재 '동달이'로 남아 있다. 동달이는 동음이의어로 '① 옛날 군복의 한 가지.(검은 두루마기에 붉은 소매를 달고, 뒷솔기를 텄다.) ② 군인의 등급(계급)에 따라 군복의 소매 끝에 가늘게 댄 선(줄). ③ 휘장의 아랫단에 댄 선(〈의궤용어〉)'등을 동시에 가리킨다. 따라서 정확한 의미는 문맥의 환경을 참조하여 밝힐 수 있다. 가령, 다음의 草綠同道里, 東道里는 ③의 뜻으로 쓰였음을 알 수 있다.

(1866가례上 181ㄱ02)腰彩輿　横杠馬木 擔䟺 艮衣
(1866가례上 181ㄱ03)圓環 紅輕光紬揮帳 **草綠同道里**回繩 蓋雨備裳雨備
(1906가례一277ㄱ02)同牢宴
(1906가례一277ㄱ03)紅眞漆饌案床二坐里〈紅水紬十二幅床巾**草綠同道里**具
二件曲水座面紙各具〉
(1667책례 024ㄱ03)腰輿一所入
(1667책례 024ㄱ04)蓋兒冒段八尺內塗青染擣鍊紙四張兩簷**東道里**草綠路洲紬
(1667책례 024ㄱ05)十尺多紅潞洲紬十尺纓子草綠潞洲紬全幅五分

15 [동정/동령]

同正(1638가례 038ㄱ10)

同領(1848진찬三 046ㄴ01)

同丁(1906가례一 178ㄱ07)

위 표기는 제2음절에서 '正 : 領 : 丁'의 대응 관계를 보인다. 먼저 의궤의 차자 표기에 쓰인 '同, 正, 領, 丁'의 용례는 다음과 같다.

(1) [同](2.1.2.14 同道里 항 참조.)

(2) [正](없음)

(3) [領](없음)

(4) [丁]
01 曲丁 곡정[곱못](1866가례下 110ㄱ01)

02 大三排目叉丁 대삼배목차정[큰삼배목비녀못](1830영건 067ㄴ12)
03 大鴨項丁 대압항정[큰오리목못](1830영건 068ㄱ08)
04 大鳥足粧飾丁 대조족장식정[큰새발장식못](1830영건 069ㄴ01)
05 朴只一寸丁 바기일촌정[한치못](1866가례下 087ㄱ03)
06 朴只中巨勿丁 바기거물정[못](1866가례下 088ㄴ12)
07 邊子丁 변자정[못](1677영건 061ㄴ10)
08 鼠目丁 서목정[쥐눈(이)못](1748영건 118ㄴ11)
09 鴨項丁 압항정[오리목못](1748영건 134ㄱ09)
10 五寸頭丁 오촌두정[다섯치머리못](1866가례下 088ㄱ03)
11 二寸丁 이촌정[두치못](1866가례下 111ㄱ12)

위 예를 보면 의궤 자료에서 '丁'은 대부분 '못'의 표기에 쓰인 것으로 나타난다.[28] 여기서는 이표기 관계에 있는 同正을 통해 음차로 쓰여 [정] 음을 표기하였음을 알 수 있다.

이상에서 '同正, 同領, 同丁'을 분석한 결과는 다음과 같다.

(5) ① [동] 同(음가자), 同(음가자), 同(음가자)
[정/령] 正(음가자), 領(음가자), 丁(음가자)
② 領 옷깃 령〈字會〉
護후領링○동졍〈譯語 下6a〉
東征, 동뎡.〈行用〉

'同正, 同領, 同丁'은 지금의 '동정'을 표기한 것이다. 동정은 '한복

28 '釘', '丁'은 의궤에서 대부분 '못'을 표기하는 데 쓰이지만, '乭-, 召-' 등에서는 [정] 음을 표기하기도 한다. 이표기 '乭錠'과의 대응을 고려하면 乭釘, 乭丁, 召釘, 召丁에서 釘, 丁은 음가자로 쓰여 [정] 음을 표기하였음을 확인할 수 있다. 물론 훈독자로 쓰인 용자가 음이 동일하거나 유사한 다른 자로 교체된 예가 있어 '錠'도 훈독자 '釘, 丁'에서 교체되어 쓰였을 가능성을 배제할 수는 없다. 하지만 '쫄정'이 '못'과는 거리가 있는 기물이므로 이때 '釘, 丁'은 음차로 보는 것이 적절하겠다(김연주 2009a: 171).

의 저고리 깃 위에 조붓하게 덧대어 꾸미는 하얀 헝겊 오리.'(〈표준〉)를 말한다.

東征〈行用吏文〉, 東政〈松南雜識(林氏本)〉, 東程 등으로도 표기하였지만 가례 관련 의궤에는 쓰이지 않았다.

16 [양이엄]

凉[29]耳掩(1802가례上 247ㄴ07)

의궤의 차자 표기에 쓰인 '凉, 耳, 掩'의 용례는 다음과 같다.

(1) [凉]

01 凉臺 양태(1906가례一 179ㄱ07)
02 凉盆 양푼(1866가례下 070ㄴ11)
03 凉太匠 양태장(1651가례 098ㄱ04)
04 凉板 양판(1812책례 100ㄱ12)

이엄이 '관복官服을 입을 때에 사모紗帽 밑에 쓰던, 모피로 된 방한구(〈표준〉)'임을 감안하면 凉耳掩에서 凉은 모피가 아닌 천으로 만든 것임을 강조하기 위해 선택된 것으로 보인다. 따라서 凉耳掩에서 凉은 음독자로 쓰여 [양] 음을 표기한다.

(2) [耳]

01 可(叱)耳 각귀(1633영건 051ㄱ01)
02 光耳 광이(1902진연二 091ㄴ08)
03 交窓耳釗 교창귀쇠(1900영건A 047ㄴ05)
04 大耳甘佐非 대[큰]귀감자비(1901영건 051ㄱ04)

---

29 凉은 涼(涼耳掩(1721책례 075ㄱ01))으로도 쓴다.

05 陶罐耳 도간이(1848진찬一 056ㄱ04)
06 乭迪耳 돌저(져)귀(1902진연三 001ㄴ02)
07 同發耳 동바리(1829진찬二 059ㄱ06)
08 蓮葉地臺耳座板 연잎지대귀좌판(1748영건 105ㄱ08)
09 上臺耳 상대귀(1748영건 105ㄱ08)
10 石耳雪只 석이설기(1873진작 001ㄱ08)
11 扇子椽耳累里介朴只 선자셧가래귀누리개바기(1748영건 114ㄴ12)
12 阿耳金 아리쇠(1828진작二 020ㄴ02)
13 軟耳朴只 연귀바기(1633영건 055ㄱ01)
14 鍮耳只 유[놋]구기(1706가례 014ㄴ05)
15 耳甘佐非 귀감자비(190영건1 051ㄱ04)
16 耳高柱 귀고주(1805영건 035ㄴ03)
17 耳曲釗 귀곱쇠(1906가례二 019ㄱ08)
18 耳機 귀틀(1832영건 067ㄴ09)
29 耳釗 귀쇠(1901영건 103ㄱ01)
20 耳只匠 구기장(1762가례上 073ㄴ02)
21 耳昌防 귀창방(1805영건 014ㄱ02)
22 耳限臺 귀한대(1901영건 073ㄴ12)
23 斫耳食 자괴밥(1834영건 082ㄴ01)

위 예를 보면 '耳'는 의궤의 차자 표기에서 대부분 훈차되었음을 알 수 있다.[30] 耳가 훈차로 쓰인 예는 더 있는데 '乭迪耳 돌저(져)귀(1866가례下 087ㄱ08), 童耳機 동귀틀(1748영건 115ㄴ07), 同歸機 동귀틀(1748영건 111ㄴ11), 欄干及耳朴只 난간밎귀바기(1748영건 144ㄱ06), 先作耳 션자귀(1633영건 042ㄴ10), 先佐耳 션자귀(1748영건 119ㄱ02), 扇子椽耳累里介朴只 선자연귀누리개바기(1748영건 114ㄴ12), 長耳機 장귀틀(1748영건

30 (2)에서 훈차로 쓰인 예 중 '각괴'를 표기한 '㓦耳, 脚耳, 加耳, 角耳, 刻耳, 假(叱)耳'를 보면 '耳'는 [이] 음을 나타낼 가능성이 있지만 입말에서는 '깍이'가 '까뀌'로 발음되고, 또 분철, 연철에 대한 표기자의 인식 정도를 고려해 보면, '耳'가 훈가자일 가능성이 크다.

115ㄴ08), 耳釗 귀쇠(1901영건 095ㄴ06), 耳機石 귀틀돌(1633영건 034ㄱ04), 鍮耳只 놋구기(1706가례 014ㄴ05)' 등을 들 수 있다.

반면, 음차로 이용된 예는 상대적으로 저조한 편이다. '耳'가 음차로 쓰인 예는 '廣耳'에서 확인할 수 있는데 이때 耳의 음·훈차 여부는 이표기 '大光伊(1667영건 111ㄱ03)'를 통해 확인된다.

(3) [掩](없음)

이상에서 '凉耳掩'를 분석한 결과는 다음과 같다.

(4) ① [양] : 凉(음가자)
[이] : 耳(음가자)
[엄] : 掩(음가자)
② 됴흔 돈피 이엄이오(貂鼠皮披肩)〈老下 46〉

가례 때 착용한 쓰개인 '양이엄'을 표기한 것이다. 양이엄[凉耳掩]은 이엄[31]과는 달리 모피가 아닌 천으로 만든다.[32] 양이엄은 양+이엄으로 분석되는데 이때 양凉은 이엄이 모피로 된 방한구임을 의식한 선택으로 보인다. 즉 양이엄은 가례 때 착용하고, 가례가 주로 3월과 10월에 거행되었음을 감안하면 凉은 毛耳掩(1651가례 017ㄴ07)의 毛와 반대의 의미를 담고 있음을 짐작해 볼 수 있다. 〈의궤용어〉에 따르면 인조장렬후가례仁祖壯烈后嘉禮부터 숙종인원후가례肅宗仁元后嘉禮까지는 상궁, 시녀, 유모가 모피를 댄 모이엄과 초피이엄을 썼으나 이후에는 양이엄[凉耳掩]으로 통일하여 썼다. 기행나인은 인

31 〈표준〉에는 이엄을 '관복官服을 입을 때에 사모紗帽 밑에 쓰던, 모피로 된 방한구. ≒모이엄.'으로 풀이하고 있으나 양이엄은 등재되어 있지 않다.

32 『국역국혼정례』(56)에서는 양이엄을 '모피가 아닌 천으로 만든 이엄'으로 풀이한다.

조장렬후가례仁祖壯烈后嘉禮부터 고종명성후가례高宗明成后嘉禮까지 모두 양이엄[凉耳掩]을 썼다.

이엄을 만드는 장인을 耳掩匠(1722책례 165ㄱ10)이라고 한다.

17 [양태]

凉臺(1906가례一 179ㄱ07)

凉太(1651가례 061ㄱ07)

위 표기는 제2음절에서 '臺 : 太'의 대응 관계를 보인다. 이들은 의궤에서 다음과 같이 쓰였다.

(1) [凉](2.1.2.16 凉耳掩 항 참조.)

(2) [臺]

01 臺椽 대들보(1667영건 102ㄴ06)
02 蓮葉地臺耳座板 연잎지대귀좌판(1748영건 105ㄱ08)
03 毛老臺 모로대(1610책례 126ㄱ05)
04 耳限臺 귀한대(1901영건 073ㄴ12)
05 墻臺石 장대석(1832영건 024ㄱ04)
06 足臺耳朴只二寸五分丁 족대귀바기두치오푼못(1748영건 130ㄱ03)
07 中朴桂蓮葉亐里臺 중박배연잎우리대(1900영건A 095ㄱ04)
08 地臺朴只一寸五分釘 지대바기한치오푼못(1677영건 040ㄴ10)
09 平交臺 평교딕(1764영건 058ㄱ03)

(3) [太]

01 多太 다대(1866가례上 152ㄱ01)
02 屯太 둔테(1819가례下 110ㄴ02)
03 小太甘伊 소태감이(1866가례上 151ㄴ09)

凉과 臺, 太는 모두 음차로 쓰여 [양]과 [태] 음을 표기한다. 이상에서 '凉臺', '凉太'를 분석한 결과는 다음과 같다.

(4) ① [양] : 凉(음가자), 凉(음가자)
[태] : 臺(음가자), 太(음가자)

'양태'를 표기하였다. 양태는 '갓모자의 밑 둘레 밖으로 둥글넓적하게 된 부분(〈표준〉)'을 이른다.

갓양태를 만드는 장인을 凉太匠(1651가례098ㄱ04)이라고 한다.

18 [민즙, 민즙, 민듭]

每楫(1638가례 040ㄴ04)

每緝(1638가례 033ㄱ02)

위 표기는 제2음절에서 '楫 : 緝'의 대응 관계를 보인다. 의궤의 차자 표기에 쓰인 '每, 楫, 緝'의 용례는 다음과 같다.

(1) [每]
01 別紋登每 별문등메(1882가례一 133ㄴ04)
02 乷只每佐非 얼기매자비(1901영건 274ㄴ12)

(2) [楫](없음)

(3) [緝](없음)

'每'와 '楫', '緝'은 전부 음차로 쓰여 [매]와 [듭] 음을 표기한다. 이상에서 '每楫, 每緝'을 분석한 결과는 다음과 같다.

(4) ① [ᄆᆡ] : 每(음가자), 每(음가자)
[ᄌᆞᆸ, 즙, 듭] : 楫(음가자), 緝(음가자)
② 流蘇 ᄆᆡᄌᆞᆸ〈四解 上40〉
流蘇 ᄆᆡ즙方勝兒四面ᄆᆡ즙〈譯語 上45〉
每緝 ᄆᆡ듭 絲繩之結處曰每緝 如流蘇之類〈行用〉
ᄆᆡ듭(扢搭)〈同文 上57〉

每楫, 每緝은 지금의 '매듭'을 이른다. 공조工曹와 상의원에 每緝匠(1627가례 128ㄱ11)을 두어 각종 의복의 매듭을 만드는 일을 맡아 하도록 하였다.

19 [몽두리]

蒙道里(1848진찬三 041ㄱ01)

의궤의 차자 표기에서 '蒙', '道', '里'는 다음과 같이 쓰였다.

(1) [蒙]
小蒙同 소몽동(1681가례 287ㄴ10)
小蒙童 소몽동(1667책례 060ㄴ01)

(2) [道](2.1.2.13 都多益 항 참조.)

(3) [里](2.1.2.1 加里麻 항 참조.)

'蒙', '道', '里'는 전부 음차로 쓰여 [몽]과 [두], [리] 음을 표기한다. 이상에서 '蒙道里'를 분석한 결과는 다음과 같다.

(4) ① [몽] : 蒙(음가자)

[두] : 道(음가자)
[리] : 里(음가자)

'몽두리'를 표기하였다. 몽두리는 동음이의어로 먼저 '조선 시대에, 궁중에서 기녀가 춤출 때에 입던 옷을 말한다. 보통 초록색 두루마기와 비슷한데, 어깨와 가슴에 수를 놓고 붉은 띠를 매었다. 또 여자가 얼굴을 가리기 위하여 쓰던 장옷(《표준》)'을 이르기도 한다. 『국역헌종무신진찬의궤』(三:178)에서는 蒙道里를 전통 한자음 그대로 '몽도리'로 읽고 '홍주의나 녹초삼 등에 비해 소매의 너비가 좁은 두루마기와 비슷한 형태의 춤출 때 입는 옷'이라 설명한다. 반면, 〈한자 三〉에서는 蒙頭里를 蒙頭衣③[33]과 같다고 하여 蒙頭里를 배자로 한정하는 풀이를 보인다.

'蒙頭衣'의 기록은 〈太宗實錄 卷23, 태종12년 6월 丁卯〉 부녀의 의관제도에 대한 사헌부의 상소에서 처음 나타난다. 신분에 따라 4품 이상의 정처에게는 노의, 5품 이하 정처에게는 장삼, 서인의 부녀나 상기上妓, 천녀賤女에게는 세저포몽두의細苧布蒙頭衣를 각각 착용하도록 하자는 것이었다.[34] 이처럼 몽두의는 궁궐 내외 하층계급의 부녀자 복식이었음을 알 수 있다. 이후 조선 후기에는 주로 궁중 기행나인騎行內人과 여령이 착용한 것으로 기록에 나타난다. 몽두리에 대한 의궤의 기록은 정미년(1847) 국혼과 동일한 규모와 절차를 따른 것으로 보이는 헌종과 경빈 김씨의 혼례 절차를 기록한 『順和宮嘉禮時節次』에는 가례에 참여하는 기행나인 4인의 복식으로 '홍몽

33 蒙頭衣: ① 무당이 굿을 할 때 입는 옷. 모양이 두루마기와 비슷하다. ② 장옷을 달리 이르는 말. 〈廣才物譜1, 人道部, 女〉蒙頭衣, 무루씨. 俗稱쟝옷. ③ 배자를 달리 이르는 말〈한자 三〉

34 自今宮女上妓外, 庶人婦女及從婢賤隷之服, 只用紬苧布蒙頭衣, 不許羅紗段子與笠帽襪裙; 上妓亦不許笠帽, 以別尊卑之等° (太宗 23卷, 12年 6月 14日)

도리' 1쌍과 '황몽도리' 1쌍이 표기되어 있다.

20 [겯/견마기]

傍莫只(1795원행四 100ㄱ01)

絹莫只(1887진찬二 004ㄴ11)

의궤의 차자 표기에서 '傍', '莫', '只'는 다음과 같이 쓰였다.

(1) [傍]

01 引傍石 인방석(1901영건 187ㄴ10)

(2) [絹]

01 藍熟絹(1651책례 054ㄱ14)

02 白熟絹(1651책례 016ㄴ07)

03 白杭洲絹(1706가례 169ㄱ06)

04 抗州絹(1718가례 203ㄱ02)

05 紫絹(1610책례 167ㄱ01)

06 漳州絹(1627가례 086ㄴ14)

07 黑絹(1718가례 013ㄴ12)

'傍'은 훈독자로, '絹'은 음가자로 쓰여 각각 [겯]과 [견] 음을 나타낸다. '絹-'는 '傍-'가 자음동화를 일으킨 현실음을 반영한 표기이다.

(3) [莫]

01 加莫金 가막쇠(1819가례上 146ㄱ08)

02 間莫只 간마기(1866가례下 124ㄱ01)

03 下莫只鐵 하막이쇠(1866가례下 006ㄱ08)

04 唐砂莫子 당사[사긔]막즈(1875상호 091ㄱ06)

05 兩邊莫古里 마고리(1800국장四 100ㄱ12)
06 莫古里鐵 마고리쇠(1800국장四 112ㄱ10)
07 莫伊次楸木 막이감추목(1819가례下 004ㄱ05)
08 莫子 막즈(1866가례下 011ㄴ05)
09 寶土莫 보토막(1800국장 四070ㄴ01)
10 本土莫 보토막(1776추숭 134ㄱ09)
11 夫莫沙 수막새(1651가례 077ㄴ05)

(4) [只](2.1.2.5 巨等(乙)只 항 참조.)

'莫'과 '只'는 음차로 쓰여 각각 [마]와 [기] 음을 나타낸다. '莫'은 말음 [ㄱ]이 후행 음절의 첫소리 'ㄱ'과 중첩되어 표기되었다.

이상에서 '傍莫只, 絹莫只'를 분석한 결과는 다음과 같다.

(5) ① [견/견] 傍(훈독자), 絹(음가자)
[마] 莫(음가자), 莫(음가자)
[기] 只(음가자), 只(음가자)
② 傍 견 방〈類合 下53〉
눍은 견마기 닙고 족도리 그어 쓰고〈癸丑 p.22〉

'견(견)마기'의 표기로 지금의 '곁마기'를 뜻한다. 곁마기는 '① 여자가 예복으로 입던 저고리의 하나, 연두나 노랑 바탕에 자줏빛으로 겨드랑이, 깃, 고름, 끝동을 단다. ② 저고리 겨드랑 안쪽에 자줏빛으로 덧댄 헝겊(《표준》)'을 뜻한다. 裌隔音[35]〈世宗實錄〉, 絹莫伊[36]〈四禮便覽〉, 肩莫只〈順和宮嘉禮時節次〉로도 표기하지만 가례 관련 의궤 자료에는 보이지 않는다.

35 〈한자〉(四:53)에는 '겹막음'으로 읽고, '겹저고리의 한 가지'로 풀이하였다.
36 오창명(1997:53)에서는 絹莫只의 다른 표기인 絹莫伊에 대해 음이 '견막이'이지만 '겻마기〉곁막이'의 현실음을 반영한 표기라고 풀이하였다.

한편 『국역정해진찬의궤』(298)에서는 緋莫只(1887진찬二 004ㄴ11)를 '비단마기'로 읽고, '마기는 마개, 아가리나 구멍 따위에 끼워서 막는 물건'이라 풀이하였는데 '緋'을 훈독자로 읽기보다는 '傍-'이 자음동화를 일으킨 현실음을 반영한 표기로 보는 것이 적절하겠다.

21 [방올]

方兀(1866가례上 139ㄴ02)

方乭(1719진연二 017ㄴ09)

위 표기는 제2음절의 '兀 : 乭'의 대응 관계를 보인다. 의궤의 차자 표기에 쓰인 '方'과 '兀', '乭'의 용례는 다음과 같다.

(1) [方]

01 袈方 덧방(1752영건 077ㄴ01)
02 姜方阿金 강방아쇠(1795원행五 005ㄱ11)
03 乫方木 걸방목(1667영건 016ㄱ01)
04 短引方 단인방(1764영건 090ㄱ06)
05 方亇赤 방마치(1795원행附編一 049ㄴ02)
06 方文里 방그리(1795원행四 040ㄱ10)
07 散方 산방(1748영건 120ㄴ09)
08 中方 중방(1764영건 076ㄱ03)
09 昌方 창방(1752영건 072ㄴ01)
10 畵引方 화인방(1764영건 057ㄱ06)

(2) [兀](2.1.2.9 羅兀 항 참조.)

(3) [乭]

01 乭郞 오랑(1690책례 127ㄴ10)
02 乭郞匠 오랑장(1690책례 144ㄱ08)

03 蔡乭太 채올태(1690책례 117ㄴ02)

'方'과 '兀', '乭'은 모두 음차로 쓰여 [방]과 [올] 음을 표기한다. 이상에서 '方兀, 方乭'을 분석한 결과는 다음과 같다.

(4) ① [방] : 方(음가자), 方(음가자)
[올] : 兀(음가자), 乭(음가자)
② 鈴은 방오리라〈月十七 60〉
방올령(鈴)〈字會 中16〉
방울(鈴)〈漢淸 121b〉
보비옛 바오리 溫和히 울며〈석十三 24〉

'방올'은 '얇은 쇠붙이를 속이 비도록 동그랗게 만들어 그 속에 단단한 물건을 넣어서 흔들면 소리가 나는 물건(〈표준〉)'을 이르지만, 의궤 자료에서는 대부분 多繪, 落纓, 纓子 등에 부속된 장식을 가리킨다.

纓子方兀(1866가례上 139ㄴ02)
落纓方乭次去核綿花(1719진연二 017ㄴ09)
紅眞絲多繪方兀(1819가례下 051ㄴ11)

22 [볼시]

乶只(1627가례 048ㄱ03)
乶裡(1702가례 087ㄴ10)
甫乙裡(1681가례 088ㄴ01)
甫乙裏(1638가례 030ㄱ12)
乶裏(1638가례0 32ㄱ12)
甫乙只(1627가례 061ㄴ05)

위 표기는 제1음절의 '乶 : 甫乙'의 대응 관계와 제2음절의 '只 : 裡 : 裏 : 只'의 대응 관계를 보인다. 먼저 의궤의 차자 표기에서 '乶', '甫乙'은 다음과 같이 쓰였다.

(1) [乶]

01 占乶 졈볼(1690책례 119ㄱ10)

'乶'은 '甫'와 '乙'의 상하합자인 고유한자[37]로 [볼] 음을 나타낸다. 여기서 '乙'은 음절말 표기자로 쓰였는데, 의궤 자료에서 보이는 음절말 표기자는 다음과 같은 것이 있다.

용자		독음	용례
① 乙[ㄹ]	乬	걸	乬鉅匠(1873진작61ㄱ03)
	[扌+乬]	걸	[扌+乬]介(1828진작二 021ㄴ04)
	[䜌+乬]	걸	中沙[䜌+乬]金(1877진찬一 052ㄱ05)
	道(乙)	돌	大道(乙)迪耳(1681가례 336ㄱ12)
	乭	돌	乭迪耳(1877진찬一 053ㄱ12)
	乫	갈	乫非(1873진작 007ㄱ02)
	[金+乷]	섥	[金+乷]金(1759책례 099ㄴ08)
	乼	쫄	乼釘(1901책봉 078ㄴ01)
	乻	얼	輂後乻只三甲繩(1706가례 207ㄱ02)
	末(乙)	말	末乙木(1667책례 051ㄱ07)
	去(乙)	걸	護匣後去乙皮(1762가례下 005ㄴ11)
	乎(乙)	올	正鍊爲乎乙(1748영건 191ㄱ03)
	[其+乙]	길	[其+乙]音鐵板(1878국장四 077ㄴ12)
② 叱[ㅅ]	[加+叱]	덕(덧)	金[加+叱]金(1667책례 097ㄴ12)
	[付+叱]/付叱	붓	[付+叱]朴只鎖鑰(1866가례하 087ㄱ11)
	可(叱)	각	可(叱)耳(1633영건 051ㄱ01)
	芿(叱)	넉	芿(叱)子(1748영건 074ㄱ01)
③ 音[ㅁ]	照音	조임	照音菊花童(1819가례하 015ㄱ07)

37 이러한 조자 방법은 훈민정음 창제 이후에 형성된 것으로 고유어를 표기하는 데 종성을 정확하게 표기하려는 노력과 고심이 잘 나타나 있다(김종훈 1992: 57).

	非只音	비김	非只音白馬皮(1829진찬二 010ㄴ08)
	訥非音	누임	訥非音(1681가례 205ㄴ06)
	於音	누름	於音釘(국장1800四 104ㄱ05)
	汗音	씸	汗音黃銀(1866가례하 010ㄱ11)
	好音	홈	好音金(1633영건 031ㄴ05)
	流音	흐름	三面上流音(1764영건 046ㄴ04)
④ 應[ㅇ]	所應	송	所應伊(1719진연二 053ㄴ11)
	德應	덩	德應房(1706가례 219ㄴ06)
⑤ ㄱ[ㄱ]	巪	걱	鍮周巪(1819가례하 047ㄱ04)
	恪	각	恪耳(1834영건 094ㅇ04)

①~④는 한자가 음절말 표기자로 쓰인 경우이고, ⑤는 한글 자음이 음절말 표기자로 쓰인 예이다. 이 중 '乙'을 제외하고는 그 쓰임이 미미한 편이다. '音'은 명사형인 경우에만 나타나기 때문에 말음 표기라기보다는 명사형 어미의 표기로 간주된다. '只[ㄱ], 隱[ㄴ], 邑[ㅂ], 次[ㅈ]' 등이 향가, 이두, 구결, 고유명사 표기에 활발하게 쓰였음을 감안하면 이는 차자 표기의 단순화를 반영한 것으로 파악할 수 있다. 즉 중세 이전의 차자 표기에 비해 근대 한국어 시기의 자료인 의궤 자료의 표기에서는 차자가 단순화한 차자 표기의 변화로 해석할 수 있다(김연주 2009a: 177).

(2) [甫乙]

'甫乙'은 상하합자된 '乶'을 분리하여 표기한 경우로 의궤에는 이러한 예가 더러 보인다. 다음은 의궤 자료에서 상하합자가 분리되어 표기된 예이다.

합자 표기	분리 표기
大乬釗(1900영건A 036ㄱ06)	擧乙金(1633영건 072ㄱ02)
乬鎖(1633영건 069ㄱ04)	巨乙金(1633영건 031ㄴ08)
玉乷古(1866가례下 070ㄱ01)	沙乙尾(1720혼전 139ㄴ10)

乭釘(1764영건 019ㄱ03)	召乙丁(1677영건 014ㄱ05)
乼迪耳(1901영건 102ㄴ01)	石乙赤耳(1748영건 117ㄱ11)
豆錫付(叱)朴只鎖鑰(1900영건A 084ㄴ07)	大付叱朴只鎖鑰(1830영건 069ㄴ10)
西吉(1866가례下 105ㄴ05)	西土乙(1633영건 009ㄱ04)
擔圭(1878국장二 017ㄴ02)	注乙(1638가례 129ㄱ03)
笁只(1906가례二 017ㄴ03)	葦後於乙只三甲繩(1706가례 207ㄱ02)

물론 의궤가 표기자가 여럿이라는 표기상의 특징과 개인의 표기 습관을 감안하면 합자 표기와 분리 표기의 구분은 쉽지 않다. 상하 합자라는 인식을 한 표기와 독립된 두 자가 분명해 보이는 표기의 구분은 시각에 의존한 자의적인 해석에 바탕을 두기 때문에 구분이 명확하지는 않다.

제2음절의 이표기 대응은 '只', '裡', '裏'이다. 이들 용자가 쓰인 용례는 다음과 같다.

(3) [只](2.1.2.5 巨等(乙)只 항 참조.)

(4) [裡]
01 貼裡 철릭(1718가례 012ㄴ02)
02 裌裡衣 겹니의(1690책례 A 010ㄴ05)

(5) [裏]
01 裌裏衣 겹니의(1866가례上 264ㄴ11)
02 裌赤古裏 겹저고리(1638가례 033ㄱ01)
03 帖裏 철릭(1718가례 117ㄴ05)

위 예를 보면 '裡'와 '裏'는 주로 [릭], [니], [리] 음 표기에 쓰였다. 따라서 [찌] 음 표기에 '裡', '裏'가 쓰인 것은 매우 이례적이라 할 수 있다. 裡, 裏의 독음이 '리'이므로 [리] 음 표기일 가능성이 우선 제기되지만 옛 문헌 자료에서 '볼리'를 찾을 수 없고, 乶只, 乶裡, 甫乙裡, 甫乙裏, 乶裏, 甫乙只가 출현하는 문맥적 환경이 동일하다는 점과 현대 한국어에 '볼끼'로 남아 있는 점을 감안하여 이들의 재구음을 [끼]로 추정한다.

이상에서 '乶只, 乶裡, 甫乙裡, 甫乙裏, 乶裏, 甫乙只'를 분석한 결과는 다음과 같다.

(6) ① [볼] : 乶(음가자), 乶(음가자), 甫乙(음가자) 甫乙(음가자), 乶(음가자), 甫乙(음가자)
[끼] : 只(음가자), 裡(음가자), 裡(음가자), 裏(음가자), 裏(음가자), 只(음가자)
② 皮馬虎 볼끼 女腦包 계집의 볼끼〈漢淸 11〉
遮쟈臉皮 볼끼○마후〈同文, 上55〉
遮쟈臉련皮피○볼끼〈譯語補, 28ㄱ〉

볼끼(〉볼끼)의 표기이다. 볼끼는 '예전에, 겨울에 쓰던 방한구의 하나로 털가죽이나 솜을 둔 헝겊 조각을 갸름하게 접어서 만든 것이다. 두 뺨을 얼러 싸서 머리 위에서 잡아매어 추위를 막는다(〈표준〉).'

그런데 다음을 보면 乶只가 동음이의어임을 알 수 있다.

大膳二床每床(1906가례上 289ㄴ05)
猪二首(1906가례上 289ㄴ06)
牛後脚兩隻〈乶只並付〉(1906가례上 289ㄴ07)
鴨子二首(1906가례上 289ㄴ08)
乶只十二隻半(1719진연二 075ㄴ07)

위의 乶只는 '궁둥이의 살이 두툼한 부분을 이르는 볼기(〈한자一〉)'를 표기한 것이다. 따라서 乶只는 방한구와 궁둥이살을 동시에 가리키는 동음이의어다. 다만 볼기살을 가리킬 때는 '乶只'가 일관되게 쓰인 것으로 나타난다.

23 [뒷발막]

北分土(1721책례 046ㄴ10)

後分土(1722책례 217ㄱ07)

北分吐(1721책례 160ㄴ12)

위 표기는 제1음절의 '北 : 後'와 제3음절의 '土 : 吐'의 대응 관계를 보인다. 먼저 의궤의 차자 표기에 쓰인 '北'과 '後'의 용례는 다음과 같다.

(1) [北]

01 銅北甁 동북병(1721책례 146ㄱ11)
02 銅北鐥 동뒷대야(1706가례 013ㄴ09)
03 銅北甑 동북증(1706가례 257ㄱ01)
04 北間 뒷간(1805영건 029ㄴ01)
05 北裵次 뒤축싸개감(1706가례 176ㄱ04)
06 北鞋 북혜(1706가례 076ㄱ05)

(2) [後]

01 輦後於乙只 연후[뒤]얼기(1706가례 207ㄱ02)
02 五色後垂緞 오색후수단(1819가례上 175ㄴ05)
03 後鑾鎖 뒤걸쇄(1819가례下 133ㄴ10)
04 後機 뒤틀(변기)(1819가례下 125ㄱ10)
05 後朴只油紙 후[뒤]바기유지(1866가례上 156ㄱ04)
06 後褙次紅扇子紙 뒷배감홍선자지(1866가례下 053ㄴ09)
07 後赤貼 후[뒤]적첩(1866가례下 090ㄴ05)

'北'과 '後'는 훈독자로 쓰여 둘 다 [뒤] 음을 표기한다. 北의 [뒤] 음 표기는 北分土의 다른 표기인 後分土를 통해 확인할 수 있다.

(3) [分]
01 朴只八分釘 바기여덟푼못(1877진찬二 011ㄴ01)
02 分閤 분합(1633영건 044ㄱ01)
03 一寸五分釘 한치다섯푼못(1901영건 094ㄴ09)
04 紫的絲一分 자적사일푼(1610책례 066ㄴ05)

의궤 자료에서 分은 주로 길이를 재는 단위로 쓰여 [푼] 음을 나타낸다.

제3음절의 '土'와 '吐'는 의궤의 차자 표기에서 다음과 같이 쓰였다.

(4) [土](2.1.2.1 甘土 항 참조.)

(5) [吐](2.1.2.13 都多益 항 참조.)

이상에서 '北分土, 後分土, 北分吐'를 분석한 결과는 다음과 같다.

(6) ① [뒷] : 北(훈독자), 後(훈독자), 北(훈독자)
[발] : 分(음가자), 分(음가자), 分(음가자)
[막] : 土(음가자), 土(음가자), 吐(음가자)

'뒷발막'의 표기이다. 뒷발막은 뒷+발막의 구조로 '뒤축과 코에 꿰맨 솔기가 없으며, 코끝을 넓적하게 하여 거기에 가죽 조각을 대고 흰 분칠을 한, 예전에 흔히 잘사는 집의 노인이 신었던 마른신(《표준》)'을 가리키는 '발막'에 '뒤'가 앞서 의미를 분화시켰다. '뒷발막'은 '남자 가죽신의 하나로 뒤는 발막처럼 솔기가 없고 앞은 사

짜신처럼 생겼다(〈표준〉)'

다른 표기로 後分土(1744경모 55ㄱ12)가 있으며, 分土는 分套〈太宗實錄33 17년 5월〉, 分套鞋〈太宗實錄12 6월11일〉로도 표기한다.

24 [비두리]

飛頭履(1902진연圖式 072ㄱ)

의궤의 차자 표기에서 '飛', '頭', '履'는 다음과 같이 쓰였다.

(1) [飛](2.1.2.10 訥飛 항 참조.)

(2) [頭](2.1.2.1 甘土 항 참조.)

(3) [履](없음)

'飛', '頭', '履'는 모두 음차로 쓰여 [비], [두], [리] 음을 표기한다. 이상에서 '飛頭履'를 분석한 결과는 다음과 같다.

(4) ① [비] : 飛(음가자)
[두] : 頭(음가자)
[리] : 履(음독자)

'비두리'는 '궁중 무용인 춘앵전春鶯囀을 추는 여기女妓가 신는 신의 한 가지(〈한자 四〉)'를 일컫는다.

飛頭履

25 [빗츠개]

梳次介(1718가례 114ㄴ01)

梳次箇(1882가례一 037ㄴ04)

위 표기는 제3음절의 '介 : 箇'의 대응 관계를 보인다. 다음은 의궤의 차자 표기에 쓰인 '梳', '次', '介'와 '箇'의 용례이다.

(1) [梳]

01 木梳 목소(1627가례 045ㄴ09)

02 木梳匠 목소장(1671가례 139ㄴ08)

03 梳貼 소첩(1627가례 045ㄴ09)

04 竹梳 죽소(1627가례 045ㄴ09)

(2) [次]

01 質次白鼎紬 바탕감백정주(1866가례下 004ㄴ08)

02 次之 추지(1762가례下 066ㄱ02)

(3) [介](2.1.2.8 求尾介 항 참조.)

(4) [箇]

01 箇湯 개탕(1667영건 091ㄱ12)

02 累里箇 누리개(1752영건 077ㄴ04)

03 同箇甘佐非 동개감자비(1900영건B 121ㄱ06)

04 銅末飛箇 구리마늘개(1900영건B 095ㄱ07)

'介'와 '箇'는 둘 다 음차로 쓰여 [개] 음을 표기한다. 다음을 보면 의궤의 차자 표기에서 '介'와 '箇'의 교체 현상은 흔하게 나타난다.

介	箇
梳次介(1718가례 114ㄴ01)	梳次箇(1882가례一 037ㄴ04)
累里介(1832영건 067ㄴ06)	累里箇(1752영건 077ㄴ04)
同介壁楦(1901영건 089ㄱ01)	童筒壁楦(1647영건 077ㄴ05)
同介甘佐非(1900영건B 117ㄱ02)	同箇甘佐非(1900영건B 121ㄱ06)
銅亇飛介(1671가례 209ㄱ06)	銅末飛箇(1900영건B 095ㄱ01)
箇湯(1667영건 091ㄱ12)	介蕩(1677영건 033ㄱ01)

이상을 종합하면 '梳'는 훈차로 '次', '介', '箇'는 모두 음차로 쓰여 [빗]과 [츠], [개], [개] 음을 나타낸다.

이상에서 '梳次介', '梳次箇'를 분석한 결과는 다음과 같다.

(5) ① [빗] : 梳(훈독자), 梳(훈독자)
[츠] : 次(음가자), 次(음가자)
[개] : 介(음가자), 箇(음가자)
② 蓖 빗츠개〈物譜 服飾〉

지금의 '빗치개'로 '빗살 틈에 낀 때를 빼거나 가르마를 타는 데 쓰는 도구를 이른다. 뿔, 뼈, 쇠붙이 따위로 만들며 한쪽 끝은 얇고 둥글고 다른 한쪽 끝은 가늘고 뾰족하다.(《표준》)' 다음을 보면 왕비의 혼례 예물 중 빗접[梳貼] 안에 나무빗[木梳] 3개, 대나무빗[竹梳] 3개, 돼지털로 만든 솔[猪毛省] 1개와 함께 빗치개[梳次介/梳次箇] 1개를 넣어서 보낸 것으로 기록하고 있다.

梳貼一部(1906가례一 037ㄱ12)
大梳三箇(1906가례一 037ㄴ01)
竹梳三箇(1906가례一 037ㄴ02)
猪毛省一箇(1906가례一 037ㄴ03)
梳次介一箇(1906가례一 037ㄴ04)

唐朱紅柒梳貼函一部(1906가례一 037ㄴ05)

26 [빗뎝]

梳貼(1690책례 011ㄱ09)

위 표기는 의궤 자료에서 다음과 같이 쓰였다.

(1) [梳](2.1.2.25 梳次介 항 참조.)

(2) [貼]
01 大貼 대텹(1627가례 117ㄴ04)
02 大貼金 대텹쇠(1832영건 092ㄴ04)
03 大貼小累 대텹소로(1805영건 023ㄴ05)
04 沙貼是 사[사긔]뎝시(1610책례 173ㄴ10)
05 仰帳貼朴只召丁 수장붓바기쫄정(1748영건 099ㄱ12)
06 粧餙接貼 장식적첩(1610책례 066ㄴ12)
07 積貼 적첩(1627가례 030ㄴ14)
08 赤貼 적첩(1627가례 055ㄴ14)
09 貼匙 뎝시(1681가례 096ㄴ12)
10 衣香七貼 의향일곱접(1751책례 070ㄱ10)

'梳'는 훈차로 쓰여 [빗] 음을, '貼'은 음차로 쓰여 [뎝] 음을 표기한다. 이상에서 '梳貼'을 분석한 결과는 다음과 같다.

(3) ① [빗] : 梳(훈독자)
[뎝] : 貼(음가자)
② 빗뎝이며 세숫 믈이며〈家언 五20〉
梳 빗소〈백련 40〉
貼 톰바돌텹〈字會〉

지금의 '빗접'을 표기하였다. 빗접은 빗+접의 구조로 이루어진 합성어로 '빗, 빗솔, 빗치개와 같이 머리를 빗는 데 쓰는 물건을 넣어 두는 도구를 이른다. 흔히 창호지 따위를 여러 겹 붙여 기름에 결어서 만든 것과 나무로 짜서 만든 것이 있다.(〈표준〉)' 梳貼에 다양한 요소가 와서 종류를 분화시키는 구실을 한다.

倭朱紅漆梳貼函(1866가례上 028ㄱ03)
黑眞漆梳貼函(1866가례上 048ㄱ01)
黑漆梳貼函(1866가례上 132ㄱ03)
唐朱紅柒梳貼函(1906가례一 037ㄴ05)

한편, 〈표준〉에서는 빗접을 소함과 같다고 풀이하고 있다. 그런데 다음을 보면 의궤 자료에는 빗접과 소함이 나란히 기재되고 있어 이 둘은 서로 다른 기물임이 분명하다. 다만, 어느 시기에 이 둘은 변별이 되어 쓰이다가 후대로 오면서 통합이 되었을 가능성이 있다. 따라서 의궤가 작성되던 시기에는 이 둘의 구분이 명확했던 것으로 보인다.

梳函(1706가례 010ㄱ01)
梳貼(1706가례 008ㄱ05)
梳貼(1671가례 007ㄴ06)
袂梳函(1671가례 007ㄴ12)

梳貼一部 內資寺(1762가례下 015ㄱ06)
木梳三箇(1762가례下 015ㄱ07)
竹梳三箇(1762가례下 015ㄱ08)
猪毛省一箇(1762가례下 015ㄱ09)
梳次介一箇(1762가례下 015ㄱ10)
黑漆梳函一部以上工曹(1762가례下 015ㄱ11)

梳貼一部 內資寺(1762가례下 016ㄱ06)
木梳三箇(1762가례下 016ㄱ07)
竹梳三箇(1762가례下 016ㄱ08)
梳次介一箇(1762가례下 016ㄱ09)
猪毛省一箇(1762가례下 016ㄱ10)
黑漆梳函一部以上工曹(1762가례下 016ㄱ11)

27 [슈[머리]사기]

首紗只(1638가례 032ㄱ02)
首沙只(1638가례 030ㄴ01)

위 표기는 제2음절의 '紗 : 沙'의 대응 관계를 보인다. 먼저 의궤의 차자 표기에 쓰인 '首'의 용례는 다음과 같다.

(1) [首]
01 首波椽 수파연(1832영건 095ㄴ03)

'首'는 훈독자와 동시에 음독자로 쓰였을 가능성이 있다. 서로 다른 구어口語를 반영했다 하더라도 표기는 하나이기 때문에 해독이 그리 간단치가 않다. 표기 자체만으로는 그것이 어떤 음의 표기이며 무엇을 나타낸 것인지 단정짓기 곤란하기 때문이다. 따라서 [마리>머리]를 표기하였거나, [슈] 음을 표기했을 가능성이 있다.[38]

제2음절의 이표기 대응은 '沙'와 '紗'이다. 이들 용자가 쓰인 용례는 다음과 같다.

38 자세한 내용은 (2.1.2.37 割衣 항 참조) 참조.

(2) [沙]

01 高沙里 고사리(1795원행四 009ㄴ08)
02 金錨沙里 김삽사리(1795원행附編四 030ㄱ05)
03 木麵二十沙里 목면이십사리(1873진작 001ㄴ02)
04 乬沙 걸쇠(1652영건 069ㄱ09)
05 茶沙鉢 차사발(1751책례 086ㄱ09)
06 鑞染沙瑟 납염사슬(1900영건B 120ㄴ10)
07 夫莫沙 수막새(1651가례 077ㄴ05)
08 沙大貼 사[사긔]대텹(1690책례 101ㄴ05)
09 沙莫子 사[사긔]막ᄌ(1667책례 088ㄴ12)
10 沙盆兒 사[사긔]푼ᄌ(1858영건 124ㄱ01)
11 沙� 사슬(1690책례 174ㄴ08)
12 沙魚皮 상어피[껍질](1827진작二 004ㄴ03)
13 沙用 새용(1690책례 040ㄴ02)
14 沙磁碗 사[사긔]자완(1667책례 032ㄴ04)
15 沙鍾子 사[사긔]죵ᄌ(1706가례 184ㄴ09)
16 沙唾口 사[사긔]타구(1690책례 040ㄱ10)
17 牛毛加沙里 우모가사리(1866가례上 142ㄴ09)
18 中沙乬金 중사걸쇠(1866가례下 130ㄴ03)

(3) [紗]

紗大貼 사[사긔]대텹(1690책례 133ㄱ05)
紗帽巨里 사모거리(1866가례下 108ㄴ10)
紗帽機 사모기[틀](1812책례 100ㄴ10)
紗盆子 사[사긔]픈ᄌ(1690책례 132ㄴ10)
裌面紗 겹면사(1802가례上 238ㄴ01)

(4) [只](2.1.2.5 巨等(乙)只 항 참조.)

'沙', '紗', '只'는 모두 음차로 쓰여 [사], [사], [기] 음을 표기한다. 이상에서 首紗只, 首沙只를 분석한 결과는 다음과 같다.

(5) ① [머리/슈] : 首(훈/음독자), 首(훈/음독자)
[사] : 紗(음가자), 沙(음가자)
[기] : 只(음가자), 只(음가자)
② 首 마리 슈〈字會 上13〉

流蘇

'슈[머리]사기'는 기존 연구에서 대체로 동일한 해석을 보인다. 먼저 〈의궤용어〉에서는 여자나 무동녀舞童女 등이 사용하는 댕기와 유사한 장식품으로 풀이하였다. 오창명(1997: 43)에서는 '여자의 머리 따위에 장식으로 다는 것'으로 댕기와 유사[39]하다고 보았고, 〈한자〉에서는 首沙只를 수사기로 읽고 '댕기'로 설명한다. 뿐만 아니라 음악용어사전류에서도 수사기를 댕기로 설명하고 있다.[40]

---

39 오창명(1997:43)에서는 '머리사기'가 댕기와 유사하다고 설명하면서, 〈한자〉에서 首沙只를 '수사지'로 읽고, '댕기'의 뜻으로 풀이한 것은 잘못이라고 지적하고 있어, 기존의 풀이와는 다른 견해를 보인다.

40 (1) 수사기 : 유소流蘇의 속칭. 일명 유소. 유소는 자초(紫綃: 자주색 명주)로 만들고, 금화문(金花紋: 금 꽃무늬)을 박는데 모두 여덟 가닥이다. 수사지는 정전예연正殿禮宴에 참여하는 여기女妓의 복식에 나온다. 마리사기라고 읽는 수사지는 금박을 찍은 일종의 댕기이다. 『樂學軌範』(1493) 卷9 여기복식女妓服飾에 의하면, 수사지는 유소의 속칭이다. 연소기는 금차(金: 금비녀)를 빼고 칠보대요七寶臺腰를 머리에 쓰고 자흑초紫黑綃의 수사지를 드린다.(『악학궤범용어총람』)

(2) 유소流蘇 : 속칭 수사지. ① 당악정재唐樂呈才에 쓰인 복식의 한 장식품. 『樂學軌範』(1493) 卷8 및 卷9에 의하면, 머리 장식품의 일종인 유소는 자색紫色 비단의 여덟 가닥으로 제조됐고, 가락 위에 금꽃 무늬를 찍었다. 이 장식품은 연화대蓮花臺 춤에서 사용됐다. 즉 여기복식女妓服飾의 유소는 자초(紫綃: 자주색 명주)로 만들고, 금화문(金花紋: 금 꽃무늬)을 박는데 모두 여덟 가닥이다. ② 악기의 틀에 달린 장식품의 일종. 일명 색사유소色絲流蘇. 『樂學軌範』 卷6에 의하면, 편종編鍾의 동용두銅龍頭나

이상의 논의를 종합하면 首沙只는 머리를 장식하는 금박을 찍은 댕기의 일종으로 우리말 슈[머리]사기를 표기하였음을 알 수 있다.

28 [수울]

垂兀(1906가례二 009ㄴ06)

愁兀(1736책례 068ㄴ09)

위 표기는 제1음절에서 '垂 : 愁'의 대응 관계를 보인다. 의궤의 차자 표기에 쓰인 '垂'와 '愁', '兀'의 용례는 다음과 같다.

(1) [垂]

01 垂音 드림(1795원행四 049ㄱ07)

건고의 용간龍竿에 매달아 떨어뜨려 놓은 목개아木蓋兒의 겉을 꾸민 장식품이 유소이다. 이 유소는 여러 색깔의 실로 목개아의 겉을 장식했다. 즉 건고建鼓의 네 모서리에는 용간龍干이 여섯 개 있어 모두 입에 유소를 물고, 그 둥근 구슬은 오색 깃으로 장식한다.(『악학궤범용어총람』)

(3) 유소 : 유소는 머리를 장식하는 일종의 댕기이다. 원래 유소는 깃발이나 가마 등을 장식하는 술을 의미하지만, 여기서는 머리를 장식하는 끈을 의미한다. 따라서 한자로는 유소라 기록하면서도 일반적으로는 '머리사기[首沙只]'라고 불리웠다. 『樂學軌範』 卷8에 기록된 연화대 동녀의 유소는 성년식을 치르지 않아 머리를 길게 땋아 내린 여기[被髮妓]의 머리를 장식하는 댕기의 일종이다. 붉은색으로 만들었고 길이가 상대적으로 짧다. 자주색 비단에 금박무늬를 찍어 화려하게 머리 뒤쪽에 드리우는데, 23척 2촌, 즉 11m가 넘는 긴 끈을 반으로 접고 또 다시 반으로 접고 또 다시 반으로 접어서 8가닥으로 만들었다. 『樂學軌範』 9卷에 기록된 여기女妓의 유소는 구조는 비슷하나 자주색으로 만들었다는 점이 다르다. 붉은 비단에 금박무늬를 찍어 화려하게 머리 뒤쪽에 드리우는데, 16척 8촌, 즉 8m가 넘는 긴 끈을 반으로 접고 또 다시 반으로 접고 또 다시 반으로 접어서 8가닥으로 만들었다. 위쪽의 무늬없는 붉은 색 끈 2가닥은 머리채에 묶어 고정시키는 부분이다.(문화콘텐츠닷컴)

02 後垂段 후수단(1751책례 060ㄱ09)

(2) [愁]
01 李愁古里 이수고리(1676책례 057ㄴ01)

(3) [兀](2.1.2.9 羅兀 항 참조.)

'垂', '愁'와 '兀'은 모두 음차로 쓰여 [수]와 [울] 음을 표기한다. 이상에서 '垂兀', '愁兀'을 분석한 결과는 다음과 같다.

(4) ① [수] : 垂(음가자), 愁(음가자)
[울] : 兀(음가자), 兀(음가자)
② 수울(總子)〈譯補 28〉〈同文 上57〉
수ᅀᅳ 슈(縌)〈字會 中23〉
수ᅀᅳ 사다가〈朴초 上16〉

지금의 '술'을 표기한 것으로 보인다. '술'은 현용 사전류에서 '가마, 끈, 띠, 여자의 옷 따위에 장식으로 다는 여러 가닥의 실(〈한자一〉)'과 '가마, 기旗, 끈, 띠, 책상보, 옷 따위에 장식으로 다는 여러 가닥의 실(〈표준〉)'로 풀이하는데, 다음을 보면 垂兀이 지금의 '술'을 가리키고 있음을 짐작할 수 있다.

垂兀所入紙金(1906가례二 009ㄴ06)
纓子多繪結垂兀(1762가례上 088ㄴ08)
多繪結垂兀(1762가례上 088ㄴ08)
多繪鈴愁兀(1736책례 068ㄴ09)
方兀愁兀匙纓子具(1751책례 061ㄱ11)

29 [드림]

垂音(1795원행四 049ㄱ07)

의궤의 차자 표기에 쓰인 '垂'와 '音'의 용례는 다음과 같다.

(1) [垂](2.1.2.28 垂兀 항 참조.)

(2) [音](2.1.2.7 古音 항 참조.)

'垂'는 훈차로 쓰여 [드리-] 음을 '音'은 말음 [ㅁ] 음을 표기한다. '音'은 차자 표기에서 흔히 말음 표기자로 쓰인다. 그런데 위의 용례를 보면 의궤 자료에서 '音'은 주로 명사형인 경우에만 나타나기 때문에 말음 표기라기보다는 명사형 어미의 표기로 간주된다.

이상에서 '垂音'을 분석한 결과는 다음과 같다.

(3) ① [드리] : 垂(훈독자)
[ㅁ] : 音(말음첨기)
② 이런 故로 王后ㅣ 親히 검은 관ㅅ드림을 ᄡᅳ시고〈小언四 45〉
耳鏡 투구 두 녑 드림〈譯補 15〉
流蘇 쟝ㅅ드림〈漢淸 12:12〉
流蘇ᄂᆞᆫ 五色빗난 거스로 어울워 드리우ᄂᆞᆫ 거시라〈月十 45〉
간다개 드리웟고〈朴초 上29〉
두 녀그로 드리웟노라(雙垂)〈朴초 卄四61〉
드리울 슈(垂)〈類合 下26〉
힌 머리 드리니(垂白)〈朴초 卄一9〉
ᄂᆞᆯ개 드리옛ᄂᆞ니〈朴초 十六17〉

'垂音'은 너울 부속품의 하나로 '매달아서 길게 늘이는 물건(〈표준〉)'인 '드림'을 표기하였다. '드리개' 또는 '수식'이라고도 한다(〈주해〉).

30 [스란[무룹도리]]

膝蘭(1638가례 047ㄴ01)

(1) [膝]
01大紅廣的蔽膝 대홍광적폐슬(1762가례上 016ㄱ06)

(2) [蘭]
01 蘭草召伊赤貼 난초조이적첩(1751책례 067ㄴ05)

'膝'은 음·훈차 둘 다로 이용되어 [스]와 [무룹] 음을 표기한다. '蘭'은 음차로 쓰여 [란] 음을 나타낸다.

이상에서 '膝蘭'을 분석한 결과는 다음과 같다.

(3) ① [스/무룹] : 膝(음독자/훈독자)
[란/도리] : 蘭(음가자)
② 샤향빗체 슬란문흔 비단(麝香褐膝欄)〈老諺 下22〉
샤향비체 스란문 비단(麝香褐膝欄)〈老飜 下24〉
류청비쳇 무룹도리로 문흔 비단(柳靑膝欄)〈老飜 下24〉
진흙이 무롭도리로 깁더라(浠泥曲膝盖粱)〈朴重 中51〉

지금의 '스란'을 이른다. 스란은 '스란 치마 또는 치맛단에 금박을 박아 선을 두른 것을 말하는데, 옛날 궁중이나 반가班家의 부녀자들의 예장용 치마에 장식했던 것으로, 폭은 약 20cm이며, 용·봉 따위의 무늬를 놓는다.(〈표준〉)' 膝欄〈端宗 4卷 卽位年〉, 膝襴〈燕山君 55卷, 10年〉으로도 쓰지만 가례 관련 의궤 자료에는 보이지 않는다.

'스란'은 근대 한국어 문헌에 '슬란', '스란' 외에 '무룹도리', '무룹도리'로도 나타난다.

그런데 현용 국어사전의 풀이를 보면 스란과 무릎도리는 전혀 다르다.

> 무릎-도리[-릅또-] 「명사」 무릎의 바로 아랫부분.
> 【무룹도리〈번박〉←무룹+-도리】(《표준》)

따라서 어느 한 시기에 스란, 슬란이 무룹도리, 무룹도리와 같은 뜻으로 쓰이다가 의미가 분화된 것으로 보인다.[41]

31 [곁주름]

腋注音(1819A가례 024ㄱ11)

腋紬音(1638가례 031ㄱ06)

위 표기는 제2음절의 '注 : 紬'의 대응 관계를 보인다. 다음은 의궤의 차자 표기에 쓰인 이들 용자의 용례이다.

(1) [腋](없음)

(2) [注]
01 注匠 줄장(1706가례 063ㄴ02)
02 注之釵釘 주지채정[비녀못](1706가례 086ㄱ09)

---

41 오창명(1997: 48-49)에서는 '膝蘭/膝欄/膝襴을 '스란'으로 읽는 것은 중국 한자음을 차용한 것이므로, 이에 대응하는 근대국어 '무룹도리'로 읽는 것이 타당하다'는 의견을 보인다. 이어 '중국어 '膝欄'이 우리 나라에 들어와서 '膝蘭/膝襴'으로 바뀐 것으로 보인다'고 풀이하였다.

(3) [紬]

01 紅鼎紬(1866가례下 005ㄱ07)
02 紫的鼎紬(1866가례下 010ㄴ10)
03 綿紬手巾(1866가례下 012ㄴ02)
04 紫的輕光紬纓子(1866가례下 027ㄱ06)
05 紅禾花紬(1866가례下 027ㄱ07)
06 藍紬引擧䢓(1866가례下 041ㄱ08)
07 草綠水紬(1866가례下 055ㄴ08)
08 紫的吐紬(1866가례下 129ㄴ04)
09 眞藍鼎紬(1762가례下 054ㄴ11)
10 眞藍紬(1762가례下 054ㄴ11)
11 眞草綠鼎紬(1762가례下 054ㄴ11)
12 藍方紗紬(1752영건 017ㄴ04)
13 紫的方紗紬(1752영건 017ㄴ05)
14 紫的吐紬(1748영건 130ㄱ11)
15 白禾花紬(1830영건 121ㄱ10)
16 草綠方紗紬(1900영건A 123ㄱ08)

(4) [音](2.1.2.7 古音 항 참조.)

이상에서 '腋注音, 腋紬音'을 분석한 결과는 다음과 같다.

(5) ① [겯] : 腋(훈독자), 腋(훈독자)
[주] : 注(음가자), 紬(음가자)
[름] : 音(음가자), 音(음가자)
② ᄀᆞᄂᆞᆫ 겯주름(細褶)〈老朴 上2〉
注乙音 줄음 褶疊縫造 如帖裏下裳也〈行用〉
ᄑᆞ른 뉴청노 ᄀᆞᄂᆞᆫ 줄옴 텰릭이오〈老諺 下45ㄱ〉
은 빗채 비단 너븐 주름 텰릭과〈老諺 下46ㄱ〉
ᄀᆞᄂᆞᆫ 주로 주롬(細褶兒) 너븐 주롬(板褶兒)〈譯語 下6〉

'腋注音', '腋紬音'은 우리말 '곁주름'을 차자 표기한 것으로 '겨드랑이 아래 쪽에 주름을 접어서 만든 옷(〈표준〉)'을 일컫는다. 그런데 기존 연구에서는 '액주음'으로 읽는 경우가 많은데 이는 우리말 '곁주름'을 표기한 腋注音, 腋紬音을 전통 한자음대로 잘못 읽은 것이다.[42] 따라서 腋注音, 腋紬音은 우리말 곁주름을 표기한 것이므로 '곁주름'으로 읽는 것이 적절하다.

의궤 자료에는 곁주름이 단독으로 제시되기도 하지만 다음과 같이 곁주름의 소재를 밝히는 경우도 있다.

白吐紬腋注音(1819가례上 024ㄱ11)
白綿布腋注音(1819가례上 024ㄱ12)
十一升紬腋注音(1681가례 016ㄱ12)
十一升綿布腋注音(1681가례 016ㄴ01)

32 [어유미]

於亐味(1829진찬二 73ㄱ11)

의궤의 차자 표기에서 '於', '亐', '味'는 다음과 같이 쓰였다.

(1) [於]
01 於乙只 얼기(1627가례 119ㄱ09)
02 於音釘 누름못(국장1800四 104ㄱ05)
03 於只 얼기(1765수작二 020ㄱ10)
04 於叱味里 엇미리(1677영건 030ㄱ08)
05 陳於尾 진어미(1812책례 120ㄴ05)
06 千葉於音炙 천엽누름적(1719진연二 055ㄴ05)

42 〈한자 三〉(900)에서는 腋注音, 腋紬音을 '곁주름'으로 읽으면서도 같은 책 4권 66쪽에는 糯腋注音을 '유액주음'으로 읽고 있다.

07 崔於屯 최어둔(1795원행五 005ㄱ09)
08 許於仁老美 허어인노미(1795원행附編四 036ㄴ10)

(2) [亐]
01 鍮亐斤盖兒 유[놋]우근개야(1651가례 013ㄴ11)
02 鑄鍾子亐里 주죵즈우리(1866가례下 035ㄱ04)
03 鐵亐里 철[쇠]우리(1900책봉 045ㄴ09)

(3) [味]
01 銅味鐥 동맛대야(1721책례 146ㄱ11)
02 栗味子兒 율미자아(1718가례 208ㄱ02)
03 味數床差備 미수상차비(1696가례 130ㄱ10)
04 白味子兒 백미자아(1681가례 216ㄱ06)
05 松古味子兒 송고미자아(1866가례上 018ㄴ06)

'亐'은 [유] 음을 표기한다. 현재 '어유미'로 남아 있고, 이표기 관계에 있는 於由味, 於余未, 於汝味, 於汝美 등을 통해 亐이 [유] 음 표기에 쓰인 것으로 추정이 가능하다.

이상에서 '於亐味'를 분석한 결과는 다음과 같다.

(4) ① [어] : 於(음가자)
[유] : 亐(음가자)
[미] : 味(음가자)

'어유미'는 어여머리, 어염이라고도 하며 '조선 시대에, 부인이 예장할 때에 머리에 얹던 큰머리'를 말한다. '머리에 족두리를 쓰고 그 위에 다리로 된 큰머리를 얹은 다음, 봉잠과 밀화잠을 양편으로 찔러 화잠으로 쪽을 만든 뒤 옥판을 앞에, 화잠을 좌우에 1개씩 꽂고 위에 활머리를 얹었다.(〈표준〉)' 어유미는 정조 때 〈가체신금절목

加髢申禁節目〉에서도 그 가체를 허용하고 있어 명부가 상시 착용하였던 머리임을 알 수 있다.[43]

於亐味 외에 於由味〈朝鮮正祖實錄 26, 12年 10月 3日〉, 於余未〈朝鮮女俗考 6章, 婚姻論財〉로도 표기하는데 가례 관련 의궤 자료에는 於亐味가 주로 쓰인 것으로 나타난다.

33 [달마기]

月亇只(1627가례 043ㄴ11)

月了只(1866가례上 262ㄴ04)

의궤의 차자 표기에서 '月', '亇', '只'는 다음과 같이 쓰였다.

(1) [月]

01 夫月 부들(1719진연二 009ㄱ06)

02 月乃 (말)둘애(1866가례下 090ㄴ01)

03 月乃 타래(1651책례 044ㄱ08)

04 月乃石 다리돌(1633영건 034ㄱ02)

05 月乃匠 ᄃᆞ리장(1696가례 217ㄴ05)

(2) [亇]

01 乫亇金 걸마쇠(1651책례 055ㄱ08)

02 曲頭亇赤 곡두마치(1800국장四 102ㄴ03)

03 單赤亇 홑치마(1627가례 063ㄴ12)

04 都亇 도마(1627가례 105ㄱ04)

05 亇古里 마고리(1610책례 148ㄱ12)

06 亇飛介 마놀개(1800국장三 022ㄴ11)

43 於由味˝ 巨頭味, 係是命婦常時所着, 人家議婚所用, 勿爲禁斷˚ 〈正祖實錄, 12년 10월 3일〉

07 亇要機 마요틀(1696가례 280ㄱ04)
08 亇要都亇 마요도마(1721책례 139ㄴ01)
09 木亇 목메[44](1764영건 163ㄴ02)
10 方亇赤 방마치(1875상호 087ㄱ10)
11 鳳持郎亇古里 받지랑마고리(1667영건 157ㄱ12)
12 沙亇子 사[사긔]막즈(1667책례 034ㄴ11)
13 四隅亇只松板 네모마기송판(1696가례 086ㄴ07)
14 赤亇 치마(1676책례 075ㄱ08)
15 紅亇條 홍마조(1681가례 211ㄴ09)

(3) [只](2.1.2.5 巨等(乙)只 항 참조.)

위 예를 보면 의궤 자료에서 月은 주로 훈차로 쓰였음을 알 수 있다. 또 표기하는 음도 [들], [다], [타] 등 다양하다. 뿐만 아니라 02와 03을 보면 동일한 표기가 각각 돌애와 타래로 읽히고 가리키는 의미도 다르다. 즉 같은 표기를 문맥에 따라 달리 해석해야 되는 경우라 할 수 있다. 여기서는 [달] 음을 표기하였다.

亇, 只는 모두 음차로 이용되어 각각 [마]와 [기] 음을 나타낸다. '只'의 전통 한자음은 [지]이나 이두, 구결, 향약 등 차자 표기에서는 [지] 음 표기에 쓰인 예가 없고 모두 [기] 음 표기에만 쓰인다(남풍현 1981: 46).[45]

한편 의궤에는 月亇只와 이표기 관계로 보이는 月了只(1906가례一

---

44 '木亇'는 '亇'에 재료적 요소인 '木'이 결합된 복합어이다. '亇'는 '마치[亇赤]'를 표기할 때 흔히 쓰이므로 '목[나무]마치'로 읽힐 가능성이 있다.

45 의궤 자료에서는 '只'가 [기] 음과 함께 [지] 음 표기에 사용된 용례가 보이는데 '甫兒只 보아지(1830영건 039ㄱ05)', '排只乃 밀지릐(1832영건 104ㄱ04)' 등이 그것이다. 뿐만 아니라 의궤 자료에서는 [키(乫只갈키(1759가례下 176ㄴ12))] 음 표기에도 쓰인 것으로 나타난다(김연주 2009a: 59). 따라서 只가 차자 표기에서 [기] 음 표기에만 쓰였다고 한정할 필요는 없다.

262ㄴ05)의 표기가 있다. 문제는 이들 표기를 이표기 관계로 볼 수 있는가인데, 다음을 보면 유독 [마] 음 표기에서 亇가 쓰이는 자리에 了가 쓰였음을 알 수 있다.

椴木方了赤 방마치(1895국장五 022ㄱ09)
了音 마름(1776영건 065ㄱ06)
了赤 마치(1900영건B 122ㄱ12)
綿了赤 솜마치(1858영건 075ㄴ08)
松古了條 송고마조(1866가례上 281ㄱ08)
水丹了赤 무른마치(1787상호 109ㄴ11)
水團了赤 무른마치(1895국장五 062ㄴ01)
月了只 달마기(1866가례上 262ㄴ04)
油沙了條 유사마조(866가례上 018ㄱ06)
赤了 마치(1726책례 134ㄴ01)
汗了赤 한마치(1787상호 113ㄱ04)
紅了條 홍마조(1819가례上 017ㄱ12)

의궤가 주로 필사되었고 의궤 작성에 여러 명의 표기자가 동원되었음을 감안하면 표기자의 필체에 따른 차이를 감안하지 않을 수 없다. 또한 [마] 음 표기에 了가 훈차로 쓰였을 가능성도 완전히 배제할 수는 없다.[46] 따라서 [마] 음 표기에 亇와 了가 각각 쓰였는지 아니면 [마] 음 표기에 亇가 쓰였고, 了는 표기자의 필체 차이로

46 의궤 자료에서 '了'의 [마] 음 표기는 주로 '亇'가 오는 자리에 쓰인 것으로 나타나지만, 다음을 보면 이두에서는 활발하게 쓰였음을 알 수 있다.

① 石乙良 第二年春節已只 **了兮** 聞遣〈淨兜寺形止記 14〉
② 國長生一坐般 寺戶部 乙丑五月日 牒前 □是於爲 **了等以** 立〈蔚州國長生〉
③ □國長生一坐般 寺□ 乙丑五月日 牒前□是於爲 **了等以** 立〈密陽國長生〉
(이상 이승재 1992: 138 재인용)
④ 倭船一百五十餘隻, 海雲台·釜山浦, **了以**岐等如指向是如爲有在如中, 心非歲遣船, 極爲可慮〈壬辰狀草, 萬曆 22年4月15日〉(〈한자〉)

봐야할지는 명확하지 않다.

이상에서 '月亇只'를 분석한 결과는 다음과 같다.

(4) ① [달] : 月(훈가자), 月(훈가자)
[마] : 亇(음가자), 了(음가자)
[기] : 只(음가자), 只(음가자)
② 紐 돌막이 뉴〈倭語 上46〉
紐子 ○ 수돌마기〈譯語 上45ㄴ〉
紐子 俗稱 돌마기〈樂學軌範〉

'月亇只'는 지금의 단추를 뜻하는 '달마기'를 나타낸다. 현용 국어사전에는 등재되어 있지 않다. '달마기'는 의복에 달린 단추[47]로 천과 실로 만든 매듭단추뿐 아니라 은銀으로 만든 단추도 포함한다.

34 [져고리]

赤古里(1627가례 048ㄴ08)

赤古裏(1638가례 033ㄱ01)

위 표기는 제3음절의 '里 : 裏'의 대응 관계를 보인다. 의궤의 차자 표기에 쓰인 '赤, 古, 里, 裏'의 용례는 다음과 같다.

(1) [赤]
01 歸遊赤 귀유치(1762가례下 096ㄱ09)
02 金夢赤 김망치(1667책례 035ㄱ12)
03 內吹喇赤 내취라치(1744진연 123ㄱ09)
04 小了赤 소[작은]마치(1812책례 099ㄱ01)

---

47 근대 한국어 시기에는 달마기 외에 지금의 단추를 뜻하는 '단쵸'가 쓰였다.
紐口 암단쵸〈譯補 28〉, 鈕扣 암단쵸〈同文 上66〉

05 綿了赤 솜마치(1900영건B 083ㄱ03)
06 朴橽方亇赤 박달방마치(1762가례下 085ㄱ10)
07 烏赤魚 오즉어(1873진작 002ㄱ04)
08 赤貼 적첩(1764영건 047ㄱ03)
09 赤亇 치마(1627가례 049ㄱ09)
10 照羅赤 조라치(1873진작 020ㄱ01)
11 靑兀赤 청올치(1832영건 100ㄴ10)
12 汗了赤 한마치(1901영건 190ㄴ03)

'赤'은 음차로 쓰여 [져][48] 음을 나타낸다. 赤은 후행 음절의 첫 음 'ㄱ'과 중첩된 중철 표기이다.

(2) [古](2.1.2.6 古古里 항 참조.)

'古'는 의궤의 차자 표기에서 주로 음차로 쓰여 [고] 음을 나타낸다.

(3) [里](2.1.2.1 加里麻 항 참조.)

(4) [裏](2.1.2.22 甫只 항 참조.)

이상에서 '赤古里', '赤古裏'를 분석한 결과는 다음과 같다.

(5) ① [져] : 赤(음가자), 赤(음가자)
[고] : 古(음가자), 古(음가자)
[리] : 里(음가자), 裏(음가자)
② 小襖子 져구리 옷〈譯語 上45ㄱ〉
掛子 긴져고리〈譯語補 28〉

48 赤의 [치] 음 표기에 대해서는 2.1.2.35 赤亇 항 참조.

赤古里, 赤古裏는 '쟈(〉저)고리'를 표기하였다. 저고리는 '한복 윗옷의 하나로 길, 소매, 섶, 깃, 동정, 고름, 끝동, 회장 따위가 갖추어져 있다. 겹저고리와 핫저고리가 있다(《표준》). '저고리'의 표기에 赤古里가 일관되게 쓰이고 赤古裏, 赤九里는 드문 편이다. 의궤 자료에는 다양한 저고리가 보이는데, 주로 구성 방법과 소재에 따라 구분하였다.

다음은 의궤 자료에 보이는 저고리의 종류이다.

구성	겹袷	袷赤古里(1802가례上 240ㄱ02)
	솜[襦]	襦赤古里(1681가례 017ㄱ03)
형태	장長	長赤古里(1706가례 223ㄴ09)
	단(短)	短赤古里(1706가례 009ㄱ07)
소재	藍紬	藍紬袷赤古里(1802가례上 044ㄴ11)
	綾	綾袷赤古里(1681가례 017ㄱ01)
	白綾	白綾袷赤古里(1690책례 011ㄱ05)
	紫的綃	紫的綃袷赤古里(1759가례上 017ㄱ12)
	紫的匹段	紫的匹段襦赤古里(1681가례 202ㄴ07)
	紫的鄕織	紫的鄕織襦赤古里(1802가례上 029ㄴ06)
	紫的花紋匹段	紫的花紋匹段襦赤古里(1690책례A 010ㄱ08)
	紬	紬襦赤古里(1681가례 015ㄴ04)
	靑金線	靑金線短赤古里(1681가례 016ㄴ12)
	草綠大緞	草綠大緞赤古里(1819가례上 236ㄴ02)
	草綠鼎紬	草綠鼎紬袷赤古里(1759가례上 023ㄴ03)
	草綠紬	草綠紬袷赤古里(1802가례上 043ㄴ02)
	草綠吐紬	草綠吐紬襦赤古里(1690책례 010ㄱ09)

〈의궤용어〉에 따르면 저고리[赤古里]의 명칭은 세종 2년(1420) 원경왕후 국상 천전의薦奠儀에 처음 나타나며, 저고리[赤古里] 외에도 회장저고리[回粧赤古里], 소저고리[小赤古里], 장저고리[長赤古里] 등

이 보인다. 구성 방법에 따라 겹袷, 누비[衲], 솜[襦] 등이 결합되었으며, 형태에 따라 소小, 장長, 당唐, 회장回粧, 민 등의 수식어가 붙어 구성상의 특징을 나타냈다. 저고리는 여자에 한하여 사용되다가 시대가 내려오면서 남자에게까지 사용 범위가 확대되었다.

35 [치마]

赤亇(1627가례 049ㄱ09)

赤麻(1706가례 127ㄴ06)

赤丫(1765가례二 060ㄴㄱ04)

赤了(1726책례134ㄴ12)

위 표기는 제2음절에서 '亇 : 麻 : 丫 : 了'의 대응 관계를 보인다. 먼저 의궤의 차자 표기에 쓰인 '赤'과 '亇, 麻, 丫, 了'의 용례는 다음과 같다.

(1) [赤](2.1.2.34 赤古里 항 참조.)

'赤'은 지명과 인명에도 두루 쓰이는데 지명과 인명에 쓰일 때는 음이 '적'으로 쓰이지만 의궤에서는 주로 [치] 음의 표기에 이용된다. 물론 의궤에서 [적] 음으로 쓰인 예를 '乭赤耳'에서 찾을 수 있지만 '돌저(져)귀'의 표기로 '乭迪耳'가 보편적임[49]을 감안하면 '赤'이

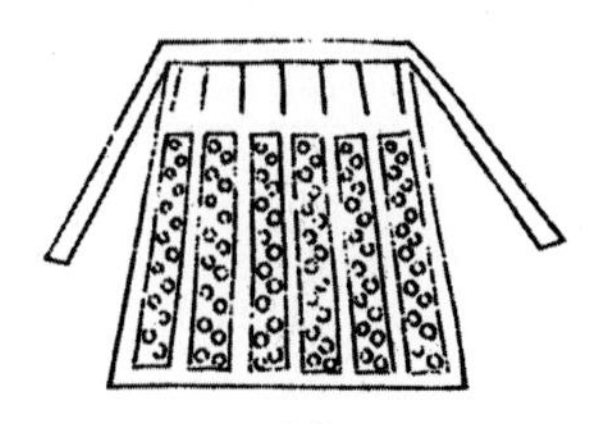

赤亇

49 의궤 자료에는 '돌저(져)귀'의 표기로 '乭迪耳, 道(乙)迪耳, 乭赤耳, 道(乙)迪歸, 道(乙)摘歸, 道乙的歸, 石迪耳, 道迪歸, 道的歸' 등이 나타나는데, 이들 표기를 통해 [져] 음 표기에 주로 迪이 활발하게 쓰였음을 알 수 있다.

[적] 음보다는 [치] 음 표기에 적극적으로 쓰였음을 알 수 있다. 이처럼 '赤'이 [치]로 읽히는 것은 고려시대 이후의 관습적인 표기이다. 한자에 의한 몽고어 표기에서 '赤'은 항상 '치챠'를 나타내는데 이런 관행에 따라 우리말 표기에도 쓰인 것이다. '赤'의 [치] 음 표기는 '靑兀赤 청올치(1900영건B 060ㄴ06)'에서도 그 쓰임을 찾을 수 있다(김연주 2009a: 254). 또, 한마치를 표기한 '汗亇赤'의 다른 표기인 '汗磨致〈尙方定例 2, 別例上, 安胎時所入〉'를 통해 '赤'이 [치] 음 표기에 쓰였음을 확인할 수 있다.

(2) [亇](2.1.2.33 月亇只 항 참조.)

(3) [麻](2.1.2.1 加里麻 항 참조.)

(4) [丫]
01 刀丫 도마(1827진작二 028ㄱ10)
02 方丫赤 방마치(1832영건 136ㄴ08)
03 熟手赤丫 숙수치마(1765수작二 060ㄴㄱ04)
04 丫赤 마치(1795원행四 036ㄴ03)
05 赤丫 치마(1765가례二 060ㄱ04)
06 汗丫赤 한마치(1748영건 203ㄱ09)

(5) [了]
01 椴木方了赤 단목방마치(1900책봉 044ㄴ03)
02 藍色匹緞糯赤了 남색비단핫치마(1906가례一 036ㄴ04)
03 大了赤 대마치(1866가례下 050ㄴ06)
04 大紅匹緞裌赤了 다홍비단겹치마(1906가례一 036ㄴ03)
05 了赤 마치(1900영건 122ㄱ12)
06 方了赤 방마치(1900책봉 069ㄱ01)
07 小了赤 소마치(1812책례 099ㄱ01)

08 松古了條 송고마조(1866가례上 018ㄴ11)
09 鴉青紬單赤了 아청주홑치마(1906가례一 166ㄴ06)
10 魚物方了赤 어물방마치(1866가례下 106ㄴ03)
11 染紅了條 염홍마조(1866가례上 018ㄴ12)
12 月了只 달마기(1866가례上 262ㄴ04)
13 油沙了條 유사마조(1866가례上 018ㄱ06)
14 紫的吐紬襦赤了 자적토주핫치마(1906가례一 036ㄴ05)
15 赤了 치마(1726책례 134ㄴ12)
16 中了赤 중마치(1866가례下 128ㄴ12)
17 紅了條 홍마조(1866가례上 018ㄱ05)

‘亇’, ‘麻’, ‘丫’,[50] ‘了’는 음차로 쓰여 [마] 음을 나타낸다. 위 예를 보면 ‘亇’가 [마] 음 표기에 활발하게 이용되었음을 알 수 있다. 또한 이표기 관계를 통해 亇의 [마] 음 표기는 더욱 분명해지는데, 赤亇의 다른 표기인 赤麻를 통해 赤亇에서 亇는 [마] 음을 나타내고 있음을 확인할 수 있다.

‘丫’는 의궤의 차자 표기에서 [마] 음 표기에 주로 쓰인 것으로 나타난다. 특히 亇와 대응 관계를 보이고 있어 丫의 [마] 음 표기는 확실해 보인다. 이에 대해 장세경(2001: 159)에서는 丫의 [마] 음 표기를 관습에 따른 표기로 보았다.

‘了’는 훈차로 쓰여 [마] 음을 나타낸다. 의궤의 차자 표기에서 亇, 麻, 丫, 了의 대응을 보이는 표기가 더러 있어 이들의 독음을 [마]로 확정짓는 데 별 무리가 없어 보인다.

재구음	亇	丫	了/磨/末	馬
도마	刀亇(1706가례 015ㄴ08)	刀丫(1827진작二 028ㄱ10)	刀磨(1866가례上 036ㄴ03)	刀馬(1706가례 274ㄱ06)
한마치	汗亇赤(1764영건 042ㄴ05)	汗丫赤(1748영건 203ㄱ09)	汗磨致〈尙方定例 2〉	汗馬赤(1706가례 261ㄱ11)
방마치	方亇赤(1752영건 049ㄴ03)	方丫赤(1832영건 136ㄴ08)	方了赤(1812책례 051ㄱ02)	-
마늘개	亇飛介(1671가례 209ㄱ06)	丫飛介(1829진찬二 016ㄴ09)	末飛介(1721책례 146ㄱ11)	馬飛介(1651책례 034ㄴ08)

50 丫의 [마] 음 표기에 대해서는 김연주(2009a: 255~256)를 참조할 수 있다.

마조	紅ケ條(1706가례 188ㄴ12) 油沙ケ條(1706가례 189ㄱ06) 松古ケ條(1706가례 192ㄴ01)	-	紅了條(1866가례上 018ㄱ05) 油沙了條(1866가례上 018ㄱ06) 松古了條(1866가례上 018ㄴ11)	-
달마기	月ケ只(1706가례 107ㄴ06)	-	月了只(1866가례上 262ㄴ04)	-

이상에서 '赤ケ', '赤麻', '赤丫', '赤了'를 분석한 결과는 다음과 같다.

(6) ① [치] : 赤(음가자), 赤(음가자), 赤(음가자) 赤(음가자)
　　[마] : ケ(음가자), 麻(음가자), 丫(음가자), 了(훈가자)
② 赤亇 치마〈行用〉
　　츄마 상(裳)〈字會 中11〉
　　치마〈內訓〉
　　裙兒 치마 長裙 긴 치마〈譯語 上45〉
　　힝ᄌᆞ쵸마〈字會 中7〉

'치마'는 여자의 하의로 여러 문헌에 치마 외에 츄마, 쵸마 등 다양하게 표기되었다. 차자 표기로는 위 표기 외에 赤亇〈行用吏文〉로도 표기하였다. 의궤 자료에는 襦赤ケ(1690책례 010ㄱ11), 裌赤ケ(1819가례上 026ㄴ01), 裌馳馬, 單赤ケ(1627가례 064ㄱ12), 長赤ケ(1721책례 074ㄴ11) 등이 있고 '부엌일을 할 때 옷을 더럽히지 아니하려고 덧입는 작은 치마(〈표준〉)'인 行子赤ケ(1706가례 185ㄱ03), 行子布赤ケ(1759가례上 109ㄱ02)도 보인다. 熟手赤丫(1765가례二 060ㄴ04)는 착용자를 특정한 구분이다. 또 예복용으로 치마 아랫부분에 스란단을 댄 大襴赤ケ와 膝襴赤ケ(紫的膝蘭(1706가례 167ㄴ04))도 나타난다. 다음은 가례 관련 의궤 자료에 보이는 치마의 종류이다.

구성	겹裌	裌赤ケ(1819가례上 026ㄴ01)
	솜[襦]	襦赤ケ(1690책례 010ㄱ11)
	홑[單]	單赤ケ(1627가례 064ㄱ12)
형태	장長	長赤ケ(1721책례 074ㄴ11)

	十四幅	十四幅裌赤亇(1681가례 203ㄴ09)
	十二幅	九八升染紬十二幅裌赤亇(1681가례 015ㄴ05)
	十四幅	九八升染紬十一幅襦赤亇(1681가례 015ㄴ05)
	十四幅	紫的吐紬十四幅裌赤亇(1690책례 010ㄴ03)
	膝蘭	紫的膝蘭(1706가례 167ㄴ04)
용도	行子	行子赤麻(1706가례 127ㄴ06)
	行子	行子布赤亇(1759가례上 109ㄱ02)
이용자	熟手	熟手赤丫(1765가례二 060ㄴ04)
소재	九八升染紬	九八升染紬十二幅裌赤亇(1681가례 015ㄴ05)
	九八升染紬	九八升染紬十一幅襦赤亇(1681가례 015ㄴ05)
	藍廣織	藍廣織襦赤亇(1759가례上 017ㄴ03)
	藍雲紋大緞	藍雲紋大緞赤亇(1819가례上 236ㄴ04)
	藍鼎紬	藍鼎紬襦赤亇(1759가례上 023ㄴ04)
	藍紬	藍紬襦赤亇(1759가례上 024ㄱ05)
	藍紬	藍紬赤亇(1759가례上 025ㄱ07)
	大紅廣的	大紅廣的裌赤亇(1866가례上 026ㄴ08)
	大紅匹段	大紅匹段裌赤亇(1681가례 203ㄴ05)
	大紅花紋匹段	大紅花紋匹段裌赤亇(1690책례 010ㄱ12)
	藍廣的	藍廣的襦赤亇(1802가례上 029ㄴ11)
	藍六花紋匹段	藍六花紋匹段襦赤亇(1690책례 010ㄴ01)
	藍紗帶紅紬	藍紗帶紅紬長赤亇(1819가례上 041ㄴ01)
	藍鼎紬	藍鼎紬襦赤亇(1866가례上 040ㄱ01)
	藍紬	藍紬襦赤亇(1762가례上 028ㄴ08)
	藍紬	藍紬赤亇(1762가례上 029ㄱ08)
	藍匹段	藍匹段襦赤亇(1681가례 203ㄴ01)
	白紬	白紬單赤亇(1759가례上 025ㄱ06)
	十一升紬	十一升紬裌赤亇(1681가례 017ㄱ06)
	十一升紬	十一升紬襦赤亇(1681가례 017ㄱ05)
	鴉青紬	鴉青紬單赤亇(1759가례上 025ㄴ03)
	鴉青紬	鴉青紬赤亇(1762가례上 028ㄴ09)
	紫的吐紬	紫的吐紬十四幅裌赤亇(1690책례 010ㄴ03)
	紫的吐紬	紫的吐紬襦赤亇(1866가례上 026ㄴ10)

	紫的花紋匹段	紫的花紋匹段襦赤亇(1690책례 010ㄱ11)
	草綠紬	草綠紬赤亇(1671가례 010ㄱ08)
	草綠吐紬	草綠吐紬十二幅襦赤亇(1690책례 010ㄴ02)
	紅紬	紅紬長赤亇(1866가례上 040ㄱ02)
	黃紬	黃紬長赤亇(1762가례上 029ㄱ06)

36 [두루마기]

周防衣(1829진찬二 05ㄱ05)

(1) [周]

01 筐周里 광주리(1877진찬二 055ㄱ06)

02 銅周鉢 동[구리]쥬발(1873진작 033ㄴ09)

03 木周특 목[나모]주걱(1764영건 020ㄴ05)

(2) [防]

01 加之防 가지방(1795원행四 055ㄱ02)

02 大防草 대[큰]막새(1832영건 109ㄴ09)

03 短引防 단인방(1832영건 042ㄷ11)

04 散防 산방(1830영건 039ㄱ02)

05 地防 지방(1805영건 019ㄱ06)

06 昌防 창방(1805영건 010ㄱ07)

07 畫引防 화인방(1832영건 084ㄷ09)

(3) [衣]

01 艮衣 거리(1638가례 101ㄱ02)

02 毛衣匠 모의장(1902진연三 048ㄴ08)

03 衣巨里 옷[의]거리[51](1866가례下 103ㄴ06)

---

51 衣巨里는 의거리 또는 옷거리를 표기했을 가능성이 있다. 다만 현재 의거리, 의거리장(위는 옷을 걸 수 있고, 아래는 반닫이로 된 장(〈표준〉))으로 남아 있어 衣는 음독자로 읽는 것이 적절하겠다. 물론 그렇다고 하더라도 어느

04 周衣 두루마기(1829진찬二 05ㄱ01)
05 地衣 지의(1866가례下 050ㄴ01)
06 卓衣 탁의(1762가례上 013ㄱ08)
07 豁衣 활옷[의](1638가례 030ㄴ03)

'周', '防'은 모두 훈독자로 쓰여 [두루]와 [막-] 음을 표기하였다. 현재 두루마기로 남아 있어 이들이 모두 훈차로 쓰였음을 간단하게 확인할 수 있다. 衣는 음독자로 쓰여 [의] 음을 나타낸다. 다만, 당시 언어 현실이 음절 경계를 정확하게 인식하지 못했음을 감안하면 衣는 앞 음절의 말음 'ㄱ'이 연철 표기되어 [기] 음을 나타낸다.

이상에서 '周防衣'를 분석한 결과는 다음과 같다.

(4) ① [두루] : 周(훈독자)
[마] : 防(훈독자)
[기] : 衣(음독자)

지금의 '두루마기'를 나타낸다. 두루마기는 '우리나라 고유의 웃옷으로 주로 외출할 때 입는다. 옷자락이 무릎까지 내려오며, 소매·무·섶·깃 따위로 이루어져 있다(〈표준〉).

周衣(1829진찬二 05ㄱ01)로도 표기하였다.

37 [텬릭/텰릭]

天益(1721책례 039ㄴ10)

帖裡(1681가례 118ㄴ07)

貼裡(1718가례 012ㄴ02)

한 시기에 衣가 훈독자로 쓰였을 가능성을 배제할 수는 없다. 衣를 다르게 표기한 예가 나타난다면 衣의 음, 훈독 여부가 보다 명확해질 것이다.

帖裏(1718가례 117ㄴ05)

天翼(1902진연三 038ㄴ05)

위 표기는 제1음절의 '天 : 帖 : 貼'과 제2음절의 '益 : 裡 : 裏 : 翼'의 대응 관계를 보인다. 먼저 제1음절의 '天, 帖, 貼'은 모두 음차로 쓰여 [철] 음을 표기한다. 의궤의 차자 표기에 쓰인 天, 帖, 貼의 용례는 다음과 같다.

(1) [天](없음)

(2) [帖](없음)

(3) [貼](2.1.2.26 梳貼 항 참조.)

'天', '帖', '貼'은 전부 음차로 쓰여 [철] 음을 표기한다.

제2음절은 '益 : 裡 : 裏 : 翼'의 대응 관계를 보인다. 이들은 모두 음가자로 이용되었기 때문에 독음을 [릭] 으로 확정짓는 데 별 무리는 없다. 이들 용자가 쓰인 용례는 다음과 같다.

(4) [益](2.1.2.13 都多益 항 참조.)

(5) [裡](2.1.2.22 甫只 항 참조.)

(6) [裏](2.1.2.22 甫只 항 참조.)

(7) [翼]

01 翼工 익공(1832영건 067ㄱ01)

이상에서 '天益, 帖裡, 貼裡, 帖裏, 天翼'을 분석한 결과는 다음과 같다.

(8) ① [텰, 텬] : 天(음가자), 帖(음가자), 貼(음가자), 帖(음가자), 天(음가자)
[릭] : 益(음가자), 裡(음가자), 裡(음가자), 裏(음가자), 翼(음가자)
② 帖裏 ○ 텰릭 秋褶 ○ 上仝〈譯語 上44〉
帖裏 텰릭 帖裏者戎事之服也〈雅言覺非〉
帖裏 텰릭 戎服也〈行用〉
거믄 텰릭 뵈 닷 비를...(黑帖裏布)〈飜朴 上51〉
부희여훈 비쳇 비단 너븐 주룸 텬릭과(銀褐紵絲板褶兒)〈飜老 下51〉

지금의 '철릭'으로 풀이된다. 철릭은 '무관이 입던 공복公服을 말한다. 직령直領으로서, 허리에 주름이 잡히고 큰 소매가 달렸는데, 당상관은 남색이고 당하관은 분홍색이다(〈표준〉).' 의궤 자료에서 철릭은 天益, 帖裡, 貼裡, 帖裏, 天翼 등으로 표기가 다양하게 나타난다. 근대 한국어 문헌 자료에 기록된 '텰릭, 텬릭'을 통해 이들 표기가 지금의 철릭을 표기하였음을 확인할 수 있다. 철릭은 구성과 소재, 색깔 등에 따라 구분되는데 다음은 의궤 자료에 보이는 철릭의 종류이다.

구성	겹袷	匹段袷帖裏(1681가례 015ㄱ10)
	솜[襦]	襦天益(1802가례上 232ㄴ01)
색깔	磻紅	磻紅天益(1681가례 211ㄱ02)
	白	白天益(1721책례 039ㄴ10)
	紫的	紫的天益(1681가례 211ㄱ02)
	紅	紅天翼(1819가례下 025ㄴ03)
소재	十一升紬	十一升紬襦帖裏(1681가례 015ㄱ10)
	紫的紬	紫的紬天益(1819가례上 234ㄴ02)

	草綠吐紬	草綠吐紬襦天益(1762가례上 015ㄴ04)
	匹段	匹段裌帖裏(1681가례 015ㄱ10)
	紅紬	紅紬天益(1819가례上 234ㄱ10)
	草綠雲紋大緞	帖裏一次草綠雲紋大緞(1906가례一 269ㄴ11)
	藍紗	藍紗天翼(1829진찬三 004ㄴ05)

철릭은 구성에 따라 홑[單](單帖裏〈樂學軌範 卷9, 冠服圖說〉), 겹裌, 솜[襦]으로 구분된다. 또한 색깔에 따라 紅-, 白-, 磻紅-, 紫的-, 草綠-, 藍紗-이, 소재에 따라 十一升紬-, 紫的紬-, 草綠吐紬-, 匹段-, 紅紬-, 草綠雲紋大緞-, 藍紗-로 나뉜다.

다른 표기로 裰翼〈星湖僿說, 萬物門, 道袍〉,[52] 疊裏〈宣祖實錄 26년 4월 丁酉〉가 있으나 가례 관련 의궤 자료에는 보이지 않는다.

38 [활옷/활의]

割衣(1627가례 052ㄱ11)

豁衣(1638가례 030ㄴ03)

위 표기는 제1음절에서 '割 : 豁'의 대응 관계를 보인다. 먼저 의궤의 차자 표기에 쓰인 '割', '豁'의 용례는 다음과 같다.

(1) [割](없음)

(2) [豁](없음)

제1음절의 '割'과 '豁'은 모두 음차로 쓰여 [활] 음을 표기한다. 활옷[의]이 포袍의 한 종류로 소매가 넓은 옷임을 감안하면 豁은 음독

52 今世士大夫燕服, 皆用道袍, 而武弁則用裰翼〈星湖僿說, 萬物門, 道袍〉

자로 쓰인 것으로 추정된다. 割은 豁과 음이 유사한 데 이끌린 선택으로 보인다. 이처럼 의궤에서는 독자로 쓰인 자가 그 자와 음이 동일하거나 유사한 다른 자와 교체되어 쓰인 예가 종종 있는데, 이는 의궤의 차자에서 발견되는 표기상의 독특한 특징이라 할 만하다.[53]

(3) [衣](2.1.2.36 周防衣 항 참조.)

제2음절의 '衣'는 음독자와 동시에 훈독자로도 쓰였을 가능성이 있다. 따라서 割衣가 '활옷'의 표기인지는 [옷] 음 표기에 衣 외에 다른 자가 쓰였을 때 확인이 가능한데 의궤의 차자 표기에서는 보이지 않는다.[54] 그런데 복식 용어 사전이나 기존의 연구서에서 '활옷'이 빈번하게 쓰이는 것으로 나타난다. 특히 이민주(2013: 123)에서 복온공주(1818~1832)의 홍장삼을 "옷 전체에 화려한 수가 놓여 있어 활옷이라고 부르지만 이는 장삼에서 변화된 옷이라고 할 수 있다. 이는 현전하는 덕온공주의 활옷 수본에 '홍장삼슈초 져동궁 德溫公主 활옷'이라고 적혀 있어 수놓은 홍장삼을 '활옷'이라고 했음을 확인할 수 있다"고 소개하고 있어 '활의' 보다는 '활옷'이 두루 쓰였음을 짐작할 수 있다. 또 최근 연구서인 〈의궤용어〉에서는 割衣에 대해 활의 또는 華衣로 표기하는 활옷과 같은 종류의 여자 예복으로 보는 견해가 있다고 풀이하고 있어 衣가 음독자와 함께 훈독자로 쓰였을 가능성을 더하고 있다.

이상에서 '割衣, 豁衣'를 분석한 결과는 다음과 같다.

---

53 이상 독자와 가자의 교체 현상의 자세한 내용은 2.1.5.9 同發伊 항 참조.

54 古之同衣, 綈裏着綿, 是謂脫褶, 有一翰林, 妨於周旋, 軍服之始〈松南雜識(林氏本), 橘, 衣食類, 翰林同衣〉

(4) ① [활] : 割(음가자), 豁(음독자)
[옷/의] : 衣(훈/음독자), 衣(훈/음독자)

'활옷' 또는 '활의'를 표기한 것으로 보인다. 현용 국어사전에는 활옷과 활의 둘 다 등재되어 있는데 활옷을 '① 전통 혼례 때에 새색시가 입는 예복. ② 공주, 옹주가 입던 대례복.'(《표준》)으로 활의는 '활옷②(《표준》)'로 풀이한다. 이 풀이대로라면 의궤에 기록된 '割衣, 豁衣'는 활옷과 함께 활의를 표기했을 가능성이 있다. 따라서 '割衣, 豁衣' 표기만으로는 이것이 활옷과 활의 둘 다를 표기한 것인지, 둘 중 하나를 표기했을지는 단정짓기가 어렵다.

소재와 구성에 따라 '屯綃豁衣(1681가례 088ㄴ08), 鴉青雲紋大緞割衣(1819가례上 236ㄴ03), 藍匹段割衣(1671가례 010ㄱ05), 紬裌豁衣(1681가례 015ㄴ06), 冒段豁衣(1681가례 018ㄱ02)' 등으로 구분한 예가 보인다.

華衣(1776국장二 126ㄴ03)로도 표기하였다.

2.1.3. 찬품 관련 어휘

이 절에서는 가례 관련 의궤류에 보이는 찬품류 차자 표기를 선별하여 해독한다. '곤자손, 느름젹, 전유ᄋᆞ' 등과 같은 음식명과 식재료명이 이 부류에 속한다.

1 [간마기]

間莫只(1866가례下 124ㄱ01)

의궤의 차자 표기에서 '間', '莫', '只'는 다음과 같이 쓰였다.

(1) [間]

01 水剌間 수라간(1873진작 019ㄱ05)

(2) [莫](2.1.2.20 傍莫只 항 참조.)

(3) [只](2.1.2.5 巨等(乙)只 항 참조.)

'間', '莫', '只'는 모두 음차로 쓰여 각각 [간], [마], [기] 음을 표기한다. '莫'은 후행 음절의 첫 음 'ㄱ'과 중첩된 중철 표기로 나타난다.

이상에서 '間', '莫', '只'를 분석한 결과는 다음과 같다.

(4) ① [간] : 間(음가자)
[마] : 莫(음가자)
[기] : 只(음가자)

현재의 '간막국'으로 추정된다. 간막국은 현용 사전류에서 '소의 머리, 꼬리, 가슴, 등, 볼기, 뼈, 족, 허파, 염통, 간, 처녑, 콩팥 따위를 조금씩 고루 다 넣고 끓인 국(〈표준〉)', '소의 머리, 꼬리, 족 등, 가슴, 볼기, 뼈, 염통, 허파, 간, 처녑, 콩팥들을 한 토막이나 한 점씩이라도 다 넣어 끓인 국(〈한자 二〉)'으로 설명한다. 『국역원행을묘정리의궤』(326)에서도 間莫只湯을 '간막기탕'으로 읽고 〈표준〉, 〈한자〉와 같은 뜻으로 풀이하고 있다. 그런데 『원행을묘정리의궤』를 보면 바로 다음에 이어지는 間莫只湯의 재료로 '猪間莫只一部黃肉一斤陳鷄半首鷄卵十五箇眞油二合胡椒末實栢子各一夕醯水一合(1795원행四 003ㄴ12)'를 제시하고 있어 〈표준〉, 〈한자〉나 『국역원행을묘정리의궤』의 풀이와는 차이를 보인다. 따라서 의궤에 보이는 間莫只湯이 지금의 간막국인지에 대해 보다 면밀한 검토가 필요해 보인다.

한편 間莫只湯의 주재료가 猪間莫只인 것을 보면 間莫只는 지금의

'가로막'을 표기한 것으로 추정된다. 가로막은 '배와 가슴 사이를 분리하는 근육인 횡격막(《표준》)'을 이르는 말로 갈매기살(돼지의 가로막 부위에 있는 살.(《표준》))이라고도 부른다. 즉 간마기(가로막)〉갈매기의 변화를 겪은 듯하다.

間莫只湯은 間莫只에 湯이 후행해서 음식의 종류를 명확하게 확인해주는 역할을 하고, 猪間莫只에서는 猪가 선행해서 음식의 주재료를 밝히기도 한다.

한편 間莫只(1866가례下 124ㄱ01)는 '둘러싸인 공간의 사이를 가로질러 막음. 또는 그렇게 막은 물건.(《표준》)'을 이르는 간막이(〉칸막이)를 가리킨다. 간막이[間莫只]는 지금의 가로막을 표기한 것을 추정되는 間莫只와 표기가 같아 이들이 제시되어 있는 전후 문맥을 통해 정확한 의미를 파악할 수 있다. 다음을 보면 이들이 출현하는 환경은 차이가 있다.

> 內熟設所假家一百二十一間半所入(1906가례二 130ㄱ09)
> 高柱次貿大椽三十三箇　柱次中椽六十六箇　間柱(1906가례二 130ㄱ10)
> 次小椽六十箇　道里樑褓並文乃木二百二十箇　每(1906가례二 130ㄱ11)
> 間椽次中小椽各五箇　西乼次眞雜長木各九箇　盖(1906가례二 130ㄱ12)
> 覆草飛乃二駄　合葛乼八十四艮衣　圍排一百二十(1906가례二 130ㄴ01)
> 一面每面小椺二箇　眞雜長木各八箇　杻把子二浮(1906가례二 130ㄴ02)
> 蘆簟二立　每左非條所二把羊　間莫只六十六間每(1906가례二 130ㄴ03)
> 間小椺二箇　眞雜長木各八箇　杻把子二浮　左石(1906가례二 130ㄴ04)
> 面蘆簟各八立　每佐非條所十把　床排竹五十四面(1906가례二 130ㄴ05)

> 生雉湯一器生雉一首黃肉八兩菁根一箇薫古一合回鑾時間莫只湯所入猪間莫只一部黃肉一斤陳鷄半首鷄卵十五箇眞油二合胡椒末實栢子各一夕醓水一合(1795원행四 003ㄴ12)

따라서 間莫只는 지금의 간막국과 가로막, 간막이(〉칸막이)를 동시에 가리키는 동음이의어이다.

2 [갈비/갈이/갈리]

乫非(1873진작 007ㄱ02)

乫飛(1795원행附編一 037ㄴ05)

乫伊(1901진연二 048ㄱ01)

乫里(1906가례上 284ㄴ10)

위 표기는 제2음절에서 '非 : 飛 : 伊 : 里'의 대응 관계를 보인다. 먼저 의궤의 차자 표기에 쓰인 '乫'과 '非, 飛, 伊, 里'의 용례는 다음과 같다.

(1) [乫]

01 乫臺 갈대(1819가례下 071ㄴ07)
02 乫里匠 갈리장(1900책봉 058ㄱ01)
03 乫非椽 갈비연(1901책봉 063ㄴ01)
04 乫伊匠 갈이장(1873진작 59ㄴ03)
05 乫乼 갈줄(1906가례二 039ㄱ12)
06 乫只金 갈기쇠(1812책례 100ㄱ07)
07 曲乫釗 곱갈쇠(1901책봉 061ㄱ06)

(2) [非](2.1.2.10 訥飛 항 참조.)

(3) [飛](2.1.2.10 訥飛 항 참조.)

(4) [里](2.1.2.1 加里麻 항 참조.)

(5) [伊]

01 乫伊匠 갈이장(1873진작 059ㄴ03)

02 甘執伊 감잡이(1627가례 055ㄴ13)
03 串鍱伊 곶광이(1667영건 016ㄴ08)
04 鍱伊 과이(1652영건 032ㄱ06)
05 廣光伊 넙광이(1832영건 106ㄴ04)
06 光伊 광이(1752영건 097ㄱ02)
07 陶罐伊 도가니(1805영건 085ㄱ03)
08 陶所湯伊 도[딜]바탕이(영건1667 068ㄱ09)
09 鐙子甘伊 증자감이(1819가례下 018ㄱ06)
10 磨鏡匠金金伊同 마경장김쇠몽동(1722책례 129ㄱ07)
11 木亇伊 목메(1667영건 026ㄴ10)
12 夢同伊 몽동이(1764영건 042ㄴ05)
13 所湯伊 바탕이(1706가례 215ㄱ03)
14 亐里甘伊 우리감이(영건1900 057ㄱ12)
15 雄尾伊 웅미리(1762가례上 092ㄱ06)
16 獐山伊 장산이(1667영건 054ㄱ11)
17 助伊匠 조이장(1802가례上 123ㄱ09)
18 衝鍱伊 충과이(1633영건 041ㄴ03)

먼저 '非'와 '飛'는 각각 음차와 훈차로 쓰여 [비] 음을 표기하였고, '里'와 '伊'는 [리]와 [이] 음을 나타낸다. '飛'의 음·훈차 여부는 이표기 '非'를 통해 확인할 수 있다.

이상에서 '乫非, 乫飛, 乫里, 乫伊'를 분석한 결과는 다음과 같다.

(6) ① [갈] : 乫(음가자), 乫(음가자), 乫(음가자), 乫(음가자)
[비/비/이/리] : 非(음가자), 飛(음가자), 伊(음가자), 里(음가자)

지금의 '갈비'를 말한다. 다음을 보면 의궤의 기록에는 갈비가 우세하게 나타난다. 하지만 후대로 오면서 '가리'가 주로 쓰인 것으로 보아 이후 갈비, 가리가 혼용된 것으로 보인다. 현재는 갈비가 표준어이다.

1795년 〈원행을묘〉 乫飛, 乫飛蒸, 猪乫飛, 細乫飛
1719년 〈진연의궤〉 乫非
1819년 〈가례의궤〉 乫非
1866년 〈가례의궤〉 乫非
1802년 〈가례의궤〉 乫非
1892년 〈진찬의궤〉 乫伊, 乫伊湯
1901년 〈진찬의궤〉 乫伊, 乫伊湯
1902년 〈진찬의궤〉 乫伊, 乫伊湯
1906년 〈가례의궤〉 乫里

의궤에 보이는 갈비를 이용한 음식으로 갈비(구이)와 갈비찜[乫飛蒸](1795원행附編一 037ㄴ05), 갈비탕[乫伊湯](1901진연二 054ㄱ12) 등이 있다. 猪乫非(1719진연二 056ㄱ10), 黃肉猪乫非(1795원행四 002ㄱ01), 細乫飛(1795원행四 015ㄴ05)처럼 다양한 수식어가 앞서서 갈비의 종류를 분화시키기도 한다.

갈비의 표기는 乫非, 乫飛, 乫伊, 乫里 외에 曷非〈雅言覺非〉로도 표기하였지만 가례 관련 의궤 자료에는 보이지 않는다.

다음을 보면 乫伊는 인명으로도 쓰였다.

> 嚴慶遐, 以兵曹言啓曰, 今十二月二十七日, 私奴乫伊稱名人, 自宣仁門入來, 差備門外擊錚, 極爲駭愕〈承政院日記, 英祖 8년 12월 28일〉

한편, 乫非椽(1901책봉 063ㄴ01)은 갈비 모양의 서까래를 이르는 말로 추정되지만 옛 문헌 자료뿐만 아니라 현대 한국어에도 남아 있지 않아 정확한 의미를 밝히기는 어렵다. 다만 갈비의 모양과 부챗살 모양의 공통점을 감안하면 '추녀 옆에서 중도리의 교차점을 중심으로 하여 부챗살 모양으로 배치한 서까래.'(《표준》)를 이르는 선자서까래와 동의어로 추정된다.

관련어로 乫伊匠(1873진작 059ㄴ03), 乫里匠(1900책봉 058ㄱ01), 猪乫非(1719진연二 055ㄱ10), 黃肉猪乫非(1795원행四 002ㄱ01), 細乫飛(1795원행四 015ㄴ05), 乫飛蒸(1795원행附編一 037ㄴ05), 乫伊湯(1901진연二 054ㄱ12)이 있다.

3 [간남]

乾南(1627가례 043ㄱ04)

의궤의 차자 표기에서 '乾', '南'은 다음과 같이 쓰였다.

(1) [乾](없음)

(2) [南]

01 南羅介 남나개(1627가례 105ㄱ07)

02 南飛 남비(1887진찬二 044ㄱ11)

'乾'과 '南'은 둘 다 음가자로 쓰여 [간]과 [남] 음을 표기한다. 그런데 다음 기사를 보면 '南'이 독자로 쓰였을 가능성이 있다.

> 肝南者 古之所謂羞胾也〈士虞禮〉 星翁謂 其饌列在肝燔之南 名曰肝南〈與猶堂全書 雅言覺非 煎果〉

위 설명대로 '간남'이라는 명칭이 제사상에 놓이는 위치 때문에 생긴 것이라면 이때 南은 음독자로 읽어야 한다.

이상에서 '乾南'을 분석한 결과는 다음과 같다.

(3) ① [간] : 乾(음가자)
[남] : 南(음가자/음독자)
② 本朝……今俗說肝炙之南，謂之肝南.〈古今釋林 27, 東韓譯語, 釋禮〉

'간남'을 표기하였다. 현재 국어사전에는 '간납'으로 등재되어 있으며 간납은 '제사에 쓰는 저냐로 소의 간이나 처녑 또는 생선 살 따위로 만든다.(〈표준〉)' 乾南 외에 干納, 肝納, 肝南, 間南[55] 으로도 표기하였지만 가례 관련 의궤에는 보이지 않는다.

4 [고음]

膏飮(1795원행四 002ㄴ05)

高音(1848진찬二 013ㄴ03)

위 표기는 제1음절에서 '膏 : 高'와 제2음절에서 '飮 : 音'의 대응 관계를 보인다. 이들 용자가 쓰인 용례는 다음과 같다.

(1) [膏](없음)

(2) [高]

01 高臺婦椽 고대부연(1900영건 107ㄱ02)
02 高毛介 고모개(1706가례 018ㄱ07)
03 高沙里 고사리(1795원행四 009ㄴ08)
04 高月乃 고다래(1651책례 055ㄴ06)
05 高音木 굄목(1866가례上 148ㄴ03)
06 高柱帶鐵 고주씌쇠(1752영건 061ㄱ01)
07 耳高柱 귀고주(1805영건 035ㄴ03)

(3) [飮](없음)

---

55 肝南. 本朝……今俗說炙之南, 謂之肝南〈古今釋林 27, 東韓譯語, 釋禮〉煎果. 肝南者 古之所謂羞胾也〈士虞禮〉. 星翁謂 其饌列在肝燔之南 名曰肝南〈與猶堂全書 雅言覺非〉
茅溪祭祀似在晦間, 果品則幾盡備置, 而間南次魚物甚難〈古文書集成(海南尹氏編) 28〉

(4) [音](2.1.2.7 古音 항 참조.)

'膏'와 '高', '飮'과 '音'은 모두 음차로 이용되었기 때문에 독음을 [고]와 [음]으로 확정짓는 데 별 무리는 없다.

이상에서 '膏飮, 高音'을 분석한 결과는 다음과 같다.

(5) ① [고] : 膏(음가자), 高(음가자)
[음] : 飮(음가자), 音(음가자)

'고음'을 표기하였다. 현재 '곰'으로 남아 있으며 곰은 '고기나 생선을 진한 국물이 나오도록 푹 삶은 국'(《표준》)을 말한다. 截肉及高音所[56]假家(1848진찬二 013ㄴ03)를 통해 高音이 膏飮과 동의어임을 확인할 수 있다. 膏飮은 재료에 따라 鷄膏(1795원행四 031ㄴ04), 胖膏(1795원행四 031ㄴ04), 鮒魚膏(1795원행四 031ㄴ04) 등으로 구분한다.

한편 高音은 '물건의 밑을 받쳐서 괴는 나무를 뜻하는 굄목, 고임목'(《표준》)을 표기하기도 한다. 다음 예를 보면 칠장이한테 소용될 물건으로 高音木이 제시되었다.

漆匠(1759가례上 097ㄴ10)
延日礪石 羔鬚 太末 骨灰 方文里 手巾布(1759가례上 097ㄴ11)
手巾紬 常綿子 馬尾篩 綃篩 松炭 松煙(1759가례上 097ㄴ12)
去滓苧布 <u>高音木</u>[57] 漆機 砂磁 唐沙鉢 唐大貼(1759가례上 098ㄱ01)
白缸 細苧布 破地衣 油芚 油芚(1759가례上 098ㄱ02)
眞油 破帳 小索 尾箒 槓子 鎖鑰(1759가례上 097ㄴ10~098ㄱ03)

56 『국역헌종무신진찬』(二:52)에서는 高音所를 '고음소'로 읽고 '고기를 고는 곳'으로 추정된다고 풀이하였다.

57 『국역가례도감』(194)에서는 '고일목'으로 읽었다.

따라서 高音은 음식물의 한 종류인 ① 곰과, 괴다의 명사형인 ② 굄(목), ③ (옷)고름을 나타내는 동음이의어이다. 이럴 경우 표기가 출현하는 환경을 고려해서 표기의 정확한 의미를 파악할 수 있다.

5 [곤자손]

昆者手(1719진연二 075ㄱ05)

昆者巽(1827진작二 21ㄱ10)

昆子巽(1906가례上 283ㄴ12)

昆者巽(1795원행四 001ㄴ03)

위 표기는 제2음절에서 '者 : 子'와 제3음절에서 '手 : 巽'의 대응 관계를 보인다. 이들 용자가 쓰인 용례는 다음과 같다.

(1) [昆](없음)

(2) [者]

01 銅和者 동[구리]섞쟈(1651책례 034ㄴ08)
02 白者斤守 백자근수(1610책례 119ㄴ03)
03 鍮平者 유[놋]평자(1651책례 034ㄴ05)
04 銀者羅 은자라(1651책례 034ㄱ07)
05 者朴只 자바기(1690책례 133ㄱ05)
06 張者斤龍 장자근용(1667책례 096ㄱ01)
07 行者帶鐵 행자띄쇠(1900영건 117ㄱ05)

(3) [子]

01 金鐙子 쇠등ᄌ(1610책례 133ㄴ12)
02 道乃推子 도래밀개(1832영건 104ㄱ09)
03 木莫子 목[나모]막ᄌ(1690책례 069ㄴ11)

04 卜子 복ᄌᆞ(1719진연二 069ㄴ07)
05 卜子金 복ᄌᆞ쇠(1633영건 049ㄱ01)
06 扇子椽 선자셧가래(1832영건 076ㄱ10)
07 艻子 넉ᄌᆞ(1866가례上 092ㄴ11)
08 行子帶鐵釘 행자ᄯᅴ쇠못(1805영건 077ㄴ01)

(4) [手]
01 刻手 각수(1627가례 076ㄴ08)
02 洗手大也 세수대야(1849국장一 082ㄴ02)

(5) [巽](없음)

먼저 '者'와 '子'는 음차로 쓰여 [자] 음을 나타낸다. 제3음절의 '手'는 훈차로 쓰여 [손] 음을, '巽'과 '選'은 음차로 쓰여 [손] 음을 표기하였다.

이상에서 '昆者手, 昆子巽'을 분석한 결과는 다음과 같다.

(6) ① [곤] : 昆(음가자), 昆(음가자)
[자] : 者(음가자), 子(음가자)
[손] : 手(훈가자), 巽(음가자)

'곤자손'을 표기한 것으로 현대 한국어에 '곤자소니'로 남아 있다. 곤자소니는 '곤자손+이'로 분석이 가능하다. 따라서 昆者手, 昆子巽은 '곤자소니'의 접미사 '-이'가 차자 표기에 명시되지 않은 표기일 가능성과 함께 원형 곤자손에 접미사 '-이'가 추가되었을 가능성이 있다. 다만 昆者手, 昆子巽에 대응되는 표기가 옛 문헌 자료에서 찾을 수 없고, 의궤의 차자 표기에서 접미사 '-이'가 표기에 명시되지 않은 경우[58]는 흔하게 나타나기 때문에 전자의 가능성이 우선 고려된다.

곤자소니는 소 대장의 골반 안에 있는 창자의 끝부분으로 기름기가 많이 달린 부분 말하며 각종 탕을 끓일 때 이용한다. 의궤에 따르면 瓜制湯(1901), 搥鰒湯(1901), 海蔘湯(1887), 龍鳳湯(1902), 錦鱗魚湯(1901), 洪魚湯(1902), 猪肉醬方湯(1892), 完子湯(1828), 錦中湯(1877), 雜湯(1827), 悅口子湯(1827), 七技湯(1892), 骨湯(1873), 饅蒸湯(1827), 醋鷄湯(1873), 七鷄湯(1828), 猪胞湯(1829), 洋熟湯(1901), 勝只雅湯(1848), 옷伊湯(1892), 荏水湯(1901)에 곤자소니가 쓰인 것으로 기록하고 있다.

곤자소니가 가리키는 부위를 밝혀 胖昆者巽(1795원행四 014ㄴ03)로 표기하기도 하며, 昆子選〈內外進宴謄錄〉(1901)으로도 표기한다.

6 [낙지]

絡蹄(1902진연二 082ㄱ06)

의궤의 차자 표기에서 '絡', '蹄'는 다음과 같이 쓰였다.

(1) [絡](없음)

(2) [蹄]
01 蹄刻匠 제각장(1706가례 063ㄱ10)
02 蹄桶釗 제통쇠(1901책봉 061ㄴ02)

'絡'과 '蹄'는 음차로 쓰여 [낙]과 [지] 음을 나타낸다.
이상에서 '絡蹄'를 분석한 결과는 다음과 같다.

---

58 접미사 '-이'의 생략 표기는 '몽동이[蒙同]', '바탕이[所湯]', '고돌박이[古乭朴]', '장산이[長散]' 등에서 확인할 수 있다.

(3) ① [낙] : 絡(음가자)
[지] : 蹄(음가자)
② 낙지(八梢魚)〈物譜 水族〉

지금의 '낙지'를 표기하였다. 絡蹄[59] 외에 絡締,[60] 落蹄[61]로도 표기하지만 가례 관련 의궤 자료에는 보이지 않는다.

7 [도가니]

都干里(1873진작 002ㄱ03)

都艮伊(1902진연二 034ㄴ03)

都干伊(1795원행四 007ㄱ01)

道干伊(1887진찬二 031ㄱ04)

위 표기는 제1음절에서 '都 : 道'와 제2음절에서 '干 : 艮'과 제3음절에서 '里 : 伊'의 대응 관계를 보인다.

의궤의 차자 표기에 쓰인 '都, 道, 干, 艮, 里, 伊'의 용례는 다음과 같다.

(1) [都](2.1.2.13 都多益 항 참조.)

(2) [道](2.1.2.13 都多益 항 참조.)

(3) [干](없음)

59 石距, 俗名絡蹄魚〈玆山魚譜 2, 無鱗類, 章魚〉

60 我國文魚, 絡締之類, 而亦中國之所珍貴也. 絡締, 俗名小八梢魚也.〈星湖僿說, 萬物門〉

61 落蹄五級, 大蛤三十箇〈華成城役儀軌 6, 財用下, 實入〉

(4) [艮]

01 三甲所五十艮衣 삼겹바오십거리(1748영건 275ㄱ01)

(5) [里](2.1.2.1 加里麻 항 참조.)

(6) [伊](2.1.3.2 乫非 항 참조.)

'都 : 道', '干 : 艮', '里 : 伊'는 모두 음차로 쓰였고, 대응 관계를 보이고 있어 독음을 [도], [가], [니]로 확정짓는 데 별 무리가 없다.

이상에서 '都干里', '都艮伊', '都干伊', '道干伊'를 분석한 결과는 다음과 같다.

(7) ① [도] : 都(음가자), 都(음가자), 都(음가자), 道(음가자)
[가] : 干(음가자), 艮(음가자), 干(음가자), 干(음가자)
[니] : 里(음가자), 伊(음가자), 伊(음가자), 伊(음가자)

지금의 '도가니'를 나타낸다. '도가니'는 '소의 볼기에 붙은 고기(〈표준〉)'이다. 관련어로 胖都干伊(1795원행四 007ㄱ01), 都艮伊煎油花(1902진연二 031ㄴ03)가 있다.

道艮伊〈內外進宴謄錄〉(1901)로도 표기하였다.

8 [꿀설기]

蜜雪只(1828진작 001ㄱ08)

蜜雪支(1873진작 003ㄴ10)

위 표기는 제3음절에서 '只 : 支'의 대응 관계를 보인다. 다음은 의궤의 차자 표기에 쓰인 蜜, 雪, 只의 용례이다.

(1) [蜜](없음)

(2) [雪]

01 雪釗 섥쇠(1873진작 033ㄱ02)

02 雪馬 썰매(1677영건 062ㄱ04)

(3) [只](2.1.2.5 巨等(乙)只 항 참조.)

(4) [支]

01 龍支板 용지판(1805영건 018ㄴ05)

02 排支乃 밀지레(1805영건 078ㄴ12)

03 捧支郎金 받지랑쇠(1805영건 077ㄴ12)

04 奉支竹 받지대(1752영건 091ㄱ07)

05 山支 산지(1677영건 069ㄴ05)

06 陽支頭 양지머리(1873진작 002ㄱ04)

07 業支潤 업지운(1829진찬二 047ㄱ05)

08 鍮香串支 유[놋]항꼬지(1667영건 176ㄱ10)

09 障支金 장지쇠(1764영건 114ㄱ06)

10 支介 지게(1832영건 097ㄴ01)

11 支乃 지레(1752영건 039ㄴ10)

12 撑支木 탱지목(1828진작二 022ㄱ01)

13 火支乃 불지래(1812책례 106ㄴ07)

차자 표기에서 '雪'은 쓰임이 아주 드문 편이며, 주로 음차로 쓰인 것으로 나타난다. 여기서도 음차로 쓰여 [설] 음을 표기한다. '蜜'은 훈독자로, '只'와 '支'는 음차로 쓰여 각각 [꿀]과 [기] 음을 표기한다.

이상에서 '蜜雪只, 蜜雪支'를 분석한 결과는 다음과 같다.

(5) ① [꿀] : 蜜(훈독자), 蜜(음독자)

[설] : 雪(음가자), 雪(음가자)

[기] : 只(음가자), 支(음가자)
② 셜교(雪餻)〈譯語 上51〉

'蜜雪只', '蜜雪支'는 바탕어인 雪只(支)에 蜜이 접두하여 雪只(支)의 종류를 분화시킨 경우로 이때 蜜은 재료와 관련이 있다. 즉 기존의 설기[62]에 달콤함을 강조한 표현으로 보인다. 설기는 蜜 외에 다양한 재료가 앞서서 종류를 분화시키는데 의궤 자료에는 石耳雪只(1795원행附編一 039ㄱ09), 白雪只(1795원행附編一 039ㄱ07), 白頭蜜雪支(1873진작03ㄴ10), 辛甘菜雪只(1902진연二039ㄱ08) 辛甘草蜜雪只, 靑太雪只(1795원행附編一 044ㄴ09), 荏子雪只(1795원행附編一 039ㄱ10), 蜜粘雪只(1795원행附編一 039ㄱ10), 雜果粘雪只(1795원행附編一 039ㄱ11), 荏子粘雪只(1795원행附編一 039ㄱ11), 菉豆石耳雪只(1873진작 010ㄱ10), 菉豆蜜雪只(1873진작 014ㄴ06) 등이 보인다.

雪糕〈古今釋林〉[63]로도 표기하였다.

9 [박고지]

朴古之(1795원행四 001ㄴ04)

朴五之(1765수작二 065ㄴ03)

위 표기는 제2음절에서 '古 : 五'의 대응 관계를 보인다. 다음은 의궤의 차자 표기에서 보이는 '朴', '古', '五', '之'의 용례이다.

---

62 설기는 시루떡의 하나로 멥쌀가루를 켜를 얇게 잡아 켜마다 고물 대신 흰 종이를 깔고, 물 또는 설탕물을 내려서 시루에 안쳐 깨끗하게 쪄 낸다. 어린아이의 삼칠일, 백일, 돌이나 고사告祀 따위에 쓴다.(〈표준〉)

63 散餠. 本朝. 僿說, 今之所尙者, 糕也……或稻紛帶濕, 入甑爛熟, 自成餠者爲雪糕〈古今釋林 27, 東韓譯語, 釋食〉

(1) [朴]

01 甘佐非朴只 감자비바기(1667영건 074ㄱ09)
02 曲乫朴鐵 굽갈박쇠(1900영건 116ㄴ02)
03 大朴串 대[큰]바곳(1832영건 108ㄴ05)
04 朴串 바곳(1610책례 078ㄱ06)
05 朴金 박쇠(1718가례 020ㄱ12)
06 朴達朴亇赤 박달박마치(1718가례 231ㄴ11)
07 朴排 박배(1866가례下 039ㄱ03)
08 朴乙丁 박을정[못](1681가례 070ㄱ11)
09 朴只廣頭丁 바기광두정[대갈못](1866가례下 007ㄱ06)
10 朴只大甘佐非 바기대[큰]감좌비(1866가례下 088ㄱ02)
11 朴鐵 박쇠(1866가례下 107ㄴ08)
12 小者朴只 소[작은]자바기(1718가례 230ㄴ06)
13 自朴鉼 자박병(1866가례上 021ㄴ06)

(2) [古](2.1.2.6 古古里 항 참조.)

(3) [五](없음)

(4) [之]

01 盖也之 개야지(1900영건 073ㄴ11)
02 古骨之 고골지(1866가례下 128ㄴ10)
03 曲之 곡지(1866가례下 005ㄱ03)
04 大斗之 대[큰]두지(1866가례下 030ㄴ12)
05 獨之介 독지게(1633영건 044ㄱ06)
06 同三之 동삼지(1866가례下 005ㄴ02)
07 豆錫香串之 두석향꼬지(1866가례下 034ㄴ05)
08 甫兒之 보아지(1805영건 012ㄱ08)
09 分之苔席 픈즈태석(1866가례上 032ㄱ04)
10 散之金 산지쇠(1748영건 275ㄱ07)
11 注之 주지(1706가례 086ㄴ04)

12 中豆之 중두지(1681가례 335ㄴ08)
13 之介函 지개함(1706가례 009ㄴ11)
14 之方 지방(1748영건 177ㄴ03)

이들은 모두 음차로 쓰여 각각 [박], [고], [지] 음을 표기한다. 이상에서 '朴古之', '朴五之'를 분석한 결과는 다음과 같다.

(5) ① [박] : 朴(음가자), 朴(음가자)
[고] : 古(음가자), 五(음가자)
[지] : 之(음가자), 之(음가자)
② 박고지(葫蘆絲)〈譯語 上17〉

'여물지 아니한 박의 속을 파내어 길게 오려서 말린 반찬거리(《표준》)'를 말하는 '박고지'를 표기하였다. 박고지는 박+고지[64]의 구조로 이루어진 합성어로 朴은 재료를, 古(五)之는 음식의 조리 형태를 나타낸다.

박고지는 朴桔脂〈於于集, 後集 2〉로도 쓰나 가례 관련 의궤 자료에는 보이지 않는다. 朴亏巨里(1719진연二 059ㄴ12)와 동의어이다.

10 [중박계]

中朴桂(1706가례 188ㄱ03)

(1) [中]
01 陶中所羅 도[딜]중소라(1875책례 073ㄴ09)
02 朴只中巨勿丁 바기중거물못(1866가례下 085ㄱ11)
03 朴只中乬鐁 바기중걸쇠(1887진찬二 013ㄴ01)

---

64 고지는 '호박, 박, 가지, 고구마 따위를 납작납작하거나 잘고 길게 썰어 말린 것(《표준》)'을 이른다.

04 砂中楪匙 사[사긔]중뎝시(1827진작二 28ㄱ08)
05 食刀大中 식도대중(1795원행四 039ㄴ01)
06 鍮中蓋兒 유[놋]중개야(1651책례 034ㄴ03)
07 鍮中沙用 유[놋]중새용(1651책례 034ㄱ10)
08 鍮中錚盤 유[놋]중쟁반(1868진찬二 032ㄴ05)
09 鍮中楪匙 유[놋]중뎝시(1866가례下 067ㄱ01)
10 鑄中亐里 유[중]우리(1866가례下 035ㄱ02)
11 中加莫釗 중가막쇠(1902진연三 001ㄱ09)
12 中陶所羅 중도[딜]소라(1866가례下 029ㄴ12)
13 中斗隅板 중말목판(1868진찬二 033ㄱ03)
14 中朶朴只鎖鑰 중붓바기쇄약(1866가례下 093ㄱ10)
15 中所羅 중소라(1902진연二 091ㄴ07)
16 中小錚盤 중소쟁반(1866가례下 070ㄴ10)
17 中楪匙 중뎝시(1902진연二 091ㄱ04)
18 中條里木 중오리목(1902진연三 001ㄱ09)
19 中乼 중줄(1875책례 074ㄱ05)
20 中釵釘 중비녀못(1875책례 123ㄴ05)
21 中湯大也 중탕대야(1873진작 033ㄴ07)
22 畵中楪匙 화중뎝시(1873진작 032ㄴ10)

(2) [朴](2.1.3.9 朴古之 항 참조.)

(3) [桂](없음)

朴과 桂는 음차로 쓰여 각각 [박]과 [계] 음을 나타낸다. 이상에서 '中朴桂'를 분석한 결과는 다음과 같다.

(4) ① [중] : 中(음독자/음가자)[65]

65 中은 주로 뒤에 오는 명사의 크기를 한정 짓는 역할을 한다. 또한 『두산백과』와 『수문사설』의 풀이에 따르면 中朴桂에서 中은 크기를 구분한다. 따라

[박] : 朴(음가자)
[계] : 桂(음가자)
② 듕박겨〈음식디미방〉[66]

중박계(〉배끼)[67]를 표기하였다. 박계는 '유밀과에 속하는(〈한자二〉)' 조과造菓의 한 종류이다. 크기에 따라 大-, 中-, 小-가 있지만,[68] 현재는 중배끼만 남아 있다. 현용 국어사전에는 배끼 대신 중배끼가 등재되어 있고, '유밀과의 하나. 밀가루를 꿀과 기름으로 반죽하여 네모지게 잘라 기름에 지져 만든다.'(〈표준〉)고 풀이하고 있다. 따라서 지금 쓰고 있는 중배끼에는 크기를 구분하던 中-의 의미는 없어졌음을 알 수 있다.

한편 몇몇 연구서에서는 중배끼를 잔칫상에는 올리지 않고 제사

서 음독자로 쓰였을 가능성이 높다. 다만, 현재 (남아 있는) 中朴桂에서는 크기를 구별하는 뜻이 없이 쓰이고 있어 독자와 함께 가자의 가능성을 열어 둔다.

66 듕박겨: 중배끼 [中朴桂]. 유밀과의 한 가지. 중배끼는 밀가루에 기름과 꿀을 넣어 질게 반죽하여 밀어서 적당한 크기의 사각형으로 썰어 기름에 지져 낸 것인데, 약과보다 꿀이나 기름을 조금 넣고 색깔도 엷게 지진다. 볶은 밀가루를 꿀로 반죽하여 썰어 지지기도 한다.(윤서석 1991: 359).

67 중박계[中朴桂]는 밀가루에 참기름과 꿀을 넣고 반죽하여 직사각형으로 큼직하게 썰어 기름에 지지는 유밀과의 일종으로 '중배끼'라고도 부른다. 『주방문』(1680년대 말)·『도문대작』(1611)·『음식지미방』(1670)에 '중배기'로, 『규합총서』(1815), 『시의방』(1945)에 '중계법'과 '중계'로 각각 기록되어 있다. 『이조궁중요리통고』(1967)와 『조선무쌍신식요리제법』(1943)에 중박계는 반만 익혀서 즙청하지 않고 고임상에 높이 괴였다가 먹을 때 다시 지져 먹었음이 기록되어 있다.(정재홍 외 2003)

68 『두산백과』에서는 朴桂 항의 풀이에서 '박계류는 크기에 따라 대박계·중박계·소박계가 있다. 허균의 『도문대작屠門大嚼』에는 중박계와 대박계가 나오고, 『수문사설』에는 소박계가 나오는데, 현재까지 만드는 방법에 대한 기록이 전하는 것은 중박계뿐이다.'고 설명한다.

용이라고 설명한다.

① 중배끼 : 중계中桂·중박계中朴桂라고도 한다. 밀가루를 꿀이나 조청, 참기름을 넣고 반죽하여 넓게 밀어서 1.5㎝ 두께의 길쭉한 네모꼴로 베어 끓는 기름에 노르스름하게 지져낸 음식이다. 제사용으로 제기에 괴며, 잔칫상에는 괴지 않는다. 먹을 때는 석쇠에 구워 먹는다.(『한국민족문화대백과』)
② 유밀과 : …… 이 중 박계는 기름을 적게 넣고 술을 넣지 않고 반죽하여 만드는데 길례吉禮에는 사용하지 않으며……(『두산백과』)
③ 중박계 : 유밀과 중 박계류朴桂類에는 대박계와 중박계 등이 있으며, 잔칫상보다는 제향 음식으로 널리 쓰였다.(『두산백과』)

그런데 다음을 보면 가례 때 잔칫상에 中朴桂가 올려졌음을 알 수 있다.

中朴桂(1706가례 188ㄱ03)
中朴桂(1866가례上 018ㄱ02)
中朴桂(1866가례上 279ㄴ06)
中朴桂(1802가례上 021ㄱ04)
中朴桂(1802가례上 257ㄴ06)
中朴桂(1681가례 211ㄱ09)
中朴桂(1819가례上 016ㄴ02)
中朴桂(1819가례上 242ㄴ06)
中朴桂(1671가례 141ㄱ03)
中朴桂(1627가례 042ㄴ04)
中朴桂(1627가례 042ㄴ05)
中朴桂(1651가례070ㄴ13)

11 [복기]

卜只(1827진작二 024ㄱ03)

煮只(1681가례 220ㄴ08)

위 표기는 제1음절의 '卜 : 煮'의 대응 관계를 보인다. 먼저 의궤의 차자 표기에 쓰인 '卜, 煮'의 용례는 다음과 같다.

(1) [卜]
01 道乃沙卜釵釘(1676책례 043ㄱ03)
02卜子(1719진연二 069ㄴ07)
03 使令柳者斤卜(1651가례 098ㄴ13)
04 燒木十五卜(1610책례 127ㄱ05)
05 碎氷二卜(1634책례 015ㄴ05)
06 仝卜 전복(1719진연二 053ㄴ08)

(2) [煮]
01 鬱煮 섥자(1819가례下 093ㄱ06)
02 鍮煮 유[놋]자(1819가례下 069ㄱ10)
03 煮 자(국장1895四 008ㄱ04)

(3) [只](2.1.2.5 巨等(乙)只 항 참조.)

'卜'과 '煮'는 각각 음차와 훈차로 쓰여 [복] 음을 나타내고, '只'는 음차로 쓰여 [기] 음을 표기한다.
이상에서 '卜只', '煮只'를 분석한 결과는 다음과 같다.

(4) ① [복] : 卜(음가자), 煮(훈독자)
[기] : 只(음가자), 只(음가자)

'복기'[69]는 지금의 지짐이 즉 '국보다 국물을 적게 잡아 짭짤하게 끓인 음식'(《표준》)을 가리킨다. 『국역국혼정례』(36)에서 '仝鰒煮只를

'전복지짐이'로 읽고 '마른 전복을 쌀겨로 잘 문질러서 씻고 무와 섞어 삶아서 온갖 양념을 하여 국물을 바특하게 하여 지진 음식으로 '전복전'이라고도 한다.'고 풀이하고 있어 음식의 조리 과정과 형태를 짐작할 수 있지만 현재 '복기'라는 어휘는 남아 있지 않다. 다만, 卜과 煮의 교체를 통해 당시 현장음이 '복기'에 가까웠을 것으로 추정된다.

다음은 의궤 자료에 보이는 다양한 복기(지짐이)들로 주로 복기 앞에 식재료가 와서 종류를 분화시키고 있다.

骨卜只(1795원행四 028ㄱ04)
豆卜只(1795원행四 028ㄱ02)
生鰒炒生雉卜只(1795원행四 010ㄴ06)
生雉煮只(1819가례上 019ㄴ01)
生蛤煮只(1681가례 220ㄴ01)
藥脯醬卜只(1795원행四 010ㄴ10)
牛肉卜只(1795원행四 026ㄴ05)
煮千葉卜只(1795원행四 017ㄱ01)
胖卜只(1795원행四 002ㄱ04)
獐肉煮只(1681가례 221ㄱ03)
全鰒煮只(1681가례 220ㄱ12)
竹蛤卜只(1795원행四 008ㄱ08)
陳鷄卜只(1795원행四 026ㄴ05)

한편 다음을 보면 卜只는 음식명으로만 쓰인 것이 아니라 보다 다양하게 쓰였음을 알 수 있다.

① 金卜只(1651책례 056ㄴ02)
② 囱戶貼卜只邊板(1718가례 159ㄴ12)

---

69 김상보(2006)와 『국역원행을묘』(329)에서는 '볶기'로 읽었다.

①은 인명에 ②에서는 바기[朴只]의 동의어로 쓰였다.

12 [슈라]

水剌(1795원행四 001ㄴ08)

의궤의 차자 표기에서 '水'와 '剌'은 다음과 같이 쓰였다.

(1) [水]

01 曲水起畵 곡수기와(1900영건 059ㄴ07)
02 擔水桶 들믈[슈]통(1900영건 098ㄱ12)
03 水丹亇赤 무란(른)마치(1690책례 172ㄱ11)
04 水青木 물푸레나모(1759책례 116ㄴ11)
05 水桶 믈[슈]통(1906가례二 150ㄱ08)
06 水瓢子 믈표즈박(1652영건 046ㄱ03)

(2) [剌](2.1.2.2 加文剌 항 참조.)

'水'와 '剌'은 둘 다 음차로 쓰여 [슈]와 [라] 음을 표기한다. 이상에서 '水剌'을 분석한 결과는 다음과 같다.

(3) ① [슈] : 水(음가자)
[라] : 剌(음가자)
② 水剌슈라〈五洲衍文長箋散稿〉

'슈라'는 현재 '수라'로 남아 있으며, '궁중에서 임금에게 올리는 밥을 높여 이르던 말.(《표준》)'이다. 때에 따라 朝水剌(1795원행四 012ㄴ10), 晝水剌(1795원행四 008ㄱ06), 夕水剌(1795원행四 010ㄴ03), 수라의 내용에 따라 粥水剌(1795원행四 011ㄴ12)로 구분해서 부르기도 한다.

水剌間(1873진작19ㄱ05)은 水剌에 間이 더해 '임금의 진지를 짓던 주방(〈표준〉)'을 뜻하는 '수라간'을 표기한 것이다.

13 [신셜로]

新爇爐(1887진찬二 064ㄱ02)

麵新設爐(1868진찬二 004ㄱ12)

위 표기는 제2음절의 '爇 : 設'의 대응 관계를 보인다. 이들 용자가 쓰인 용례는 다음과 같다.

(1) [新](없음)

(2) [爇](없음)

(3) [設](없음)

(4) [爐]

01 設爐匠 설로장(1875책례 034ㄴ09)

02 小爐匠 소로장(1875책례 042ㄴ11)

'爇'은 훈차로 쓰여 [설] 음을, '設'은 음차로 쓰여 [설] 음을 나타낸다. 현재 '神仙爐'로 남아 있어 원래의 표기가 神仙爐일 경우 爇과 設은 동화작용이 일어난 결과를 반영한 선택일 가능성이 있다.[70] 다만 어느 표기가 앞선 표기인지 명확하지 않아 단정 짓기는 곤란하다.

따라서 고유어 신설로 표기에 新爇爐가 쓰였는지, 新爇爐가 한자

70 신설로의 표기로 新爇爐 외에는 보이지 않고, 옛 문헌 자료에서 神仙爐를 찾기 어려워 신설로의 어원을 神仙爐로 단정하기가 어렵다.

어 神仙爐의 음운 변동을 반영한 표기인지는 보다 많은 자료 검토가 바탕이 되어야 명확해질 것이다.

이상에서 '新爇爐', '新設爐'를 분석한 결과는 다음과 같다.

(5) ① [신] : 新(음가자), 新(음가자)
[셜] : 爇(음독자), 設(음가자)
[로] : 爐(음독자), 爐(음독자)
② 신셜로(火壺)〈漢淸 345c〉
신션노〈뎡미가례시일긔〉

'신셜로'는 현재 신선로神仙爐로 남아 있다. 근대 한국어 자료에는 '신셜로'의 표기가 보이지만 현용 국어사전에는 신선로神仙爐가 등재되어 있다. 신선로는 '상 위에 놓고 음식을 끓이는 그릇. 또는 그것에 끓인 음식. 구리, 놋쇠 따위로 굽 높은 대접 비슷하게 만든 것인데, 가운데에 숯불을 담는 통이 있고, 통 둘레에 여러 가지 음식을 담아서 끓인다. 보통 여러 가지 어육과 채소를 색을 맞추어 넣고, 그 위에 석이버섯·호두·은행·황밤·실백·지단·실고추 따위를 얹은 다음에 장국을 붓고 끓이면서 먹는다.(《표준》)'

한편 신셜로는 그릇과 음식을 동시에 가리킨다. 가령, 鍮新設爐二百五十八坐煎鐵具(1868진찬二 032ㄴ04)에서 新設爐는 그릇이고, 麵新設爐(1868진찬二 004ㄱ12), 湯新設爐(1868진찬二 024ㄱ05), 麪新設爐(1868진찬二 029ㄴ06)는 음식을 가리킨다. 신셜로는 원래 화통이 붙은 냄비 이름이고, 음식 이름은 '열구자탕悅口子湯'이었는데 후대로 오면서 냄비 신셜로가 음식 이름으로 굳어졌다. 즉 신셜로라는 조리용구의 이름이 음식명이 된 전형적인 사례라 할 수 있다.

'신셜로'라는 말은 『동국세시기』(悅口子神仙爐)에 처음 나오며 그 이전에는 '열구ᄌᆞ탕 그릇'이라고 하였다. 신셜로틀은 대개 유기나

은기 또는 돌로 되어 있다(한복진 2011).

鍮新爇爐(1887진찬二 062ㄱ07)는 기물 앞에 鍮가 와서 기물의 재료적 속성을 밝힌 표기이다.

14 [느름젹]

於音炙(1719진연二 055ㄴ05)

乻音炙(1765가례二 074ㄱ09)

위 표기는 제1음절에서 '於 : 乻'의 대응 관계를 보인다. 다음은 의궤의 차자 표기에서 이들 용자가 쓰인 용례이다.

(1) [於](2.1.2.32 於亐味 항 참조.)

(2) [乻]

01 乻尾里 얼미리(1830영건 086ㄱ11)

02 烟窓門乻骨障子 연창문얼골장지(1830영건 040ㄱ11)

03 後乻只 뒤얼기(1610책례 149ㄱ06)

'乻'은 합성 표기 차자[71]이다. 상자上字에 해당하는 '於'는 훈차로

---

71 鮎貝房之進 (1972)과 최범훈 (1977)에서는 이런 차자를 '造字'라 하였으며 김종훈 (1983)은 '고유한자'라고 하였다. 김경숙 (1989)에서는 한자와 한자 혹은 한자와 국문자가 上下로 쓰여 그 음가가 한 음절 또는 두 음절을 나타낸다하여 '합성 표기 차자'라 칭하였다. 한편, 김종훈 (1992: 84)에서는 '乫'을 奴婢名 '乫同'에서 형성된 고유한자로 보았다. 즉 '乫'은 '加'에 ㅅ종성표기의 기능을 하는 '叱'이 결합한 자로 여기에 남성인칭접미사 '-同'이 접미되어 '개동>개똥>개똥'으로 분석된다고 설명한다. 이때의 '乫同'은 '乫同(〈단성호적대장: 1783〉)'으로도 나타나고 있어 '乫'은 음차되었음이 분명하다.(김연주 2009a: 35)

쓰여 [느] 음을, 하자下字에 해당하는 '乙'은 음차로 쓰여 받침 [ㄹ]을 표기하여 [늘] 음을 나타낸다. 즉 於乙은 '늘어놓다'는 의미를 분명히 하고자하는 의지가 반영된 선택이라고 할 수 있다.

(3) [音](2.1.2.7 古音 항 참조.)

(4) [炙]

01 絡蹄花陽炙 낙지화양젹(1901진연二 038ㄴ09)
02 炙金 젹쇠(1900영건 096ㄱ07)

위의 예를 보면 '炙'은 의궤 자료에서 쓰임이 극히 저조한 편으로 '炙金'에서만 활용되었음을 알 수 있다.

이상에서 '於音炙, 於乙音炙'을 분석한 결과는 다음과 같다.

(5) ① [느(늘)] : 於(훈독자), 於乙(훈독자)
[름(음)] : 音(음가자), 音(음가자)
[젹] : 炙(음독자), 炙(음독자)
② 느름젹〈一九一二年 임ᄌᆞᄉᆞ월십일 불긔〉
젼복젼 느름젹(甲戌二月初二日)〈불긔〉

'於音炙, 於乙音炙'은 음식명 '느름젹'을 표기한 것으로 현재 누름적으로 남아 있다. 기존 연구에서 於音炙을 '어음적'(김상보, 2006: 241)[72] 으로 쓰고 있는데 이는 차자 표기를 전통 한자음대로 읽은 것이다. 김상보(2006: 239-240)에서는 『歷酒方文』에서 우육느르미를 牛肉引으로 적고 있음을 들어 느르미는 늘어나는 소스를 끼얹은 음식이란 뜻을 함축하고 있다고 보았다. 즉 느름적이 꼬치에 꿴 것에 늘어나

72 김상보(2006: 241)에서는 어음적[於音炙]을 느름적의 궁중 용어로 소개하고 있다.

는 소스인 밀가루즙을 입혀 불에 구운 음식이라고 설명한다. 그런데 음식의 형태가 다양한 재료를 토막으로 썰어 꼬치에 나란히 꿴 모양임을 감안하면 於는 '늘어나다'보다는 '늘어놓다', '늘어서다'의 의미로 쓰였을 가능성이 있다. 즉, 於音은 의미상 형태와 관련이 있으며, '炙'은 음식의 조리 방법을 나타낸다. 또한 다양한 재료가 앞서서 음식의 종류를 분화시키는 역할을 하는데, 다음은 의궤 자료에 보이는 於音炙의 종류이다.

生卜於音炙(1719진연二 057ㄱ02)
千葉於音炙(1719진연二 055ㄴ05)
芃制湯(1719진연二 056ㄱ05)
鷄卵於音炙(1719진연二 058ㄱ01)
胖於音炙(1719진연二 060ㄱ09)
色於音炙(1765가례二 032ㄱ01)
黃肉於音炙(1765가례二 032ㄴ07)
黃肉乻音炙(1765가례二 074ㄱ09)

한편, 於音炙은 1765(영조 41)까지만 보이고, 1795(정조 19)년 진연부터는 花陽炙으로 나타난다.

於音炙串(1795원행四 039ㄴ11)은 器用에 기재된 것으로 보아 느름적을 꽂는 꼬치를 표기한 것으로 보인다.

15 [업지운]

業脂潤(1902진연二 036ㄴ01)
業脂云(1873진작 013ㄴ01)
業支潤(1829진찬二 047ㄱ05)

위 표기는 제2음절의 '脂 : 支'와 제3음절의 '潤 : 云'의 대응 관계를 보인다. 의궤에서 '業'과 '脂', '支', '潤', '云'은 다음과 같이 쓰였다.

(1) [業]
01 金業同 김업동(1795원행附編四 031ㄴ07)
02 張夫業非 장부엉이(1722책례 129ㄱ03)
03 田業立伊 전업설이(1651가례 097ㄴ04)

(2) [脂](없음)

(3) [支](2.1.3.8 蜜雪只 항 참조.)

(4) [潤]
01 潤衫兒 윤삼아(1706가례 112ㄱ08)
02 潤汗衫 윤한삼(1671가례 091ㄱ03)
03 潤色 윤색(1866가례下 058ㄴ02)

(5) [云](없음)

차자 표기에서 '業'은 쓰임이 아주 드문 편이다. 여기서는 음차로 쓰여 [업] 음을 표기한다. '脂'와 '支'는 음차로 쓰여 [지] 음을, '潤'과 '云'은 음차로 쓰여 [운] 음을 표기한다. 의궤 자료에서 '云'이 차자로 이용된 예는 보이지 않는다.

이상에서 '業脂潤, 業脂云, 業支潤'을 분석한 결과는 다음과 같다.

(6) ① [업] : 業(음가자), 業(음가자), 業(음가자)
[지] : 脂(음가자), 脂(음가자), 支(음가자)
[운] : 潤(음가자), 云(음가자), 潤(음가자)
② 업지운〈淸老 七5〉

'업지운'을 표기한 것으로 현재 '업진'으로 남아 있다. 업진은 '소의 가슴에 붙은 고기로 양지머리와 같이 편육이나 탕의 재료로 쓰인다.(〈표준〉)'

16 [길음]

(菉荳)長音(1887진찬二 044ㄱ12)

의궤의 차자 표기에서 '長'과 '音'은 다음과 같이 쓰였다.

(1) [長]
01 長加莫金 장[긴]가막쇠(1873진작 038ㄴ07)
02 長加莫釗 장[긴]가막쇠(1901진연三 001ㄱ10)
03 長道里 장도리(1828진작二 022ㄱ06)
04 長屯太木 장[긴]둔테목(1901진연三 001ㄱ08)
05 長斫 장작(1902진연二 092ㄱ10)
06 長炙金 장[긴]적쇠(1877진찬二 054ㄴ07)
07 長赤亇 장[긴]치마(1651가례010ㄴ05)

(2) [音](2.1.2.7 古音 항 참조.)

'長'은 훈차로 쓰여 [길] 음을 '音'은 음차로 쓰여 [음] 음을 표기한다. 이상에서 '長音'을 분석한 결과는 다음과 같다.

(3) ① [길] : 長(훈가자)
[음] : 音(음가자)
② 長音 길음〈行用〉

'(녹두)길음'을 표기한 것으로 녹두길음은 '숙주나물의 옛말'(〈표준〉)이다.

17 [젹곧치]

炙串(1795원행四 039ㄴ10)

의궤의 차자 표기에서 '炙', '串'은 다음과 같이 쓰였다.

(1) [炙](2.1.3.14 於音炙 항 참조.)

(2) [串]
01 串錁伊 곶광이(1681가례 314ㄴ09)
02 串釘 곶정(1726책례 020ㄴ07)
03 同串 동곶(1812책례 135ㄴ05)
04 朴串 바곶(1805영건 079ㄱ03)
05 香串之 향곧치(1690책례 076ㄴ03)
06 散炙一串 산적한곧치(1892진찬二 074ㄱ02)

'炙'은 음차로 쓰여 [젹] 음을, '串'은 훈차로 쓰여 [곧치] 음을 표기한다. 이상에서 '炙串'을 분석한 결과는 다음과 같다.

(3) ① [젹] : 炙(음독자)
[곧치] : 串(훈독자)
② 곧치 쳔(串)〈倭語 下15〉
곶地名岬也 꼬지有長山串月串箭串〈新字典〉

'젹곧치(>적꼬치)'를 표기했다. 적꼬치는 '적炙을 꿰는 대꼬챙이(〈표준〉)'를 가리킨다.

18 [젼유ᄋᆞ/젼유어/젼유화]

煎油兒(1681가례 220ㄴ08)

煎油魚(1873진작 04ㄴ05)

煎油花(1827진작二 020ㄴ06)

煮油兒(1681가례 220ㄱ04)

위 표기는 제1음절에서 '煎 : 煮'의 대응 관계를 보인다. 먼저 의궤의 차자 표기에 쓰인 '煎', '煮'의 용례는 다음과 같다.

(1) [煎](없음)

(2) [煮](2.1.3.11 卜只 항 참조.)

'煎'는 음독자로 쓰여 [전] 음을 표기하였다. 제3음절에서 '兒 : 花 : 魚'의 대응 관계를 보인다. 의궤의 차자 표기에 쓰인 '兒', '花', '魚'의 용례는 다음과 같다.

(3) [兒]

01 廣佐兒 광좌아(1866가례下 089ㄴ08)

02 單衫兒 단삼아(1671가례 090ㄱ12)

03 甫兒 보ᄋᆞ(1706가례 016ㄱ04)

04 腹板邊兒 복판변아(영건1748 109ㄴ12)

05 上虛兒小欄 상허아소란(영건1752 066ㄱ05)

06 召兒 초아(1651책례 034ㄴ07)

07 虛兒 허아(영건1764 046ㄴ09)

08 濶衫兒 활삼아(1706가례 011ㄱ10)

(4) [花]

01 桃花障子 도화장지(영건1805 018ㄷ07)

02 菊花童 국화동(영건1805 074ㄱ12)

(5) [魚]

01 乾文魚 마른문어(1671가례 146ㄱ05)
02 乾小文魚 마른소문어(영건1748 035ㄱ06)
03 乾秀魚 마른숭어(영건1748 035ㄱ11)
04 魚物方了赤 어물방마치(가례1866 하121ㄴ12)
05 眞魚金 진어쇠(영건1633 031ㄴ08)

'兒'와 '花', '魚'는 음차되어 각각 [ᄋᆞ], [화], [어]음을 표기하였다. 이상에서 '煎油兒, 煎油花, 煮油兒'를 분석한 결과는 다음과 같다.

(6) ① [젼] : 煎(음독자), 煎(음독자), 煮(음독자)
[유] : 油(음독자), 油(음독자), 油(음독자)
[ᄋᆞ/화/어] : 兒(음가자), 花(음가자), 魚(음가자)
② 젼유ᄋᆞ〈一九一二年 임ᄌᆞᄉᆞ월십일 볼긔〉

현대 국어에 전유어, 전유화, 저냐[73]로 남아 있다. 재료에 따라 육전肉煎, 생선전, 굴전, 완자전, 처녑전, 표고전, 고사리전, 새우전, 호박전 등이 있으며, 진달래꽃, 장미꽃, 봉선화 등을 이용한 화전花煎도 있다. 따라서 주재료가 생선류일 때와 꽃(화전)일 경우 兒, 魚와 花로 구분했을 가능성을 생각해볼 수 있는데, 다음을 보면 兒와 魚는 주로 초기 기록이라 할 수 있는 1719년과 1873년에 잠깐 보이고, 이후는 花가 일관되게 나타난다.

73 〈표준〉에는 저냐, 전유화, 전유어가 나란히 등재되어 있다.
저냐[저: -] 얇게 저민 고기나 생선 따위에 밀가루를 묻히고 달걀 푼 것을 씌워 기름에 지진 음식. ≒전유어·전유화. 【〈煎油魚·煎油花〉】
전유-화(煎油花)[저: 뉴-] 「명사」 =저냐.
전유-어(煎油魚)[저: 뉴-] 「명사」 =저냐.
『국역무자진작의궤』(2006)에는 저냐와 전유화를 혼용하고 있다.

1681 煮油兒
1719 生鮮煎油兒
1765 生雉煎油花
1827 煎油花, 三色煎油花, 魚煎油花, 兩色煎油花
1829 豬肉煎油花, 絡蹄煎油花, 千葉煎油花, 生蛤煎油花, 石花煎油花, 生雉煎油花
1873 煎油魚
1901 軟鷄煎油花, 骨煎油花
1902 道味煎油花

따라서 兒, 魚와 花는 재료를 구분하는 음독자보다는 음가자로 쓰였을 가능성이 높다. 의궤에서는 煎油花(兒, 魚)에 三色, 兩色, 魚, 豬肉, 絡蹄, 千葉, 生蛤, 石花, 生雉, 軟鷄, 骨, 道味, 生鮮 등이 와서 음식의 종류를 분화시키는 것으로 나타난다.[74]

19 [조악]

助岳(1795원행附編一 035ㄴ07)

의궤의 차자 표기에서 '助', '岳'은 다음과 같이 쓰였다.

(1) [助]
01 助里介 조리개(1819가례下 134ㄴ04)
02 助乙只 졸기(1751책례 106ㄱ07)
03 助伊匠 조이장(1759가례上 073ㄱ12)
04 助耳匠 조이장(1901책봉 085ㄴ04)

74 『국역원행을묘정리의궤』(371)에서는 煎油花를 전유아로 적고 있는데, 단순 오기인지는 확인이 어렵다.

(2) [岳](없음)

'助'와 '岳'은 음차로 쓰여 각각 [조]와 [악] 음을 표기한다.
이상에서 '助岳'을 분석한 결과는 다음과 같다.

(3) ① [조] : 助(음가자)
[악] : 岳(음가자)
② 조악(餃子)〈同文 上59〉〈漢淸 381a〉

'조악'을 표기한 것으로 지금의 주악을 이른다. 주악은 '웃기떡의 하나로 찹쌀가루에 대추를 이겨 섞고 꿀에 반죽하여 깨소나 팥소를 넣어 송편처럼 만든 다음, 기름에 지진다.(〈표준〉)'
종류로는 甘苔를 넣은 甘苔助岳(1828진작二 006ㄱ04)이 있다.

20 [죠치]

助致(1795원행四 002ㄱ01)

의궤의 차자 표기에서 '助', '致'는 다음과 같이 쓰였다.

(1) [助](2.1.3.19 助岳 항 참조.)

(2) [致]
01 金夢致 김망치(1736책례 097ㄱ05)
02 金金串致 김쇠곧치(1744진연 138ㄱ01)
03 方道致 방도치(1722책례 171ㄱ05)

'助'와 '致'는 모두 음차로 쓰여 [조]와 [치] 음을 나타낸다.
이상에서 '助致'를 분석한 결과는 다음과 같다.

(3) ① [죠] : 助(음가자)
[치] : 致(음가자)
② 져기로니 죠치로니〈七大 13〉

지금의 '조치'를 표기하였다. 조치는 '① 바특하게 만든 찌개나 찜 ② 조칫보에 담긴 반찬 ③ 조칫보(《표준》)' 등 음식과 그릇을 동시에 나타내는 동음이의어이다. 음식이 아니라 그릇을 가리킬 때는 助致器二坐(1795원행四 038ㄱ08)처럼 器가 후행하여 그릇임을 분명히 밝히기도 한다.

21 [쳔엽]

千葉(1719진연二 055ㄴ06)

의궤의 차자 표기에서 '千'과 '葉'은 다음과 같이 쓰였다.

(1) [千](없음)

(2) [葉]
01 麻葉甘佐非 마엽감자비(1667책례 080ㄴ01)
02 三葉甘佐非 삼엽감자비(1736책례 076ㄴ10)
03 葉子金 엽자쇠(1722책례 158ㄴ03)

'千葉'은 가리키는 대상의 모양이 잎처럼 생긴 얇은 조각이 많은 데서 기인한 명명이다. 따라서 '千'과 '葉'은 둘 다 음독자로 쓰여 [쳔]과 [엽] 음을 나타낸다.

이상에서 千葉을 분석한 결과는 다음과 같다.

(3) ① [쳔] : 千(음독자)

[엽] : 葉(음독자)
② 쳔엽(百葉)〈譯語 上50〉〈柳物 一毛〉

'쳔엽'을 표기한 것으로 현재 '처녑'으로 남아 있다. 처녑은 '소나 양 따위의 반추 동물의 겹주름 위로 잎 모양의 많은 얇은 조각이 있다.(〈표준〉)' 의궤 자료에는 처녑을 이용한 다양한 요리가 보이는데 다음과 같다.

千葉於音炙(1719진연二 055ㄴ05)
煮千葉卜只(1795원행四 017ㄱ01)
千葉煎油花(1902진연二 032ㄴ03)
胖千葉煎油花(1902진연二 041ㄱ09)
豬肉千葉煎油花(1901진연二 046ㄱ06)

2.1.4. 조리용구 관련 어휘

이 절에서는 음식을 담거나 진설하는 데 필요한 것과 음식을 마련하는 데 쓰이는 기물을 조리용구로 묶었다. '뎝시, 대뎝, 도마, 유자, 막자, 신셜로, 셝쇠' 등이 이 부류에 속한다. 가례 관련 의궤에 보이는 조리용구 관련 차자 표기 어휘 중 40개를 선별하여 해독한다.

1 [고모개]

高毛介(1706가례 018ㄱ07)
古毛介(1627가례 106ㄴ05)

위 표기는 제1음절에서 '高 : 古'의 대응 관계를 보인다. 먼저 의궤의 차자 표기에 쓰인 '高, 古, 毛, 介'의 용례는 다음과 같다.

(1) [高](2.1.3.4 膏飮 항 참조.)

(2) [古](2.1.2.6 古古里 항 참조.)

(3) [毛]
01 去毛匠 거모장(1719진연一 050ㄴ12)
02 金毛乙金 김몰쇠(1795원행附編四 031ㄴ06)
03 豆毛 두멍(1819가례下068ㄴ01)
04 毛老 모로(1795원행四 039ㄴ02)
05 毛老檯 모로대(1690책례 132ㄴ05)
06 毛衣匠 모의장(1902진연三 048ㄴ08)
07 牛毛加沙里 우모가사리(1829진찬二 001ㄴ11)

(4) [介](2.1.2.8 求尾介 항 참조.)

'高', '古'와 '毛', '介'는 전부 음차로 이용되어 각각 [고]와 [모], [개] 음을 표기한다.

이상에서 '高毛介, 古毛介'를 분석한 결과는 다음과 같다.

(5) ① [고] : 高(음가자), 古(음가자)
[모] : 毛(음가자), 毛(음가자)
[개] : 介(음가자), 介(음가자)

'고모개'를 표기하였다. 고모개는 『國朝五禮儀序例2』〈嘉禮, 尊爵圖說〉에서 '金大甁一名高毛介'로 풀이하고 있어 금으로 만든 큰 병을 가리키는 말임을 알 수 있다. 그런데 다음을 보면 기물의 재료를 금으로 한정하지는 않은 듯하다.

(1706가례 018ㄱ06)金鳳甁 銀鳳甁蓋鎖具 起畫鍍金 銀甁
(1706가례 018ㄱ07)金大甁 鍮甁蓋 付標 啓下 金小甁 鍮高毛介 付標 啓下
(1706가례 018ㄱ08)金盂 鍮盂 付標 啓下 金爵 銅鍍金爵
(1671가례 017ㄱ04)金鳳甁代銀鳳甁蓋鎖具 金大甁代鍮甁蓋鎖具 付標 啓下
(1671가례 017ㄱ05)銀甁蓋鎖具 金小甁代鍮高毛介蓋鎖具 付標 啓下
(1671가례 017ㄱ06)金盂代鍮盂臺蓋具 付標 啓下 金爵代銅鍍金爵
(1627가례 106ㄴ05)鍮古毛介蓋鎖具

2 [남나개]

南羅介(1627가례 105ㄱ07)

의궤의 차자 표기에서 '南', '羅', '介'는 다음과 같이 쓰였다.

(1) [南](2.1.2.3 乾南 항 참조.)

(2) [羅](2.1.2.9 羅兀 항 참조.)

(3) [介](2.1.2.8 求尾介 항 참조.)

'南', '羅', '介'는 각각 음차로 쓰여 [남], [나], [개] 음을 나타낸다. '羅'의 [날] 음 표기는 불완전한 차자 표기의 특징으로 이해할 수 있다.

이상에서 '南羅介'를 분석한 결과는 다음과 같다.

(4) ① [남] : 南(음가자)
[나] : 羅(음가자)
[개] : 介(음가자)
② 南飛介器名 俗呼 남놀기〈東韓〉
걸남나개 호리라(皮搭連)〈朴초 上31〉

'남나개'의 표기로 현재 남날개로 남아 있다. 남날개는 '사냥꾼이 화약이나 탄알을 넣어 가지고 다니는 그릇을 통틀어 이르는 말(《표준》)'이다. 南飛介〈東韓譯語〉, 南羅箇〈尙方定例〉로도 표기하나, 가례 관련 의궤 자료에는 보이지 않는다.

남날개는 옛 문헌 자료에 남나개, 남눌기의 양형으로 나타나는데, 황금연(1997: 107)에서는 南羅介(箇)[남나개]의 어형이 시대적으로 빠른 것이라고 설명한다. 그 이유로 차자 표기의 해독에 나타난 '남눌기'는 근대 국어 시기의 자료에 보이는데, '남나개' 어형은 16세기 초의 자료인『朴通事』에서 확인되는 점을 들었다. 그러면서도 이들 어휘가 유의어로 존재했는지 구어적 표현인지에 대해서는 단정을 미루었다. 왜냐하면 남나개가 고형이라면 남눌기로의 변화 과정을 설명하기 곤란하기 때문이다.

皮南羅介(1627가례 105ㄱ07)는 가죽으로 만든 남나개를 가리키는 것으로 보인다.

3 [남비]

南飛(1887진찬二 044ㄱ11)

의궤의 차자 표기에서 '南'과 '飛'는 다음과 같이 쓰였다.

(1) [南](2.1.2.3 乾南 항 참조.)

(2) [飛](2.1.2.10 訥飛 항 참조.)

'南', '飛'는 둘 다 음차로 쓰여 [남], [비] 음을 나타낸다.
이상에서 '南飛'를 분석한 결과는 다음과 같다.

(3) ① [남] : 南(음가자)
[비] : 飛(음가자)

'남비'를 표기한 것으로 '음식을 끓이거나 삶는 데 쓰는 용구를 이른다. 보통 솥보다는 운두가 낮고 뚜껑과 손잡이가 있다.(《표준》)' 지금은 냄비로 쓴다. 鐵-(1902진연二 090ㄴ06)이 앞서서 기물의 재료적 속성을 나타내기도 한다.

4 [도간이]

陶罐耳(1877진찬一 052ㄴ06)

陶罐(1759책례 110ㄱ04)

塗罐(1667책례 060ㄴ03)

陶鑵(1667책례 089ㄱ05)

陶罐伊(1875책례 084ㄱ03)

위 표기는 제1음절의 '陶 : 塗'와 제2음절의 '罐 : 鑵'와 제3음절의 '耳 : 伊'의 대응 관계를 보인다. 다음은 이들 용자의 용례이다.

(1) [陶]
01 大陶缸 대도항[큰딜항아리](1906가례二 072ㄴ01)
02 陶東海 도[딜]동히(1906가례一 145ㄱ09)
03 陶方文里 도[딜]방그리(1877진찬二 055ㄴ06)
04 陶筏盂 도[딜]발우(1873진작 034ㄴ04)
05 陶所羅 도[딜]소라(1812책례 099ㄴ10)
06 陶所湯伊 도[딜]바탕이(1667책례 094ㄴ04)
07 陶水瓮 도[딜]물동이(1633영건 049ㄴ07)
08 陶于里 도[딜]우리(1901영건 099ㄴ04)
09 陶者朴只 도[딜]자바기(1748영건 145ㄴ08)

(2) [塗](없음)

'塗', '陶'는 모두 음차로 쓰여 [도] 음을 나타낸다. 특히 '陶'는 의궤에서는 대부분 훈독되어, 후행하는 기물의 재료적 속성을 밝히는 [딜〉질]-] 음으로 나타나지만 드물게는 음가자로 쓰여 [도] 음을 표기하기도 한다.

(3) [罐](없음)

(4) [鑵](없음)

(5) [伊](2.1.3.2 乫非 항 참조.)

'罐', '鑵'은 음차로 쓰여 [간] 음을, '伊'는 음차되어 [이] 음을 나타낸다.

이상에서 '陶罐耳, 陶罐, 塗罐, 陶鑵, 陶罐伊'를 분석한 결과는 다음과 같다.

(6) ① [도] : 陶(음가자), 陶(음가자), 塗(음가자), 陶(음가자), 陶(음가자)
[간] : 罐(음가자), 罐(음가자), 罐(음가자), 鑵(음가자), 罐(음가자)
[이] : 耳(음가자), 伊(음가자)
② 도간(坩堝)〈譯語 下14b〉
도간의 담고 블에 술와 식거든 셰말ᄒᆞ야〈痘瘡 下30a〉
슈은 닐굽 돈 반과 도관닉 노겨 저어〈胎產 27b〉
도간 : 도가니 ☞ 도관〈17세기〉
도관 : 도가니[釜] ☞ 도간

'도간이〉도가니)'는 '쇠붙이를 녹이는 데 쓰는 기구(〈한자四〉)'로

'陶灌(1748영건 176ㄱ03)', '陶灌伊(〈純元王后國葬 4, 手本〉)'로도 표기한다. 이때 '陶罐'은 명사형에서 말음 'ㅣ'가 흔히 생략되는 차자 표기의 한 특징으로 설명이 가능하다. 또 의궤에서 '陶罐(耳, 伊)'는 주로 匠人, 弓匠, 漆匠, 小木匠 등 장인이 사용하는 기물로 제시되어 있어 '도가니'의 쓰임을 진작할 수 있다.

(1910책봉 032ㄱ06)護匣匠 所用
(1910책봉 032ㄱ07)陶罐一箇礪石一塊 白休紙 三斤山猪毛
(1910책봉 032ㄱ08)二兩膠末一升油紙五張布手巾一
(1910책봉 032ㄱ09)件黃蜜三兩砂鉢二箇
(1900책봉 051ㄴ06)小木匠 所用
(1900책봉 051ㄴ07)條所三十艮衣延日礪石四塊沙魚皮一張木賊
(1900책봉 051ㄴ08)十兩魚膠四斤六兩布手巾四件陶罐三箇
(1900책봉 052ㄱ01)漆匠所用
(1900책봉 052ㄱ02)去來生布十兩尺苧布十五尺常綿子一斤十四兩
(1900책봉 052ㄱ03)細手巾三件絹篩三部 馬尾篩 三部砂磁碗六箇
(1900책봉 052ㄱ04)砂盆子六箇陶罐三箇家猪毛十兩骨灰六升
(1901책봉 080ㄴ01)弓人所用
(1901책봉 080ㄴ02)土火爐二箇布手巾三件馬鬣五兩中竹五節
(1901책봉 080ㄴ03)陶罐二箇陶東海二坐方文里二箇擔桶一部
(1667책례 089ㄴ01)小木匠所用破油芚三張本次松煙二戔定絃綿絲二戔
(1667책례 089ㄴ02)方文里二介陶罐一介迎日石一塊

그런데 〈한자〉에서 '陶罐'을 '질주전자'로 풀이를 하고 있어 '질주전자'의 표기일 가능성도 제기된다.

이상을 종합하면 '陶罐(耳, 伊)'는 '쇠붙이를 녹이는 그릇(〈표준〉)'인 '도가니'의 표기로 보는 것이 적절하며 아울러 '질주전자'를 지시할 가능성도 있다.

5 [도마]

刀亇(1795원행四 040ㄱ07)

刀馬(1706가례 274ㄱ06)

刀磨(1866가례上 036ㄴ03)

刀丫(1827진작二 028ㄱ10)

都亇(1627가례 108ㄴ12)

위 표기는 제1음절에서 '刀 : 都', 제2음절에서 '亇 : 馬 : 磨 : 丫'의 대응 관계를 보인다. 먼저 제1음절의 이표기 대응을 보이는 '刀'와 '都'의 용례는 다음과 같다.

(1) [刀]
01 無齒刀 무치도(1718가례 138ㄴ07)
02 密剪刀 밀전도(국장1800四 101ㄴ12)
03 半月刀 반월도(1762가례上 092ㄱ06)
04 飛排刀 비비도(1866가례下 012ㄱ08)

(2) [都](2.1.2.13 都多益 항 참조.)

위의 예를 보면 '刀'와 '都'는 의궤의 차자 표기에서 대부분 음차로 쓰였고, 훈차로 쓰인 예는 매우 드물다는 것을 알 수 있다.

제2음절의 이표기 대응은 '馬 : 磨 : 亇 : 丫'이다. 다음은 이들 용자가 쓰인 용례이다.

(3) [馬]
01 銅馬要 동[구리]마요(1819가례上 051ㄴ08)
02 馬要機 마요틀(1671가례 229ㄱ01)
03 馬腰乬鎖 마요걸쇄(1671가례 148ㄴ09)

04 汗馬赤 한마치(1721책례 149ㄱ02)

(4) [磨]
01 刀磨 도마(1866가례下 048ㄱ04)
02 同磨只刀 동마기도[칼](1727가례 275ㄱ09)
03 鍊磨匠 연마장(1819가례下 089ㄴ10)
04 磨鏡匠 마경장(1681가례 326ㄱ10)
05 磨造匠 마조장(1667영건 048ㄱ12)
06 磨鐵 마쇠(1759책례 078ㄴ11)

(5) [ケ](2.1.2.33 月ケ只 항 참조.)

여기서 '馬', '磨'는 모두 음차로 쓰여 [마] 음을 나타내는데, 이들이 모두 음차로 쓰였고, 이들과 대응 관계에 있는 'ケ'를 통해서 이들의 독음을 [마]로 확정짓는 데 무리가 없다.

(6) [丫](2.1.2.35 赤ケ 항 참조.)

'丫'가 [마]음 표기에 쓰인 예는 방마치를 표기한 方丫赤를 들 수 있다. 방마치의 [마] 음 표기에는 주로 'ケ, 磨, 了'가 우세하지만, 여러 문헌에서 緜丫赤(1828진작二 022ㄱ12), 鐵丫赤(1827진작二 28ㄴ12), 銅丫飛介(1829진찬二 016ㄴ09), 方丫赤(1848진찬二057ㄴ03), 方丫赤[75](1805영건 108ㄱ12), 四方丫赤, 汗丫赤(1748영건 203ㄱ09) 등으로 활발히 쓰인 것으로 나타난다.[76] 또 赤ケ(1627가례 049ㄱ09) : 赤麻(1706가례 127ㄴ06) : 赤丫

75 『국역헌종무신진찬의궤』(二:45)에서는 方丫赤를 방아체로 읽고, '방앗공이를 끼운 나무. 방앗공이는 방아확 속에 든 물건을 찧는 데 쓰도록 만든 길쭉한 몽둥이. 방아확은 방앗공이로 찧을 수 있게 돌절구 모양으로 우묵하게 판 돌'로 풀이한다.

76 김왕직(1990)에서는 '方丫赤 방아치', '四方丫赤 사방마치', '汗丫赤 한마치',

(1765가례二 060ㄴㄱ04) : 赤了(1726책례134ㄴ12)에서도 𠆾 : 痲 : 丫 : 了의 대응 관계를 보이고 있다. 따라서 丫를 𠆾의 단순 오기로 단정짓기는 어렵다.

김연주(2009a: 256)에서는 丫의 [마] 음 표기에 대해 첫째, 丫와 𠆾 중 어느 한 쪽의 오기일 가능성과 함께 둘째, 丫와 𠆾가 공존했을 가능성, 즉 丫의 관습에 따른 [마]음 표기를 고려해 볼 만한데[77] 가능성만 둘 뿐이지 어느 한 쪽을 배제하기에는 무리가 따른다고 지적한 바 있다.[78]

이상에서 '刀𠆾, 刀馬, 刀磨, 刀丫, 都𠆾'를 분석한 결과는 다음과 같다.

(7) ① [도] : 刀(음독자), 刀(음독자), 刀(음독자), 刀(음독자), 都(음가자)
[마] : 𠆾(음가자), 馬(음가자), 磨(음가자), 丫(음가자), 𠆾(음가자)
② 도마 조(俎)〈倭語 14〉
도마(案板)〈同文 下14〉

'刀𠆾, 刀馬, 刀磨, 刀丫'는 '도마'를 나타낸다. '도마'는 '칼로 음식의 재료를 썰거나 다질 때에 밑에 받치는 것(〈표준〉)'을 말한다. 크기에 따라 大刀馬(1706가례 274ㄱ06), 中刀𠆾(1706가례 015ㄴ08), 小刀𠆾(1627가례 103ㄴ09), 廣刀磨(1866가례上 116ㄱ10)의 종류가 있다. 의궤에는 도마의 표기로 여러 형태가 보이나 刀馬, 刀𠆾가 주로 쓰인 것으로 나타

'大丫赤 대마치'로 '丫'를 [아], [마] 두 가지 음으로 읽고 있다. '方丫赤'가 건축 현장에서 '방아치'로 읽혔을 가능성을 전제한다면 '四方丫赤'는 '사방아치'로 '汗丫赤'는 '한아치'로 '大丫赤'는 '대아치'로 추정이 가능하나 '方丫赤'을 '방아치'로 읽으면서 '四方丫赤'을 '사방마치'로 읽기에는 어색하다. 따라서 '丫'를 [아], [마] 두 가지 음으로 읽은 것은 연구자의 단순 착오일 가능성이 높다.

77 장세경(2001: 159)에서는 '丫'의 [마] 음 표기를 관습에 따른 표기로 보았다.

78 丫의 [마] 음 표기는 (2.1.2.35 赤𠆾 항 참조.)

난다.

한편 도마는 다음을 보면 '받침대(《한자 四》)'를 이르기도 한다. 단, 이때는 都ケ가 일관되게 쓰인 것으로 나타난다.

馬要機都ケ具(1627가례 108ㄴ12)
黃漆ケ要都ケ(1718가례 278ㄱ05)
銅ケ要一都ケ具(1651가례012ㄴ11)
ケ要都ケ(1721책례 139ㄴ01)

이상의 논의를 종합하면 '刀ケ, 刀丫, 刀馬, 刀磨, 都ケ'는 ① 칼로 음식의 재료를 썰거나 다질 때에 밑에 받치는 것과 함께 ② 받침대를 가리키는 동음이의어이다. 다만 ②의 뜻으로 쓰일 때는 都ケ가 주로 쓰이는 것으로 보아 소리는 같지만 지시하는 기물이 다르다는 것을 분명히 하고자 하는 의도가 반영된 것으로 보인다.

6 [도발우/딜발우]

陶筏盂(1873진작 034ㄴ04)
都筏盂(1829진찬二 054ㄴ09)

위 표기는 제1음절에서 '陶 : 都'의 대응 관계를 보인다. 의궤의 차자 표기에 쓰인 '陶', '都', '筏', '盂'의 용례는 다음과 같다.

(1) [陶](2.1.3.4 陶罐耳 항 참조.)

(2) [都](2.1.2.13 都多益 항 참조.)

(3) [筏](없음)

(4) [盂]
01 盂子 바리(1726책례 081ㄴ10)
02 鍮盂 유[놋]바리(1866가례下 045ㄱ01)
03 銀盂子 은바리(1866가례下 003ㄱ02)

'陶'는 이표기 관계에 있는 '都'를 통해 [도] 음을 표기한 것으로 확인할 수 있다. '陶'는 의궤에서는 대부분 훈독되어, 후행하는 기물의 재료적 속성을 밝히는 [딜(>질)-] 음으로 나타나지만 드물게는 음가자로 쓰여 [도] 음을 표기하기도 한다. 陶筏盂에서는 음차로 쓰인 것으로 추정된다. 단, 이표기 관계에 있는 都筏盂가 활발히 나타나지는 않는 것으로 보아 '陶 : 都'의 대응은 독자와 가자간의 교체일 가능성이 있다. '筏'과 '盂'는 각각 음차와 훈차로 쓰여 [도/딜], [발], [우] 음을 나타낸다.

이상에서 '陶筏盂'를 분석한 결과는 다음과 같다.

(5) ① [도/딜] : 陶(음가자/훈독자), 都(음가자)
[발] : 筏(음가자), 筏(음가자)
[우] : 盂(음독자), 盂(음독자)

'도[딜]발우'를 표기하였다. 옛 문헌 자료뿐만 아니라 현대 한국어에 도[딜]발우에 대응하는 어휘를 찾을 수 없어 정확한 뜻은 파악이 어렵다. 다만 陶와 盂를 통해 질그릇의 일종이었을 것으로 짐작된다. 지금의 '바라기'를 표기한 것으로 추정되는 '鍮伐兒'와 음이 유사한 점도 눈여겨 볼만하다.

7 [구리마ᄂᆞᆯ개]

銅亇飛介(1671가례 209ㄱ06)

銅末飛介(1721책례 146ㄱ11)

銅馬飛介(1651책례 034ㄴ08)

銅丫飛介(1829진찬二 016ㄴ09)

위 표기는 제1음절의 '亇 : 末 : 馬 : 丫'의 대응 관계를 보인다. '亇'는 훈차로 '亇, 末, 馬, 丫'는 모두 음차로 이용되어 [마] 음을 나타낸다. 다음은 의궤 자료에서 쓰인 '銅, 亇, 末, 馬, 丫'의 용례이다.

(1) [銅]

01 銅卜子金 동[구리]복즈쇠(1633영건 049ㄱ01)

02 銅北鐥 동[구리]뒷대야(1721책례 146ㄱ11)

03 銅前大也 동[구리]전[앞]대야(1795원행四 036ㄱ03)

04 銅味鐥 동[구리]맛대야(1721책례 146ㄱ11)

(2) [亇](2.1.2.33 月亇只 항 참조.)

(3) [末]

01 金末金 김말[끗]쇠(1795원행附編四 036ㄱ02)

02 金末獨 김말독(1795원행附編四 030ㄱ07)

03 末里 마리(1667영건 037ㄱ04)

04 末乙木 말목(1690책례 133ㄴ03)

05 油沙上末 유사상말(1671가례 141ㄴ10)

06 油上末 유상말(1802가례上 258ㄴ04)

07 炭末 탄가루(1721책례 206ㄱ07)

08 太末 콩가루(1721책례 069ㄴ04)

09 平末里刀 평미리도[칼](1690책례 143ㄱ03)

(4) [馬](2.1.4.4 刀亇 항 참조.)

(5) [丫](2.1.2.35 赤丫 항 참조.)

'丫'는 음차로 쓰여 [마] 음을 표기한다. 장세경(2001: 159)에서 지적한 대로 丫의 [마] 음 표기는 관습에 따른 표기일 가능성이 있다. 丫의 [마] 음 표기는 丫와 대응 관계를 보이는 亇, 末, 馬를 통해 丫의 독음을 '마'로 확정 짓는 데 별 무리가 없다.(이상 丫의 [마] 음 표기는 赤亇, 刀亇 항 참조.)

(6) [飛](2.1.2.10 訥飛 항 참조.)

(7) [介](2.1.2.8 求尾介 항 참조.)

'介', '箇'는 모두 음차로 쓰여 [개] 음을 표기하였다.(이상 介와 箇의 교체에 대해서는 2.1.2.25 梳次介 항 참조.)

이상에서 '銅亇飛介, 銅末飛介, 銅馬飛介, 銅丫飛介'를 분석한 결과는 다음과 같다.

(8) ① [구리] : 銅(훈가자), 銅(훈가자), 銅(훈가자), 銅(훈가자)
　　[마] : 亇(음가자), 末(음가자), 馬(음가자), 丫(음가자)
　　[늘] : 飛(훈가자), 飛(훈가자), 飛(훈가자), 飛(훈가자)
　　[개] : 介(음가자), 介(음가자), 介(음가자), 介(음가자)
② 銅亽飛乃 구리마늘개 酒煎子也〈行用〉

'마늘개'는 지금의 주전자를 말한다. 의궤에는 재료와 크기에 따라 銅亇飛介, 小亇飛介 등의 종류가 보인다. 다른 표기로 銅末飛箇(1900 영건 095ㄱ07), 銅亽飛乃〈行用吏文〉, 銅末乙飛介〈仁祖國葬, 3房〉, 銅亇飛箇〈純元王后國葬, 3房〉가 있다.

한편 의궤 자료에는 마날개와 동의어 관계에 있는 주전자의 표기도 보인다.

砂酒煎子(1848진찬二 024ㄱ06)
鍮酒煎子(1634책례 008ㄴ11)
銀酒煎子(1795원행四 035ㄴ07)
鍮大酒煎子(1795원행四 035ㄴ08)
銅大酒煎子(1795원행四 035ㄴ09)
銅小亇飛介(1819가례上 044ㄴ11)

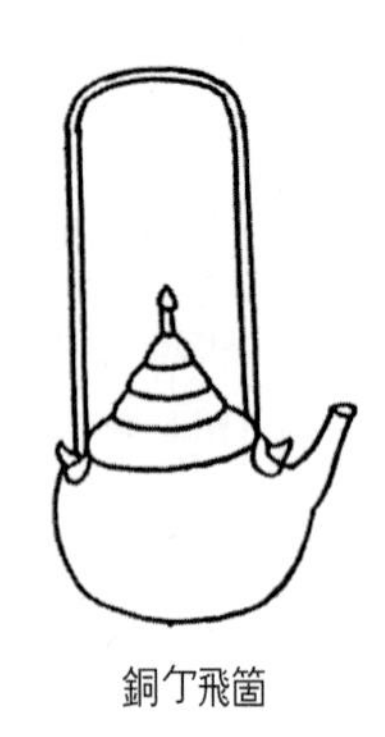
銅亇飛箇

위 예를 보면 주전자의 재료가 銅뿐만 아니라 砂, 鍮, 銀 등 다양했음을 알 수 있다.

8 [동맛대야]

銅味鐥(1721책례 146ㄱ11)

의궤의 차자 표기에서 '味'는 쓰임이 매우 드문 편이다. 아래 예를 보면 의궤에서 '味'는 대부분 음차로 쓰여 [미] 음을 표기한다. 그런데 銅味鐥에서는 훈차로 쓰인 것으로 보인다. 왜냐하면 銅味鐥과 이표기 관계에 있는 銅莫大也를 통해 味가 훈차로 쓰여 [맛] 음을 나타내고 있음을 확인할 수 있다. 먼저 의궤에 보이는 銅과 味의 용례는 다음과 같다.

(1) [銅](2.1.4.7 銅亇飛介 참조.)

(2) [味]
01 栗味子兒 율미자아(1718가례 208ㄱ02)
02 味數床差備 미수상차비(1696가례 130ㄱ10)
03 白味子兒 백미자아(1681가례 216ㄱ06)

04 松古味子兒 송고미자아(1866가례上 018ㄴ06)
05 於亐味 어유미(1829진찬二 73ㄱ11)

제2음절의 '鐥'도 銅味鐥과 이표기 관계에 있는 銅莫大也를 통해 [대야]로 읽을 수 있다. 의궤에 보이는 鐥의 용례는 다음과 같다.

(3) [鐥]
01 鍮小養齒鐥 유[놋]소[작은]양치대야(가례1681 023ㄴ03)
02 鍮圓鐥 유[놋]둥근대야(1627가례 102ㄱ07)
03 鍮耳鐥 유[놋]귀대야(1718가례 025ㄴ03)
04 銀鐥 은선[은대야](1627가례 106ㄱ02)
05 酒鐥 주선[술대야](1776추숭 155ㄴ05)

이상에서 '銅味鐥'를 분석한 결과는 다음과 같다.

(4) ① [동] : 銅(음독자)
[맛] : 味(훈가자)
[대야] : 鐥(훈독자)
② 다야[匜]〈훈민-해, 용자례26〉
동맛대야〈뎡미가례시일긔90a〉
다야션(鐥)〈倭下 15〉

'동맛대야'는 구리로 만든 대야의 일종으로 보이나, 어떤 용도로 쓰인 것인지 정확히 알 수 없다. 味鐥은 맛대야를 차자 표기한 것으로, 味가 차자 표기에서 훈차자로 쓰인 예는 극히 드문 편이다. 따라서 味가 훈차보다는 음차로 쓰였을 가능성이 우선 고려되지만 이표기 莫大也[79]를 통해 味가 훈차로 쓰였음을 확인할 수 있다. 의궤에

79 〈憲宗慶嬪金氏順和宮嘉禮時節次〉의 銅莫大也는 현종과 경빈김씨의 가례와 관련한 발기를 모은 〈뎡미가례시일긔〉에는 동맛대야로 나타난다.

는 銅莫大也, 銅味鐥 외에 유철鍮鐵 만든 鍮味鐥(1627가례 104ㄴ11)도 보인다.

한편 鐥은 燒酒一鐥(1795원행附編一 041ㄴ02)처럼 단위명사로도 쓰인다.

9 [동[구리]전대야]

銅前大也(1795원행四 036ㄱ03)

(1) [銅](2.1.4.7 銅亇飛介 참조.)

'銅'은 음·훈차의 가능성을 동시에 지니기 때문에 정확한 독음 추정을 위해 이표기를 우선적으로 활용할 수 있다. 하지만 '銅'의 경우 독자讀字로 이용되었기 때문에 '이표기 우선 활용'도 쓸모가 없다. 따라서 음차와 훈차의 가능성 둘 다 열어 둔다. 다만 다음에 보이는 어휘처럼 한글 문헌 자료에 대응 어휘가 나타나는 경우 그대로 독음을 따른다.

① 銅亇飛介(1671가례 209ㄱ06)
　銅수飛乃 구리마놀개 酒煎子也〈行用〉
② 銅味鐥(1721책례 146ㄱ11)
　동맛대야〈뎡미가례시일긔 90a〉

(2) [前]

01 陶前所羅 도[딜]전소라(1681가례 234ㄴ09)
02 牛前脚 소앒다리(1866가례上 285ㄱ05)
03 前排擔桶 전배들통(1819가례下 125ㄴ03)

(3) [大]

01 多大 다대(1866가례下 005ㄱ10)

02 多紅大段 다홍대단(1676책례 037ㄱ10)
03 大加乃 대[큰]가래(1752영건 015ㄴ01)
04 大加莫金 대[큰]가막쇠(1677영건 051ㄱ01)
05 大葛乼 대[큰]칡줄(1764영건 015ㄴ11)
06 大甘佐非 대[큰]감자비(1676책례 042ㄴ05)
07 大乬金 대[큰]걸쇠(1832영건 088ㄴ06)
08 大巨勿釘 대[큰]거멀못(1764영건 080ㄱ06)
09 大古索金 대[큰]고삭쇠(1752영건 062ㄴ01)
10 大曲甘佐非釘 대[큰]굽감자비못(1832영건 096ㄱ12)
11 大曲金 대[큰]곱쇠(1752영건 078ㄴ12)
12 大工 대공(1764영건 021ㄱ01)
13 大錁伊 대[큰]광이(1667영건 016ㄴ06)
14 大道(乙)迪耳 대[큰]돌저(져)귀(1633영건 067ㄱ12)
15 大陶所羅 대도[큰딜]소라(1866가례下 047ㄴ08)
16 大了赤 대[큰]마치(1866가례下 050ㄴ06)
17 大蒙同 대[큰]몽동(1676책례 030ㄱ04)
18 大朴串 대[큰]바곳(1832영건 104ㄱ05)
19 大防草 대[큰]막새(1832영건 109ㄴ09)
20 大所羅 대[큰]소라(1866가례下 050ㄴ10)
21 大楪 대텹(1866가례下 011ㄴ05)
22 大貼金 대텹쇠(1832영건 107ㄴ01)
23 大波刀 대파놀(1830영건 094ㄱ03)
24 同大欄 동다라니(1764영건 059ㄱ06)
25 沙大甫兒 사[사긔]대[큰]보ᄋᆞ(1677영건 073ㄴ06)
26 鍮大蓋兒 유[놋]대[큰]개아(1866가례下 071ㄴ03)
27 鍮大沙用 유[놋]대[큰]새용(1866가례下 066ㄴ08)
28 鍮大錚盤 유[놋]대[큰]쟁반(1866가례下 071ㄴ03)

(4) [也]

01 歸也 귀얄(1706가례 094ㄴ09)
02 所也只 쇠야기(1819가례下 122ㄴ07)
03 鍮蓋也 유[놋]개야(1866가례上 278ㄴ01)

銅이 후행하는 기물의 수식적 요소로 쓰였을 경우 재료적 속성을 밝힌다는 점과 銅이 기물과 관련이 있는 재료임을 고려하면 銅은 독자로 쓰인 것이 확실하다. 다만 음·훈독 여부는 확인이 어렵다. 또한 前大也가 무엇을 가리키는지 명확하지 않아 前, 大, 也의 독음도 단정 짓기가 어렵다.

이상에서 '銅前大也'를 분석한 결과는 다음과 같다.

(5) ① [동/구리] : 銅(음독자/훈독자)
[전/앒] : 前(음독(가)자/훈독(가)자)
[대] : 大(음가자)
[야] : 也(음가자)

'동전[앒]대야'로 추정된다. 동전[앒]대야는 大也(1706가례 200ㄴ07) 앞에 銅과 前이 앞서서 기물의 종류를 분화시킨 것으로 짐작되지만 옛 문헌 자료는 물론이고 현용 국어사전류에 실려 있지 않아 기물의 정확한 모양이나 쓰임새는 알기 어렵다.[80]

한편 의궤 자료에는 다양한 종류의 대야가 보이는데 예를 들면 다음과 같다.

銅鐵大大也(1610책례 096ㄱ09)
洗水大也(1759책례 077ㄴ01)
鍮大也(1610책례 088ㄱ06)
中湯大也(1873진작 033ㄴ07)
銅大也(1828진작二 020ㄴ03)

---

80 『국역원행을묘정리의궤』(410)에서는 '동전대야'로 읽고 '연검은빛 동으로 만든 대야'로 풀이하였다. 나란히 출현하고 있는 豆錫前銅大也(1795원행四 036ㄱ02)는 '두석전동대야'로 읽고 두석전동을 '연검은 빛 동으로 만든 놋쇠, 前은 연검은 빛 전'으로 풀이한다.

大銅大也(1827진작二 028ㄱ12)

위 예를 보면 大也에 銅, 鐵, 鍮 등이 앞서서 기물의 재료적 속성을, 大는 기물의 크기를, 洗水, 中湯 등은 기물의 기능을 밝히는 역할을 한다.

10 [동쥬발/구리쥬발]

銅周鉢(1873진작 033ㄴ09)

銀朱鉢(1718가례 063ㄱ06)

위 표기는 제1음절에서 '周 : 朱'의 대응 관계를 보인다. 의궤의 차자 표기에 쓰인 周, 朱의 용례는 다음과 같다.

(1) [銅](2.1.4.7 銅亇飛介 참조.)

(2) [周](2.1.2.36 周防衣 항 참조.)

(3) [朱]

01 金朱筒 금주통(1610책례 108ㄴ02)
02 朱簾(鑾)釗 주렴걸쇠(1900영건B 055ㄱ07)
03 朱簾飾縇匠 주렴식선장(1902진연三 048ㄴ12)
04 朱盝 주록(1667책례 037ㄱ07)

(4) [鉢]

01 食沙鉢 밥사발(1765수작二 061ㄱ07)
02 牛油十六沙鉢 우유열여섯사발(1901영건 285ㄱ08)
03 銀鉢里 은바리(1866가례上 267ㄴ01)
04 饗鉢 향발(1744진연 080ㄴ01)

'周', '朱'와 '鉢'은 모두 음차로 이용되어 각각 [쥬]와 [발] 음을 나타낸다.

이상에서 '周鉢', '朱鉢'을 분석한 결과는 다음과 같다.

(5) ① [쥬] : 周(음가자), 朱(음가자)
[발] : 鉢(음독자), 鉢(음독자)
② 쥬발(銅碗)〈漢清 11-36a〉
碗 完 酒罷二〈朝鮮館譯語〉
바리 발(鉢)〈字會 中19〉〈類合 中27〉〈倭語 下14a〉

'쥬(〉주)발'은 현용 사전류에 '놋쇠로 만든 식기의 한 가지. 周鐙(〈한자一〉)', '놋쇠로 만든 밥그릇(〈새동아〉)', '놋쇠로 만든 밥그릇. 위가 약간 벌어지고 뚜껑이 있다. ≒밥주발.(〈표준〉)' 등으로 풀이하여 지시물의 재료를 놋쇠로 한정하고 있지만 '銀周鉢(1706가례 050ㄴ09), 鍮周鉢(1858영건 124ㄴ11), 鍮朱鉢〈陶山書院掌記, 萬曆 30年 2月〉'이 있는 것으로 보아 '쥬(〉주)발'이 특정 재료와는 관계가 없음을 알 수 있다. 즉 후대에 와서 '놋쇠로 만든 食器'로 그 의미가 한정된 듯하다.

다음을 보면 특정 식기를 통칭하는 말로 '쥬(〉주)발'이 있고, 같은 종류지만 여자용일 때는 '쥬(〉주)발' 대신 '바리'가 쓰였음을 알 수 있는데 현용 국어 사전류에서는 이를 동일하게 설명한다.

周鐙. 本朝. 俗稱食器曰周鐙, 女食器則鉢里(〈古今釋林 28, 東韓譯語, 釋器〉)

'쥬(〉주)발'은 '周鉢', '朱鉢' 외에 '周鐙'로도 표기되는데 가례 관련 의궤에서는 '周鉢, 朱鉢'의 표기만 나타난다. 주발의 재료적 속성에 따라 銅周鉢(1866가례下 070ㄴ09), 銀周鉢(1706가례 050ㄴ09), 鍮周鉢(1858영건 124ㄴ11), 鍮朱鉢〈陶山書院掌記, 萬曆 30年 2月〉로 구분된다.

11 [두멍]

斗母(1873진작 033ㄴ12)

豆毛(1819가례下 068ㄴ01)

頭毛(1765가례二 080ㄱ03)

위 표기는 제1음절에서 '斗 : 豆 : 頭'와 제2음절에서 '母 : 毛'의 대응 관계를 보인다. 먼저 제1음절에서 대응 관계를 보이는 '斗', '豆', '頭'의 용례는 다음과 같다.

(1) [斗]
01 骨灰五斗 골회다섯말(1610책례 081ㄱ01)
02 陶罐白土三斗 도간백토서말(1866가례下 050ㄴ11)
03 斗栱 두공(1776국장一 150ㄴ04)
04 斗隅板 말목판(1901진연二 093ㄴ01)
05 米八斗 쌀여덟말(1830영건 034ㄱ01)
06 吳斗乙忠 오둘충(1795원행五 003ㄱ07)
07 入絲匠梁斗巨非 입사장양두거비(1748영건 256ㄱ08)
08 簪匠尹斗里 비녀장윤두리(1610책례 086ㄴ04)
09 丁粉三百斗 정분삼백말(1830영건 021ㄴ05)
10 太末二斗 콩가루두말(1610책례 081ㄱ03)

(2) [豆]
01 豆飛陋 콩비누(1748영건 250ㄱ10)
02 熨豆 다리우리(1901영건 059ㄱ05)
03 豆錫加莫釗 두석가막쇠(1900영건 121ㄴ12)
04 西乽豆里木 서살두리목(1764영건 082ㄴ02)
05 豆飛陋 콩비누(1866가례下 050ㄱ07)
06 熨豆 다리우리(1901영건 059ㄱ05)
07 豆錫匠 두석장(1858영건 048ㄴ03)

(3) [頭](2.1.2.1 甘土 항 참조.)

'斗'와 '豆, 頭'는 음차로 쓰여 [두] 음을 표기한다. 제2음절의 이 표기 대응은 '母', '毛'이다. 이들 용자가 쓰인 용례는 다음과 같다.

(4) [母](없음)

(5) [毛](2.1.4.1 高毛介 항 참조.)

'母'와 '毛'는 모두 음차로 이용되어 [멍] 음을 나타낸다.

이상에서 '斗母, 豆毛, 頭毛'를 분석한 결과는 다음과 같다.

(6) ① [두] : 斗(음가자), 豆(음가자), 頭(음가자)
[멍] : 母(음가자), 毛(음가자), 毛(음가자)
② 豆毛 두멍 水鐵大鼎之貯水者謂之 豆毛〈行用〉
豆毛 두멍〈借字攷〉
두멍만ᄒᆞᆫ 피요강에〈浮談〉

'물을 많이 담아 두고 쓰는 큰 가마나 독(《표준》)'을 가리키는 '두멍'을 표기한 것이다. '陶豆毛, 水鐵豆毛〈貞純后殯殿〉'처럼 '陶-, 水鐵'이 앞서서 '두멍'의 재료적 속성을 밝히기도 하고, '祭器庫禁火所用塩水豆毛(1901영건 072ㄴ05)'에서 보듯이 '塩水-'가 앞서서 '두멍'의 쓰임새를 구체적으로 제시하기도 한다. 또한 大頭毛(1765가례二 080ㄱ03)처럼 크기를 구분하기도 한다.

한편, 황금연(1997: 110)에서는 차자 표기에서 '毛 : 멍'이 대응될 개연성이 없음을 들어 '豆毛'를 '두모'로 읽었고, 이 '두모'와 '두멍'을 방언적 관계에 있는 유의어로 보았다.

그러나 이러한 견해는 납득이 쉽지 않다. 왜냐하면 '두멍'의 경우 옛 문헌 자료에서 '두멍'의 기록을 찾을 수 있을 뿐만 아니라, 현대 한국어에서 '두멍'이 쓰이고 있고, 또 '두멍'의 방언형을 찾을 수 없기 때문이다. 게다가 '豆毛(母)'가 제시되는 전후 문맥을 살펴보면 대개 용기류와 함께 제시되어 있어 '豆毛(母)'가 용기류일 가능성이 아주 높을 뿐 아니라 '祭器庫禁火所用塩水豆毛(1901영건 072ㄴ05)'를 통해 '豆毛(母)'의 기능이 더욱 분명해지므로 '豆毛(母) : 두멍'의 대응은 자연스럽다. 그렇다면 과연 '毛(母)'를 [멍]으로 읽을 수 있는가 하는 문제가 생기는데, 이는 [멍] 음을 표기하는 데 적절한 용자로 '毛(母)'를 선택한 것으로 설명할 수 있다. 이와 유사한 예로 '닫집'을 표기하는 데 '唐'을 선택한 것과 같은 이유로 설명이 가능하다.[81]

가례 관련 의궤뿐만 아니라 영건의궤류 등에서 '豆毛'(1752영건 096ㄴ08)(1901영건 072ㄴ05)(1900영건 97ㄱ04)(1858영건 132ㄱ04)(1904영건一 047ㄱ01)(1901영건 044ㄱ08)(1904영건二 048ㄴ08)(1824영건 052ㄱ04)가 일관되게 보이나, 드물게는 斗母, 頭毛의 형태도 보인다.

기물의 크기와 재료적 속성에 따라 大-(1706가례 015ㄱ11), 中- (1706가례 015ㄴ01), 鍮-(1681가례 335ㄴ06)로 구분하였다.

관련어로 豆毛所枕(1819가례下127ㄴ02), 大中豆毛木蓋(1706가례 257ㄱ12)가 있다.

12 [두지]

斗之(1762가례上 092ㄱ04)

豆之(1681가례 332ㄱ04)

---

81 황금연(1997: 110)에서는 '豆毛'를 '두모'의 표기로 설명하면서도 선학들의 연구 성과를 바탕으로 '두멍'이 '둠(圓)+엉'으로 분석될 개연성이 높은 것으로 지적하였다.

위 표기는 제1음절에서 '斗 : 豆'의 대응 관계를 보인다. 이들은 모두 음가자로 이용되었기 때문에 독음을 [두]로 확정짓는 데 별 무리는 없다. 다음은 의궤의 차자 표기에서 이들 용자가 쓰인 용례이다.

(1) [斗](2.1.4.10 斗母 항 참조.)

(2) [豆](2.1.4.10 斗母 항 참조.)

이상에서 '斗之, 豆之'를 분석한 결과는 다음과 같다.

(3) ① [두] : 斗(음가자), 豆(음가자)
[지] : 之(음가자)
② 집안헤 두지 노코〈靑 p.119〉

'두지'를 표기하였다. 두지는 현재 뒤주로 남아 있다. 뒤주는 '쌀 따위의 곡식을 담아 두는 세간의 하나로 나무로 궤짝같이 만드는데, 네 기둥과 짧은 발이 있으며 뚜껑의 절반 앞쪽이 문이 된다.(《표준》)'

의궤 자료에는 크기에 따라 大斗之(1610책례 011ㄴ07), 中斗之(1819가례下 125ㄴ09)로 구분한 예가 보인다. 이 밖에 草斗之(1819가례下 126ㄱ01), 水剌間豆之(1671가례 149ㄱ05)도 나타나는데 각각 기물의 용도와 소장처를 밝힌 표기이다.

13 [냥푼]

凉盆(1827진작二 028ㄴ05)

다음은 의궤의 차자 표기에서 이들 용자가 쓰인 용례이다.

(1) [凉](2.1.2.16 凉耳掩 항 참조.)

(2) [盆]
01 盆子 픈ᄌᆞ(1690책례 103ㄱ06)

'凉'과 '盆은' 둘 다 음차로 쓰여 [냥]과 [푼] 음을 표기하였다. 이상에서 '凉盆'을 분석한 결과는 다음과 같다.

(3) ① [냥] : 凉(음가자)
[푼] : 盆(음가자)
② 냥푼〈ᄌᆞ경뎐진쟉〉

'냥푼'은 지금의 '양푼'으로 '음식을 담거나 데우는 데에 쓰는 놋그릇으로 운두가 낮고 아가리가 넓어 모양이 반병두리 같으나 더 크다(〈표준〉)' 한글 의궤인 『ᄌᆞ경뎐진쟉졍례의궤』에서는 凉盆을 '냥푼'으로 표기하였다.

凉盆

沙-(1718가례 020ㄴ07), 鍮-(1795원행四 042ㄱ06) 등이 凉盆에 앞서 종류를 구분한다.

14 [멱서리]

覓西里(1795원행附編一 048ㄴ06)

의궤의 차자 표기에서 '覓', '西', '里'는 다음과 같이 쓰였다.

(1) [覓]

01 覓巨里釗 멱거리쇠(1902진연三 001ㄴ03)

(2) [西]

01 柯栖木 가셔목[가싀나모](1690책례 086ㄱ08)

02 西道里 서도리(1726책례 082ㄱ06)

03 西乼乃 서살내(1848진찬二 061ㄴ01)

(3) [里](2.1.2.1 加里麻 항 참조.)

'覓', '西', '里'는 모두 음차로 쓰여 각각 [멱], [서], [리] 음을 나타낸다. 이상에서 '覓西里'를 분석한 결과는 다음과 같다.

(4) ① [멱] : 覓(음가자)
[서] : 西(음가자)
[리] : 里(음가자)

'멱서리'는 '짚으로 날을 촘촘히 결어서 만든 그릇의 하나로 주로 곡식을 담는 데 쓰인다.(《표준》)'

15 [바리]

鉢里(가례1696 237ㄴ09)

의궤 자료에서 '鉢'과 '里'는 다음과 같이 쓰였다.

(1) [鉢](2.1.4.9 銅周鉢 항 참조.)

(2) [里](2.1.2.1 加里麻 항 참조.)

'鉢'과 '里'는 모두 음차로 쓰여 [바]와 [리] 음을 표기한다. 이상에서 '鉢里'를 분석한 결과는 다음과 같다.

(3) ① [바] : 鉢(음독자)
[리] : 里(음가자)
② 바리 발(鉢)〈字會 中10〉〈類合 中27〉
바리 받ᄌᆞ오샤(奉鉢)〈法화 七2〉
바리 가지며(將着鉢)〈朴초 上36〉

鉢里

'바리'는 '놋쇠로 만든 여자의 밥그릇으로 오목주발과 같으나 아가리가 조금 좁고 중배가 나왔으며 뚜껑에 꼭지가 있(〈표준〉)'어 주발과 구분된다. 의궤 자료에 바리의 표기로 鉢里가 주로 나타나는 것으로 보아 鉢里를 대표어형으로 보는 데는 무리가 없을 것이다. 의궤에는 銀-(1866가례下 049ㄴ07), 中銀-(1721책례 126ㄱ05), 銀小鈑-(1681가례 022ㄴ09), 銀飯-(1681가례 022ㄴ02) 등 鉢里 앞에 다양한 요소가 선행하여 기물의 종류를 분화시키고 있다.

16 [방그리/방고리]

方文里(1671가례 081ㄱ02)

方古里(1848진찬二 021ㄱ07)

위 표기는 제2음절의 '文 : 古'의 대응 관계를 보인다. 다음은 이들 용자가 쓰인 용례이다.

(1) [方](2.1.2.21 方兀 항 참조.)

'方'은 음차로 쓰여 [방] 음을 나타낸다.

(2) [文](2.1.2.2 加文剌 항 참조.)

(3) [古](2.1.2.6 古古里 항 참조.)

위의 예에서 '文'은 주로 음차로 쓰였지만, 여기서는 훈차로 이용되었다. 이는 이표기 관계에 있는 方古里, 方器里의 古, 器를 통해 확인할 수 있다.

(4) [里](2.1.2.1 加里麻 항 참조.)

'里'는 음차로 쓰여 [리] 음을 나타낸다.

이상에서 '方文里, 方古里'를 분석한 결과는 다음과 같다.

(5) ① [방] : 方(음가자)
[그/고] : 文(훈가자), 古(음가자)
[리] : 里(음가자)
② 方文里 방그리 小瓦盆也〈行用〉
질방고리 딕여슬〈靑 p.136〉
方文里 방굴이〈借字攷〉

'방그(고)리'는 물이나 술을 담는 데 쓰는 질그릇으로 동이와 비슷하나 좀 작다. 현재 '방구리'로 남아 있다. 방구리의 차자 표기로 方文里가 압도적으로 많지만 드물게는 方古里와 함께 方器里〈仁祖國葬, 1房 己丑 6月22日〉의 표기도 나타난다. 이는 개인의 언어 습관이 표기를 분화시킨 경우로 현실음에서는 방그리와 함께 방고리, 방기리 등으로 불렸을 가능성이 있다. 陶方文里, 陶方古里, 陶方器里는 方文

里, 方古里, 方器里에 '陶[82]-'가 선행하여 후행하는 기물의 재료적 속성을 분명하게 밝힌 표기이다. 인명에 김쇠방구리[金鐵方九里]가 있어 생활 도구를 그대로 인명으로 삼은 재미있는 작명법을 엿볼 수 있다.

17 [보ᄋᆞ/보ᅀᆞ]

甫兒(1627가례 023ㄱ04)

의궤의 차자 표기에서 '甫', '兒'는 다음과 같이 쓰였다.

(1) [甫]
01 甫兒之 보아지(1805영건 012ㄱ08)
02 砂甫兒 사[사긔]보ᄋᆞ(1795원행附編一 048ㄱ09)
03 占甫老 졈불(1690책례 130ㄴ02)
04 占甫老匠 졈불장(1690책례 133ㄱ09)

(2) [兒](2.1.3.18 煎油兒 항 참조.)

'甫'와 '兒'는 모두 음차로 쓰여 [보]와 [ᄋᆞ] 음을 나타낸다.
이상에서 '甫兒'를 분석한 결과는 다음과 같다.

(3) ① [보] : 甫(음가자)
[ᄋᆞ, ᅀᆞ] : 兒(음가자)
② 보ᄋᆞ(甌子)〈譯語 下13a〉
보ᄋᆞ〈同文 下13〉〈蒙語 下10a〉

82 『국역순조기축진찬의궤』(二: 125)에서는 陶를 [질]로 풀이하기도 하고 전통 한자음대로 읽어 [도]로 표기하기도 한다.
질소래[陶所羅], 도동이[陶東海], 도소탕[陶所湯], 질방구리[陶方文里]

보ᄉᆞ 구(甌)〈字會 中12〉
기름 ᄒᆞᆫ 보ᄉᆞ롤〈救方 上34〉
ᄯᅩ 됴ᄒᆞᆫ 술과 사ᄅᆞᆷ믜 졋 반 보ᄋᆞ식 녀허〈痘瘡 上33a〉

'보ᄋᆞ, 보ᄉᆞ'는 지금의 '보시기, 보아'에 해당한다. 대부분의 의궤 자료에 '甫兒'의 형태만 나타난다. '甫兒'는 '기둥머리 또는 주두에 끼워 보의 짜임새를 보강하는 짧은 부재'를 가리키는 '甫兒(只, 之)'와 음과 표기가 같아 지시하는 기물도 동일한 것으로 혼동하기 쉽다. 〈한자〉에서는 '甫兒只'를 '작은 사발과 같이 생긴 반찬 그릇의 한 가지'로 설명하고 있다.[83] 그러나 용기명 '甫兒'와 부재명 '甫兒(只, 之)'는 다음 예를 보면 서로 다른 기물임이 분명하다.

〈진전종수〉陶東海, 小羅, 藥湯罐, 沙鉢, 甫兒, 大貼.
〈인정전영건〉按草工, 甫兒只, 山彌柱頭, 行小累, 單椺小累.

즉 이들이 제시되어 있는 전후 문맥을 살펴보면 부재로서 '甫兒只'는 건축 부재들과 전후해서 제시되어 있고, 용기명 '甫兒'는 '東海, 沙鉢, 大貼' 등 용기류와 함께 제시되어 있어 지시하는 기물을 분명히 구분하고 있음을 알 수 있다. 뿐만 아니라 甫兒가 용기로 쓰였을 때는 다양한 접두어가 선행해 종류를 구분하는 역할을 하기도 한다. 가령 茶甫兒(1812책례 113ㄱ07)는 용도를, 唐甫兒(1875책례 137ㄱ01), 綵紋甫兒(1718가례 023ㄱ02), 靑甫兒(1718가례 026ㄴ06)는 모양이나 색깔을, 常甫兒(1906가례上 145ㄱ09)는 품질을, 沙甫兒(1751책례 092ㄴ06), 砂甫兒

83 〈한자〉에서는 '甫兒只'를 그릇의 일종으로 설명하면서 '花盤'과 함께 '甫兒只'를 용례로 들고 있는데 '화반'은 '주심포·다포 또는 익공포에 쓰이며 상하재 사이에 끼어서 상하가로재를 연결하고 장식하는 부재(장기인: 목조)'로 용기류의 용례로는 어울리지 않는다. 따라서 〈한자〉의 '甫兒只'는 '花盤'과 함께 부재명으로 봐야 옳다.

(1901책봉 084ㄱ10), 竹甫兒(1718가례 095ㄱ01)는 용기의 재료적 속성 밝힌 것이다. 또 크기에 따라 沙大甫兒(1677영건 073ㄴ06), 小甫兒(1633영건 057ㄴ02)로 구분하기도 한다.

'唐-(1832영건 101ㄴ03), 沙-(1748영건 201ㄱ09)'가 선행해서 후행하는 기물의 재료적 속성을 한정한 표기가 있고, '茶-(1748영건 244ㄱ05)', '大-(1677영건 073ㄴ06)', '小-(1633영건 057ㄴ02)'는 각각 용기의 주된 기능과 크기에 따른 구분이다.

18 [부독이]

夫獨只(1610책례 078ㄱ06)

浮獨只(1718가례 021ㄴ11)

浮豆只(1795원행四 045ㄴ09)

夫都只(1829진찬二 054ㄱ05)

위 표기는 제1음절의 '夫 : 浮'와 제2음절의 '獨 : 豆 : 都'의 대응 관계를 보인다. 먼저 의궤의 차자 표기에 쓰인 夫, 浮의 용례는 다음과 같다.

(1) [夫]

01 加乃丈夫 가래장부(1667영건 028ㄱ10)

02 道(乙)迪耳女夫 암수돌져귀(1671가례 149ㄴ08)

03 夫莫沙 수막새(1651가례 077ㄴ05)

04 夫月 부들(1719진연二 009ㄱ06)

05 常女夫瓦 보통암수키와(1866가례下 107ㄱ11)

(2) [浮]

01 柮把子二浮(1906가례二 130ㄴ04)

02 大浮石 대부석(1800국장二 102ㄴ01)

03 浮石所 부석소(1800국장四 040ㄱ10)
04 四油芚一浮(1762가례下 023ㄱ09)
05 遮日二浮(1762가례下 057ㄱ05)
06 彩花二張付面席二浮(1651가례 012ㄱ01)
07 破地衣二浮(1762가례下 021ㄴ10)
08 黑毛氈一浮(1762가례下 029ㄴ08)

'夫'와 '浮'는 모두 음차로 쓰여 [부] 음을 표기한다. 제2음절의 이 표기 대응은 '獨', '豆', '都'이다. 다음은 이들 용자가 쓰인 용례이다.

(3) [獨]
01 獨柱 독주(1895국장三 096ㄱ07)
02 獨之介 독지게(1633영건 044ㄱ06)

(4) [豆](2.1.4.10 斗母 항 참조.)

(5) [都](2.1.2.13 都多益 항 참조.)

(6) [只](2.1.2.5 巨等(乙)只 항 참조.)

'獨, 豆, 都' 역시 모두 음차로 쓰여 [도] 음을 나타내었다. '只'는 [이] 음을 나타낼 가능성이 없다. 다만, 입말에서는 '부독이'가 '부도기'로 발음되고, 당시 언어 현실이 음절 경계를 정확하게 인식하지 못했음을 감안하면 어느 정도 설명이 가능하다.

이상에서 '夫獨只, 浮獨只, 浮豆只, 夫都只'를 분석한 결과는 다음과 같다.

(7) ① [부] : 夫(음가자), 浮(음가자), 浮(음가자), 夫(음가자)
[독] : 獨(음가자), 獨(음가자), 豆(음가자), 都(음가자)

[이] : 只(음가자), 只(음가자), 只(음가자), 只(음가자)

② 浮獨只 부독이〈行用〉

不毒只白苧布一尺五寸〈度支〉

이들은 '부독이'의 표기로 추정되며, 현대 한국어에 '부디기'로 남아 있다. 부디기는 '삶은 국수를 가마에서 건져 내는 데에 쓰는 기구로 보통 올이 굵은 베로 자루 모양으로 만들어 아가리에 굵은 철사나 나뭇가지 따위로 손잡이를 붙인다(《표준》)'. 夫都只鐵, 夫獨只金는 부디기의 표기에 후행 요소로 鐵, 金, 圓金이 결합하여 부디기를 만드는 데 쓰이는 철사[쇠]를 가리키는 말이다. 또, 夫都只 다음에 -布(浮豆只布(1795원행四 045ㄴ09))가 후행하여 이를 만드는 데 쓰이는 보布를 나타내기도 한다.

가례 관련 의궤 자료에는 보이지 않지만 浮都只〈仁敬王后殯殿魂殿〉, 不毒只〈度支準折〉로 표기하기도 한다.

19 [픈즈]

盆子(1690책례 103ㄱ06)

分之(1627가례 105ㄱ03)

위 표기는 제1음절의 '盆 : 分'의 대응 관계와 제2음절의 '子 : 之'의 대응 관계를 보인다. 이들은 모두 음가자로 이용되었기 때문에 독음을 [픈]과 [즈]로 확정짓는 데 별 무리는 없다.

(1) [盆](2.1.4.12 凉盆 항 참조.)

(2) [分](2.1.2.23 北分土 항 참조.)

(3) [子](2.1.2.4 昆者手 항 참조.)

(4) [之](2.1.3.9 朴古之 항 참조.)

이상에서 '盆子, 分之'를 분석한 결과는 다음과 같다.

(5) ① [픈] : 盆(음가자), 分(음가자)
[ᄌᆞ] : 子(음가자), 之(음가자)
② 픈ᄌᆞ〈漢淸 347a〉

'픈ᄌᆞ'는 지금의 '푼주'로 '아가리는 넓고 밑은 좁은 너부죽한 사기그릇(〈표준〉)'을 말한다. 盆子 앞에 沙-(1610책례 173ㄴ09)沙盆子, 砂-(1722책례 200ㄱ07)砂盆子, 唐沙-(1819가례下 031ㄱ08)唐沙盆子, 鍮-(1634책례 008ㄱ05)鍮分之, 白-(1651책례 055ㄴ03)白盆子, 大-(1651가례086ㄱ12)大盆子 등이 와서 기물의 종류를 구분하였다.

20 [새용]

沙用(1671가례 057ㄱ02)

沙要(1627가례 102ㄴ09)

砂用(1795원행四 045ㄱ02)

所用(1706가례 233ㄱ10)

위 표기는 제1음절의 '沙 : 砂 : 所'의 대응 관계를 보인다. 다음은 의궤 자료에서 이들 용자가 쓰인 용례이다.

(1) [沙](2.1.2.27 首紗只 항 참조.)

(2) [砂]

01 砂大楪 사[사긔]대텹(1906가례一 155ㄴ05)
02 砂大楪匙 사[사긔]대[큰]뎝시(1901진연二 093ㄱ10)
03 砂莫子 사[사긔]막ᄌ(1873진작 035ㄱ08)
04 砂鉢 사발(1906가례一 155ㄴ05)
05 砂甫兒 사[사긔]보ᄋ(1901진연二 093ㄱ11)
06 砂盆子 사[사긔]픈ᄌ(1722책례 200ㄱ07)
07 砂磁椀 사[사긔]자완(1866가례下 011ㄴ05)
08 砂楪匙 사[사긔]뎝시(1873진작 035ㄱ07)
09 砂鍾子 사[사긔]죵ᄌ(1901진연二 093ㄱ12)
10 砂湯器 사[사긔]탕기(1828진작二 020ㄱ10)

(3) [所]

01 金所回 김바회(1902진연三 028ㄴ04)
02 落目所枕 낙복받침(1906가례一 161ㄱ10)
03 㺚皮所 달피바(1832영건 100ㄴ08)
04 臺工所湯 대공바탕(1832영건 096ㄴ10)
05 大所古味 대[큰]바구미(1795원행四 040ㄱ12)
06 大所串 대[큰]바곳(1830영건 093ㄴ09)
07 大所枕 대[큰]받침(1832영건 093ㄴ11)
08 陶所湯伊 도[딜]바탕이(1677영건 068ㄱ09)
09 所羅 소라(1906가례一155ㄱ10)
10 雲頭所湯次紅紬 운두바탕감홍주(1906가례一 157ㄱ04)
11 條所 줄바(1828진작二 022ㄱ02)
12 葡萄七所應伊 포도일곱송이(1719진연二 053ㄴ11)
13 紅鄕糸乬所 홍향사걸쇠(1744진연 066ㄱ08)
14 紅鄕絲三甲所 홍향사세겹바(1829진찬二 058ㄱ10)

'沙', '砂', '所'는 음차로 이용되어 [새] 음을 나타내는데, 말음 [ㅣ]가 생략된 표기이다. 제2음절의 이표기 대응은 '用 : 要'이다. 다음은 이들 용자가 쓰인 용례이다.

(4) [用](없음)

(5) [要]

01 銅亇要 동[구리]마요(1651책례 034ㄴ08)

02 要江 요강(1690책례 058ㄱ11)

03 要杠 요강(1718가례 211ㄴ04)

04 要鉤金 요구쇠(1819가례上 247ㄱ02)

'用', '要'는 음차로 쓰여 [용] 음을 나타낸다. 要의 [용] 음 표기는 옛 문헌 자료의 '새용' 기록을 통해 차자 표기의 한 특징인 표기법의 불완전성으로 설명이 가능하다. 즉 沙要의 要는 받침 ㄱ이 생략된 표기이다.

이상에서 '沙用, 沙要, 砂用, 所用'를 분석한 결과는 다음과 같다.

(6) ① [새] : 沙(음가자), 沙(음가자), 砂(음가자), 所(음가자)
[용] : 用(음가자), 要(음가자), 用(음가자), 用(음가자)
② 새용 안해(銚內)〈救方 上51〉
새용 안해 봇가(銚內炒)〈救간 六12〉
샤용〈뎡미가례시일긔〉

'沙用, 沙要, 砂用, 所用'은 지금의 '새옹'을 표기한 것이다. 새옹은 '놋쇠로 만든 작은 솥으로 배가 부르지 아니하고 바닥이 편평하며 전과 뚜껑이 있다. 흔히 밥을 지어서 그대로 가져다가 상에 올려놓는다(〈표준〉).' 沙用과 沙要는 옛 문헌 자료에 새용으로 기록이 남아 있는데 이는 차자 표기의 한 특징인 표기법의 불완전성으로 설명할 수 있으며 각각 [ㅣ] 음과 받침 ㄱ이 생략되었다.

沙用

다음은 가례 관련 의궤 자료에 보이는 새용의 종류이다.

크기	大沙用(1718가례 193ㄱ07)
	中沙用(1866가례下 070ㄴ08), 中沙要(1802가례上 055ㄴ01)
	小沙用(1722책례 164ㄱ03)
재료	鍮沙用(1722책례 031ㄱ05), 鑄沙要(1759가례上 027ㄱ10)
	鑄沙用(1681가례 023ㄱ04), 鑄沙要(1866가례下 032ㄴ05)
	沙所用(1706가례 233ㄱ10)
혼합	鍮大沙用(1866가례下 066ㄴ08)
	鍮小沙用(1681가례 253ㄴ11)
	鍮中沙用(1866가례下 066ㄴ09)
	鑄大沙要(1866가례下 029ㄱ11), 鑄大沙用(1866가례下 072ㄱ02)
	鑄中沙要(1866가례上 036ㄱ02), 鑄中沙用(1706가례 015ㄱ07)
	鑄小沙要(1866가례下 029ㄴ01), 鑄小沙用(1866가례下 072ㄱ02)

'鍮'-, '鑄-'와 '大-', '中-', '小-' 등이 선행하여 사용의 종류를 재료와 크기별로 구분하는 재료와 크기를 동시에 나타낼 때는 鍮小-, 鍮中-, 鍮大-, 鑄大-, 鑄大-, 鑄小-, 鑄小-, 鑄小-, 鑄中-, 鑄中-처럼 재료가 앞서 제시된다.

21 [셝쇠]

雪釗(1873진작 033ㄱ02)

大乶金[84](1827진작二 028ㄴ04)

和金[85](1906가례二 105ㄱ08)

---

84 乶金의 乶은 乶과 乙이 결합한 상하합자인데 이 둘을 분리하여 乶乙金(1706가례 218ㄱ11)로 표기한 예도 보인다.

85 『국역가례도감의궤』(39)에서는 석쇠[和金]를 고기 또는 굳은 떡 조각을 굽는 제구로 풀이하면서 적철(炙鐵)과 같다고 설명한다. 그런데 바로 앞에 大炙金이 제시되어 있어 和金와 大炙金는 다른 기물로 봐야 한다.

吙金(1866가례下 030ㄱ09)

위 표기는 제1음절의 '雪 : 㗎 : 和(吙)'의 대응 관계와 제2음절의 '釗 : 金'의 대응 관계를 보인다. 먼저 의궤의 차자 표기에 쓰인 '雪', '㗎', '和(吙)'의 용례는 다음과 같다.

(1) [雪](2.1.3.8 蜜雪只 항 참조.)

(2) [㗎]
01 大㗎子 대[큰]섞쟈(1877진찬二 055ㄴ09)
02 㗎煮 섞쟈(1819가례下 093ㄱ06)

(3) [和/吙]
01 鍮吙者 유[놋]섞쟈(1706가례 014ㄴ07)
02 鍮和者 유[놋]섞쟈(1718가례 025ㄴ07)
03 吙玉帶 화옥대(1802가례上 032ㄴ12)
04 和匠 화장(1718가례 077ㄴ01)

'㗎'은 김종훈(1992: 94)에서 '셟다(哀)'의 轉成 '설운'을 음차 표기한 '㗎禮, 㗎福, 㗎金' 등에서 형성된 고유한자로 보았다. 즉 '설운'은 고달프고 설운 노비 생활에 형성된 것이라는 설명이다. 여기서는 [섞] 음을 나타낸다.

'吙'는 '吙匠'의 뜻으로 쓰인 國義字이다. '吙'는 '和'의 고자임을 알 수 있는데, 우리나라에서는 그 원의와는 달리 '吙匠'의 뜻으로 사용하였다(김종훈 1983: 216). 『典律通補』(卷6 工匠)에서 和匠을 셥쟝으로 기록하고 있어 吙의 독음을 [셥]으로 추정할 수 있다. 또한 『行用吏文』에서 吙者섞쟈, 吙金섞쇠로 표기하고 있어 吙가 [셥]과 [섞] 음 표기에 이용된 것으로 추정할 수 있으며 이때 셥〉섞의 변화가 고려된다. 乶, 味/和와 이표기 관계에 있는 '雪-', '錫釗(1900C영건二 078ㄱ10)'를 통해서도 이들이 [쇠] 음을 표기하는 것으로 확인된다.

제2음절의 이표기 대응은 '釗', '金'이다. 다음은 이들 용자가 쓰인 용례이다.

(4) [釗]
01 加乃㪯釗 가래꺽쇠(1900영건B 063ㄴ07)
02 加莫釗 가막쇠(1900영건 116ㄴ12)
03 乬釗 걸쇠(1906가례二 015ㄴ05)
04 古無釗 고무쇠(1906가례二 039ㄱ09)
05 曲乫釗 굽갈쇠(1901책봉 061ㄱ06)
06 大乬釗 대[큰]걸쇠(1900영건B 048ㄱ03)
07 大沙乬釗 대[큰]사걸쇠(1900영건 116ㄴ07)
08 乭加莫釗 돌가막쇠(1900영건B 063ㄱ05)
09 頭匣釗 두겁쇠(1900영건 120ㄴ11)
10 鐙子釗 등자쇠(1901진연三 001ㄴ03)
11 撩鉤釗 요구쇠(1902진연二 090ㄴ09)
12 磨鏡匠李三釗 마경장 이삼쇠(1875책례 044ㄴ04)
13 馬蹄沙乬釗 물굽사걸쇠(1900영건B 063ㄱ09)
14 末禿釗 말독쇠(1906가례二 015ㄴ03)
15 覓巨里釗 멱거리쇠(1901진연三 001ㄴ03)
16 匙匠李乭釗 시장 이돌쇠(1875책례 117ㄱ12)
17 十字桶釗 십자통쇠(1901책봉 064ㄴ01)
18 耳曲釗 귀곱쇠(1906가례二 019ㄱ08)
19 耳釗 귀쇠(1900영건 116ㄴ02)
20 長加莫釗 장가막쇠(1901진연三 001ㄱ10)
21 炙釗 적쇠(1873진작 033ㄱ02)
22 丁字釗 정자쇠(1900영건 120ㄴ04)
23 蹄桶釗 제통쇠(1906가례二 015ㄴ01)
24 雕刻匠金順釗 조각장 김순쇠(1875책례 139ㄱ05)
25 雕刻匠朴完釗 조각장 박완쇠(1875책례 044ㄱ04)

26 鳥足釗 새발쇠(1900영건B 048ㄱ12)
27 朱簾乬釗 주렴걸쇠(1900영건 055ㄱ07)
28 柱桶釗 주통쇠(1901책봉 064ㄴ01)
29 佩釗 출쇠(1900영건 121ㄱ09)
30 項釗 항쇠(1906가례二 015ㄴ05)
31 穴釗 혈쇠(1906가례二 015ㄴ05)

(5) [金]
01 加乃㐇金 가래꺽쇠(1805영건 079ㄴ01)
02 可莫金 가막쇠(1681가례 109ㄴ07)
03 脚金 다리쇠(1887진찬二 064ㄴ08)
04 開金 열쇠(1651책례 037ㄴ11)
05 巨勿古索金 거멀고삭쇠(1633영건 068ㄱ04)
06 乬古里金 걸고리쇠(1764영건 068ㄴ02)
07 乬金 걸쇠(1652영건 055ㄱ08)
08 古索金 고삭쇠(1677영건 071ㄴ02)
09 曲加莫金 굽가막쇠(1848진찬三 037ㄴ04)
10 曲金 굽쇠(1690책례 077ㄱ01)
11 單乬金 홑걸쇠(1633영건 074ㄴ12)
12 大所枕金 대[큰]받침쇠(1830영건 071ㄱ09)
13 大赤貼金 대[큰]적첩쇠(1752영건 068ㄱ12)
14 大貼金 대텹쇠(1832영건 070ㄱ04)
15 道乃金 도래쇠(1848진찬三 030ㄴ01)
16 刀乃金 도래쇠(1748영건 253ㄱ02)
17 都乃金 도래쇠(1748영건 263ㄱ11)
18 乭加莫金 돌가막쇠(1901영건 095ㄱ11)
19 銅卜子金 구리[동]복ᄌᆞ쇠(1633영건 049ㄱ01)
20 頭匣金 두겁쇠(1812책례 135ㄱ06)
21 豆錫頭甲金 두석두갑쇠(1848진찬三 033ㄴ04)
22 鐙子金 등자쇠(1848진찬一 055ㄴ05)
23 欄干引金 난간끌쇠(1633영건 075ㄱ03)
24 撩鉤金 요구쇠(1848진찬二 057ㄴ05)

25 馬腰乬金 마요(유)걸쇠(1848진찬一 055ㄴ04)
26 莫古里乬金 마고리걸쇠(1748영건 284ㄱ02)
27 班子乶金 반자볼쇠(1633영건 031ㄴ02)
28 排目乬金迪耳 배목걸쇠저귀(1633영건 031ㄴ08)
29 覆子金 복ᄌᆞ쇠(1633영건 022ㄴ06)
30 乶(乙)金 볼쇠(1633영건 054ㄴ07)
31 飛其音金 비김쇠(1652영건 062ㄱ01)
32 四折乬金 사절걸쇠(1832영건 081ㄴ12)
33 四足金 네발쇠(1633영건 075ㄱ11)
34 散之金 산지쇠(1748영건 275ㄱ07)
35 鼠目丁開金 쥐눈이못열쇠(1652영건 055ㄱ08)
36 水鐵 무쇠(1690책례 062ㄴ09)
37 水鐵障子金夫女 암수무쇠장지쇠(1633영건 041ㄱ04)
38 水筩巨里金釘 슈[믈]통거리쇠못(1832영건 070ㄱ12)
39 新造風波金 신조풍파쇠(1633영건 074ㄴ01)
40 阿耳金 아리쇠(1829진찬二 056ㄱ07)
41 烟桶片金 연통편쇠(1748영건 172ㄴ05)
42 亐今金 오금쇠(1667영건 126ㄴ07)
43 引金 끌쇠(1652영건 062ㄱ01)
44 帳巨里金 장[긴]거리쇠(1887진찬三 001ㄱ08)
45 帳乬古里金 장[긴]걸고리쇠(1764영건 068ㄴ06)
46 長炙金 장[긴]적쇠(1848진찬一 055ㄴ05)
47 赤貼金 적첩쇠(1726책례 065ㄱ02)
48 丁字金 정자쇠(1752영건 062ㄴ10)
49 鳥足金 새발쇠(1667영건 126ㄴ11)
50 鍾子金 죵ᄌᆞ쇠(1677영건 039ㄱ07)
51 中沙乬金 중사걸쇠(1848진찬一 055ㄱ12)
52 進乃金 진내쇠(1633영건 039ㄱ10)
53 眞魚金 진어쇠(1633영건 031ㄴ08)
54 佩金 출쇠(1832영건 090ㄱ10)
55 風破金 풍파쇠(1764영건 021ㄴ02)
56 函室盖板乬金 함실개판걸쇠(1652영건 048ㄴ05)

57 函室鐍金 함실걸쇠(1633영건 063ㄱ03)
58 胡蘆桶金叉釘 호로통쇠비녀못(1830영건 081ㄴ06)
59 好音金 홈쇠(1633영건 031ㄴ05)
60 確金 확쇠(1647영건 092ㄴ11)
61 後鐍金 뒤걸쇠(1877진찬一 052ㄱ04)
62 黑骨鐍金 흑골걸쇠(1633영건 075ㄱ01)

‘釗’는 ‘-金’, ‘-鐵’의 형식으로 나타나는 일부 어휘 표기에 교체형으로 나타나는데, 가령 ‘鐙子金 : 鐙子釗’, ‘炙金 : 炙鐵’ 등이 그것이다.[86] ‘釗’는 『新字典』의 “釗 金也 쇠 兒名奴名常用之 見俗書”라는 기록

86 의궤 자료에서 金 : 釗 : 鐵의 교체는 다음과 같다.

金	釗	鐵/鎖
佩金(1832영건 090ㄱ10)	佩釗(1900영건 121ㄱ09)	-
加乃乬金(1805영건 079ㄴ01)	加乃乬釗(1900영건B 063ㄴ07)	-
可莫金(1633영건 071ㄴ12)	加莫釗(1900영건A 116ㄴ12)	-
帳巨里金(1901진연三 001ㄱ06)	覔巨里釗(1902진연三 001ㄴ03)	-
鐍金(1652영건 055ㄱ08)	鐍釗(1906가례二 015ㄴ05)	鐍鎖(1887진찬二 013ㄴ01)
排目巨乙金(1633영건 031ㄴ08)	-	乬鎖(1633영건 067ㄴ01)
古無金(1706가례 214ㄴ05)	古無釗(1906가례二 039ㄱ09)	-
古索金(1677영건 071ㄴ02)	-	-
曲金(1633영건 069ㄴ04)	-	曲鐵(1873진작 033ㄴ08)
引金(1652영건 062ㄱ01)	-	引鐵(1652영건 069ㄱ13)
欄干引金(1633영건 073ㄴ01)	引鐵(1827진작二 12ㄴ11)	-
欄干引金(1633영건 075ㄱ03)	-	欄干引鐵(1633영건 068ㄴ01)
四足金(1633영건 075ㄱ11)	-	四足鐵(1633영건 073ㄴ03)
脚金(1887진찬二 064ㄴ08)	-	橋鐵(1812책례 133ㄴ12)
�婜加莫金(1901영건 095ㄱ11)	�婜加莫釗(1900영건B 063ㄱ05)	-
頭匣金(1677영건 034ㄱ03)	頭匣釗(1900영건A 120ㄴ11)	頭匣鐵(1667영건 101ㄴ03)
鐙子金(1828진작二 022ㄱ01)	鐙子釗(1901진연三 001ㄴ03)	鐙子鐵(1667영건 098ㄴ08)
飛只音金(1667책례 060ㄴ01)	-	非其音鐵(1676책례 030ㄱ04)
中沙鐍金(1866가례下 105ㄱ02)	馬蹄沙鐍釗(1900영건 063ㄱ09)	中沙鐍鎖(1819가례下 130ㄱ11)
鳥足金(1667영건 126ㄴ11)	鳥足釗(1900영건B 048ㄱ12)	鳥族鐵(1752영건 094ㄴ04)
大鑾金(1828진작二 020ㄱ08)	雪釗(1873진작 033ㄱ02)	-
牙金(1681가례 254ㄴ10)	-	牙鐵(1651책례 055ㄱ09)
撩鉤金(1828진작二 019ㄴ10)	撩鉤釗(1902진연二 090ㄴ09)	-
赤貼金(1748영건 172ㄱ08)	-	-
丁字金(1752영건 062ㄴ10)	丁字釗(1900영건A 120ㄴ04)	-

으로 보아 차자 표기에서 속자로 쓰였을 가능성이 높을 것으로 추정된다.

그러나 인명 표기에 '釗'가 빈번하게 쓰인 반면, 의궤에서는 출현이 극히 드문 편인데,[87] 이는 의궤에 나타나는 '-쇠'형이 대부분 연장이나 공구라는 점에서 기록자들이 지시물의 재료적 바탕이 되는 '金, 鐵'을 의식적으로 이용한 데 따른 현상으로 보인다. 따라서 초기 의궤 자료에서는 전혀 나타나지 않던 '-釗' 형이 후대 자료에 집중되어 있는 것으로 보아 기존의 '-쇠'의 재료적 속성이 '金, 鐵'이라는 인식이 널리 알려져 있는 상황에서 이들의 교체가 일어난 것

炙金(1827진작二 028ㄴ04)	炙釗(1873진작 033ㄱ02)	炙鐵(1901영건 099ㄴ05)
舌金(1671가례 197ㄱ11)	-	舌鐵(1762가례下 005ㄴ07)

87 최범훈 (1979)에 의하면 인명 표기에서 '釗'가 생산적으로 쓰였던 것에 비해 차명 표기에서는 20세기 안팎의 의궤 자료에서만 보일 뿐 이른 시기의 의궤에서는 전혀 나타나지 않는다. 가례 관련 의궤나 영건의궤류도 마찬가지로 다음의 20세기 초 의궤 자료에서만 나타난다.

曲�九釗, 耳曲釗, 覆曲釗, 蹄桶釗, 木禿釗, 廣板釗, 羅三甫釗, 項釗, 穴釗, 擧乙釗, 柱桶釗, 十字桶釗, 加莫釗, 鑞染大項釗, 脚踏付接長加莫釗, 鐙子釗 〈1901책봉〉

蹄桶釗, 覆曲釗, 末禿釗, 廣板釗, 羅三甫釗, 項釗, 穴釗, 乬釗, 曲乹釗, 耳曲釗, 加莫釗, 鑞染大項釗, 古無釗 〈1906가례〉

雪釗, 炙釗〈1873진작〉

擦鉤釗〈1902진연〉

加莫釗, 長加莫釗, 中加莫釗, 鐙子釗, 覓巨里釗〈1902진연〉

擦鉤釗, 長加莫釗, 鐙子釗〈1901진연〉

加莫釗, 鳥足釗, 門耳釗, 鐙子釗, 大乬釗, 加乃乪釗, 大沙乬釗, 馬蹄沙擧(乙)釗〈1900B영건〉

加莫釗, 耳釗, 大沙乬釗, 頭匣釗, 鐙子釗, 丁字釗〈1900A영건〉

耳釗, 乬釗, 大接佩釗, 丁字釗〈1901영건〉

蹄桶釗, 覆曲釗, 末禿釗, 廣板釗, 羅三甫釗, 項釗, 穴釗, 乬釗, 曲乹釗

耳曲釗, 加莫釗, 鑞染大項釗, 古無釗〈1906가례〉

朴長釗, 李乭釗, 李三釗, 金順釗〈1875책례〉

으로 보인다(김연주 2009a: 161).

이상에서 '雪釗, 乮金, 和(吙)金'를 분석한 결과는 다음과 같다.

(6) ① [섥] : 乮(음가자), 雪(음가자), 和(吙)(음가자)
　　[쇠] : 釗(음가자), 金(훈독자), 金(훈독자)
② 吙金, 섥쇠. 魚肉炙鐵也〈行用〉

한편, 김종훈(1992: 94)에서는 '乮子'를 고유어 '섥쇠'의 표기로 설명한 바 있으나, '섥쇠'는 '乮金, 雪釗, 錫釗(1900C영건二 078ㄱ10)(1900C一 066ㄱ01)'로 표기될 뿐만 아니라, '乮子(者, 煮) 섥자'와는 지시하는 기물이 다르다.[88] 다음을 보면 '乮金'가 '乮煮'와 함께 제시되어 있어 각각 독립된 기물을 지시하는 것이 분명함을 알 수 있다.

大乮煮五箇大炙金大乮金各四箇〈進饌儀軌〉

燔鐵九坐乮煮三箇鍮煮一箇鍮東海八坐炙金三箇大乮金三箇鍮錚盤七立〈慈慶殿進爵整禮儀軌〉

峀鐵二坐炙釗二雙乮子二箇錫釗二箇〈肇慶壇濬慶墓永慶墓營建廳儀軌〉

水剌鼎一坐峀鐵一坐灸釗一雙乮子一箇錫釗一箇紅豆改一箇〈肇慶壇營建廳儀軌抄册〉

乮煮炙金大乮金〈戊子進爵儀軌 二〉

大木火爐二坐大炙金大乮金乮煮各一部架子三〈正宗大王殯殿魂殿都監儀軌 二〉

乮煮二箇炙貼匙三立鍮大沙用一箇火箸一箇乮金二箇〈孝懿王后殯殿魂殿都

88 〈조선시대 의궤 용어사전〉(2012)에서도 두 기물은 다른 것으로 설명하고 있다.

乮煮 【석자】 차음 吙者 吙煮 익힌 음식을 건져서 물기나 기름을 빼는 데 사용되는 조리 기구. 깊이가 있는 국자 모양으로 바닥은 철사로 그물처럼 촘촘히 엮었다. 음식을 국물에 적셨다가 건져내어 물기를 빼거나, 튀긴 음식을 기름에서 건져내어 기름을 뺄 때 건져낸 음식을 잠시 두는 용도로 사용되었다.

監儀軌 二〉

鐥煮二箇火箸一箇鐥金二箇炙金一箇浮燭只機一坐高足牀三坐〈純元王后殯殿魂殿都監儀軌 二〉

따라서 '鐥金, 雪釗, 吙/和金'은 구이용 기구인 '셝쇠'를 '鐥子(者, 煮)'는 튀김용 기구 '셝쟈'를 표기한 것으로 보는 것이 적절하다.

기물 앞에 다양한 요소가 와서 종류를 나누기도 하는데 의궤 자료에는 大-(1866가례下 085ㄱ04)와 中-(1866가례下 109ㄴ04), 小- (1795원행四 036ㄱ11)가 선행해 기물의 크기를, 鐵-(1706가례 280ㄱ09), 鐵-(1651가례 109ㄴ11), 鍮-(1718가례 025ㄴ07)이 앞서 기물의 재료적 속성을 밝힌 예이다.

22 [셝쟈]

鐥煮(1827진작二 028ㄴ03)

鐥者(1795원행四 039ㄱ12)

吙者(1627가례 104ㄱ03)

吙煮(1627가례 104ㄱ10)

鍮和者(1718가례 025ㄴ07)

鐥子(1877진찬二 055ㄴ09)

위 표기는 제1음절에서 '鐥 : 吙 : 和'의 대응 관계를 보인다. 다음은 의궤의 차자 표기에 쓰인 '鐥 : 吙 : 和'의 용례이다.

(1) [鐥](2.1.4.20 雪釗 항 참조.)

(鐥의 재구음에 대한 자세한 설명은 2.1.4.20 雪釗 항 참조.)

(2) [味/和](2.1.4.20 雪釗 항 참조.)

제2음절의 이표기 대응은 者'와 '煮'이다. 다음은 이들 용자가 쓰인 용례이다.

(3) [者](2.1.2.5 昆者手 항 참조.)

(4) [煮](2.1.3.11 卜只 항 참조.)

(5) [子]
01 鷄子多里 계자다리(1647영건 057ㄱ08)
02 金鐙子 쇠등즈(1610책례 133ㄴ12)
03 道乃推子 도래밀개(1832영건 104ㄱ09)
04 童子柱 동자주(1721책례 186ㄱ03)
05 斑子 반자(1647영건 070ㄱ04)
06 卜子金 복자쇠(1633영건 049ㄱ01)
07 沙莫子 사[사긔]막즈(1751책례 084ㄴ05)
08 砂盆子 사[사긔]푼즈(1759책례 062ㄱ02)
09 散子 산자(1900A영건 107ㄱ06)
10 扇子盖板 선자개판(1832영건 076ㄱ05)
11 扇子椽 선자셧가래(1832영건 076ㄱ10)
12 完子推障子 완자밀장지(1832영건 068ㄱ02)
13 苪子 넉즈(1812책례 036ㄴ05)
14 障子 장지(1819가례上 166ㄱ10)
15 剪子 ᄀ새(1677영건 034ㄴ10)
16 頂子朴只 정자바기(1900A영건 077ㄴ05)
17 醋四卜子 초네복즈(1690책례 082ㄱ06)
18 瓢子 표즈박(1759책례 056ㄱ08)
19 行子帶鐵釘 행자씌쇠못(1805영건 077ㄴ01)
20 紅散子 홍산자(1866가례上 018ㄱ03)

'煮 : 者 : 子'의 대응에서 음독자와 음가자의 교체가 일어났음을 알 수 있으며, 이들은 둘 다 음차로 쓰여 [쟈] 음을 나타낸다.

이상에서 '鑁者, 鑁煮, 旀者, 旀煮, 和者'를 분석한 결과는 다음과 같다.

(6) ① [숽] : 鑁(음가자), 旀(음가자), 和(음가자)
[쟈] : 者(음가자), 煮(음독자), 子(음가자)
② 석쟈(漏杓)〈字會 中19〉
설쟈(漏勺)〈蒙語 下10b〉
섯쟈(漏杓)〈方言 三11a〉〈譯語 下13b〉
섯쟈(漏勺)〈同文 下14〉
旀者숽쟈油煎物淘出者也〈行用〉
유숽쟈〈뎡미가례시일긔90a〉

지금의 '석자'를 표기한 것으로 보인다. '석자'는 '철사를 그물처럼 엮어서 바가지 모양으로 만들어 긴 손잡이를 단 조리 기구로 주로 기름에 튀긴 것을 건져 내는 데 쓴다(《표준》).' 鐵鑁者(1748영건 210ㄴ11), 銅旀者(1681가례 289ㄱ02), 鍮旀者(1718가례 020ㄱ08)는 기물의 재료적 속성을 분명히 밝힌 표기이며, 大-(1829진찬二 053ㄴ07), 中-(1866가례下 130ㄱ01), 小-(1819가례下 136ㄱ06)는 크기에 따른 구분이다.

지금의 석자는 옛 문헌 자료에서 숽쟈, 석쟈, 설쟈, 섯쟈, 숽자 등 다양하게 나타날 뿐만 아니라 이들에 대한 차자 표기도 鑁者, 鑁煮, 旀者, 旀煮, 和者, 錫煮〈順和宮嘉禮時節次〉로 다양하다. 이 중에서 錫煮 가장 현실음에 가까운 표기로 짐작된다.

한편 김종훈(1992: 94)에서는 '鑁子'를 고유어 '석쇠'의 표기로 설명한 바 있으나, '석쇠'는 '鑁金〈度支準折〉'로 표기될 뿐만 아니라, '鑁子(者, 煮) 석자'와는 지시하는 기물이 다르다. 다음을 보면 '鑁煮'가 '鑁金'과 함께 제시되어 있어 각각 독립된 기물을 지시하는 것이 분명함을 알 수 있다.

大⿺乙釛煮五箇大炙金大⿺乙釛金各四箇〈進饌儀軌〉
⿺乙釛煮三箇鍮煮一箇鍮東海八坐炙金三箇大⿺乙釛金三箇〈慈慶殿進爵整禮儀軌〉
畓鐵二坐炙釗二雙⿺乙釛子二箇錫釗二箇〈肇慶壇濬慶墓永慶墓營建廳儀軌〉
畓鐵一坐灸釗一雙⿺乙釛子一箇錫釗一箇紅豆改一箇〈肇慶壇營建廳儀軌抄册〉
⿺乙釛煮炙金大⿺乙釛金〈戊子進爵儀軌 二〉
大木火爐二坐大炙金大⿺乙釛金⿺乙釛煮各一部架子三〈正宗大王殯殿魂殿都監儀軌 二〉
⿺乙釛煮二箇炙貼匙三立〈중략〉火箸一箇⿺乙釛金二箇〈孝懿王后殯殿魂殿都監儀軌 二〉
⿺乙釛煮二箇火箸一箇⿺乙釛金二箇炙金一箇浮燭只機一坐〈純元王后殯殿魂殿都監儀軌 二〉

『哲仁國葬都監儀軌』에는 ⿺乙釛煮의 도설이 제시되어 있는데 이 도설을 참조하면 기물형상이 국자 모양과 유사하고 둥근 테두리 사이를 철사로 얼기설기 얽은 모양임을 알 수 있다.

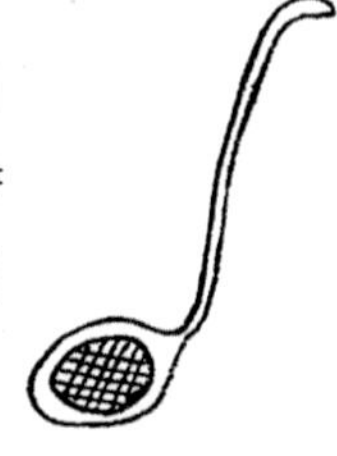
⿺乙釛煮

관련어로 ⿺乙釛煮機(1748영건 226ㄱ01)이 있다.

23 [소라]

所羅(1627가례 054ㄱ06)

다음은 의궤 자료에서 이들 용자가 쓰인 용례이다.

(1) [所](2.1.4.19 沙用 항 참조.)

01 㺚皮所 달피바(1832영건 100ㄴ08)
02 臺工所湯 대공바탕(1832영건 096ㄴ10)
03 大所枕 대[큰]받침(1832영건 093ㄴ11)
04 大所串 대[큰]바곳(1830영건 093ㄴ09)
05 陶所湯伊 도[딜]바탕이(1677영건 068ㄱ09)

위의 예를 보면 '所'는 훈차로 쓰일 가능성이 있지만 이표기 관계에 있는 '小羅(1901영건 069ㄴ12)'를 통해 음차로 쓰였음을 알 수 있다.

(2) [羅](2.1.2.9 羅兀 항 참조.)

'所', '羅'는 둘 다 음차로 쓰여 각각 [소]와 [라] 음을 나타낸다. 이상에서 '所羅'를 분석한 결과는 다음과 같다.

(3) ① [소] : 所(음가자)
[라] : 羅(음가자)
② 소라(盆子)〈方言 三10a〉
陶所羅, 질소라, 瓦盆也〈行用〉
딜소라(瓦盆)〈譯語 下13a〉
사소라(磁盆)〈譯語補 43a〉
놋소라(銅盆)〈譯語 下13a〉
구리 소라애(銅盆)〈救方 下90〉
소랏므레(盆子水)〈朴通初 上56〉
셰슈소라(洗臉盆)〈譯語 下13a〉

'소라'는 지금의 '소래(소래기)'로 '굽 없는 접시와 비슷한 넓은 질그릇(〈큰사전〉)'을 이르기도 하지만 '吹奏 樂器의 하나(〈한자 二〉)'인 '소라'를 지시하기도 하는 동음이의어이다. 그런데 〈한자〉의 '所羅' 항목을 보면 용기명 설명은 없고, 악기명으로만 풀이하면서 악기명의 예로 다음을 들고 있다.

〈萬機要覽, 軍政編 3, 御營廳, 軍器〉 鍮所羅十二坐.
〈華城城役儀軌 5, 財用 上〉 陶所羅四十二坐.
〈嘉禮都監儀軌(顯宗明星后), 都廳〉 鑄中所羅一介.

예로 제시된 '所羅'에는 각각 '鍮-, 陶-, 鑄-, 中-'가 선행하여 후행하는 기물의 재료적 속성과 함께 크기를 밝히면서 동시에 종류를 분화시키는 구실을 한다. 이는 '所羅'가 그릇의 한 종류임을 확인할 수 있는 근거가 된다. 그리고 의궤에 기입된 '所羅'가 대부분 '鍮大也臺具, 鍮所羅, 鍮周亐, 鍮煮, 鍮瓶, 鍮盞臺具, 銅小亇飛介(〈1918가례 下〉)' 등 그릇류와 함께 나타나는 점을 감안하면 그릇의 한 종류로 보는 것이 적절하다.

따라서 위에 제시된 '所羅'는 그릇의 한 종류인 '소라(소래기)'의 표기이며, 〈한자〉의 '所羅' 항목에서 악기명의 용례로 그릇을 나타내는 '所羅'를 든 것은 잘못이다. 아울러 '所羅' 항목에 '容器名'의 설명도 함께 등재되어야 할 것이다. 가례 관련 의궤 자료에서는 악기 '所羅'의 쓰임은 보이지 않고, 용기 명칭으로만 나타난다.

다음은 '所羅'가 크기와 재료적 속성에 따라 분화된 예이다.

大所羅(1866가례下 050ㄴ10)
中所羅(1805영건 087ㄱ11)
大小所羅(1901영건 068ㄴ11)
大中所羅(1764영건 034ㄱ10)
小所羅(1805영건 087ㄱ12)
陶所羅(1706가례 127ㄴ02)[89]
鑄所羅(1706가례 016ㄱ09)
鍮所羅(1866가례下 032ㄱ11)

이밖에 기물의 용도를 밝힌 食所羅(1866가례下 066ㄱ07)도 있다.

그런데 다음을 보면 재료와 크기가 동시에 제시될 때는 순서가 일정하지 않은 것으로 나타난다.

陶大所羅(1706가례 269ㄱ01)
大陶所羅(1866가례下 029ㄴ11)

---

89 陶所亽(1652영건 049ㄱ06)의 표기도 보이는데 『창덕궁창경궁수리도감의궤』에서 '羅'는 대부분 '亽'로 나타난다.

陶中所羅(1633영건 035ㄱ04)
中陶所羅(1866가례下 029ㄴ12)
陶小所羅(1633영건 035ㄱ03)
小陶所羅(1627가례 109ㄴ13)
鑄中所羅(1706가례 013ㄴ11)

한편 김연주(2009a: 322)에서는 '鍮代羅(1667영건 170ㄴ03)'를 '鍮所羅'의 誤記로 보았다. '鍮大也'의 誤記일 가능성도 있으나 '鍮代羅' 바로 다음에 '鍮大也'가 기재[90]되어 있는 점을 들어 鍮所羅의 잘못된 표기로 보았다. 그런데 鍮代羅는 鍮伐羅의 伐을 代로 잘못 판독했을 가능성이 있다. 우선, 代와 伐은 자형이 유사하고, 의궤의 기록이 대부분 필사이고, 필체의 개성이 정확한 판독에 영향을 줄 수 있음을 감안하면 鍮代羅는 鍮伐羅의 오독誤讀으로 보인다. 특히 鍮代羅가 가례 관련 의궤에는 보이지 않고, 영건의궤〈1667영건〉에서 단 1회만 나타나는 점과 문맥의 형편상 小羅와 伐羅 둘 다 어색하지 않은 점도 이 가능성을 더해준다.

所羅

따라서 '鍮代羅'는 '鍮所羅'의 잘못된 표기로 보인다.

24 [초ᄋᆡ/쵸의]

召兒(1627가례 127ㄴ05)
炒兒(1795원행四 038ㄴ07)
招兒(1651책례 034ㄱ13)

---

90 陶罐一, 馬尾篩一, 食鼎一, 三十斤稱子一, 風爐二, 鍮代羅一, 鍮大也一〈永寧殿營建〉

위 표기는 제1음절에서 '召 : 炒 : 招'의 대응 관계를 보인다. 다음은 의궤의 차자 표기에 쓰인 '召', '炒', '招'의 용례이다.

(1) [召]
01 寶召伊匠 보조이장(국장1800三 072ㄱ06)
02 召乙釘 쫄정(1776추숭 168ㄱ01)
03 召伊匠 조이장(1866가례下 074ㄱ09)
04 召伊釘 조이정(1800국장四 102ㄱ07)

(2) [招](없음)

(3) [炒](없음)

(4) [兒](2.1.3.18 煎油兒 항 참조.)

'召'는 전통적으로 그 음이 [조/죠]로 읽히지만, 여기서는 속음으로 쓰여 [초] 음의 표기에 쓰인 것으로 보인다. '炒, 招'와 '兒'는 모두 음차로 쓰여 각각 [초]와 [ᄋᆡ] 음을 나타낸다.

이상에서 '召兒, 炒兒, 招兒'를 분석한 결과는 다음과 같다.

(5) ① [초(쵸)] : 召(음가자), 招(음가자), 炒(음독자)
[ᄋᆡ(의)] : 兒(음가자), 兒(음가자), 兒(음가자)
② 召兒 쵸의 鍮器煮具也〈行用〉
초ᄋᆡ(召兒)〈ᄌᆞ경뎐진쟉〉
은쇼ᄋᆡ〈뎡미가례시일긔〉

이들 표기는 '초ᄋᆡ(쵸의)'를 표기한 것이다. 초ᄋᆡ(쵸의)는 지금의 수저를 가리킨다. 기물 앞에 鍮-(1795원행四 036ㄱ01), 銀-(1829진찬二 064ㄱ02) 등이 선행해 종류를 구분하는 역할을 하는데 궁중 연향에는 은으로 만든 銀召兒를 주로 사용하였다.

한편, 기존 연구서에서는 召兒, 炒兒, 招兒를 다양하게 풀이한다.

정의	풀 이	출 전
냄비	놋남비인 쵸ᄋᆞ	황금연(1997: 130)
냄비	炒兒를 초아로 읽고 남비로 풀이	『국역원행을묘정리의궤』(410)
냄비	《韓國漢字語辭典》에는 '음식물을 볶거나 지지는 데 사용하는 수저처럼 생긴 물건'으로 되어 있으나, 황금연(黃錦淵)의 〈儀軌類의 漢字借名表記 硏究〉에서는 초아(招兒) 또는 초아(炒兒)와 같은 것으로 보아 '냄비'로 이해하였는데 여기서는 냄비를 의미하는 듯하다.	『국역영조정순후가례』
국자	음식을 볶거나 지지는 데 쓰는 국자처럼 생긴 기구	『국역순조기축진찬의궤』(147)
수저	은수저	김상보, 이성우(1991: 26)
국자	국자의 일종	윤덕인(2000: 125)
국자	음식을 볶거나 지질 때 쓰는 국자처럼 생긴 기구	이현종(1998: 307)

의궤 자료에는 다음과 같이 제시되어 있다.

① 同牢宴器皿秩 銀筯二每也 銀召兒二 銀孤尖二 銀玲瓏匙二(1681가례 024ㄱ10)

進饌時排設位次……匙楪盤一坐朱漆小圓盤銀楪蓋具一坐銀玲瓏匙一箇銀召兒一箇銀箸一雙具(1829진찬三 021ㄴ01)

銀玲瓏匙二箇 銀召兒二箇 銀尖四箇 各 裹紅吐紬襦袱具(1906가례一 279ㄴ08)

茶亭一坐匙楪盤兼說銀茶罐蓋具銀茶鍾蓋臺具小圓盤銀匙楪蓋具銀玲瓏匙銀召兒銀箸具(1887진찬三 009ㄱ02)

② 銅炒兒四坐盖具(1795원행四 038ㄴ07)

위 기사를 보면 ①과 ②의 기물이 차이가 있음을 알 수 있다. 즉

②는 뚜껑을 갖춘 남비의 표기가 분명해 보인다. 『순조 기축진찬의궤』에는 召兒의 도설이 제시되어 있는데 이 도설을 참조하면 냄비보다는 국자를 닮은 조리 도구가 분명하다.

召兒

이상의 논의를 종합하면 먼저 召兒, 炒兒, 招兒는 조리 도구로 보는 것이 적절하겠다. 다만, ②를 통해 이들 표기가 각기 다른 기물의 표기일 가능성도 열어 두어야 한다.

25 [바구미]

所古味(1795원행四 040ㄱ12)

의궤의 차자 표기에서 '所', '古', '味'는 다음과 같이 쓰였다.

(1) [所](2.1.4.19 沙用 항 참조.)

(2) [古](2.1.2.6 古古里 항 참조.)

(3) [味](2.1.2.32 於亐味 항 참조.)

'所'는 훈차로 쓰여 [바] 음을, '古'와 '味'는 음차로 쓰여 각각 [고]와 [미] 음을 나타낸다.

이상에서 '所古味'를 분석한 결과는 다음과 같다.

(4) ① [바] : 所(훈가자)
[구] : 古(음가자)
[미] : 味(음가자)

지금의 '바구미'를 표기하였다. 바구미는 '바구니의 방언(《표준》)'으로 쓰이고 있다. 의궤 자료에는 所古味(1795원행四 040ㄱ12) 앞에 大가 선행해 크기별로 구분한 예가 보인다.

26 [바탕이]

所湯伊(1651가례115ㄴ07)

破湯伊(1671가례 176ㄱ07)

波湯(1676책례 092ㄱ03)

波蕩(1690책례 178ㄴ01)

위 표기는 제1음절에서 '所 : 破 : 波'의 대응 관계를 보인다. 먼저 의궤의 차자 표기에 쓰인 '所, 破 : 波'의 용례는 다음과 같다.

(1) [所](2.1.4.19 沙用 항 참조.)

(2) [破]
01 破油芚 파유둔(1906가례二 028ㄴ04)
02 破竹 파죽(1906가례二 028ㄴ04)
03 破地衣 파지의(1906가례二 028ㄴ04)
04 破回 바회(1627가례 072ㄱ13)

(3) [波]
01 大木波槽 대[큰]목파조(1651가례 110ㄴ09)
02 水波蓮 수파련(1719진연二 030ㄱ01)

'所'와 '破', '波'는 각각 훈차와 음차로 쓰여 [바] 음을 나타낸다. 이표기 관계에 있는 破를 통해 所가 훈차로 쓰였음이 분명해진다, 제2음절의 대응은 '湯'과 '蕩'이다. 이들 용자가 쓰인 용례는 다음과 같다.

(4) [湯]

01 間莫只湯 간마기탕(1795원행四 003ㄴ12)
02 乫伊湯 갈비탕(1901진연二 054ㄱ12)
03 甘湯 감탕(1651가례 086ㄴ09)
04 甘湯板 감탕판[널](1706가례 214ㄱ08)
05 毛湯木 모탕목(1667책례 090ㄴ03)
06 毛湯板 모탕판[널](1706가례 217ㄴ08)
07 悅口子湯 열구자탕(1827진작二 023ㄴ08)
08 隅湯 모탕(1866가례下 123ㄴ02)
09 鍮湯煮 유[놋]탕자(1887진찬二 065ㄱ01)
10 中湯大也 중탕대야(1873진작 033ㄴ07)
11 搥鰒湯 추복탕(1866가례上 020ㄴ09)
12 湯所庫間 탕소곳간(1866가례下 127ㄱ02)
13 湯煮 탕자(1877진찬一 050ㄴ03)

(5) [蕩](없음)

(6) [伊](2.1.3.2 乫非 항 참조.)

'湯', '蕩'과 '伊'는 모두 음차로 쓰여 [탕]과 [이] 음을 나타낸다. 이상에서 '所湯伊, 破湯伊', '波湯', '波蕩'을 분석한 결과는 다음과 같다.

(7) ① [바] : 所(훈가자), 破(음가자), 波(음가자), 波(음가자)
[탕] : 湯(음가자), 湯(음가자), 湯(음가자), 蕩(음가자)
[이] : 伊(음가자), 伊(음가자)
② 바탕이(所湯伊)〈ᄌᆞ경뎐진쟉, 3 긔용〉

'所湯'은 건축 부재와 그릇명을 동시에 지시하는 동음이의어로 제시되는 전후 환경에 따라 해석을 달리 해야 한다.[91] 다음을 보면 의궤 자료에 보이는 '所湯'이 여러 가지 의미로 쓰였음을 알 수 있다.

① 바탕 : 方一寸五分三十五片所湯次椵木方三寸七(1900책봉 047ㄱ03)
以上敎命波蕩四面邊兒裁餘(1690책례 178ㄴ01)
玉波湯七寶粧金長替(1651가례 009ㄱ02)
② 容器 : 陶所湯伊三沙魚皮一令(1721책례 158ㄴ11)
③ 도구 : 朴只三寸丁 大落目兩排具 所湯金丁具(1866가례下 086ㄴ11)

'所湯'이 용기를 지시할 때는 대개 재료적 속성을 나타내는 '陶-(1667책례 094ㄴ04)'가 와서 기물의 속성을 분명히 하는 경우도 있다.[92] '바탕이'는 현재 '바탱이'로 남아 있어 '바탕이>바탱이'의 변화를 거친 것으로 보인다(2.1.2.29 所湯 참조). 용기명 所湯伊는 所湯(1759책례 097ㄴ12)으로도 나타나는데 이는 명사형에서 말음 'ㅣ'가 흔히 생략되는 차자 표기의 한 특징으로 설명이 가능하다. 所湯이 용기명으로 쓰일 때는 주로 -伊의 형태를 보이는 경우가 많아 所湯을 '바탕'의 뜻으로 쓰인 것으로 단정할 수 있다.

하지만 다음을 보면 所湯이 砂磁盌, 陶東海, 所羅 등 용기류와 함께 제시되고 있어 所湯이 용기명 '바탕이'를 나타내고 있음을 확인할 수 있다.

兩太末三升炭末一升延日礪石一片砂盆子(1759책례 097ㄴ11)

---

91 〈의궤 용어〉에서는 所湯이 물체의 주요 부분을 가리키거나, 구체적인 기물을 지시하거나, 용기容器를 지시하는 세 가지 의미를 동시에 지닌다고 풀이한다.

92 '陶所湯伊(1667책례 094ㄴ04)'는 오지그릇의 한 종류인 '도[딜]바탕이'의 표기이다.

二立馬木二箇砂磁盌二立陶東海所羅各一坐(1759책례 097ㄴ12)
所湯一坐破地衣一浮 果瓢子 一箇馬鬣二兩(1759책례 098ㄱ01)
漆機一坐帳一浮小梁板一立樻一部具鎖鑰(1759책례 098ㄱ02)

따라서 所湯(伊)이 제시되는 문맥을 고려했을 때 지시하는 의미를 보다 명확하게 파악할 수 있을 것이다.

한편 다음에 보이는 所湯과 小湯의 대응은 훈가자와 음가자의 교체로 보인다.

所湯次松板(1765수작二 052ㄱ08)
小湯次眞長木(1765수작二 052ㄴ04)

27 [속고리]

束古里(1795원행四 040ㄱ12)

의궤의 차자 표기에서 '束', '古', '里'는 다음과 같이 쓰였다.

(1) [束]
01 加佐味九束二介 가자미아홉뭇두개(1719진연二 071ㄱ09)
02 穀草四束 곡초네뭇(1651책례 053ㄴ04)
03 槐木皮二束 괴목피[껍질]두뭇(1651책례 055ㄴ05)
04 金錢紙壹束壹貼玖張 금전지한뭇한첩아홉장(1736책례 175ㄱ05)
05 束索 뭇색(1722책례 209ㄴ05)
06 束乼 뭇줄(1667책례 051ㄴ07)
07 紙金一束 지금한뭇(1762가례下 120ㄴ10)
08 貼金一束 첩쇠한뭇(1751책례 070ㄴ04)
09 貼銀二束 첩은두뭇(1610책례 173ㄱ10)

(2) [古](2.1.2.6 古古里 항 참조.)

(3) [里](2.1.2.1 加里麻 항 참조.)

'束', '古', '里'는 모두 음차로 쓰여 각각 [속], [고], [리] 음을 표기한다.

이상에서 '束古里'를 분석한 결과는 다음과 같다.

(4) ① [속] : 束(음가자)
[고] : 古(음가자)
[리] : 里(음가자)
② 광주리며 속고리에〈癸丑 p.40〉
속고리(飯帚)〈物譜 筐筥〉

'속고리'로 읽는다. 속고리는 '소쿠리의 옛말(〈표준〉)'이다. 다른 표기로 所古里〈正祖健陵山陵〉, 所昆里〈度支準折, 木柳器〉가 있으나 가례 관련 의궤에는 보이지 않는다.

28 [밥고리]

食古里(1902진연二 092ㄱ05)

의궤의 차자 표기에서 '食', '古', '里'는 다음과 같이 쓰였다.

(1) [食]
01 茶食板 다식판(1866가례下 081ㄴ12)
02 食古里 밥고리(1902진연二 092ㄱ05)
03 食沙鉢 밥사발(1681가례 139ㄱ08)
04 食所羅 밥소라(1866가례下 066ㄱ07)

(2) [古](2.1.2.6 古古里 항 참조.)

(3) [里](2.1.2.1 加里麻 항 참조.)

'食'은 훈차로 쓰여 [밥] 음을, '古'와 '里'는 음차로 쓰여 각각 [고]와 [리] 음을 표기한다.

이상에서 '食古里'를 분석한 결과는 다음과 같다.

(4) ① [밥] : 食(훈독자)
[고] : 古(음가자)
[리] : 里(음가자)
② 밥고리(食蘿)〈物譜 筐筥〉

'밥고리'는 '도시락의 옛말(《표준》)'이다. 고리는 '① 소주나 초 따위를 담는 오지그릇과 ② 고리버들이나 대오리로 엮어서 상자처럼 만든 그릇(《한자 一》)'을 동시에 가리키는 동음이의어다. 食古里에서는 ②의 뜻으로 쓰였다. 食古里는 고리에 食이 선행해 후행하는 기물의 용도를 밝힌 예이고, 杻古里, 杻皮古里〈度支準折, 木柳器〉는 기물의 재료를 밝힌 표현이다.

29 [아리쇠]

阿里金(1651가례 014ㄱ08)

阿耳金(1829진찬二 056ㄱ07)

위 표기는 제2음절에서 '里 : 耳'의 대응 관계를 보인다. 이들 용자가 쓰인 용례는 다음과 같다.

(1) [阿]
01 姜方阿金 강방아쇠(1795원행五 005ㄱ11)

02 阿膠 아교(1627가례 092ㄴ09)
03 阿之 아지(1706가례 110ㄱ05)

(2) [里](2.1.2.1 加里麻 항 참조.)

(3) [耳](2.1.4.16 凉耳掩 항 참조.)

(4) [金](2.1.4.20 雪釗 항 참조.)

'阿'와 '里, 耳'는 음차로 쓰여 각각 [아]와 [리] 음을 표기하였다. '金'는 훈차로 쓰여 [쇠] 음을 나타낸다.

이상에서 '阿里金, 阿耳金'를 분석한 결과는 다음과 같다.

(5) ① [아] : 阿(음가자), 阿(음가자)
[리] : 里(음가자), 耳(음가자)
[쇠] : 金(훈독자), 金(훈독자)
② 아리쇠(三脚)〈朴重 中11〉
아리쇠(鍋撑子)〈同文 下14〉
아리쇠(鍋撑)〈漢淸 345c〉

'아리쇠'를 표기하였으며, 아리쇠는 '삼발이의 옛말(〈표준〉)'이다.

30 [유[놋]반병두리]

鍮半甁入里(1795원행四 040ㄱ05)

의궤의 차자 표기에서 '鍮', '半', '甁', '入', '里'는 다음과 같이 쓰였다.

(1) [入]

01 入絲匠 입사장(1706가례 064ㄴ12)

02 入染匠 입염장(1706가례 064ㄴ10)

(2) [里](2.1.2.1 加里麻 항 참조.)

'鍮', '半', '甁'은 모두 음독자로 쓰여 독음을 [유/놋], [반], [병]으로 확징 짓는 데 별 무리가 없다. '入', '里'는 각각 훈차와 음차로 쓰여 [두]와 [리] 음을 표기한다. 鍮半甁斗里(《日省錄 1796년 2월 11일》)을 통해 入이 훈차로 쓰였음을 확인할 수 있다.

이상에서 '鍮半甁入里'는 다음과 같이 분석된다.

(3) ① [유/놋] : 鍮(음/훈독자)
[반] : 半(음독자)
[병] : 甁(음독자)
[두] : 入(훈가자)
[리] : 里(음가자)

'유[놋]반병두리'를 표기하였다. '반병두리'는 '놋쇠로 만든 그릇의 하나. 둥글고 바닥이 평평하여 양푼과 비슷하나 매우 작다.(《표준》)' 『원행을묘정리의궤』에서는 鍮半甁入里 한 병의 가격으로 4錢을 제시하고 있다.

31 [유[놋]바라]

鍮伐兒(1671가례 175ㄱ11)

鍮伐羅(1651책례 076ㄱ07)

위 표기는 제3음절의 '兒 : 羅'의 대응 관계를 보인다. 의궤의 차자 표기에 쓰인 '鍮, 伐, 皃, 羅'의 용례는 다음과 같다.

(1) [鍮]

01 鍮蓋也 유[놋]개야(1877진찬二 055ㄴ03)
02 鍮大也 유[놋]대야(1627가례 023ㄱ03)
03 鍮東海 유[놋]동히(1765수작二 061ㄱ04)
04 鍮味鐥 유[놋]맛대야(1627가례 102ㄱ05)
05 鍮沙用 유[놋]새용(1877진찬二 055ㄴ03)
06 鍮所羅 유[놋]소라(1765수작二 061ㄱ08)
07 鍮小養齒鐥 유소양치선[놋작은양치대야](1681가례 023ㄴ03)
08 鍮圓鐥 유원선[놋둥근대야](1627가례 102ㄱ07)
09 鍮耳鐥 유이선[놋귀대야](1718가례 025ㄴ03)
10 鍮耳只 유[놋]구기(1765수작二 064ㄱ02)
11 鍮煮 유[놋]자(1877진찬二 055ㄴ04)
12 鍮錚盤 유[놋]쟁반(1877진찬二 055ㄴ03)
13 鍮楪匙 유[놋]뎝시(1828진작二 001ㄱ06)
14 鍮中錚盤 유[놋]중쟁반(1901진연二 093ㄱ08)
15 鍮湯煮 유[놋]탕자(1877진찬二 055ㄱ03)

'鍮'는 음차로 쓰였는지 훈차로 쓰였는지 명확하게 알 수 없다. 이처럼 어떤 용자가 음·훈차의 가능성을 동시에 지닐 때는 이표기를 우선적으로 활용할 수 있지만, 鍮의 경우 讀字로 이용되었기 때문에 '이표기 우선 활용'도 쓸모가 없다. 다만 한글 문헌 자료에서 후대로 올수록 '유'로 표기되는 경우가 많아지는 것으로 보아 어느 시기에 한자어화한 것으로 보인다.

(2) [伐](없음)

(3) [皃](2.1.3.18 煎油皃 항 참조.)

(4) [羅](2.1.2.9 羅兀 항 참조.)

'兒'와 '羅'는 둘 다 음차로 쓰여 [라] 음을 표기한다. 兒의 [라] 음 표기가 특이한데, 앞에 오는 伐의 마지막 소리가 [ㄹ]임을 감안하면 음절 경계를 정확하게 인식한 표기라 할 수 있다.

이상에서 '鍮伐兒, 鍮伐羅'를 분석한 결과는 다음과 같다.

(5) ① [유/놋] : 鍮(음/훈독자)
[바] : 伐(음가자)
[라] : 兒(음가자), 羅(음가자)
② 鈸 바라〈四解 上37〉
바라 발(鈸)〈字會 中16〉
바라(鈸)〈同文 上53〉〈漢淸 90d〉

'鍮伐兒, 鍮伐羅'[93]는 유철鍮鐵로 만든 바라를 표기한 것으로 지금의 '바라기'를 말한다. '바라기는 음식을 담는 조그마한 사기그릇으로 크기는 보시기만한데 아가리는 훨씬 더 벌어졌다(〈표준〉).' 국물이 없는 쌈김치, 짠지, 깍두기 등을 바라기에 담는다. 반면 국물 있는 배추김치나 동치미, 나박김치 등은 보시기에 담는다. 〈한자〉에서는 바라를 '바라기의 사투리(〈한자 一〉)'로 설명하지만, 〈표준〉에는 바라가 등재되어 있지 않다. 기물의 재료에 따라 鑄伐兒(1721책례 242ㄴ06)로 분화되기도 한다.

한편 의궤 자료에는 別兒(1718가례 019ㄴ11)의 표기도 보이는데, 伐兒와 음이 유사해서 伐兒와 이표기 관계일 가능성이 있다. 그러나 別兒는 '궁중에서 쓰던 병(〈한자〉)'을 가리키는 말로 伐兒와 지시하는

---

93 김연주(2009: 323)에서는 鍮代羅(1667영건 170ㄷ03)를 鍮所羅의 誤記로 보았으나, 이는 鍮伐羅를 鍮代羅로 오인한 데 따른 단순 착오로 보인다.

기물이 다르다. 뿐만 아니라 두 표기가 제시되는 환경도 차이가 있는데, 의궤 자료에 따르면 別兒는 주로 동뢰연에 소용되는 기물이고, 伐兒는 장인이 사용하는 기물로 나와 있다.

① 別兒

銀鍍金別兒(1681가례 206ㄱ08)

銀圓別兒甁蓋鎖具(1819가례上 034ㄱ08)

同牢宴 銀鳳甁蓋鎖具 銀甁蓋鎖具 銀玲瓏匙 銀召兒 巹杯瓢子 銀鍍金臺鍮小蓋兒 鍮錚盤 鍮香盒蓋具 鑄香爐蓋具 鍮剪子 鑄大燭臺 鑄爵帖 鑄剪燭器銅鍍金爵 玉童子 成川玉 玉童子豆錫香串之〈중략〉銀匙 銀筯 裹襦袱紫的紬 內拱紅紬 槊次雪綿子 纓子紅紬 銀匙貼 銀豆古里 裹裌袱 紅紬木綿 銀圓別兒甁 銀鳳甁 銀甁 裹裌袱紅細木綿三幅付袱(1706가례 258ㄴ09~ 259ㄴ09)

同牢宴 大紅潞洲紬褥 表次大紅潞洲紬 內拱磻紅鼎紬 槊綿花 牛毛氈 槊裹白正布 槊裹貢木 訥非音次鄕絲 中綿子 大紅絲 紫的絲 木紅絲 紫綾褥 彭段表次紫綾〈중략〉玉册奠案書案 倭朱紅漆 倭朱紅饌案床 長床 高足床 銀鍍金別兒(1681가례 205ㄴ01~206ㄱ08)

② 伐兒

鍍金匠所用 鹽 飛陋 梅實 磟磻 焰焇 休紙 鹽水 細玉珠 大盤 鍮伐兒(1681가례 253ㄱ07~12)

銀匠所用 甘湯 黃蜜 法油 蒿草 松脂 休紙 大鐵糸 鉛鐵 甘湯板 燒木 手巾布 網席 樻子 鎖鑰 破油芚 小爐 毛狗皮 橋鐵 鹽 豆飛陋 梅實 彔磻 焰焇 鐙子金 鹽水 細玉珠 大圓盤 鍮伐兒(1718가례 226ㄴ11~227ㄱ12)

鍍金匠所用 塩一斗飛陋三升梅宲一斗磟磻一升焰焇三兩休紙一斤細玉殊四兩以上宲入大盤四立鍮伐兒(1651가례086ㄴ11~12)

따라서 伐兒와 別兒는 서로 다른 기물로 보는 것이 적절하겠다.

32 [우근개야/두에(덥게)]

鍮亐斤蓋兒(1706가례 017ㄴ07)

鍮亐斤盖兒(1651가례 013ㄴ11)

鍮于斤蓋兒(1681가례 022ㄴ10)

銅鐵五斤盖兒(1722책례 153ㄴ10)

위 표기는 제2음절에서 '亐 : 于 : 五'의 대응 관계를 보인다. 먼저 의궤의 차자 표기에서 '亐', '于', '五'의 용례는 다음과 같다.

(1) [亐](2.1.2.32 於亐味 항 참조.)

(2) [于]
01 茶食于里 다식우리(1748영건 243ㄱ11)
02 朴桂于里 박계우리(1748영건 241ㄱ11)
03 散子于里 산자우리(1748영건 243ㄱ11)
04 實果于里 실과우리(1748영건 224ㄴ12)
05 于里 우리(1819가례下 063ㄴ12)
06 鑄于里 철[쇠]우리(1802가례上 035ㄴ09)
07 鑄鍾子于里 주종즈우리(1802가례上 037ㄴ10)
08 黑色草綠四面于里 흑색초록사면우리(1866가례上 128ㄱ12)

(3) [五](없음)

(4) [斤]
01 三十斤稱子 삼십근칭자(1866가례下 076ㄱ05)
02 吾斤甘執只 우근감잡이(1610책례 157ㄴ11)

'亐 : 于 : 五'의 대응 관계를 통해 이들이 음차로 쓰여 [우(욱-)] 음을 나타내는 것으로 확인된다. 또 亐斤의 다른 표기인 五斤, 吾斤-

(吾斤甘執只(1610책례 157ㄴ11))을 통해서도 이들의 독음을 [우(욱-)]으로 확정하는 데 별 무리가 없다. '斤'은 음차로 쓰여 [근] 음을 나타낸다. 욱-의 받침 ㄱ을 연철 표기한 것이다.

(5) [蓋, 盖]
01 盖兒之 개야지(1906가례二 017ㄴ04)
02 盖襖 개오(1906가례一 262ㄱ05)
03 蓋瓦 기와(1866가례下 117ㄱ06)
04 蓋板 개판(1901책봉 060ㄴ01)
05 盖板 개판(1906가례二 068ㄴ06)
06 累里盖 누리개(1805영건 012ㄴ10)

(6) [兒](2.1.3.18 煎油兒 항 참조.)

'蓋(盖)', '兒'는 둘 다 음차로 쓰여 [개]와 [야] 음을 또는 훈차로 쓰여 [두에/덥게] 음을 표기한다.

이상에서 '鍮亐斤蓋兒, 鍮亐斤盖兒, 鍮于斤蓋兒, 銅鐵五斤盖兒'를 분석한 결과는 다음과 같다.

(7) ① [우] : 亐(음가자), 亐(음가자) , 于(음가자), 五(음가자)
[근] : 斤(음가자), 斤(음가자), 斤(음가자), 斤(음가자)
[개/두에/덥게] : 蓋(음가/훈독자), 盖(음가/훈독자)
[야/접미사] : 兒(음가자), 兒(음가자), 兒(음가자), 兒(음가자)
② 개야(彩棚)〈譯語 下24a〉
가유 ᄭᅮ미ᄂᆞᆫ 놈 : 搭綵匠〈漢淸 5-31b〉
가마 두에(鍋盖)〈漢淸 11-38a〉
두에 개(盖)〈倭語 下14〉
두에 더푸라(盖罷)〈同文 下14〉
두에 다다(盖合)〈痘上 66〉
덥게(盖兒)〈朴초 上30〉
덥다(遮蓋)〈漢淸 11-18b〉

욱은장식(斜飾件)〈漢淸 134d〉
욱여드다(凹進)〈譯語 補17〉

'盖(蓋)兒'는 '뚜껑(덮개), 蓋也. 蓋子(〈한자三〉)'를 지칭하는 동시에 채붕[94]을 의미하는 고유어 '개야'를 가리킨다(김연주 2009a: 293). 가령, '鍮盖兒(1906가례一 282ㄴ04)', '紙盖兒(1748영건 211ㄴ06)', '油盖也(1795원행四 045ㄱ02)', '木鼎蓋也(1829진찬二 054ㄱ05)'는 '鍮-'와 '紙-', '油-', '木鼎-'이 선행하여 뒤에 오는 기물의 재료적 속성을 밝히는 명명으로 이들은 '뚜껑(덮개)'을 지시하는 것이 분명하다. '亐斤盖兒 우근개야'도 기물의 모양에 기인한 명명으로 뚜껑이 욱은(안쪽으로 우그러진) 덮개를 뜻한다.[95] 의궤 자료에는 '우근'의 표기로 吾斤-(吾斤甘執只(1610책례 157ㄴ11))도 보인다.

반면, 다음의 '盖(蓋)兒'는 '채붕'을 의미하는 고유어 '개야'의 표기로 보인다.

箇兒

盖兒彎衝椽四箇(1906가례二 006ㄱ11)
盖兒之次五色雲紋緞各一寸(1906가례二 017ㄴ04)
蓋兒初裵草綠大段(1681가례 242ㄱ10)
盖兒初裵草綠彭段十尺(1722책례 117ㄴ10)
盖兒塗三貼紙三卷(1900영건 067ㄴ05)
盖兒左右冒緞五尺七寸二片(1748영건 230ㄴ05)
盖也之次五色雲紋(1900영건 074ㄴ04)
介也之次五色緞各二寸式(1748영건 235ㄴ01)
加也之次黃黑白雲紋緞各一寸式(1748영건 108ㄴ03)

94 '채붕'은 '나무로 단을 만들고 오색 비단 장막을 늘어뜨린 장식 무대(〈표준〉)'를 말한다.
95 〈표준〉에는 '개야'를 '채붕의 옛말'로 풀이하고 '뚜껑, 덮개'의 설명은 누락되어 있다.

단위명사의 쓰임으로도 이 둘은 구분이 되는데, '盖兒'가 뚜껑의 뜻으로 쓰일 때는 단위명사로 '介'나 '坐(座)'가 쓰이고, 채붕을 나타낼 때는 '卷', '張', '尺', '寸'을 사용하여 둘의 구분을 분명히 하고 있다.

그런데 다음을 보면 덮개, 뚜껑으로써의 盖也가 조리 용구로 한정되는 것이 아니라 보다 넓게 쓰였음을 알 수 있다.

輂轝盖兒 冒段腰轝盖兒(1726책례 092ㄴ01)
青陽繖 冒段腰轝盖兒(1726책례 092ㄴ02)
銅鐵五斤盖兒次楸木圓經八寸厚三寸(1722책례 153ㄴ10)

의궤 자료에서 덥개의 의미로 쓰인 盖也는 주로 놋쇠[鍮]로 만들었고, 드물게 銀小蓋兒(1706가례 015ㄱ03)가 보인다. 크기별로 鍮大蓋兒(1866가례下 077ㄴ02), 鍮中蓋兒(1866가례下 077ㄴ03), 鍮小蓋兒(1866가례下 077ㄴ04)로 구분하였다. 관련어로 蓋兒匠(1706가례 228ㄴ06), 箇兒匠(1696가례 229ㄱ12)이 있다.

개야는 盖兒, 蓋兒, 箇兒 외에 盖也(1900A영건 074ㄴ04), 介也(1748영건 235ㄴ01), 加也(1748영건 108ㄴ03)로도 표기한다.

33 [유[놋]자]

鍮者(1627가례 117ㄴ02)
鍮煮(1819가례下 069ㄱ10)

위 표기는 제2음절에서 '者 : 煮'의 대응 관계를 보인다. 다음은 의궤의 차자 표기에서 이들 용자가 쓰인 용례이다.

(1) [鍮](2.1.4.30 鍮伐兒 항 참조.)

(2) [者](2.1.2.5 昆者手 항 참조.)

(3) [煮](2.1.3.11 卜只 항 참조.)

이상에서 '鍮者, 鍮煮'를 분석한 결과는 다음과 같다.

(4) ① [유/놋] : 鍮(음/훈독자), 鍮(음/훈독자)
[자] : 者(음가자), 煮(음독자)
② 유자〈ᄌᆞ경뎐진쟉〉

놋쇠로 만든 조리 기구인 유[놋]자를 표기하였다. 鍮煮는 한글 의궤인 『ᄌᆞ경뎐진쟉졍례의궤』에 나오는 '유자'와 대응한다. 鍮煮는 鍮+煮의 구조로 이루어진 합성어로 鍮는 재료와 관련이 있으며, 煮(1866가례下 071ㄱ02)는 기물의 종류를 가리킨다. 따라서 유자는 기물의 재료적 속성에 따라 분화한 '煮'의 한 종류로 보인다. 『哲仁王后國葬都監儀軌』의 도설에서 鐥煮와 함께 煮의 모양을 확인할 수 있는데 이 그림을 참조하면 煮는 둥글고 오목한 바탕(닥)에 긴 자루가 달린 지금의 국자[96]와 비슷하다. 반면에 섥쟈[鐥煮]는 자와 모양이 대체로 같지만 둥근 바닥의 가운데를 가는 철사로 얼기섥기 얽었다는 차이를 보인다. 따라서 얽기설기 얽은 섥쟈[鐥煮]와 놋으로 만든 유[놋]자[鍮煮]는 煮의 한 종류로 각각 형태와 재료에 따라 분화된 것으로 보인다. 이 밖에도 재료와 크기, 용도에 따라 鍮大煮(1848진찬二 058ㄱ07), 小煮(1848진찬二 058ㄱ08), 鍮湯煮(1877진찬二 055ㄱ03), 湯煮(1877진찬一 050ㄴ03) 등이 있다.

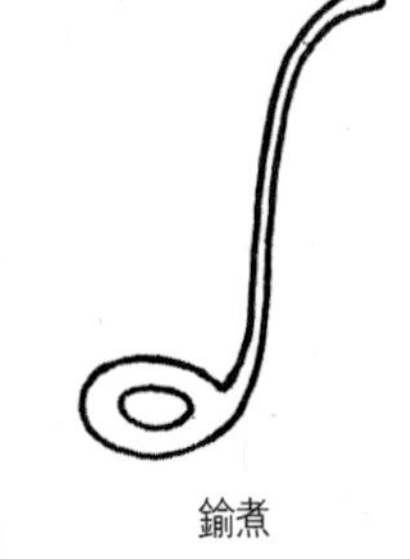
鍮煮

96 〈표준〉에서는 '자'를 '궁중에서, '국자01'를 이르던 말'로 풀이한다.

34 [은두고(구)리]

銀豆古里(1651책례 034ㄱ05)

銀頭古里(1651가례108ㄱ13)

銀豆仇里(1681가례 022ㄴ03)

위 표기는 제1음절에서 '豆 : 頭'의 대응 관계와 제2음절에서 '仇 : 古'의 대응 관계를 보인다. 의궤의 차자 표기에 쓰인 '豆', '頭'와 '仇', '古', '里'의 용례는 다음과 같다.

(1) [豆](2.1.4.10 斗母 항 참조.)

(2) [頭](2.1.2.1 甘土 항 참조.)

(3) [仇]
 01 仇彔之 구럭(1706가례 015ㄴ11)
 02 仇羅 구라(1706가례 163ㄴ09)
 03 古仇里豆錫 고구리두석(1627가례 121ㄱ10)

(4) [古](2.1.2.6 古古里 항 참조.)

(5) [里](2.1.2.1 加里麻 항 참조.)

이들은 모두 음차로 쓰였고, 이표기 대응을 고려하면 독음을 [두], [구], [리]로 확정하는 데 별무리가 없겠다.

이상에서 '豆古里, 頭古里, 豆仇里'를 분석한 결과는 다음과 같다.

(6) ① [두] : 豆(음가자), 頭(음가자), 豆(음가자)
 [고/구] : 古(음가자), 古(음가자), 仇(음가자)

[리] : 里(음가자), 里(음가자), 里(음가자)

'두고(구)리'를 표기한 것으로 현재 약두구리, 두구리로 남아 있다. 약두구리는 '탕약을 달이는 데 쓰는, 자루가 달린 놋그릇(《표준》)'을 말한다. 현용 사전에서는 두구리를 놋그릇으로 설명하지만 의궤에서는 대부분 기물 앞에 銀-이 선행하고 있어 은두구리의 존재도 확인할 수 있다. 즉 현재 두구리가 놋그릇으로 이해되는데 반해 의궤에 보이는 두구리의 재료적 속성은 대부분 은銀이다. 이는 이들 기물이 궁중의 의례용으로 쓰였고 의궤가 의례의 과정을 기록했다는 데서 이들의 출현을 설명할 수 있다.

35 [귀대야]

耳鐥(1627가례 103ㄴ02)

의궤의 차자 표기에 쓰인 '耳'와 '鐥'의 용례는 다음과 같다.

(1) [耳](2.1.4.16 凉耳掩 항 참조.)

(2) [鐥](2.1.4.7 銅味鐥 항 참조.)

'耳'와 '鐥'은 둘 다 훈차로 쓰여 [귀]와 [대야]를 나타낸다. 위의 예를 보면 의궤 자료에서 耳는 대부분 훈차자로 쓰였고, 鐥도 쓰임이 드물긴 하지만 주로 훈차자로 쓰인 것으로 나타난다.

이상에서 '耳鐥'을 분석한 결과는 다음과 같다.

(3) ① [귀] : 耳(훈독자)
[대야] : 鐥(훈독자)

② 귀대야 이(匜)〈字會 中〉
은이션〈뎡미가례시일긔〉

'귀대야'로 해독된다. 귀대야는 '귀때가 달린 대야'(〈표준〉)를 말한다. 鍮耳鐥(1706가례 014ㄴ04), 銀耳鐥(1829진찬二 061ㄱ01)은 鍮, 銀+耳+鐥의 구조로 이루어진 합성어로 鍮와 銀은 재료와 관련이 있으며, 耳는 기물의 모양을, 鐥은 기물의 종류를 가리킨다. 『明成皇后國葬都監儀軌』의 도설에서 기물의 모양을 확인할 수 있다.

황금연(1997: 125)에서는 耳鐥이 한글 의궤인 『ᄌᆞ경뎐진쟉졍례의궤』에 '이션'으로 기록된 점을 들어 전통 한자음으로 읽었을 가능성과 함께 당시에 한자어로 인식했을 가능성을 언급한 바 있다. 현재 국어사전에는 이션은 없고, 귀대야가 등재되어 있다.

鍮耳鐥

한편 鐥은 燒酒三鐥[97](1795원행附編 037ㄴ09)처럼 단위명사로도 쓰인다.

36 [구기]

耳只(1681가례 138ㄴ01)

의궤의 차자 표기에서 '耳', '只'는 다음과 같이 쓰였다.

(1) [耳](2.1.4.16 凉耳掩 항 참조.)

(2) [只](2.1.2.5 巨等(乙)只 항 참조.)

---

97 소주 세 복자로 읽는다. 복자는 기름복자와 같고 기름복자는 현대 국어사전에서 '기름을 되는 데 쓰는 그릇으로 모양이 접시와 비슷하고 한쪽에 귀때가 붙어 있다. ≒복자01.(〈표준〉)

이상에서 '耳只'를 분석한 결과는 다음과 같다.

(3) ① [구] : 耳(훈가자)
[기] : 只(음가자)
② 勺구기 쟉〈字會 中7a〉
구기(馬勺)〈同文 下14〉〈漢淸 346b〉
구기를 시서〈朴重 三30〉
구기〈뎡미가례시일긔〉

'耳只'는 지금의 '구기'를 표기한 것이다. 구기는 '술이나 기름, 죽 등을 풀 때 쓰는 기구로 자루가 국자보다 짧고 바닥이 오목하다(〈표준〉)' 耳只의 선행 요소인 耳는 기물의 특정 부분이 새 부리와 같이 뾰족하다는 형태와 관련이 있는 것으로 추정된다. 의궤 자료에는 대부분 鍮耳只(1706가례 014ㄴ05)가 나타나는 것으로 보아 기물의 주재료가 놋쇠[鍮鐵]임을 짐작할 수 있다.

匊只, 句只〈順和宮嘉禮時節次〉, 〈日省錄 1796년 2월 11일〉로도 표기하였으나, 가례 관련 의궤에는 보이지 않는다. 구기를 만드는 장인을 구기장[耳只匠](책례1667-060ㄴ06)이라고 한다.

관련어로 耳只小盤(1906가례一183ㄴ08), 褥席耳只(1866가례上 153ㄴ12), 獨臺耳只(1802가례上 199ㄴ01)이 있다.

한편 耳只는 '술이나 기름, 죽 따위를 구기에 담아 그 분량을 세는 단위(〈표준〉)'로도 쓰이는데 의궤 자료에서는 단위명사로서의 쓰임은 보이지 않는다.

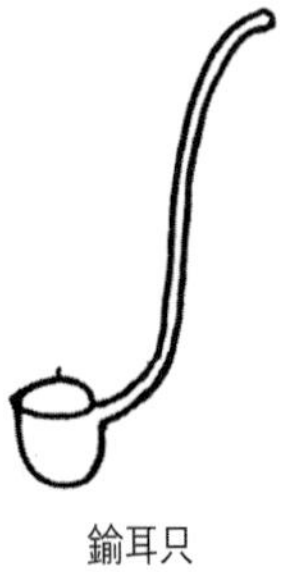

鍮耳只

37 [자바기]

者朴只(1690책례 133ㄱ05)

自朴只(1906가례一 154ㄱ01)

者所只(1706가례 216ㄴ01)

위의 표기는 제1음절의 '者 : 自'와 제2음절의 '朴 : 所'의 대응 관계를 보인다. 먼저 제1음절의 '者, 自'는 의궤 자료에서 다음과 같이 쓰였다.

(1) [者](2.1.2.5 昆者手 항 참조.)

(2) [自]
01 自作板 자작판(1706가례 263ㄱ03)
02 自朴餠 자박병(1866가례上 021ㄴ06)

'者 : 自'의 대응 관계를 통해 이들이 [자] 음을 표기하였음을 알 수 있다. 제2음절의 이표기 대응은 '朴 : 所'이다. 이들 용자가 쓰인 용례는 다음과 같다.

(3) [朴](2.1.3.10 中朴桂 항 참조.)

(4) [所](2.1.4.19 沙用 항 참조.)

'朴 : 所'는 대응 관계를 보이고 있어 이들이 [바] 음 표기에 쓰였음을 알 수 있다. 이표기는 '所'의 경우처럼 음·훈차의 가능성을 동시에 지닐 때 음·훈차 여부를 가리는 중요한 근거가 된다.

(5) [只](2.1.2.5 巨等(乙)只 항 참조.)

'只'는 음차로 이용되어 [기] 음을 나타낸다. '只'는 차자 표기에서 주로 [기] 음 표기에 쓰였다. 다만, 의궤 자료에서는 只가 [기] 음

뿐만 아니라 [지]와 [키] 음 표기에 사용된 용례가 보이므로(김연주 2009a: 59) 只가 차자 표기에서 [기] 음 표기에만 쓰였다고 한정할 필요는 없겠다.[98](이상 只의 [지] 음 표기에 대해서는 각주 53 참조.)

이상에서 '者朴只, 自朴只, 者所只'를 분석한 결과는 다음과 같다.

(6) ① [자] : 者(음가자), 自(음가자), 者(음가자)
[바] : 朴(음가자), 朴(음가자), 所(훈가자)
[기] : 只(음가자), 只(음가자), 只(음가자)

'者朴只, 自朴只, 者所只'는 '자바기'의 표기로 현대 한국어에 '자배기'로 남아 있다. 자배기는 '둥글넓적하고 아가리가 넓게 벌어진 질그릇(〈표준〉)'을 말한다. 자배기의 종류로는 용기의 크기와 재료적 속성을 반영한 小者所只(1706가례 216ㄴ01)와 陶者朴只(1748영건 145ㄴ08)가 있다.

38 [적쇠]

炙金(1827진작二 28ㄴ04)

炙釗(1873진작 033ㄱ02)

위의 표기는 제2음절에서 '金 : 釗'의 대응 관계를 보인다. 다음은 이들 용자가 쓰인 용례이다.

(1) [炙](2.1.3.14 於音炙 항 참조.)

---

98 남풍현(1981: 46)에서는 只의 전통 한자음은 '지'이나 이두, 구결, 향약 등 차자 표기에서는 [지] 음 표기에 쓰인 예가 없고 모두 [기] 음 표기에만 쓰인다고 설명한다.

‘炙’은 음차로 쓰여 [적] 음을 나타낸다.

(2) [金](2.1.4.20 雪釗 항 참조.)

(3) [釗](2.1.4.20 雪釗 항 참조)

‘金, 釗’는 각각 훈차와 음차로 쓰여 [쇠] 음을 나타낸다. [쇠] 음은 ‘金, 釗, 鎖, 鐵’ 등으로 다양하게 표기되는데[99] 여러 의궤에서 ‘-金’ 형태가 두드러지는 것으로 보아 ‘金’ 형을 보편적인 표기형으로 볼 수 있다.

이상에서 ‘炙金’, ‘炙釗’를 분석한 결과는 다음과 같다.

(4) ① [적] : 炙(음독자), 炙(음독자)
[쇠] : 金(훈독자), 釗(음가자)
② 젹쇠(鐵撑)〈譯語 下13b〉

‘젹쇠(〉적쇠)’를 표기하였다. ‘젹쇠(〉적쇠)’는 현용 국어사전에 ‘석쇠’의 방언으로 풀이되어 있어 현대 한국어에서 ‘석쇠’와 ‘적쇠’가 동일한 기물을 가리키고 있음을 알 수 있다.

적쇠 : 석쇠1의 방언(충청)〈표준〉
적쇠 : 석쇠1의 원말〈큰사전〉
적쇠 : ☞ 석쇠〈새동아〉
적쇠 : 적(炙)쇠. 석쇠의 원어〈17세기〉

그러나 다음을 보면 ‘적쇠’와 ‘석쇠’가 연이어 나타나고 있어 어느 특정 시기에는 이 둘의 변별이 뚜렷했던 것으로 보인다.

---

99 金, 鐵, 釗의 교체현상에 대해서는 2.1.4.20 雪釗 항 참조할 것.

大炙金沙乫具 鐵火桶 鐵吙金 鐵烽爐(1706가례 280ㄱ07~10)
雙 鐵中火筯 雙 大炙金 雙 鐵火桶 吙金(1627가례 108ㄴ13)
二層大檝 鐵火桶 鐵烽爐 大炙金 大乶金(1762가례上 090ㄱ09)
雪釗 炙釗(1873진작33ㄱ02)
鍮煮 鍮東海 炙金 大乶金 鍮錚盤 鍮煮 (1827진작二 028ㄴ04)
大乶煮 大炙金 大乶金〈進饌儀軌 用器〉
乶金一部 炙金一部〈度支志 外編 卷九〉
炙色所用和鐵壹鍮中沙用壹大炙金一雙〈殯殿都監〉
爐口三坐大炙金一部和金一具鐵大大火筯一雙〈度支志 外編 卷十七〉
大炙金一部和金一部大刀子二柄斗之一部〈度支志 外編 卷九〉

뿐만 아니라『譯語類解』에도 '적쇠(鐵撑)'와 함께 '석쇠(炙床)'[100]가 등재되어 있어 '적쇠'와 '석쇠'가 구분되었을 가능성이 크다. 대부분의 의궤 자료에 炙色所用和鐵壹鍮中沙用壹大炙金一雙〈殯殿都監〉과 같이 적쇠와 석쇠가 연이어 나타나고 있어 어느 특정 시기에는 이 둘의 변별이 뚜렷했던 것으로 보인다. 한글 의궤인『ᄌᆞ경뎐진쟉졍례의궤』에도 적쇠가 주로 구이용 조리기인 석쇠와 나란히 기록되어 있어 적쇠와 석쇠는 서로 다른 기물임이 분명하다. 또한『哲仁王后國葬都監儀軌』의 도설에서 기물의 모양을 확인할 수 있는데 지금의 석쇠와는 거리가 있다. 뿐만 아니라『譯語類解』의 풀이를 보면 적쇠에 대응하는 한자로 鐵撑이 제시되어 있어 적쇠의 주기능이 撑임을 짐작할 수 있다. 또한 의궤에서 서로 연관이 있는 기물들이 이어져서 기록되는 경향을 더하면 적쇠는 석쇠보다는 '두 개의 굵고 큰 철사로 만든 부젓가락으로 화로나 풍로에 걸쳐 놓고 적을 굽거나 음식을 익히는 그릇을 올려놓을 때 쓰는(〈표준〉)' '적쇳가락'으로 풀이하는 것이 적절하다. 적쇳가락은 적炙+쇳가락의 구조로 이루어진 합성어로 선행요소인 炙은 주로 굽는 데 사용되는 조리기의 용

100 고기 굽ᄂᆞᆫ 섯쇠(炙床)〈譯語 下13b〉

도를, 후행 요소인 쇳가락은 기물의 종류를 나타내고 있다. 이는 『哲仁王后國葬都監儀軌』의 도설에서 보이는 炙金의 모양과 일치해 의궤에 보이는 炙金은 지금의 적쇳가락에 대응하는 것으로 확인된다.

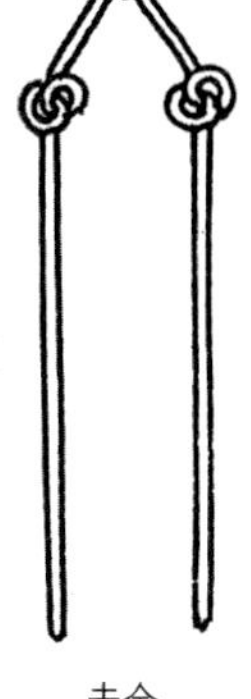

赤金

의궤에는 大-(1802가례上 039ㄱ11), 中-(1866가례下 109ㄴ04), 小-(1795원행四 036ㄴ01), 鐵大-(1706가례 274ㄴ05)가 선행해서 후행하는 기물의 크기와 재료적 속성을 한정한 표기가 나타난다. 足-(1795원행四 036ㄴ01)는 다리가 달린 적쇠를 이른다.

한편 다른 표기로 炙鐵〈松南雜識(林氏本), 橘, 什物類, 肉弗〉가 있지만 가례 관련 의궤 자료에는 보이지 않는다.

39 [죠릐(리)]

釣乃(1795원행四 039ㄴ08)

釣來[101](1829진찬二 056ㄴ08)

助里(1902진연二 091ㄴ12)

助(乙)里(1887진찬二 065ㄱ06)

助(乙)伊(1877진찬二 055ㄱ07)

위의 표기는 제1음절에서 '釣 : 助 : 助(乙)'의 대응 관계와 제2음절에서 '乃 : 來 : 里 : 伊'의 대응 관계를 보인다. 먼저 가례 관련 의궤의 차자 표기에 쓰인 '釣', '助', '助(乙)'의 용례는 다음과 같다.

(1) [釣](없음)

---

101 『국역순조기축진연의궤』에서는 조리를 '쌀을 이는 데 쓰는 기구'로 풀이한다.

(2) [助](2.1.3.19 助乭 항 참조.)

(3) [助(乙)](없음)

'釣', '助'는 모두 음차로 쓰여 [조] 음을 표기한다. '助(乙)'도 음차로 이용되어 '조리'의 [조] 음을 나타내는데, 이때 '助(乙)'의 말음 '乙'이 후행 음절의 첫 소리 'ㄹ'과 중철 표기되었다.

제2음절의 이표기 대응은 '乃', '來', '里', '伊'이다. 다음은 이들 용자가 쓰인 용례이다.

(4) [乃]

01 加乃 가래(1832영건 106ㄴ03)
02 加乃朞金 가래꺾쇠(1858영건 118ㄱ09)
03 加乃刃 가래날(1648영건 07ㄴ04)
04 架乃乼 가래줄(1858영건 112ㄴ02)
05 去乃布 걸레포(정릉31ㄱ04)
06 舉乃 걸레(1764영건 054ㄱ03)
07 迲乃 자(ᄌᆞ)래(1827진작二 04ㄴ06)
08 古未乃 고미레(1759책례 030ㄱ06)
09 高月乃 고다레(1651책례 055ㄴ06)
10 道乃巨物釘 도래거멀못(1677영건 036ㄱ07)
11 刀乃金 도래쇠(1748영건 253ㄱ02)
12 道乃同串丁 도래동곳못(1748영건 172ㄱ07)
13 道乃錐 도래송곳(1832영건 108ㄴ01)
14 道乃推子 도래밀개(1832영건 104ㄱ09)
15 道乃桶 도래통(1748영건 102ㄱ11)
16 木支乃 목[나모]지래(1900영건B 060ㄴ03)
17 文乃木 물레목(1759책례 117ㄱ01)
18 排地乃 밀지래(1633영건 067ㄱ08)
19 奉地乃 봉지래(1677영건 036ㄴ08)

20 草飛乃 새나래(1812책례 135ㄴ07)
21 沙乃 사래(1900영건A 117ㄴ03)
22 沙乃朴鐵 사래박쇠(1900영건B 055ㄱ03)
23 月乃 (말)둘애(1900영건A 061ㄴ02)
24 月乃 타래(1875책례 049ㄱ11)
25 月乃石 다리돌(1633영건 034ㄱ02)
26 進乃金 진내쇠(1633영건 039ㄱ10)

(5) [來]
01 飛來 나래(1748영건 286ㄴ11)

(6) [里](2.1.2.1 加里麻 항 참조.)

(7) [伊](2.1.3.2 乫非 항 참조.)

'乃', '來', '里', '伊'는 음차로 쓰여 [러/릐] 음을 나타낸다. 먼저 '乃'는 이두, 구결, 향약명 표기 등에서 '나, 내'의 표기에 일관되게 쓰이는 자이다. 그런데 의궤의 차자 표기에서는 돌다리에 쓰이는 석재의 총칭인 '다리돌 月乃石(1633영건 034ㄱ02)을 제외하면 대부분 [러(래)] 음을 표기한다. '加乃, 乫乃'가 바로 이런 경우인데 먼저, 『雅言覺非』(卷2)에 "鐵加羅訛傳云加來加羅者鍬也鍬亦方言云加羅(철가라는 와전되어 '가래'라 하였다. '가라'란 '가래'이다. 가래도 또한 방언으로 가라라 이른다.(황금연 1997 : 137 재인용)"의 기록에서 '羅 : 來'의 대응을 설정할 수 있다. 그리고 '支乃 : 支來[지래]', '飛乃 : 飛來[나래]', '月乃朴工(1832영건 082ㄷ04) : 多來朴工(1901영건 089ㄷ06)[다래박공]'의 대응에서 '乃'가 [래] 음 표기임을 알 수 있다. 의궤에서 [래]에 대응되는 '乃'의 예를 들면 다음과 같다[102](김연주 2009a: 51).

102 한편, '물래목 文內木(인정072ㄷ05) : 文乃木(1834영건 087ㄱ07)', '밀지래 排

古未乃 고미릭(1633영건 034ㄷ12)
道乃錐 도래송곳(1832영건 108ㄷ01)
刀乃推子 도래밀개(1832영건 104ㄱ09)
木支乃 목[나모]지래(1900C영건 060ㄷ03)
文乃木 물래목(1832영건 114ㄱ07)
排支乃 밀지래(1832영건 104ㄱ04)
月乃 타래(1832영건 136ㄱ12)
月乃朴工 다래박공(1832영건 082ㄷ04)
進乃金 진내쇠(1633영건 039ㄱ10)
草飛乃 새나래(1900C영건 066ㄱ11)

‘伊’의 [리] 음 표기는 선행하는 ‘助(乙)’의 말음이 ‘ㄹ’이고 당시 언어 현실이 음절 경계를 정확하게 인식하지 못했음을 감안하면 어느 정도 설명이 가능하다. 童發里(1832영건 057ㄷ03) : 童發伊(1832영건 062ㄱ01), 乫里(1906가례上 284ㄴ10) : 乫伊(1901진연二 048ㄱ01)를 통해서도 里 : 伊의 교체를 확인할 수 있다.

이상에서 ‘釣乃’, ‘釣來’, ‘助里’, ‘助(乙)里’, ‘助(乙)伊’를 분석한 결과는 다음과 같다.

(8) ① [죠] : 釣(음가자), 釣(음가자), 助(음가자), 助(乙)(음가자), 助(乙)(음가자)
[릭/릐] : 乃(음가자), 來(음가자), 里(음가자), 里(음가자), 伊(음가자)
② 죠릭 조(笊)〈字會 中13〉〈倭語 下15〉
죠릭〈譯下 13〉〈四解 下22〉
灑米器 죠릐〈柳物三草〉

支乃(1832영건 104ㄱ04) : 排地內(1633영건 041ㄷ02)’, ‘가래장부 加乃杖夫(1900C영건 060ㄷ03) : 加內杖夫(1805영건 073ㄱ01) : 加羅丈夫(1677영건 015ㄱ01)’ 등에 보이는 ‘內 : 乃 : 羅’의 대응도 참고 된다.

'죠릐(릐)'의 표기로 현재 조리로 남아 있다. '조리'는 '쌀을 이는 데에 쓰는 기구로 가는 대오리나 싸리 따위로 결어서 조그만 삼태기 모양으로 만든다.(〈표준〉)'

40 [이함박]

齒瓢子(1873진작 034ㄱ07)

齒瓢(1795원행四 039ㄴ07)

의궤의 차자 표기에서 '齒', '瓢', '子'는 다음과 같이 쓰였다.

(1) [齒]
 01 有齒朴 유치박(1748영건 204ㄱ06)
 02 無齒鉅 무치거(1748영건 205ㄱ10)

(2) [瓢]
 01 木瓢子 표ᄌ박(1677영건 067ㄴ08)

(3) [子](2.1.2.4 昆者手 항 참조.)

'齒'는 훈차로 쓰여 [이] 음을 나타낸다. 齒는 용기容器의 안쪽에 여러 줄의 이[齒]를 세워 판 모양을 반영한 선택이다.

이상에서 '齒瓢子'를 분석한 결과는 다음과 같다.

(4) ① [이] : 齒(훈독자)
 [함박] : 瓢(훈독자)

'이가 난 바가지'라는 뜻의 '이함박'을 표기하였다. 이함박은 현용 사전에서 '이남박의 방언(《표준》)'으로 풀이한다. 이남박은 '안쪽에 여러 줄로 고랑이 지게 돌려 파서 만든 함지박(《표준》)'이다. 여러 개의 볼록한 줄이 마치 이[齒] 모양처럼 나 있어 쌀을 씻을 때 돌과 모래를 가라앉히는 역할을 한다.

한편 『우리말어원사전』(1997)에서는 이남박의 어원을 이[齒]+나-[出]+-ㄴ[어미]+박[瓠]로 보고 '니난박>이난박>이남박'의 변화를 겪은 것으로 보았다. 반면 〈뎡니의궤〉에서는 '니나모박'이 출현하고 있어 현대어 이남박이 이[齒]+나모[木]+박[瓢]의 구조로 각각 용기의 형태와 재료적 속성, 용기의 종류를 가리키는 것으로 파악된다. 결국 이남박의 '남'은 나-[出]와 나무[木]로 해석되는데 용기의 형태가 이가 나 있고, 통나무의 속을 파서 큰 바가지같이 만든 그릇임을 고려하면 둘 다 설득력이 있다.

2.1.5. 건축 관련 어휘

1 [가막쇠]

加莫金(1690책례 076ㄴ03)

加莫釗(1901책봉 064ㄴ02)

可莫金(1706가례 086ㄱ12)

加乙末金(1627가례 056ㄱ05)

甘莫金(1627가례 056ㄱ01)

위의 표기는 제1음절에서 '加 : 可 : 加乙 : 甘'의 대응 관계와 제3음절에서 '金 : 釗 '의 대응 관계를 보인다. 먼저 가례 관련 의궤의 차자 표기에 쓰인 加, 可, 加乙, 甘의 용례는 다음과 같다.

(1) [加](2.1.2.1 加里麻 항 참조.)

(2) [可]

01 可時木(1671가례 231ㄱ03)

(3) [加乙](없음)

(4) [甘](2.1.2.1 甘土 항 참조.)

'加', '可', '加乙', '甘'는 모두 음차되어 [가] 음을 나타낸다. 이 중 '甘'은 의궤의 차자 표기에서 대부분 음차되어 [감] 음을 표기하지만, '甘莫金'에서는 후행 음절의 첫 음 'ㅁ'과 중첩된 중철 표기로 나타난다. [가] 음 표기에 '加乙'이 이용된 것은 의외다. 표기자의 단순 오기이거나 개인의 방언형이 표기에 반영되었을 가능성이 있다.

제2음절의 이표기 대응은 '莫 : 末'이다. 다음은 이들 용자가 쓰인 용례이다.

(5) [莫](2.1.2.20 傍莫只 항 참조.)

'莫'과 '末'은 음차로 쓰여 [막] 음을 나타낸다. 末의 [막] 음 표기는 이표기 관계에 있는 '莫'을 통해 확인이 가능하며 [막] 음을 표기하는 데 '末'이 쓰인 것 역시 단순 오기 또는 개인의 방언형이 관여한 것으로 추정된다. '莫'은 의궤의 차자 표기에서 일관되게 음차로 쓰인다.

제3음절에서 대응 관계를 보이는 金, 釗의 용례는 다음과 같다.

(6) [金](2.1.4.20 雪釗 항 참조.)

(7) [釗](2.1.4.20 雪釗 항 참조.)

'釗'는 '-金', '-鐵'의 형식으로 나타나는 일부 어휘 표기에 교체형으로 나타나는데, 가령 '鐙子金 : 鐙子釗', '炙金 : 炙鐵' 등이 그것이다. '釗'는 『新字典』의 "釗 金也 쇠 兒名奴名常用之 見俗書"라는 기록으로 보아 차자 표기에서 속자로 쓰였을 가능성이 높을 것으로 추정된다.(이상 金 : 釗 : 鐵의 교체에 대해서는 2.1.4.20 雪釗 항 참조.)

이상에서 '加莫金, 加莫釗, 可莫金, 加乙末金, 甘莫金'를 분석한 결과는 다음과 같다.

(8) ① [가] : 加(음가자), 加(음가자), 可(음가자), 加乙(음가자), 甘(음가자)
[막] : 莫(음가자), 莫(음가자), 莫(음가자), 末(음가자), 莫(음가자)
[쇠] : 金(훈독자), 釗(음가자), 金(훈독자), 金(훈독자), 金(훈독자)

'가막쇠'는 '한 끝은 감아 못을 달고 한 끝은 갈고리쇠 모양으로 꺾어 구부려 배목에 걸도록 만든 쇠(《한건》)'를 말한다.

다음 풀이를 보면 '가막쇠'는 전후 상황을 고려해 해석해야 하는 동음이의어이다.

출전	풀이
〈분류〉	① 고리못에 달아 배목에 걸어 문을 잠그는 쇠. ② 편경, 편종의 틀에 종을 걸기 위해 설치한 쇠고리로 위아래에 모두 16개가 달렸다.
〈동아〉	① 한쪽 끝을 감아 고리못을 달고, 다른 쪽 끝을 갈고랑쇠 모양으로 꺾어 꼬부리어 배목에 걸도록 만든 쇠. [문짝을 잠그거나 움직이지 못하게 할 때 걸어 끼움.] ② 편경(編磬)이나 편종(編鐘)을 거는 틀에 경쇠를 걸기 위해 박아 놓은 쇠고리.

즉 '가막쇠'는 악기와 관련한 표기와 건축에 소용되는 기물을 동시에 나타내기 때문에 기물의 정확한 의미와 용도는 기물이 나타나는 전후 상황을 고려하여 파악될 수 있을 것이다.

한편, 황금연(1997: 23)에서는 '가막쇠'를 '오리목못'과 이표기 관계로 설명한다. '오리목못'항에서 '오리목못'을 '가막쇠'와 기능이 같다고 소개하며, '오리목을 붙이는 데 박는 못'으로 기능을 추정하였다.

그러나 이 설명은 납득이 어렵다. 먼저 '가막쇠'와 기능이 같다는 '오리목못'이 '오리목을 붙이는 데 박는 못'이라는 추정은 역으로 '가막쇠'의 기능이 '오리목을 붙이는 데 박는 못'이라는 설명이 된다. 그런데 다음을 보면 현재 건축 용어 사전과 국어사전에서 풀이하는 '가막쇠'와 '오리목'은 상당한 차이가 있음을 알 수 있다.

출전	오리목	가막쇠
〈표준〉	가막쇠의 잘못	한쪽 끝을 감아 고리못을 달고 다른 쪽 끝을 갈고리 모양으로 구부려 배목에 걸도록 만든 쇠. 흔히 문짝을 잠그거나 움직이지 못하게 할 때 걸어 끼운다.
〈큰사전〉	오리목2 : →가막쇠	한 끝을 감아 고리못을 달고, 한 끝을 갈고랑쇠 모양으로 꺾어 꼬부리어 배목에 걸도록 만든 쇠. 흔히 문짝 아래와 문지방에 배목과 마주 박아 문짝을 잠그거나 할 때 걸어 끼운다.
〈동아〉	가늘고 길게 제재한 목재	한쪽 끝을 감아 고리못을 달고, 다른 쪽 끝을 갈고랑쇠 모양으로 꺾어 꼬부리어 배목에 걸도록 만든 쇠.[문짝을 잠그거나 움직이지 못하게 할 때 걸어 끼움.]
〈한자〉	鴨項鐵(丁, 釘) 오리목쇠(오리목못) : 가막쇠를 달리 이르는 말	한 끝을 감아 고리못을 달고 한 끝은 갈고랑쇠 모양으로 꺾어 꼬부리어 배목에 걸도록 만든 쇠. 加莫金. 加莫釗, 鴨項鐵.
〈한건〉	① 가늘고 길게 제재한 목재. ② 가막쇠(加莫金). 압항철(鴨項鐵)	한 끝은 고리못을 달고 한 끝은 갈고리쇠 모양으로 꺾어 구부려 배목에 걸도록 만든 쇠. 갈고리쇠. 넓적가마쇠. 오리목.

〈건용〉	오림목 : 가늘게 켜서 단면이 작은 제재목	한 끝을 감아 고리못을 달고 한 끝을 갈고랑쇠 모양으로 꺾어 꼬부려 배목에 걸도록 만든 쇠

즉 위 풀이대로라면 '오리목(못)'과 '가막쇠'의 연관성을 인정하더라도 오리목을 붙이는 기능과는 연관이 없어 보인다. '가막쇠'에 대한 여러 용어 사전류의 풀이를 종합하면 '가막쇠'라는 명칭이 '감는다'는 기능을 반영한 것임을 알 수 있다. 그리고 '오리목(못)'은 '가막쇠(감는쇠, 감은쇠)'의 모양이 오리의 목과 닮은 데서 붙여진 별칭으로 보인다.[103]

'가막쇠' 앞에 접두 요소 '大-', '中-', '小-', '長-, 五寸-' 등이 결합하여 크기를 구별하였고, '乭-', '新造-', '豆錫-' 등이 결합하여 '가막쇠'의 재료적 속성을 나타내거나 사용처에 따라 구별하였는데 예를 들면 다음과 같다.

大加莫金 대[큰]가막쇠(1812책례 121ㄴ01)
中加莫釗 중가막쇠(1902진연三 001ㄱ09)
小可莫金 소[작은]가막쇠(1633영건 073ㄱ07)
長加莫釗 장[긴]가막쇠(1901책봉 073ㄴ12)
乭加莫釗 돌가막쇠(1900영건B 055ㄱ02)
懸板加莫金 현판가막쇠(1633영건 039ㄱ10)
五寸甘莫金 다섯치가막쇠(1667영건 126ㄴ07)
豆錫加莫金 두석가막쇠(1901책봉 037ㄱ11)

이 밖에 '十字閣四隅七寸甘莫金(1667영건 126ㄴ12)'도 '가막쇠'의 크기와 모양에 따라 분화된 것으로 보이나 정확한 쓰임은 알기 어렵다.

---

103 황금연(1997: 199)에서도 '오리목못'을 오리[鴨]의 목처럼 가느다란 못을 의미하는 비유적인 구성소의 표기로 설명한 바 있다.

2 [가셔목/가싀나모]

加時木(1829진찬三 009ㄴ04)

加是木(책례1677 054ㄴ09)

柯栖木(1690책례 086ㄱ08)

柯西木(1706가례 280ㄴ01)

可時木(1671가례 231ㄱ03)

柯棲木(1681가례 224ㄱ09)

柯時木(1721책례 253ㄴ01)

위의 표기는 제1음절의 '加 : 柯 : 可'와 제2음절의 '時 : 是 : 栖 : 西 : 棲'의 대응 관계를 보인다. 먼저 의궤의 차자 표기에 쓰인 '加, 柯, 可'의 용례는 다음과 같다.

(1) [加](2.1.2.1 加里麻 항 참조.)

(2) [柯] (없음)

(3) [可](2.1.5.1 加莫金 항 참조.)

'加'와 '柯', '可'는 모두 음차로 쓰여 [가] 음을 표기한다. 제2음절의 이표기 대응은 '時', '是', '栖', '西', '棲'이다. 다음은 이들 용자가 쓰인 용례이다.

(4) [時](없음)

(5) [是]

01 沙貼是 사[사긔]뎝시(1671가례 051ㄴ08)

02 柯是木 가셔목(1667영건 175ㄱ03)

(6) [栖](없음)

(7) [西](2.1.4.13 貿西里 항 참조.)

(8) [棲](없음)

(9) [木]

01 乬方木 걸방목(1667영건 016ㄱ01)
02 累里木 누리목(1832영건 068ㄴ10)
03 達古木 달고목(1677영건 013ㄱ03)
04 道里乼木 도리줄목(1868진찬二 042ㄴ07)
05 豆里木 두리목(1706가례 261ㄱ06)
06 屯太木 둔테목(1744진연 054ㄱ07)
07 藍木周衣 남목[남색무명]두루마기(1829진찬二 05ㄱ01)
08 抹樓宗心木 마루종심목(1647영건 063ㄴ05)
09 木加乃 목[나모]가래(1706가례 261ㄱ03)
10 木盖 목[나모]덮개(1651가례 014ㄱ07)
11 木擧乃 목[나모]걸래(1765수작二 061ㄱ11)
12 木擔桶 목[나모]들통(1752영건 052ㄴ01)
13 木大亇伊 대[큰]목메(1677영건 026ㄴ10)
14 木亇赤 목[나모]마치(1819가례下 130ㄴ07)
15 木莫子 목[나모]막즈(1690책례 114ㄱ08)
16 木柄鍤 목[나모]자루삽(1667영건 111ㄱ04)
17 木引鉅 목[나모]인거(1677영건 067ㄴ10)
18 木周乬 목[나모]주걱(1829진찬二 056ㄴ07)
19 木只 목기(1832영건 074ㄴ05)
20 木只椽 목기연(1830영건 056ㄴ12)
21 木只刃 목기늘(1647영건 104ㄴ09)
22 木只板 목기널[판](1748영건 178ㄴ01)

23 木瓢子 목[나모]표ᄌᆞ박(1902진연二 091ㄴ10)
24 文乃木 물래목(1829진찬二 016ㄱ04)
25 朴㯖木 박달나모(1722책례 119ㄱ06)
26 斑子亐里木 반자오리목(1830영건 052ㄱ07)
27 邊條里木 변조리목(1752영건 021ㄱ01)
28 斜木朴只 사목바기(1764영건 072ㄴ10)
39 散子木 산자목(1748영건 113ㄱ11)
30 上下散支木 상하산지목(1900A영건 091ㄱ07)
31 西乷豆里木 서살두리목(1764영건 082ㄴ02)
32 小木匠 소목장(1902진연三 048ㄴ10)
33 小條里木 소조리목(1829진찬二 015ㄱ02)
34 水青木 물푸레나모(1832영건 109ㄱ03)
35 椽針杻木 연침싸리나모(1748영건 113ㄱ06)
36 亐里木 오리목(1848진찬二 059ㄴ11)
37 遠音橫木 머름횡목(1805영건 025ㄴ08)
38 杖闆木 장군목(1832영건 097ㄱ05)
49 中衿木 중깃목(1830영건 040ㄱ04)
40 窓箭木 창살목[나모](1829진찬二 058ㄴ08)
41 青太木 청태목(1900영건B 060ㄴ02)
42 統木 통나모(1832영건 094ㄱ12)
43 火口板帶木 아궁이널ᄯᅴ목(1830영건 090ㄴ09)

'時', '是', '栖', '西', '棲'는 모두 음차로 쓰여 [셔/싀] 음을 표기한다. 위의 예를 보면 '木'은 음차와 훈차로 다 쓰였음을 알 수 있다. 그런데 독자로 쓰일 경우 음·훈독 여부를 명확히 가리기는 어려운데 지금으로서는 표기자의 의도를 알 수 없기 때문에 음독과 훈독 둘 다 고려된다.

이상에서 '加時木, 加是木, 柯栖木, 柯西木, 可時木, 柯棲木, 柯時木'은 다음과 같이 읽힌다.

(10) ① [가] : 加(음가자), 加(음가자), 柯(음가자), 柯(음가자), 柯(음가자), 柯(음가자), 柯(음가자)
[셔/싀] : 時(음가자), 是(음가자), 栖(음가자), 西(음가자), 時(음가자), 棲(음가자), 時(음가자)
[목/나모] : 木(음/훈독자), 木(음/훈독자), 木(음/훈독자), 木(음/훈독자), 木(음/훈독자), 木(음/훈독자)
② 哥舒木 가셔목〈柳物 四木〉
가싀나모(棘刺)〈漢淸 403b〉

'가셔목[가싀나모]'를 표기하였다. 가셔목[가싀나모]은 '① 가시가 있는 나무를 통틀어 이르는 말임과 동시에 ② 여러 가지 가구재, 땔감 따위로 쓰는 참나뭇과의 상록 활엽 교목(〈표준〉)'을 가리킨다. 다른 표기로 椵西木(1677영건 034ㄱ09), 柯是木(1667영건 175ㄱ03), 加斜木〈牧民心書 8, 修兵〉이 있다.

의궤에는 다음과 같이 기록되어 있어 가시목의 용도를 구체적으로 파악할 수 있다.

柄次柯西木(1706가례 281ㄴ12)
長剪板次加時木(1718가례 132ㄱ03)
一 今此册禮教是時所用加是木三十一介(1676책례 054ㄴ09)

3 [덧[가]지방]

加之防(1795원행四 055ㄱ02)
假地防(1819가례下 129ㄴ02)

위의 표기는 제1음절에서 '加 : 假', 제2음절에서 '之 : 地'의 대응 관계를 보인다. 먼저 의궤의 차자 표기에 쓰인 加, 假의 용례는 다음과 같다.

(1) [加](2.1.2.1 加里麻 항 참조.)

(2) [假]

01 假家 가가(1722책례 221ㄱ08)
02 假圭 가규(1866가례下 091ㄴ07)
03 假金寶 가금보(1866가례下 063ㄱ04)
04 假讀寶床 가독보상(1866가례下 083ㄱ07)
05 假讀册床 가독책상(1866가례下 083ㄱ06)
06 假抹樓 덧마루(1633영건 038ㄱ01)
07 假木圭 가목규(1866가례下 082ㄴ04)
08 假木雁 가목안(1866가례下 082ㄴ03)
09 假楺 덧보(1764영건 056ㄴ06)
10 假寶 가보(1866가례下 091ㄴ07)
11 假楺阿只 덧보아지(1752영건 058ㄴ01)
12 假雁床 가안상(1866가례下 082ㄴ05)
13 假玉寶 가옥보(1866가례下 083ㄱ09)
14 假玉册 가옥책(1866가례下 063ㄱ04)
15 假褥席 가욕석(1866가례下 063ㄱ04)
16 假雲劍 가운검(1866가례下 082ㄴ08)
17 假醫女 가의녀(1722책례 123ㄱ02)
18 假障子 덧장지(1832영건 094ㄴ01)
19 假柱 덧기둥(1805영건 049ㄴ01)
20 假册 가책(1866가례下 091ㄴ07)
21 假漆匠 가칠장(1873진작 061ㄱ03)
22 楺假心朴只 들보덧심바기(1764영건 091ㄱ12)

위의 예를 보면 '假'와 '加'는 음차와 훈차로 두루 쓰였음을 알 수 있다.[104] 이 경우 이표기를 통해 음훈차 여부를 가릴 수 있는데, 加

104 加가 의궤의 차자 표기에서 훈차로 쓰인 예는 다음과 같다.
加大楺 덧대들보(1904영건一 081ㄴ07)
加楺 덧보(1895국장二 101ㄱ05)

樑(1805영건 017ㄴ07)와 대응 관계를 보이는 㗻樑(1764영건 106ㄴ07)을 통해 加의 독음을 '더'로 확정할 수 있다. 뿐만 아니라 加가 훈차로 쓰였음은 지시하는 기물의 기능을 통해서 더욱 분명해지는데 이 부재는 '덧대는 것'이다. 따라서 '假, 加' 역시 '덧'으로 읽히는 훈차자임이 분명하다.[105] 그런데 '加'는 그 훈이 '더하다'이지만 '假'는 훈에서 [덧] 음을 찾기가 어렵다.

다만, '덧지방'의 준말인 '㗻方 덧방'을 통해 '假地防'이 우리말 '덧지방'을 표기한 '加地枋'에서 비롯하였음을 알 수 있다. 그러다가 어느 시기에 '덧지방[加地枋]'에서 [덧-] 음을 표기하는 '加'와 음이 같은 '假'가 '加'를 대신한 것으로 추정된다. 뒤이어 어원 의식이 점차 흐려지면서 '덧지방'의 '假地防'을 글자 표기대로 읽어서 '가지방'이 된 것으로 보인다. 즉 '덧보아지', '덧지방', '덧보'를 표기할 때 접

加彎衝椽 덧만충연(1895국장二 130ㄴ09)
加彎衝椽朴只廣頭釘 덧만충연바기광두정[대갈못](1895국장二 130ㄴ09)
加方朴只 덧방바기(1748영건 121ㄴ09)
加足 덧발(1748영건 178ㄴ05)
加春舌 덧춘혀(1904영건一 032ㄱ02)
金加夫沙里 김더부살이(1759책례 091ㄱ11)
付椽加板朴只四分釘 부연덧널바기너푼못(1667영건 127ㄱ05)
宋㪆八里 송덜파리(1748영건 182ㄴ03)

105 '加'가 훈차된 예는 향약명 표기나 호적대장의 인명 표기에서도 찾을 수 있다.

① 향약명 : 加火左只 더위자기〈鄉救〉, 加邑加乙木實(橡實) 덥갈나모열매〈鄉集〉, 加德(沙蔘) 더덕〈鄉集, 採〉(향약명에 대해서는 이은규 1993 참조.)

② 인 명 : 德奉(1717)-㖡奉(1720) 덕봉, 加八里(1717)-㗻八里(1720) 덧퍼리, 加(應)致(1759년) 덩치, 同(1717)-德同(1720) 덕동, 㪆祿(1786)-德祿(1789) 덕록〉덜록, 加(應)伊金(1717년)-加應金(1720년) 덩이쇠, 加(應)巨里(1729년)-加巨里(1732년)-加巨里(1735년) 덩거리, 加邑八里(1750년)-多八(1783)-多八里(1786)-加八里(1789) 덥퍼리(김경숙 1989 참조.)

두사 [덧-] 음을 '加(䚸)-'이 표기하던 것을 후대로 오면서 '假'가 대신한 것으로 보인다. 또, 의미적으로 볼 때, '假'는 '加'가 나타내는 '덧대다'의 의미를 전이시킨 '임시, 잠시, 가짜'의 뜻을 표기하기 위해 선택된 것으로도 볼 수 있다(김연주 2009a: 37-38).

제2음절의 이표기 대응은 '之 : 地'이다. 먼저 이들 용자가 쓰인 용례는 다음과 같다.

(3) [之](2.1.3.9 朴古之 항 참조.)

(4) [地](2.1.5.3 加之防 항 참조.)

(5) [防](2.1.2.36 周防衣 항 참조.)

'之', '地'와 '防'은 모두 음차로 쓰여 [지]와 [방] 음을 표기한다. 이상에서 '加之防, 假地防'을 분석한 결과는 다음과 같다.

(6) ① [덧/가] : 加(음가자), 假(음가자)
[지] : 之(음가자), 地(음가자)
[방] : 防(음가자), 防(음가자)
② 문지방(門限)〈譯語 補13〉〈同文 上35a〉
문ㅅ지방(門檻)〈漢淸 9-70b〉

'덧지방'은 '문설주 안으로 덧댄 문지방(〈건대〉)'이다. '假地防'은 현용 국어사전에 등재되어 있지 않고, 다만 '加地枋'[106]으로 나타난

106 가-지방(加地枋) : ① 작은 창문을 내기 위하여 하인방(下引枋) 위의 벽선 사이에 덧대는 짧은 중인방(中引枋). ② 문설주 안으로 덧댄 문지방. ≒가방02(加枋)·덧방 「1」.(〈표준〉) 위 풀이를 보면 가지방의 준말로 덧방을 제시하고 있어 흥미롭다. 가지방은 이미 한자어화했고, 준말인 덧방은 아직 안

다. '加枋'에 대한 풀이를 보면 "'加地枋'의 준말(〈한자一〉), ① 덧대는 나무, 덧방 나무. ② 덧대는 인방, 가지방(加地枋)(〈한건〉)'으로 설명하고 있어 '加枋'과 '加地枋'은 같은 기물이다. 이 '加枋'은 이표기 '加叱枋'을 통해 '덧방'으로 추정이 가능하다. (〈표준〉에서도 덧방을 가지방의 준말로 풀이한다.)

그런데 과연 비슷한 시기에 동일한 기물을 지시하는 말이 본말은 '假-(가-)'로 준말은 '加(加叱)-(덧-)'으로 표기하고, 각각 '가지방'과 '덧방'으로 불렀을까하는 문제가 있다. 먼저 현대에 와서 '加地枋 가지방'이 된 데는 다음과 같은 과정을 거친 결과이다. 즉 어느 특정 시기까지는 '덧지방'의 표기로 '加-'가 훈차되어 쓰이다가 의궤에 기록될 즈음에는 '加-'와 음이 같은 '假-'가 '加-'를 대신한 것으로 보인다. 그런 다음 '假-'를 음독하여 다시 '加-'로 읽게 되고 뒤에 한자화하여 '가지방'으로 굳어진 것으로 보인다. 그 과정을 다음과 같이 나타낼 수 있다.

加-(덧지방) →	假-(덧지방) →	假-(가지방) → 加-(가지방)
현존 의궤에 기록되기 이전	현존 의궤에 기록될 당시	현재

〈한자〉의 '加地枋' 항목에 '문설주 안으로 덧댄 문지방, 加枋'으로만 풀이되어 있을 뿐 용례 제시가 없을 뿐만 아니라, 일부 건축 사전에서 '加地枋'을 '덧지방'[107]으로 읽고 있어 '加- → 假- → 假- → 加-'의 추정을 뒷받침해 준다. 뿐만 아니라 '假-'가 출현하는 의궤

했고,

107 〈한건〉에서는 '덧지방'을 '① 문지방 안쪽에 덧댄 인방, 대개 창문을 닫게 되어 홈을 파기도 함, 덧홈대 가지방(加地枋). ② 문지방 위에 덧대는 인방으로 풀이하고 있다.

자료는 대부분 19세기 후반에서 20세기 초반 자료이고, ‘加(迦)-’은 18세기 중반 자료에 집중적으로 나타나 ‘假-’와 ‘加(迦)-’의 출현은 시기적인 구분이 뚜렷한 편이다.

따라서 ‘덧지방’의 표기에 ‘加-’ 대신 ‘假-’가 쓰이고 명칭이 ‘가지방’으로 바뀐 뒤에도 준말인 ‘덧방’은 그대로 ‘加方(1748영건 121ㄴ09), 迦方(1752영건 077ㄴ05)’으로 표기되고 ‘덧방’으로 불렸을 것으로 보인다. 그리고 최소한 의궤에 기록될 즈음에 준말의 ‘加(迦)-’와 본말의 ‘假-’가 혼용되었더라도 음가는 모두 ‘덧’으로 추정된다.

‘加(迦)方’과 관련 있는 기물로 ‘迦方朴只九寸頭釘 덧방바기아홉치머리못(1764영건 077ㄱ06)’이 있다.

4 [감탕]

甘湯(1651가례 086ㄴ09)

의궤의 차자 표기에서 ‘甘’과 ‘湯’은 대체로 음차로 쓰였다. 위 표기에서도 음차로 쓰여 [감]과 [탕] 음을 나타낸다. 다음은 이들 용자가 쓰인 용례이다.

(1) [甘](2.1.2.1 甘土 항 참조.)

(2) [湯](2.1.4.25 所湯伊 항 참조.)

이상에서 ‘甘湯’을 분석한 결과는 다음과 같다.

(3) ① [감] : 甘(음가자)
[탕] : 湯(음가자)
② 감탕 치(黐)〈字會 中14〉

'감탕'을 표기하였다. 감탕은 '아교풀과 송진을 끓여서 만든 접착제로 새를 잡거나 나무를 붙이는 데 쓴다.(《표준》)'

다음 예를 보면 의궤 자료에는 감탕과 감탕판[甘湯板]이 함께 나타난다. 주로 은장銀匠, 입사장入絲匠이 쓰는 물건으로 감탕과 감탕판이 함께 보이는 것으로 보아 감탕판은 감탕을 사용할 때 받쳐 쓰는 널빤지 정도로 추정이 가능하다.

① (1706가례 214ㄱ05)銀匠
(1706가례 214ㄱ06)甘湯 黃蜜 法油 藁草
(1706가례 214ㄱ07)松脂 体紙 大鐵絲 鋁鐵
(1706가례 214ㄱ08)甘湯板 燒木 手巾布
② (1706가례 216ㄱ11)入系匠
(1706가례 216ㄱ12)甘湯 黃蜜 松脂 眞油
(1706가례 216ㄴ01)甘湯板 土火爐 小者所只
③ (1681가례 253ㄱ02)銀匠
(1681가례 253ㄱ03)甘湯 黃蜜 法油
(1681가례 253ㄱ04)藁草 松脂
(1681가례 253ㄱ05)休紙 大鐵絲
(1681가례 253ㄱ06)鉛鐵 甘湯板
④ (1681가례 255ㄴ09)入絲匠
(1681가례 255ㄴ10)甘湯 黃蜜 松脂
(1681가례 255ㄴ11)眞油 樑板
(1681가례 255ㄴ12)甘湯板 手巾布
⑤ (1671가례 175ㄱ01)銀匠 甘湯
(1671가례 175ㄱ02)黃蜜 法油
(1671가례 175ㄱ03)藁草 松脂
(1671가례 175ㄱ04)休紙 大鐵絲
(1671가례 175ㄱ05)鋁鐵 甘湯板 戶曹 司僕寺 繕工監 義盈庫 別工作
⑥ (1671가례 177ㄴ02)入絲匠 甘湯 黃蜜 兩
(1671가례 177ㄴ03)松脂 眞油 合
(1671가례 177ㄴ04)甘湯板 戶曹 義盈庫 繕工監 別工作

⑦ (1718가례 226ㄴ11)銀匠
(1718가례 226ㄴ12)甘湯 黃蜜 法油
(1718가례 227ㄱ01)蒿草 松脂
(1718가례 227ㄱ02)休紙 兩 大鐵系
(1718가례 227ㄱ03)鉛鐵 甘湯板

5 [들줄]

乬乼(1902진연三 036ㄱ05)

의궤의 차자 표기에서 '乬'과 '乼'은 다음과 같이 쓰였다.

(1) [乬]
01 乬加莫金 걸가막쇠(1748영건 131ㄱ03)
02 乬古里金 걸고리쇠(1764영건 068ㄴ02)
03 乬金 걸쇠(1887진찬三 001ㄱ11)
04 乬機 들것(1900영건 049ㄱ01)
05 乬乃 걸레(1765수작二 038ㄴ05)
06 乬窓赤貼 들창적첩(1906가례二 019ㄱ08)
07 乬皮 걸피(1819가례下 018ㄱ05)
08 大乬釘 대[큰]걸못[정](1901진연二 022ㄱ06)
09 馬腰乬金 마요걸쇠(1848진찬一 055ㄴ04)
10 中沙乬金 중사걸쇠(1848진찬一 055ㄱ12)

'乬'은 음·훈차 여부에 따라 '걸', '들'로 읽을 수 있어 '乬乼'의 경우 '걸줄'과 함께 '들줄'의 표기일 가능성이 있다.[108] 위에 제시된 용례

108 다음 예를 보면 '乬'은 차자 표기에서 음차와 훈차가 고르게 사용되었음을 알 수 있다.
乬江金 걸강쇠〈六典條例 10, 工典, 繕工監〉
乬金 걸쇠〈尙方定例 2, 別例 上〉

를 보면 의궤 자료에서 '擧乙'은 대부분 음차되어 [걸-] 음을 나타내는데 이는 이표기 '乬'[109]을 통해서 더욱 분명하게 입증된다. 따라서 擧乙乼의 擧乙도 음차로 쓰였을 가능성을 먼저 고려해볼 수 있다.

뿐만 아니라 현용 국어사전에는 들줄은 등재되어 있지 않고 '뗏목의 양옆에 있는 나무가 떨어져 나가지 않도록 동여매는 줄(《표준》)'을 이르는 '걸줄'이 등재되어 있어 擧乙乼에서 擧乙은 음차 이용이 확실해 보인다.

그런데 〈한자 ㅡ〉에서는 '擧乙乼'을 '악기의 손잡이로 매는 끈'을 뜻하는 '들줄'로 풀이하고 있어 〈표준〉과는 다른 풀이를 보인다. '擧乙乼'이 들줄을 표기한 것이라면 '擧乙'은 훈차로 쓰였을 가능성이 우선 고려된다. 또한 擧乙乼이 〈壬寅進宴儀軌〉(1902)에 나타나는 점도 擧乙이 훈차로 쓰였을 가능성을 더해준다. '들어올리다'라는 기물의 기능적인 측면을 고려하면 擧乙乼은 걸줄보다는 들줄로 읽는 것이 적절하겠다.

(2) [乼]

01 小束乼(1802가례上 202ㄴ01)

02 乼牛皮 줄우피(1706가례 255ㄴ09)

03 乼匠 줄장(1866가례上 109ㄴ04)

乼은 注와 乙의 상하합자인 고유한자로 [줄] 음을 나타낸다. 여기서 '乙'은 음절말 표기자로 쓰였다.[110]

擧乙環 걸고리〈度支準折, 打鐵〉

擧乙乃 걸레〈純元王后國葬都監儀軌 4, 手本〉

擧乙方席 들방석〈度支準折, 成器物種〉

擧乙乼 들줄〈進宴儀軌 3, 樂器風物〉

擧乙布 들포〈正宗大王殯殿魂殿都監儀軌, 中〉

109 乬鎖 걸쇠(1748영건 278ㄱ12), 乬加莫金 걸가막쇠(1748영건 171ㄴ05)

110 의궤 자료에서 보이는 음절말 표기자는 (2.1.2.22 更只 항 참조) 참조.

이상에서 '乶茁'을 분석한 결과는 다음과 같다.

(3) ① [들] : 乶(훈독자)[111]
[줄] : 茁(음가자)

'들줄'의 표기로 '악기의 손잡이로 매는 끈(《한자 一》)'을 이른다. 그런데 현용 사전에는 '들줄' 대신 '걸줄'이 등재되어 있고, 국역본에서는 乶茁을 '들줄'로 풀이하고 있다. 결국 乶의 음·훈차 여부에 따라 지시하는 대상이 달라지게 된다. 이때는 乶釗 : 틀釗처럼 이표기를 활용하여 보다 명확한 독음을 추정해볼 수 있는데, 乶茁의 다른 표기로 보이는 梁茁[112](1800국장三 004ㄴ06)을 통해 乶이 [들] 음을 표기했음을 추정할 수 있다. 또한 乶茁이 출현하는 의궤 자료가 『壬寅進宴儀軌』(1902)이고, 현재 '악기의 손잡이로 매는 끈'을 가리키는 말로 '들줄'이 쓰이고 있는 점을 고려하면 걸줄보다는 '들다'의 의미가 반영된 '들줄'을 표기한 것으로 보인다.

관려어로 木乶茁(1828진작二 020ㄱ01)이 있다.

6 [고무쇠]

古無金(1706가례 214ㄴ05)

---

111 한자간이든 한자와 한글 자음간이든 상하합자는 출발이 표음적인 기능이 목적이기 때문에 가자로 분류하는 것이 마땅하다. 그러나 '乶'의 경우 [걸]과 [들] 음을 표기하는 데 쓰이는데 이때 '걸'과 '들'은 각각 '擧'의 음과 훈으로 '乙'은 이 '걸'과 '들'의 말음 'ㄹ'을 분명하게 밝혀 적고자하는 의도가 반영된 것으로 보인다. 따라서 '乶'이 비록 표음적인 기능이 목적인 상하합자라는 점에서 가자로 우선 분류되지만 나타내는 음이 본자인 '擧'의 음·훈과 관련이 있으므로 '乶'을 가자보다는 독자로 읽는 것이 적절하다.

112 『국역정조국장도감의궤』(三: 19)에서는 '들줄'로 읽고, '무거운 물건을 들어올리는 데 쓰는 줄'로 풀이한다. 無齒鉅三十箇;樑茁具(1800국장三 004ㄴ06)

古無釗(1906가례二 039ㄱ09)

위의 표기는 제3음절에서 '金 : 釗'의 대응 관계를 보인다. 古, 無, 金, 釗의 용례는 다음과 같다.

(1) [古](2.1.2.6 古古里 항 참조.)

(2) [無]
01 無立工 무입공(〉물익공)(1764영건 020ㄴ12)
02 無翼工 무익공(〉물익공)(1900영건 106ㄴ02)
03 趙無金 조무쇠(1744진연 138ㄴ05)

'古'는 음차로 쓰여 [고] 음을 나타낸다. '無'는 음차로 쓰여 [무] 음을 표기한다. 다른 표기로 '古尾金'의 표기도 나타나는 것으로 보아 당시 현장음은 [무]와 함께 [미]도 공존했을 가능성이 있다. 하지만 이들 표기가 무엇을 표기하였고, 무엇을 뜻하는지 명확하지 않기 때문에 無와 尾는 개인의 방언형이 표기에 반영되었거나 기입자의 수의적인 선택일 가능성도 열어두어야 한다.

제3음절의 이표기 대응은 '金', '釗'이다. 다음은 이들 용자가 쓰인 용례이다.

(3) [金](2.1.4.20 雪釗 항 참조.)

(4) [釗](2.1.4.20 雪釗 항 참조.)

'金'은 훈차로, '釗'는 음차로 쓰여 [쇠] 음을 나타낸다.(이상 金 : 釗 : 鐵의 교체에 대해서는 2.1.4.20 雪釗 항 참조.)

이상에서 '古無金, 古無釗'를 분석한 결과는 다음과 같다.

(5) ① [고] : 古(음가자), 古(음가자)
[무] : 無(음가자), 無(음가자)
[쇠] : 金(훈독자), 釗(음가자)

'고무쇠'로 추정된다. 의궤 자료에서 古無金가 穿穴匠, 磨鏡匠 등 장인이 사용하는 것으로 제시되어 있는 것으로 보아 연장의 일종으로 짐작할 뿐 기물의 모양이나 용도는 정확하지 않다. 다만 '고미받이와 월간보나 도리 사이에 걸쳐 놓는 평고대나 서까래(《표준》)'를 이르는 고미혀와의 연관성을 추정해본다.

7 [갈기쇠]

乫只金(1812책례 100ㄱ07)

(1) [乫](2.1.3.2 乫非 항 참조.)

(2) [只](2.1.2.5 巨等(乙)只 항 참조.)

(3) [金](2.1.4.20 雪釗 항 참조.)

'乫'과 '只'는 모두 음차로 쓰여 [갈]과 [기] 음을 나타낸다.
이상에서 '乫只'를 분석한 결과는 다음과 같다.

(4) ① [갈] : 乫(음가자)
[기] : 只(음가자)
[쇠] : 金(훈독자)
② 갈키(柴把子)〈譯語 補43〉
갈키(柴爬子)〈同文 下16〉〈漢淸 10-7b〉
갈키(杷兒)〈物譜 耕農〉

갈키뼈흐레(杷)〈物譜 耕農〉

'乫只'는 '금속 세공품을 갉아 윤이 나게 하는 쇠 연장(《표준》)'인 '갈기(<갉이)'의 표기로 추정된다.

그런데 '乫只'는 '갈키'로 해독될 가능성이 있다. 아래 ①은 '갈키', '삼태기', '망올(망옷, 망얽이)' 등으로 해석되는데, '乫只'가 '삼태기', '망올' 등의 농기구와 함께 나타나는 것으로 보아 연장인 '갉이'보다는 농기구 '갈키(<갈퀴)'의 표기일 가능성이 있다. 반면, ②와 ③을 보면 乫只가 연장을 가리킬 때는 주로 -金이 후행하거나 方-이 앞 요소로 와서 기물이 연장임을 분명히 한다. 뿐만 아니라 다른 연장류와 같이 제시되고 있어 농기구와는 제시되는 문맥에 차이가 있음을 알 수 있다.

方乫只(1759가례下 156ㄴ08)는 기물 앞에 方이 와서 기물의 종류를 분화시킨 예이다.

① 生葛一千同 杻篅二百四十五箇 杻三台一千四百七十三箇 乫只二百二十箇 網兀一萬六千立 空石五千一百立(1834영건 087ㄷ05~07)
轆轤別造大束乼十艮衣 小束乼二百七十四艮衣 小束乼二十二艮衣卜定熟馬造用 生葛一千同 杻篅一千七百九十柄 杻三苔一千五百箇 乫只二百三十箇 網兀一萬五千五十立 空石五千一百立 十張付油芚一百浮 杻骨七十丹(1833영건 098ㄷ07~12)

② 磨鏡匠所用廣乼一箇剪刀一箇方乫只二箇强礪石一塊中礪石一塊延日礪石一塊手巾布一件圡火爐一坐(1759가례下 156ㄴ07~12)

③ 豆錫匠所用小風爐一坐毛老臺一箇小爐一俇前排橋鐵五箇中乼三箇刅釘一箇登床一坐鉼子金五箇五寸釘四箇乫只金箇薄松板二立毛狗皮半張(1812책례 100ㄱ04~07)

따라서 '乫只'는 동일한 표기로 '갈키(<갈퀴)'와 '갈기(<갉이)'를 동시에 나타내기 때문에 현실음에서는 둘의 구분이 분명했다 하더라도 표기상으로는 구분이 어려울 것으로 보인다.

8 [돌져(저)귀]

乭迪耳(1759책례 050ㄱ09)

道(乙)迪耳(1671가례 149ㄴ08)

乭赤耳(1802가례上 157ㄱ06)

道迪耳(1651가례 078ㄱ04)

위 표기는 제1음절의 '乭 : 道(乙) : 道 '와 제2음절의 '迪 : 赤'의 대응 관계를 보인다. 먼저 乭, 道(乙), 道의 용례는 다음과 같다.

(1) [乭]

01 姜三乭 강삼돌(1795원행附編四 031ㄱ12)
02 姜一乭 강일돌(1795원행附編四 027ㄴ06)
03 金禿乭 김독돌(1795원행附編四 030ㄱ08)
04 金乭金 김돌쇠(1795원행附編四 028ㄱ07)
05 金乭夢 김돌맹(이)(1795원행附編四 030ㄱ09)
06 金次乭伊 김차돌이(1722책례 122ㄱ11)
07 乭加莫金 돌가막쇠(1901영건 095ㄱ11)
08 劉福乭 유복돌(1795원행附編四 023ㄱ05)
09 李者斤乭屎 이자근돌시(1690책례 118ㄱ05)
10 朴金乭 박쇠돌(1795원행附編四 030ㄴ09)
11 朴乭明 박돌맹(이)(1651가례098ㄱ01)
12 李尙乭 이상돌(1795원행附編四 030ㄴ09)
13 壯乭伊 장도리(1873진작 037ㄴ09)
14 丁乭伊 정돌이(1795원행附編四 030ㄱ08)
15 車千乭 차천돌(1795원행附編四 030ㄱ05)

16 千貴乭 천귀돌(1795원행附編四 025ㄴ06)
17 崔金乭 최쇠돌(1795원행附編四 030ㄴ08)
18 洪點乭伊 홍점돌이(1762가례下 126ㄴ06)
19 黃金伊乭伊 황쇠돌이(1667책례 060ㄴ12)

(2) [道(乙)](없음)

(3) [道]
01 古道乃 고다리(1681가례 257ㄱ04)
02 道乃巨物釘 도래거멀못(1677영건 036ㄱ07)
03 道乃同串丁 도래동곳못(1901영건 172ㄱ07)
04 道乃鐵 도래쇠(1819가례下 014ㄴ11)
05 道里 도리(1832영건 067ㄴ03)
06 道里木 도리목(1901진연二 023ㄴ01)
07 同道里 동다리(1877진찬三 004ㄴ07)
08 三寸道乃頭釘 세치도래두정(1866가례上 116ㄱ02)
09 西道里 서도리(1832영건 104ㄱ06)
10 旺只道里 왕지도리(1900영건 108ㄴ09)
11 圓道里 굽도리(1832영건 066ㄴ12)
12 長道里 장도리(1877진찬三 004ㄱ03)
13 柱道里樑栿次 주도리들보감(1819가례下 123ㄴ10)
14 紅氈徵道里 홍전징도리(1877진찬三 034ㄴ10)
15 橫道介 홍도(독)개(기)(1901영건 237ㄴ01)

위의 예를 보면 '道'는 음차로 쓰여 대부분 [도] 음을 나타낸다. 하지만 道迪耳에서는 이표기 '乭, 道(乙)'을 통해 [돌] 음 표기에 말음 'ㄹ'이 생략되어 쓰였음을 알 수 있다.

제2음절의 이표기 대응은 '赤 : 迪'이다. 이들 용자가 쓰인 용례는 다음과 같다.

(4) [赤](2.1.2.34 赤古里 항 참조.)

(5) [迪](없음)

'赤'은 지명과 인명에도 두루 쓰이는데 지명과 인명에 쓰일 때는 음이 '적'으로 쓰이지만 의궤에서는 주로 [치] 음의 표기에 이용된다. 물론 의궤에서 [적] 음 표기에 쓰인 예를 '돌저(져)귀'를 표기한 '乭赤耳'에서 찾을 수 있다. 하지만 '돌저(져)귀'의 표기로 '乭迪耳'가 보편적임을 감안하면 '赤'이 [적] 음보다는 [치] 음 표기에 적극적으로 쓰였음을 알 수 있다. '赤'이 [치]로 읽히는 것은 고려시대 이후의 관습적인 표기이다. 한자에 의한 몽고어 표기에서 '赤'은 항상 '치ci'를 나타내는데 이런 관행에 따라 우리말 표기에도 쓰인 것이다(〈한자〉).[113] '迪', '擿', '的'은 모두 음차로 쓰여 [져] 음을 나타낸다. 이들은 모두 말음 [ㄱ]이 후행 음절의 첫소리 'ㄱ'과 중첩되어 표기되었다.

(6) [耳](2.1.4.16 凉耳掩 항 참조.)

'耳'는 훈차로 쓰여 [귀] 음을 나타낸다. 이표기 '道迪歸(1652영건052ㄱ01)'를 통해 확인할 수 있다.

이상에서 乭迪耳, 道(乙)迪耳, 小乭赤耳, 道迪耳를 분석한 결과는 다음과 같다.

(7) ① [돌] : 乭(음가자), 道(乙)(음가자), 乭(음가자), 道(음가자)
[저(져)] : 迪(음가자), 迪(음가자), 赤(음가자), 迪(음가자)
[귀] : 耳(훈가자), 耳(훈가자), 耳(훈가자), 耳(훈가자)

113 赤수 치마〈行用〉, 赤亇〈嘉禮都監儀軌〉, 赤麻 치마〈朝鮮中宗實錄 78, 11월 丁亥〉

② 암돌저귀 수돌저귀〈靑 p.115〉
거적문에 돌져귀〈東韓〉

'돌저(져)귀(〈돌쩌귀)'를 말한다. 황금연(1997: 55)에서는 '耳'를 음가자로 보아 '이'로 읽었지만 입말에서는 '적이'가 '쩌귀'로 발음되고, 연철, 분철에 대한 표기자의 인식정도를 고려해 보면, '耳'는 음가자보다 훈가자로 읽는 것이 설득력이 있다. 게다가 이표기로 '道(乙)迪歸(1652영건 062ㄱ02)'가 있어 '耳'가 훈차되었음이 더욱 분명해진다. '道迪耳'의 '道'는 'ㄹ'이 생략된 표기이다.

앞에 접두 요소 '小-', '中-', '大-' '別大-', '雄-', '女-' 등이 결합하여 '돌저(져)귀'의 종류를 다양하게 분화시킨다.

크기	大道乙迪耳(1681가례 336ㄱ12), 大乭迪耳(1764영건 104ㄴ01), 大乭赤耳(1748영건 123ㄴ04), 大道(乙)迪耳(1633영건 072ㄱ10)
	中乭迪耳(1848진찬一 055ㄴ01), 中道(乙)迪耳(1633영건 067ㄴ01), 中乭迪耳(1832영건 107ㄴ07)
	小乭迪耳(1819가례上 167ㄱ01), 小道(乙)迪耳(1633영건 072ㄱ12)
	別大乭迪耳(1832영건 107ㄱ09)
모양	道乙迪耳女夫(1671가례 149ㄴ08), 夫道迪歸(1652영건 055ㄱ08), 夫道(乙)摘歸(1652영건 062ㄱ04), 夫道(乙)的歸(1652영건 055ㄱ08)
	女道迪耳(1651가례 078ㄱ04), 女道的歸(1652영건 055ㄱ08), 女道迪歸(1652영건 055ㄱ07)
	雄道乭迪耳(1677영건 071ㄴ01)
	蓮實乭迪耳(1900영건B 055ㄱ07)
용도	分閤門朴只蓮實乭廸耳(1900영건B 035ㄱ09)
	朴只蓮實乭廸耳(1900영건B 035ㄱ09)
재료	鑞染乭迪耳(1901책봉 083ㄱ12)
	鑞染大乭迪耳(1877진찬三 001ㄱ05)
기타	新造道(乙)迪耳(1633영건 073ㄴ09) 前排道(乙)迪耳(1633영건 073ㄴ10)

이 중 '雄-' 은 기물의 모양을 구분하는 역할로 접두사 '수-'를 나타낸다. 이 연구에서 대상으로 삼은 가례 관련 의궤에는 보이지 않고, 영건의궤에서 단 1회만 나타나는데 이는 접두사 '수-'를 나타낼 때 '夫-'가 일반적으로 쓰이고 있는 점을 감안하면 특이한 쓰임이라 하겠다. '分閤門朴只蓮實乭廸耳'는 '분합문바기연실돌저(져)귀'를 표기한 것으로 짐작되지만, 관련 문헌에 수록되어 있지 않아 정확한 용도는 추정이 어렵다. 다만 '분합문바기연실돌저(져)귀'는 '분합문바기'+'연실돌저(져)귀'로 성분 분석이 가능한데 '연실돌저(져)귀'는 '상하부가 연밥 모양으로 약간의 장식줄을 넣은 돌저(져)귀(《한건》)'이고, '분합문바기'는 바탕어인 '연실돌저(져)귀'의 사용처를 밝히는 것으로 추정된다. 이상을 종합하면 '분합문바기연실돌저(져)귀'는 '분합문에 박는 연밥 모양의 돌저(져)귀' 정도로 해석할 수 있다.

道廸歸(1652영건 052ㄱ01), 石廸耳(1652영건 070ㄱ11), 道(乙)的歸(1652영건 055ㄱ10), 道(乙)廸耳(1652영건 047ㄱ09), 夫道(乙)摘歸(1652영건 062ㄱ04), 夫道(乙)的歸(1652영건 055ㄱ08), 女道的歸(1652영건 055ㄱ08)로도 표기하지만 가례 관련 의궤에는 보이지 않는다.

9 [동바리]

同發伊(1828진작二 022ㄴ03)

童發里(1819가례下 123ㄴ05)

同發耳朔次小椽木[114](1829진찬二 059ㄱ06)

위 표기는 제1음절의 '同 : 童'과 제3음절의 '伊 : 里 : 耳'의 대응 관계를 보인다. 먼저 의궤의 차자 표기에 쓰인 '同', '童'의 용례는

114 『국역순조기축진찬의궤』(136)에서는 同發耳朔次小椽木二十一箇를 동바리[同發] 이삭耳槊감 小椽木으로 풀이하고 있다.

다음과 같다.

(1) [同](2.1.2.14 同道里 항 참조.)

(2) [童](2.1.2.14 同道里 항 참조.)

同, 童의 교체현상에 대해서는 2.1.2.14 同道里 항 참조.

(3) [發]
01 沙發 사발(1633영건 041ㄴ08)

'發'은 음차로 쓰여 [바] 음을 나타내는데 후행 음절의 첫 음 'ㄹ'과 중첩된 중철 표기로 나타난다. 이표기 童件[115]里(1752영건 053ㄴ07)을 통해서 독음을 [바]로 정하는 데는 무리가 없을 듯하다.

제3음절의 이표기 대응은 '里 : 伊 : 耳'이다. 먼저 이들 용자가 쓰인 용례는 다음과 같다.

(4) [伊](2.1.3.2 乫非 항 참조.)

---

115 '件'은 이두 '件記 불기'에 쓰인 차자로 훈을 차용한 것이다. 인명 표기에도 '件'은 [볼] 음 표기에 쓰였음을 알 수 있다(김경숙: 1989).
件(乙)德(1732)-保(乙)(1729) 볼덕
件乙加金(1783)-件加金(1786)-乭金(1786) 볼가쇠 혹은 볼더쇠
件里春(1717)-件(里)春(1720) ᄇᆞ리춘
棄德(1780)-件里德(1786)-件里德(1789) ᄇᆞ리덕
件里金(1780)-坪里金(1783) ᄇᆞ리쇠〈이상 단성호적대장〉
件里介 ᄇᆞ리개〈東國新續三綱行實〉
또 〈한자〉에서도 '件記 볼기(물품명이나 금액을 열거해 놓은 기록), 件里乼 벌이줄(물건을 버티어서 벌려 매는 줄)'을 예로 들어 '件'이 이두에서 [벌(발)] 음 표기에 쓰인다고 설명하고 있다.

(5) [里](2.1.2.1 加里麻 항 참조.)

(6) [耳](2.1.4.16 凉耳掩 항 참조.)

'伊, 里, 耳'는 모두 음차로 쓰였기 때문에 이들의 독음을 [이]로 확정하는 데 별무리가 없다. 다음을 보면 의궤의 차자 표기에서 耳와 伊, 耳의 교체현상은 흔하게 일어난다.

伊	耳	里
串鍱伊(1667영건 016ㄴ08)	串光耳(1832영건 114ㄱ12)	-
廣光伊(1832영건 106ㄴ04)	廣光耳(1805영건 079ㄱ06)	-
衝鍱伊(1633영건 041ㄴ03)	充光耳(1805영건 079ㄱ09)	-
光伊(1752영건 097ㄱ02)	廣耳(1901영건 096ㄱ03)	-
助(乙)伊(1877진찬二 055ㄱ07)	-	助(乙)里(1887진찬二 065ㄱ06)
-	阿耳金(1829진찬二 056ㄱ07)	阿里金(1651가례 014ㄱ08)
都良伊(1902진연二 034ㄴ03)	-	都干里(1873진작 002ㄱ03)
乫伊(1901진연二 048ㄱ01)	-	乫里(1906가례上 284ㄴ10)
於伊音(1721책례 174ㄱ02)	-	於里音〈尙方定例2, 別例 上〉*
陶罐伊(1875책례 084ㄱ03)	陶罐耳(1877진찬一 052ㄴ06)	-

이상에서 '同發伊, 童發里, 同發耳'를 분석한 결과는 다음과 같다.

(7) ① [동] : 同(음가자), 童(음독자), 同(음가자)
[바] : 發(음가자), 發(음가자), 發(음가자)
[리] : 伊(음가자), 里(음가자), 耳(음가자)

'동바리'는 '쪽마루나 좌판 따위의 밑에 괴는 짧은 기둥(《표준》)'을 말한다. 김종훈(1992: 24)에서는 '棟 : 棟동屋脊穩也 동자기둥〈新字典〉 '동자기둥'이란 '童子柱'[116]를 뜻하는 말로 '동바리'를 가리킨다'고 풀이하고 있어 '동바리'와 '동자주(기둥)'가 동일한 기물을 지시하는 것으로 설명한다. 그러나 '동바리'는 고임기둥 또는 받침기둥의 의미로 마루 밑을 받치는 짧은 보조기둥이라는 점에서는 '동자주(기둥)'와 기능이 같지만 '동자주(기둥)'는 정식 기둥으로 잘 만들어

116 '童子(柱)'와 관련이 있는 부재나 기물로 '童子朴只一寸五分釘(1677영건 041ㄱ01)'가 있는데, 이는 '동자바기'로 동자를 고정시키는 구실을 한다. '童子柱翼工 동자주익공(1805영건 016ㄱ06)'은 '동자주에 끼이거나 그 위쪽에 설치하는 익공(〈한건〉)'을 가리킨다. '上中童子柱(1901영건 073ㄴ02)', '下中童子柱(1901영건 073ㄴ01)'은 여러 문헌에 실려 있지 않아 정확한 쓰임새는 알기 어려우나 '童子柱'가 쓰이는 위치에 따른 구분으로 보인다. '童子柱帶鐵(1752영건 061ㄱ04)' 역시 '동자주(기둥)띄쇠' 정도로 추정되나 '동자주(기둥)띄쇠'의 쓰임새가 분명하지 않아 정확한 설명은 어렵다.
한편, '遠音大小童子(1832영건 067ㄴ09)'는 먼저 '머름대 소동자'의 표기일 가능성이 있다. 이때 '遠音大'는 '遠音竹'의 이표기로 봐야 한다. 〈한건〉에서 '머름대동자'를 '넓은 머름동자'로 설명하고 있어 '遠音大小童子'가 '머름대 소동자'일 가능성을 더할 뿐만 아니라 신영훈(2000: 155)에서는 〈서궐〉의 '遠音大小童子'를 '머름대 소동자'로 표기하고 있어 위 추정을 뒷받침한다. 그러나 '遠音大小童子'는 『서궐영건도감의궤』에만 나타나는데 단위어로 '合一百三十三箇'가 오는 것으로 보아 '머름 대·소동자'일 가능성이 있다. 또 『서궐영건도감의궤』와 비슷한 시기에 작성된 『창경궁영건도감의궤』에는 '머름대동자'와 '머름소동자'의 준말인 '大童子(1830영건 039ㄴ11)', '小童子(1830영건 039ㄴ12)'가 쓰이고 있어 '遠音大小童子'가 '머름 대·소동자'일 가능성이 있다. 그리고 '遠音大小童子'가 '머름대 소동자'의 표기라면 '遠音大'는 '遠音竹'의 이표기로 볼 수 있는데 '遠音大'의 표기는 다른 의궤 자료에서는 나타나지 않는다. 따라서 '遠音大小童子'는 '머름 대·소동자' 즉 '머름대동자'와 '머름소동자'를 함께 표기한 것으로 보는 것이 적절하다.
'遠音童子 머름동자(1748영건 112ㄱ05)'는 '머름중방과 머름대 사이에 간격을 두고 세워 댄 짧은 기둥. 머름동자주(〈한건〉)'를 가리킨다. '柱童子朴只一寸釘(1752영건 066ㄴ05)'는 '柱童子'를 고정시키는 못 정도의 추정은 가능하나 '柱童子'의 쓰임과 의미가 분명하지 않아 정확한 설명은 어렵다.(김연주 2009a: 76-77)

져 노출된 곳에 사용된다는 점에서 보이지 않는 곳에 보조기둥으로 사용되는 것으로 아무 나무토막이나 사용하는 경우가 많은 '동바리'와는 구별된다(김왕직 2000: 56).

다른 표기로 童發伊(1830영건 062ㄱ01), 童發伊(1830영건 062ㄱ01), 童件里(1752영건 053ㄴ07) 등이 있다.

10 [동마기도[칼]]

同磨只刀(1727가례 275ㄱ09)

의궤의 차자 표기에서 '同', '磨', '只', '刀'는 다음과 같이 쓰였다.

(1) [同](2.1.2.14 同道里 항 참조.)

(2) [磨](2.1.4.4 刀ケ 항 참조.)

(3) [只](2.1.2.5 巨等(乙)只 항 참조.)

(4) [刀](2.1.4.4 刀ケ 항 참조.)

'同', '磨', '只'는 전부 음차로 쓰여 각각 [동]과 [마], [기] 음을 나타낸다. '刀'은 음·훈독의 가능성을 동시에 지니므로 [칼]과 [도] 음으로 읽는다.

이상에서 '同磨只刀'을 분석한 결과는 다음과 같다.

(5) ① [동] : 同(음가자)
[마] : 磨(음가자)
[기] : 只(음가자)

[도/칼] : 刀(음/훈독자)

'동마기도[칼]'을 표기하였다. 동마기도[칼]은 옛 문헌 자료뿐만 아니라 현대 한국어에도 찾을 수 없어 기물의 용도와 모양을 정확하게 알기가 어렵다. 다만 同磨只刀가 同+磨只+刀의 구조로 이루어진 합성어로 同은 기물의 크기와 관련이 있으며, 磨只는 기물의 모양을, 刀는 기물의 종류를 나타내고 있음을 감안하면 기물은 길이가 짧은, 작은 칼임을 알 수 있다. 따라서 磨只의 풀이에 따라 기물의 모양이 더욱 분명해지는데, 磨只와 소리가 같은 ケ只, 莫之가 '물건의 대가리에 들씌우는 쇠(〈한자〉)'를 가리키는 것을 고려하면 마개가 씌어져 있는 짧은 칼 정도로 풀이가 가능하다. 또한 의궤 자료에서는 穿穴匠이 쓰는 연장으로 제시하고 있는 점도 기물의 용도를 추정하는 단서가 된다.

穿穴匠 磨只刀磨(1718가례 261ㄴ04)
同磨只刀 箇 用還次 別工作 捧甘(1718가례 261ㄴ05)

한편, 〈의궤용어〉에서는 동마기도[칼]을 '칼[刀]의 한 종류로 날밑이 있는 작은 칼 또는 뚜껑이 있는 작은 칼'을 말한다고 풀이하였다.

11 [말목판[널]]

斗隅板(1901진연二 093ㄴ01)

(1) [斗](2.1.4.10 斗母 항 참조.)

(2) [隅]

01 大隅赤貼 대[큰]귀적첩(1900영건B 055ㄱ05)

02 鍊耳大隅板 연귀대모판[널](1866가례下 119ㄱ12)
03 㢝隅 여모(1866가례下 102ㄱ07)
04 斂隅板 여모판[널](1748영건 178ㄱ04)
05 腹板隅里 복판우리(1748영건 102ㄴ08)
06 四面隅柱 사면모기둥(1764영건 066ㄱ05)
07 四隅甘執伊 네모감잡이(1651가례 088ㄴ11)
08 四隅亇只松板 네모마기송판(1706가례 086ㄴ07)
09 四隅夢同伊 네모몽동이(1805영건 078ㄱ02)
10 四隅隅板 네모모판(1866가례下 119ㄴ06)
11 參隅加羅 세모가래(1677영건 051ㄴ10)
12 隅甘佐非 귀감자비(1764영건 047ㄴ11)
13 隅童子欄干 모동자난간(1866가례下 043ㄱ08)
14 隅里石 우리석[돌](1667영건 122ㄴ02)
15 隅莫只石 귀마기돌(1748영건 193ㄴ12)
16 隅石 귀돌(1832영건 024ㄴ03)
17 隅柱朴只 귀기둥바기(1764영건 066ㄴ01)
18 隅湯 모탕(1866가례下 123ㄴ02)
19 隅板 모판(1651가례 078ㄴ14)

(3) [板]

01 蓋板 개판(1901책봉 060ㄴ01)
02 古索板 고삭판[널](1830영건 051ㄴ10)
03 曲之所枕八角隅板 곡지받침팔각모판(1901책봉 060ㄴ04)
04 菊花板 국화판[널](1900영건 056ㄴ06)
05 南簷風板 남첨풍판(1830영건 043ㄱ06)
06 累里盖補板 누리개보판(1805영건 013ㄱ05)
07 茶食板 다식판(1706가례 015ㄴ08)
08 臺工板 대공판[널](1647영건 023ㄱ02)
09 欄干虛穴廳板 난간풍혈청판(1647영건 101ㄴ01)
10 斂隅板 여모판[널](1748영건 178ㄱ04)
11 莫只板朴只 막이판[널]바기(1748영건 115ㄴ11)
12 滿箭廳板 만살청판(1647영건 058ㄱ08)

13 抹樓丁字板 마루정자판[널](1748영건 116ㄱ05)
14 抹樓丁字板 마루정자판[널](1748영건 116ㄱ07)
15 木只板 목기판[널](1748영건 178ㄴ01)
16 朴工板 박공판[널](1764영건 099ㄱ07)
17 盤子板 반자판[널](1748영건 112ㄱ08)
18 腹板朴只 복판바기(1900영건 090ㄱ04)
19 付椽加板 부연덧판[널](1667영건 127ㄱ05)
20 散子板 산자판[널](1832영건 067ㄱ11)
21 散座板 산자판[널](1866가례下 102ㄱ06)
22 純角斑子板 순각반자판[널](1830영건 066ㄴ10)
23 巡閣板 순각판[널](1805영건 012ㄴ04)
24 廉隅板 여모판[널](1877진찬三 001ㄴ03)
25 玉沙乼朴只板 옥사슬바기판[널](1866가례下 051ㄱ04)
26 遠音板 머름판[널](1829진찬三 016ㄱ03)
27 紅都叱介仇彔之板 홍도개구력판[널](1866가례下 048ㄱ05)

'隅'는 훈차로 쓰여 [목] 음을 표기한다. 위의 예를 보면 '板'은 음차와 훈차로 다 쓰였음을 알 수 있다. 그런데 독자로 쓰일 경우 음·훈독 여부를 가리기가 어려워 [판]과 함께 [널] 음 둘 다 가능성이 있다

(4) ① [말] : 斗(훈독자)
[목] : 隅(훈가자)
[판] : 板(음독자)

지금의 '말목판'을 표기하였다. 말목판은 '한 말 들이의 큰 목판(〈한자 二〉)'을 말하며 '목판'은 '음식을 담아 나르는 나무 그릇으로 모양이 여러 가지이나 보통 얇은 널빤지로 바닥을 대고 조붓한 전을 엇비슷하게 사방으로 대었으며 정사각형이다.(〈표준〉)'

크기에 따라 小斗隅板(1901진연二 022ㄱ06), 中斗隅板(1901진연二 022ㄱ

01)으로 구분한다.

12 [모로대]

毛老竹(1667책례 060ㄴ04)

毛老臺(1667책례 090ㄱ07)

毛老檯(1690책례 132ㄴ05)

위 표기는 제3음절의 '竹 : 臺 : 檯'의 대응 관계를 보인다. 먼저 의궤의 차자 표기에 쓰인 毛와 老의 용례는 다음과 같다.

(1) [毛](2.1.4.1 高毛介 항 참조)

(2) [老]
01 孔老積 공노적(1722책례 165ㄱ08)
02 劉古老金 유고로쇠(1795원행附編四 036ㄱ02)
03 李介老味 이개노미(1736책례 052ㄴ09)
04 文老味 문노미(1721책례 119ㄴ04)
05 朴老味 박노미(1762가례下 049ㄴ10)
06 朴老音味 박놈이(1722책례 165ㄱ07)
07 占甫老 졈불(1690책례 130ㄴ02)
08 占甫老機 졈불틀(1690책례 133ㄱ09)
09 占甫老匠 졈불장(1690책례 051ㄱ03)

(3) [臺](2.1.2.17 凉臺 항 참조.)

(4) [檯](없음)

(5) [竹]
01 箭竹 살대(1828진작二 020ㄱ04)

02 竹沙鉢 죽사발(1719진연二 007ㄴ11)
03 竹蛤卜只 대합복기(1795원행四 008ㄱ08)
04 乫非三竹 갈비석대(1868진찬二 003ㄱ09)
05 鍮小盖兒二竹(1906가례一 042ㄱ10)
06 砂鉢一竹(책례1759 051ㄴ08)

'毛'와 '老'는 음차로 쓰여 각각 [모], [로] 음을 표기한다. 제3음절의 '竹'은 이표기 관계에 있는 '檯'와의 대응을 통해 훈차로 쓰여 [대] 음을 표기하였음을 확인할 수 있다.

이상에서 '毛老竹, 毛老臺, 毛老檯'를 분석한 결과는 다음과 같다.

(6) ① [모] : 毛(음가자), 毛(음가자), 毛(음가자)
[로] : 老(음가자), 老(음가자), 老(음가자)
[대] : 臺(음가자), 檯(음가자), 竹(훈가자)
② 모로(鐵枕)〈朴重 下29〉

지금의 '모루대'를 표기하였다. 모루대는 '① 모루를 올려놓는 대와 ② 층층대의 좌우 모퉁이에 놓는 돌[117](〈한자 三〉)'을 동시에 가리키는 동음이의어이다. 가례 관련 의궤에서는 주로 ①의 뜻으로 쓰였다.

모루와 관련한 어휘로는 모루(毛老(1866가례下 106ㄴ05))의 널찍한 위 판을 가리키는 毛老板(1736책례 133ㄴ06)과 기물의 용도를 밝힌 大釜鐵毛老砧石(1827진작 二28ㄴ12)이 보인다. 또 크기와 재료적 속성에 따라 구분한 小毛老(1819가례下 129ㄴ09), 鐵毛老(1812책례 100ㄴ10)가 있다.

117 雲刻大隅石, 一名毛老臺〈華城城役儀軌, 卷首, 圖說〉

13 [모탕]

隅湯(1848진찬二 012ㄱ10)

毛湯板(1706가례 217ㄴ08)

위 표기는 제1음절에서 '毛 : 隅'의 대응 관계를 보인다.

(1) [毛](2.1.4.1 高毛介 항 참조.)

(2) [隅](2.1.5.11 斗隅板 항 참조.)

(3) [湯](2.1.4.25 所湯伊 항 참조.)

'毛', '隅'는 각각 음차와 훈차로 쓰여 [모] 음을, 湯은 음차로 쓰여 [탕] 음을 표기한다.

이상에서 '毛湯, 隅湯'을 분석한 결과는 다음과 같다.

(4) ① [모] : 毛(음가자), 隅(훈가자)
[탕] : 湯(음가자), 湯(음가자)

'모탕'을 표기하였다. 모탕은 '나무를 패거나 자를 때에 받쳐 놓는 나무토막.(〈표준〉)'을 가리킨다. -板(1706가례 217ㄴ08), -木(책례1667 090ㄴ03)이 후행하여 기물의 재료가 나무임을 밝히기도 한다.

14 [밑쇠]

尾金(1690책례 130ㄴ02)

의궤의 차자 표기에서 '尾', '金'는 다음과 같이 쓰였다.

(1) [尾](2.1.2.8 求尾介 항 참조.)

(2) [金](2.1.4.20 雪釗 항 참조.)

'尾'는 음차로 쓰여 [밑] 음을 '金'은 훈차로 쓰여 [쇠] 음을 표기한다. 이상에서 '尾金'를 분석한 결과는 다음과 같다.

(3) ① [밑] : 尾(음가자)
[쇠] : 金(훈독자)

'밑쇠'를 표기한 것으로 '쇠로 만든 그릇이나 연장이 깨어져 새 것으로 바꿀 때 값을 쳐주는, 그 깨어진 쇠.(〈표준〉)'를 가리킨다. 尾赤金〈度支準折〉로도 표기하는데 가례 관련 의궤에는 보이지 않는다.

15 [박글(을)정[못]]

朴文乙釘(1676책례 030ㄱ05)

朴乙釘(1676책례 036ㄱ02)

의궤의 차자 표기에서 '朴', '文', '乙', '釘'은 다음과 같이 쓰였다.

(1) [朴](2.1.3.10 中朴桂 항 참조.)

(2) [文](2.1.2.2 加文剌 항 참조.)

(3) [乙]
01 加乙末金 거멀쇠(1627가례 056ㄱ05)
02 巨勿乙釘 거멀못(1681가례 318ㄴ11)
03 巨乙鉅匠 걸거장(1706가례 201ㄴ08)

04 去乙乃 걸래(1706가례 268ㄱ06)
05 擧乙皮 걸피(1706가례 222ㄱ08)
06 大道乙迪耳 대[큰]돌저(쩌)귀(1681가례 336ㄱ12)
07 刀注乙 칼줄(1627가례 111ㄱ03)
08 甫乙只 볼씨(1706가례 009ㄱ02)
09 士乙音炭 살음탄(1706가례 281ㄱ04)
10 鋤乙金 섥쇠(1706가례 218ㄱ11)
11 小方注乙 소[작은]방줄(1627가례 111ㄱ03)
12 召乙釘 쫄정(1627가례 110ㄴ10)
13 於乙只 얼기(1706가례 207ㄴ01)
14 正布拘乙介 정포걸래(1802가례上 041ㄴ02)
15 助乙只 졸기(1819가례下 061ㄴ07)
16 周里注乙 주리줄(1627가례 111ㄱ02)
17 鉒乙 줄(1706가례 076ㄴ08)
18 青布旗主乙 청포기줄(1627가례 070ㄱ06)

(4) [釘]

01 䢀方朴只一尺釘 덧방바기한자못(1764영건 073ㄴ01)
02 盖板朴只二寸釘 개판바기두치못(1752영건 096ㄱ01)
03 曲釘 곱못(1900영건 059ㄴ05)
04 串釘 곶정(1610책례 051ㄴ10)
05 廣頭釘 광두정[대갈못](1866가례下 051ㄱ01)
06 龜頭釵釘 귀두채정[거북머리비녀못](1610책례 115ㄴ12)
07 菊花童 국화동(1805영건 074ㄱ12)
08 大三排目叉釘 대[큰]삼배목비녀못(1805영건 074ㄱ08)
09 大所枕釘 대[큰]받침못(1830영건 073ㄴ05)
10 大鴨項釘 대[큰]오리목못(1900영건 062ㄱ02)
11 大鳥足粧飾釘 대[큰]새발장식못(1832영건 107ㄴ08)
12 屯太釘 둔테못(1677영건 039ㄴ11)
13 鑞染曲釘 납염곱못(1866가례下 103ㄴ07)
14 鑞染鴨項釘 납염압항정[오리목못](1866가례下 104ㄴ09)
15 連鐵 이음쇠(1830영건 091ㄴ12)

16 朴排頭釘 박배두정[머리못](1610책례 072ㄴ11)
17 朴排小頭釘 박배소두정[작은머리못](1610책례 067ㄱ01)
18 朴只四寸頭釘 바기사촌두정[네치머리못](1866가례下 102ㄱ06)
19 邊子釘 변자정(1677영건 051ㄴ04)
20 鼠目釘 서목정[쥐눈(이)못](1866가례下 104ㄱ08)
21 松竹朴只四寸釘 솔대바기사촌정[네치못](1764영건 103ㄴ10)
22 障子釵釘 장지채정[비녀못](1900영건 086ㄴ09)
23 中巨勿釘 중거물못(1866가례下 103ㄱ03)
24 釵釘 채정[비녀못](1866가례下 005ㄴ07)
25 胡蘆桶金叉釘 호로통쇠채정[비녀못](1830영건 081ㄴ06)

'朴'은 음차로 쓰여 [박] 음을, '乙'은 음차로 쓰여 [을] 음을 표기한다. 朴乙釘에서 朴은 말음 [ㄱ]이 후행 음절의 첫소리 'ㄱ'과 중첩되어 표기되었다. '文'은 훈차로 쓰여 [그] 음을, 乙은 음차로 쓰여 받침 ㄹ을 표기하여 [글] 음을 나타낸다. 즉 두 자가 일음을 표기하는 데 쓰였다.

'釘'은 '丁'과 함께 의궤 자료에서 대개 '못'을 나타내지만, 이표기 '錠'[118]을 통해 이들이 [정] 음을 표기하는 것으로 확인되기도 한다. 물론 훈차로 쓰인 자가 음이 동일한 다른 자로 교체되어 쓰인 경우가 있어 '錠'도 훈차로 쓰인 '丁', '釘'과 동일한 음이라는 이유로 선택되었을 가능성이 있다. 따라서 '釘', '丁'이 훈차로 쓰여 '못'을 나타낸다고 단정짓기는 어렵다.(이상 釘의 음·훈차 여부에 대해서는 2.1.4.26 粗(乙)釘 항 참조.)

이상에서 朴文乙釘, 朴乙釘'을 분석한 결과는 다음과 같다.

---

118 頭錠(1627가례 031ㄱ02) : 頭釘(1866가례下 102ㄱ05)
二寸錠(1627가례 031ㄱ03) : 二寸釘(1866가례下 105ㄱ07)
釵錠(1627가례 055ㄴ14) : 釵釘(1819가례下 015ㄱ04)
串錠(1667책례 042ㄴ05) : 串釘(1819가례下 110ㄴ05)
乭錠(1633영건 057ㄱ09) : 乭釘(1762가례上 092ㄴ04)

(5) ① [박] : 朴(음가자), 朴(음가자)
[그] : 文(훈가자)
[ㄹ/을] : 乙(말음첨기), 乙(음가자)
[정/못] : 釘(음/훈독자, 음가자), 釘(음/훈독자, 음가자)

'박글정[못]/박을정[못]'의 표기로 추정되지만 옛 문헌 자료는 물론이고, 현대 한국어에 남아 있지 않아 기물의 모양이나 용도를 정확하게 알기는 어렵다. 다만, 朴文乙+釘으로 성분 분석이 가능하며 釘이 기물의 종류를 나타내고 있음을 감안하면 朴文乙은 '박다'라는 못의 기능을 충실히 밝힌 것으로 보인다.

16 [비김쇠]

非其音鐵(1676책례 030ㄱ04)

非其鐵(1676책례 032ㄱ11)

飛音金(1722책례 026ㄴ03)

飛只音金(1667책례 060ㄴ01)

飛只音布(1690책례 127ㄱ05)

非只音[119](1829진찬二 010ㄴ08)

非音白馬皮(1765가례二 021ㄴ09)

위 표기는 제1음절의 '非 : 飛'와 제2음절의 '其 : 只', 제3음절의 '金 : 鐵'의 대응 관계를 보인다. 이들 용자의 쓰임은 다음과 같다.

(1) [非](2.1.2.10 訥飛 항 참조.)

119 『국역순조기축진찬의궤』(41)에서는 非只音白馬皮(1829진찬二 010ㄴ08)를 '좁은 틈을 비집어 헤쳐 내는 데 쓰는 흰 말가죽'으로 풀이한다.

(2) [飛](2.1.2.10 訥飛 항 참조.)

'非'와 '飛'는 각각 음차와 훈차로 쓰여 [비] 음을 나타낸다.

제2음절의 이표기 대응은 '其', '只'이다. 다음은 이들 용자가 쓰인 용례이다.

(3) [其](2.1.5.13 其火 항 참조.)

(4) [只](2.1.2.5 巨等(乙)只 항 참조.)

(5) [音](2.1.2.7 古音 항 참조.)

'其'와 '只'는 모두 음차로 쓰여 [기] 음을 나타낸다.[120] '音'은 차자 표기에서 흔히 말음 표기자로 쓰이나, 여기에서는 명사형 어미로 보는 것이 적절할 듯하다.

제3음절의 이표기 대응은 '金 : 鐵'이다. 먼저 이들 용자가 쓰인 용례는 다음과 같다.

(6) [金](2.1.4.20 雪釗 항 참조.)

---

120 황금연(2002: 654)에서는 〈한자〉에서 非只音金의 只를 [지]로 읽은 데 대해 전통적 차자 표기에서 只 가 [기] 음 표기에 쓰인다는 점을 들어 재고의 여지가 있음을 밝히고 있다. 그런데 다음을 보면 의궤의 차자 표기에서 只의 [지] 음 표기는 그리 드문 편이 아니다.

燭串只 촉꼬지(1906가례二149ㄴ03)

甫兒只 보아지(1830영건 039ㄱ05)

排只乃 밀지릐(1832영건 104ㄱ04)

따라서 차자 표기에서 只가 [기] 음 표기에만 쓰인 것으로 한정할 필요는 없다.

(7) [鐵](2.1.5.5 脚金 항 참조.)

'金'과 '鐵'은 둘 다 훈차로 쓰여 [쇠] 음을 나타낸다.(이상 金 : 釗 : 鐵의 교체에 대해서는 2.1.4.20 雪釗 항 참조.)

이상에서 '飛其音金, 非其音鐵, 非其鐵, 飛音金, 飛只音金, 飛只音布'를 분석한 결과는 다음과 같다.

(8) ① [비] : 非(음가자), 非(음가자), 飛(음가자), 飛(음가자), 飛(음가자)
[기] : 其(음가자), 其(음가자), 只(음가자), 只(음가자), 只(음가자)
[ㅁ] : 音(말음표기), 音(말음표기), 音(말음표기), 音(말음표기), 音(말음표기), 音(말음표기)
[쇠] : 金(훈독자), 鐵(훈독자), 鐵(훈독자), 金(훈독자), 金(훈독자)
② 비김(撑布)〈譯語 上46〉

'비김'은 '비기다'의 어간 '비기-'에 명사형 어미 -ㅁ(音)이 통합된 자이다. 중세 한국어 '비기다'는 '의지하다[依]'[121]의 의미를 갖는다. 현대 국어에서 '비김쇠'[122]가 '돌을 쪼갤 때에 판 홈에 기워 놓고 메로 쳐서 갈라지게 하는 데 쓰이는 쇳조각(《건축》)'을 뜻하는 것을 보면 '의지하다, 기대다'와 견주어 볼 때 '비김쇠'는 '비기-+ㅁ+쇠'가 결합한 합성어이다. '照音釘'이 '비치-[照]'의 어간에 'ㅁ(音)'이 결합한 것처럼, '音'은 말음 표기보다는 명사형 어미의 표기로 간주된다.

---

121 几案ᄋᆞᆫ비겨 앉는 거시니〈法화 二61〉
軒檻을 비겨서(憑軒)〈杜초 十六54〉
턱밧고 비겨시니〈松江一 14〉
ᄌᆞᄉᆞ로 그 아비게 비기디 마롤디니라〈家언二 10〉
다시 와 비기샤(在來凭倚)〈능九 41〉

122 〈한자〉에서는 非只音金, 非倚音金을 각각 비지음쇠, 비기음쇠로 읽고 '비집쇠. 좁은 틈을 비집어 헤쳐 내는 데 쓰는 쇠꼬챙이'로 풀이하고 있다.

또 '뚫어진 구멍에 다른 조각을 붙이어 때우다, 벌어진 틈에 다른 물건을 박아 넣어 틈을 없애다'의 뜻을 가리키는 '비기다'의 명사형인 '비김'은 옷 안에 받치는 감. 물건의 안에 대는 감(《표준》)'을 의미하는데 다음 예는 '비김'을 표기한 것이다.

雪綿子一兩梔子三錢飛只音布五尺紅木三尺二寸生苧一兩白蠟五錢牛筋八兩弓絃一介(1690책례 127ㄱ05~05)

또한 비김은 非其音鐵, 非其鐵, 飛音金, 飛只音金, 飛只音布, 非只音, 非音白馬皮 등 표기가 다양하게 나타나는데, 이때 후행하는 -鐵, -金와 布, 白馬皮를 통해서도 비김의 종류가 쇳조각과 천조각 두 가지임을 확인할 수 있다. 飛音金, 非音은 '只'나 '其'가 생략된 표기이거나 단순 오기로 보인다.

한편, 아주 드물게 倚只音金(1610책례 051ㄴ11)의 형태가 보인다. 이 표기는 가례 관련 의궤는 물론이고 의궤 자료 전체를 통털어서 단 1회만 나타나는 것으로 보아 단순 오기로 보인다. 다만, 비김이 '의지하다'는 의미를 지니는 것으로 보아 倚의 선택은 의도적인 것으로 볼 수 있다.

非音金(1667영건 016ㄱ08), 非音鐵(1900영건 121ㄱ11), 非只音金(1667영건 122ㄴ10), 飛其音金(1652영건 062ㄱ01)으로도 표기하였다.

17 [비븨(뷔)]

飛排(1610책례 174ㄱ08)

非排(1751책례 112ㄱ12)

非非(1736책례 127ㄱ01)

飛飛金(1762가례下 085ㄱ06)

飛背竹(1610책례 079ㄱ06)

飛非刀(1690책례 132ㄴ03)

위 표기는 제1음절에서 '飛 : 非'와 제2음절에서 '排 : 飛 : 背 : 非'의 대응 관계를 보인다. 의궤의 차자 표기에 쓰인 이들 용자의 용례는 다음과 같다.

(1) [飛](2.1.2.10 訥飛 항 참조)

(2) [非](2.1.2.10 訥飛 항 참조)

(3) [排]
01 朴排 박배(1866가례下 039ㄱ03)
02 排目 배목(1866가례下 058ㄱ02)
03 圍排 위배(1866가례下 115ㄴ12)

(4) [背]
01 裌背子 겹배자(1671가례 009ㄴ04)
02 背骨 등골(1902진연二 037ㄴ01)
03 猪背心肉 돼지등심육(1901진연二 035ㄴ11)

'飛', '非'는 모두 음차로 쓰여 [비] 음을 표기한다. 제2음절의 排 : 飛 : 背 : 非는 모두 음차로 쓰여 [븨(뷔)] 음을 표기한다.

이상을 종합하면 '飛飛, 飛背, 飛排, 飛非, 非非, 非排'를 분석한 결과는 다음과 같다.

(5) ① [비] : 飛(음가자), 飛(음가자), 飛(음가자), 飛(음가자), 非(음가자), 非(음가자)
[븨(뷔)] : 飛(음가자), 背(음가자), 排(음가자), 非(음가자), 非(음가자), 排(음가자)

② 비븨 찬(鑽)〈字會 中14〉〈類合 下46〉〈倭語 下16〉
활비뷔(鑽弓)〈物名 工匠〉
비븨활(鑽弓) 활비븨(活鑽)〈譯語補 45〉
비뷔(鑽)〈漢淸 309a〉
비뷔활(鑽弓)〈漢淸 309a〉
비븨(鐵鑽)〈譯語 下17〉〈同文 下17〉

'비븨(뷔)'를 일컫는 표기이다. '비븨(뷔)'는 지금의 비비송곳를 말한다. 비비 송곳은 '자루를 두 손바닥으로 비벼서 구멍을 뚫는 송곳. 흔히 자루가 길며 촉이 짧고 네모지다.(〈표준〉)' 다음을 보면 비비에 '刀, 金, 刃, 竹' 등이 후행하여 앞 요소(기물)의 기능을 강조하기도 한다.[123]

飛飛刀(1718가례 227ㄴ07)
飛非刀(1690책례 132ㄴ03)
飛排刀(1751책례 117ㄴ12)
飛飛金(1762가례下 085ㄱ06)
飛排刃(1762가례下 022ㄱ10)
飛背刃(1610책례 079ㄱ05)
飛背竹(1610책례 079ㄱ06)

반면, 大飛排(1751책례 139ㄱ06)는 大가 앞 요소로 와서 기물의 종류를 분화시킨 예이고, 弓非背 활비비[124](1832영건 104ㄱ08)는 弓이 선행

---

123 '朴工板'의 '板'처럼 후행하여 앞 요소(기물)의 기능을 강조하는 표기로 이와 같은 표기는 다른 기물을 표기할 때도 종종 보이는데 용례를 들면 다음과 같다.

木只 목기 - 木只刃 목기날 着罟 착고 - 着罟板 착고널[판]
童子 동자 - 童子柱 동자주 廉隅 여모 - 歛隅板 여모널[판]
散子 산자 - 散子板 산자널[판]

124 활비비는 '활같이 굽은 나무에 시위를 메우고, 그 시위에 송곳 자루를 건

해 활 모양의 비비송곳을 가리킨다.

18 [혀쇠]

舌金(1671가례 197ㄱ11)

舌鐵(1762가례下 005ㄴ07)

위 표기는 제2음절의 '金 : 鐵'의 대응 관계를 보인다. 먼저 의궤의 차자 표기에 쓰인 '金, 鐵'의 용례는 다음과 같다.

(1) [舌]
 01 舌柱 설주(1906가례二 012ㄱ02)
 02 舌 혀(1762가례下 100ㄱ09)
 03 春舌 춘혀(1901책봉 061ㄱ05)

'舌'은 훈차로 쓰여 [혀] 음을 표기한다. 위 예를 보면 의궤의 차자 표기에서 '舌'은 주로 훈차로 이용되었음을 알 수 있다.

(2) [金](2.1.4.20 雪釗 항 참조)

(3) [鐵](2.1.5.5 脚金항 참조)

'金'와 '鐵'은 훈차로 쓰여 [쇠] 음을 나타낸다.(이상 金 : 釗 : 鐵의 교체에 대해서는 2.1.4.20 雪釗 항 참조.)

이상에서 '舌金, 舌鐵'을 분석한 결과는 다음과 같다.

(4) ① [혀] : 舌(훈독자), 舌(훈독자)

다음 당기고 밀고 하여 구멍을 뚫는 송곳(〈표준〉)'을 말한다.

[쇠] : 金(훈독자), 鐵(훈독자)
② 혀쇠(折舌)〈譯補 46〉〈同文 下19〉

'혀쇠'는 '흔들면 소리가 나도록 요령 안에 매어 단 쇠(〈한자三〉)'를 말한다. 의궤 자료에는 다양한 '혀쇠'가 보이는데 먼저 豆錫舌金(1667책례 045ㄴ07)는 기물의 재료를, 黑漆柄鑞染舌金(1706가례 236ㄴ01)은 모양과 재료적 속성을 함께 밝힌 경우이다. 또 쓰임에 따라 短擔鞭舌鐵(1762가례下 005ㄴ07), 肚帶[125]舌金(1690책례 130ㄴ04)가 보인다.

그런데 鬣足四擔釵舌金(1681가례 303ㄱ11)과 擔鞭白黍擔釵舌金(1681가례 303ㄴ01)은 옛 문헌 자료 등에서 용례를 찾기 어려워 모양과 쓰임을 명확하게 밝히기가 어렵다.

19 [어금쇠]

牙金(1681가례 254ㄴ10)

牙鐵(1651책례 055ㄱ09)

위 표기는 제2음절에서 '金 : 鐵'의 대응 관계를 보인다. 다음은 이들 용자의 용례이다.

(1) [牙]
01 牙爭 아쟁(1744진연 094ㄴ01)

(2) [金](2.1.4.20 雪釗 항 참조.)

(3) [鐵](2.1.5.5 脚金항 참조.)

---

125 肚帶는 '마소의 뱃대(두대)끈(마소의 안장이나 길마를 얹을 때에 배에 걸쳐서 졸라매는 줄〈표준〉)'을 가리킨다.

'牙'는 훈가자로 쓰여 [어금] 음을 나타낸다. 牙는 기물의 양쪽 끝이 서로 방향을 달리하여 어긋나 있는 데 기인한 선택으로 보인다. '金'과 '鐵'은 훈차로 쓰여 [쇠] 음을 나타낸다.(이상 金 : 釗 : 鐵의 교체에 대해서는 2.1.4.20 雪釗 항 참조.)

이상에서 '牙金', '牙鐵'을 분석한 결과는 다음과 같다.

(4) ① [어금] : 牙(훈가자), 牙(훈가자)
[쇠] : 金(훈독자), 鐵(훈독자)

'어금쇠'를 표기한 것으로 현재 엇꺾쇠, 어금꺾쇠로 남아 있다. 어금꺾쇠는 '양쪽 끝이 서로 반대 방향으로 구부러진 꺾쇠(〈표준〉)'로 '두 개의 물건을 겹쳐 대어 벌어지지 못하게 하는 데 쓴다(〈한자三〉)'

嚴丁金〈度支準折, 打鐵〉로도 표기한다.

20 [ᄲᅡᆷ어(언)치]

於赤(1690책례 127ㄴ05)

汗於赤(1667책례 042ㄴ01)

의궤의 차자 표기에서 '汗', '於', '赤'은 다음과 같이 쓰였다.

(1) [汗]
01 小汗一(1751책례 136ㄴ12)
02 汗了赤 한마치[126](1748영건 190ㄴ03)

---

126 〈한건〉에는 '汗ケ赤'을 '떡마치'로 읽고, '떡메'로 풀이하였다. 또, '汗ケ'를 '떡메'로 읽고 있어 '汗ケ赤'이 '떡을 만들 때 치는 메'를 지칭할 가능성도 염두에 두어야 할 것이다.(김연주 2009a: 257)

03 汗馬赤 한마치(1706가례 261ㄱ11)
04 汗亇赤 한마치(1762가례下 089ㄱ11)
05 汗亇赤 한마치(1736책례 105ㄴ05)
06 汗衫 한삼(1873진작 060ㄱ10)
07 汗音 땜(1764영건 054ㄱ06)
08 汗音銅鐵 땜동철(1726책례 083ㄴ07)
09 汗音鑞鐵 땜납철(1627가례 124ㄱ11)
10 汗音熟銅 땜숙동(1812책례 097ㄱ10)
11 汗音鍮鑞 땜유랍(1866가례下 067ㄴ06)
12 汗音銀 땜은(1725책례 054ㄱ09)
13 汗音次硼砂 땜감붕사(1706가례 171ㄱ03)
14 汗音天銀 땜천은(1795원행四 056ㄴ01)
15 汗音黃銀 땜황은(1900책봉 037ㄴ05)
16 闊汗衫 활한삼(1706가례 009ㄱ06)

의궤의 차자 표기에서 '汗'은 먼저 '큰'의 뜻을 더하는 접두사로 쓰인다. 가령, '汗亇赤'의 경우 '크기가 보통보다 큰 마치(〈한자 三〉)'로 '亇赤'에 '汗'이 결합하여 크기에 따라 의미 분화를 겪은 것이다[127]. 여기서는 훈차로 쓰여 [땜] 음을 표기한다.

(2) [於](2.1.2.32 於亐味 항 참조.)

(3) [赤](2.1.2.34 赤古里 항 참조.)

---

127 크기가 보통보다 큰 마치를 가리키는 명칭으로 '大丫赤'이 있는데 이 '大丫赤'이 〈수은묘영건〉, 〈의소묘영건〉, 〈진전중수〉, 〈창경궁수리〉 등 보다 후대 자료인 〈인정전영건〉에 나타나는 것으로 보아 '마치'의 크기를 나타내는 접두사가 '汗'에서 '大'로 교체된 것으로 보인다.
① 汗亇赤(1764영건 042ㄴ05)(1752영건 021ㄱ08)(1633영건 057ㄱ11)(1748영건 262ㄱ07)(1677영건 014ㄱ09)(1667영건 016ㄱ06)
② 汗丫赤(1748영건 203ㄱ09)

'於'와 '赤'은 음차로 쓰여 각각 [어]와 [치] 음을 표기한다.

이상에서 '汗於赤'를 분석한 결과는 다음과 같다.

(4) ① [쫌] : 汗(훈가자)
[어, 언] : 於(음가자)
[치] : 赤(음가자)
② 어치 톄(韂)〈字會 中27〉
藍斜皮邊兒 ᄒᆞᆫ 가족 쫌어치에(皮汗替)〈朴重 上26〉
사ᄅᆞ모와 ᄆᆞᆯ 어치예 앉놋다〈杜초 廿9〉
汗屜, 쫌언치〈行用〉

'쫌어(언)치'를 표기한 것으로 '땀받이로 밑에 받쳐 까는 언치(《한자 三》)'를 이른다. '어치'는 '말이나 소의 안장이나 길마 밑에 깔아 그 등을 덮어 주는 방석이나 담요(《표준》)'를 말한다. 皮於叱赤〈六典條例 8, 兵典, 司僕寺, 工房, 所掌〉[128]로 표기하기도 한다.

관련어로 '공조工曹에 속하여 언치를 만드는 일을 맡아 하던 사람(《표준》)'을 일컫는 於赤匠(1690책례 051ㄱ06)이 있다. 땀언치를 만드는 장인을 汗致匠〈經國大典 6, 工曹, 京工匠〉이라고 한다.

21 [넉광이]

葉光耳(1828진작二 020ㄱ12)

(1) [葉]
01 麻葉甘佐非 마엽감좌비(1721책례 197ㄱ07)
02 網席二葉 망석두닙(1610책례 092ㄴ10)
03 柏子板十葉 백자판[널]열닙(1610책례 089ㄱ11)

---

128 〈한자 三〉에서는 皮於叱赤를 '갓언치'로 읽고 '짐승의 가죽으로 만든 언치'로 풀이한다.

04 三葉甘佐非 삼엽감좌비(1736책례 076ㄴ10)
05 紫葉菊花童 자엽국화동(1610책례 147ㄴ11)
06 千葉 천엽(1901진연二 032ㄴ08)

'葉'은 '가마니, 자리 따위를 세는 단위(〈한자 三〉)'로 쓰일 때는 [넙] 음을 나타낸다. 葉光耳에서는 훈차로 쓰여 [넉] 음을 표기한다. 葉의 음·훈차 여부는 이표기 관계에 있는 廣光耳를 통해 확인이 가능하다. 다만, 옛 문헌 자료에서 葉의 독음을 [넉]으로 확정할 만한 근거를 찾기 어려워 현대 한국어의 넉괭이를 통해 葉의 독음을 [넉]으로 추정한다.

(2) [光]
01 串光屎 곶광이(1681가례 324ㄱ04)
02 光伊 광이(1795원행附編一 048ㄴ05)

(3) [耳](2.1.4.16 凉耳掩 항 참조.)

'光'과 '耳'는 음차로 쓰여 [광], [이] 음을 표기한다.
이상에서 '葉光耳'를 분석한 결과는 다음과 같다.

(4) ① [넉] : 葉(음가자)
[광] : 光(음가자)
[이] : 耳(음가자)
② 光伊 音讀 광이〈借字攷〉
광히(钁)〈物譜 耕農〉
광이 궐(金厥)〈倭語 下16〉
삷과 광이롤 가지고 〈太平一 119〉
광이(鐵鍋) 〈譯語 下8〉
광이〈同文 下17〉

광이 金厥頭〈漢淸 10-37b〉

지금의 '넉괭이'를 표기하였다. 넉괭이는 '밑 날 부분이 넓게 되어 있는 괭이로 흙을 파 덮는 데 쓴다(《표준》).' 다음을 보면 의궤의 차자 표기에서 '넓적하다'는 의미는 주로 廣이 담당하였음을 알 수 있다.

廣曲鐵[129] 넙곱쇠〈正祖健陵遷奉 6〉(087ㄱ06)
廣乼 넙줄(1900책봉 051ㄱ06)
廣光伊 넙광이(1832영건 106ㄴ04)
廣刀磨 넙도마(1901책봉 101ㄴ11)
廣朴鐵釘 넙박쇠못(1832영건 095ㄱ06)
廣朴只頭釘 넙바기두정[머리못](1690책례 130ㄴ10)

넉괭이는 '廣光屎〈華城城役儀軌3, 移文〉'로도 표기하는데, 현용 건축 사전에는 '날이 넓적한 괭이'라는 의미로 '넓적괭이(《건용》〈건설〉)', '넉괭이 廣光屎(〈한건〉)'로 등재되어 있는가 하면, 〈한자〉에는 같은 의미로 '넓괭이 廣光耳(〈한자 三〉)'와 '넉괭이 葉廣伊(〈한자 三〉)'가 따로 등재되어 있어 서로 다른 기물을 설명하는 듯이 보인다.

그러나 앞서 살펴 본 바에 의하면 '廣光耳', '葉廣伊'는 지칭하는 기물이 같으므로 사전류의 풀이도 어느 한 쪽으로 통일이 되어야 할 것이다.

한편 光耳는 지금의 '괭이'를 표기한 것으로 '光耳 외에 光伊, 銧耳, 廣伊, 錁伊' 등 표기가 다양하다. 이 중 '錁伊'는 '괭이'의 다른 말인 '과이'를 표기한 것이다. '과이'에 대해서 鮎貝房之進(1972: 193)에서는 '과이'가 '괭이钁'의 '괭'의 종성을 제외한 초중성을 해성조자諧聲造字한 것이라고 보았고, 이에 대해 황금연(1997: 140)에서는 '광이'가

129 廣曲鐵 바로 앞에 小曲鐵가 제시되어 있는 것으로 보아 廣曲鐵에서 廣이 넓적하다는 의미로 쓰였음을 알 수 있다.

'괭이'로 동화현상을 거치지 않고, 동음 생략된 '과이'를 반영한 것이라고 설명한 바 있다.

그러나 '광이〉과이'를 동음 생략으로 보는 데는 무리가 따른다. 오히려 '銙伊'가 영건의궤의 초기 자료인 『永寧殿修改都監儀軌』에 '光伊'와 함께 나타나는 것으로 보아 '銙伊'와 '光伊'가 공존했을 가능성이 있다. 현재 남아 있는 '광이'의 방언 형태는 다음과 같은 것이 있는데 이는 '과이'와 '광이'의 공존 가능성을 더욱 더한다(김연주 2009a: 241~242).

> 과이 : 함남 풍산.
> 과:이 : 경북 안동.
> 괘 : 경북 청송. 평해.
> 괘이 : 경북 영양. 황해 금천. 영안. 해주. 옹진. 태탄. 장연. 은율. 안악. 재령. 서흥. 수안.
> 깨이 : 경북 경주. 군위. 의성. 문경. 상주. 김천. 경남 부산. 김해. 마산. 창녕. 합천. 거창. 진주. 진양. 양산.(이상 최학근 1987: 562)
> 과, 과이 : 괭이의 함남 방언(〈표준〉)

串光屎(1721책례 162ㄴ03), 直光耳(1805영건 079ㄱ08), 曲廣耳(1900영건 063ㄴ07)는 모두 곡괭이를 표기한 것으로 기물 앞에 串-, 直-, 曲-이 와서 괭이의 종류를 구분하였다.

22 [우근감잡이]

吾斤甘執只(1610책례 157ㄴ11)

于斤甘佐非(1721책례 190ㄴ05)

于金甘佐非(1736책례 153ㄱ04)

위의 표기는 제1음절의 '吾 : 于 : 金', 제4음절의 '執 : 佐', 제5음절의 '只 : 非 : 伊'의 대응 관계를 보인다. 다음은 이들 용자의 용례이다.

(1) [吾]
1 吾味子 오미자(1706가례 197ㄱ08)
2 吾今金 오금쇠(1866가례上 166ㄴ12)
3 沙吾里 사오리(1671가례 015ㄱ07)

(2) [于](2.1.4.31 鍮亐斤蓋兒 항 참조.)

(3) [斤](2.1.4.31 鍮亐斤蓋兒 항 참조.)

(4) [金](2.1.4.20 雪釗 항 참조.)

'吾', '于'와 '斤', '金'은 모두 음차로 쓰여 [우(욱-)]와 [근] 음을 나타낸다. '우근'은 후행하는 기물의 모양에 기인한 명명이다. '욱은'이 수식하는 요소로 쓰인 예는 鍮于斤蓋兒(1681가례 022ㄴ10), 鍮亐斤蓋兒(1671가례 014ㄱ09)에서도 찾을 수 있다.(이상 吾斤, 于金의 [욱-] 음 표기는 2.1.4.31 鍮亐斤蓋兒 항 참조.)

(5) [甘](2.1.2.1 甘土 항 참조)

'甘'은 음차로 쓰여 [감] 음을 표기한다. 다른 표기인 紺佐非(1667영건 161ㄴ06)를 통해 甘 이 음차로 쓰였음을 확인할 수 있다.

(6) [佐]
01 加佐味 가자미(1719진연二 071ㄱ09)
02 每佐非條所 매잡이줄바(1866가례下 102ㄴ07)

03 先佐耳 선자귀(1764영건 021ㄱ08)
04 倭朱紅漆香佐兒 왜주홍칠향좌아(1866가례下 035ㄱ12)

(7) [執]
01 鳥足甘執伊 조족[새발]감잡이(1627가례 056ㄱ02)
02 執巨 집개(1706가례 265ㄱ05)
03 鐵執箇 쇠[철]집개(1706가례 261ㄱ11)

'執'은 '감잡이'라는 기물의 이름이 '감아서 잡아준다'는 의미에서 기인하였음을 반영한 선택이다. '佐'의 [잡] 음 표기는 당시 언어 현실이 음절 경계를 정확하게 인식하지 못했음을 감안하면 어느 정도 설명이 가능하다.

(8) [只](2.1.2.5 巨等(乙)只 항 참조.)

(9) [非](2.1.2.10 訥飛 항 참조.)

'只', '非'는 모두 음차로 쓰여 [이] 음을 나타낸다. 이들은 의궤 자료에서 일관되게 음차로만 쓰인다. 非의 [이] 음 표기는 佐의 [잡] 음 표기와 같은 맥락에서 풀이된다.

이상에서 '吾斤甘執只, 于斤甘佐非'를 분석한 결과는 다음과 같다.

(10) ① [우] : 吾(음가자), 于(음가자)
[근] : 斤(음가자), 斤(음가자)
[감] : 甘(음가자), 甘(음가자)
[잡] : 執(훈독자), 佐(음가자)
[이] : 只(음가자), 非(음가자)
② 감잡이(鐵鉤搭)〈漢清 9-72b〉

'우근(〉욱은)감잡이'를 표기하였다. '감잡이'의 주된 기능이 판과 기둥, 기둥과 기둥, 판과 판 등 짜임이나 접합부위를 양면으로 튼튼히 잡는 것(홍정실 1993: 36)임을 감안하면 '감잡이'라는 이름은 '감아서 잡아준다'는 의미에 기인한 것으로 짐작된다. 따라서 '감잡이'의 형태적 구성은 '감+잡+이'인데 '감잡이'의 여러 표기[130] 중 '甘執伊, 甘執只(1610책례 069ㄱ12), 甘執非(1651책례 060ㄱ10)'의 표기에서 '執'이 선택된 이유도 같은 맥락에서 해석된다.

'감잡이'는 문맥에 따라 지시하는 기물이 다양한데 다음은 감잡이에 대한 사전류의 풀이이다.

〈큰사전〉	감잡이[1] : ① 기둥과 들보를 겹쳐 대고 못을 박는 쇳조각.=감잡이쇠. 등자쇠. 등자철 ② 대문 문장부에 감아 박는 쇠=감잡이쇠. 등자쇠. 등자철 ③ 해금의 통밑에 대어 기둥쇠를 고정시키고, 통을 보호하는 구부러진 쇠붙이=감잡이쇠. 등자쇠. 등자철 ④ '낫[1]'의 심마니말.
〈표준〉	감자비(甘自非) : '감잡이[2]'의 잘못. '감잡이'를 한자를 빌려서 쓴 말이다. 감잡이[2] : ① 두 부재를 감아 목재의 이음을 보강하는 'ㄷ' 자 모양의 쇳조각.=감잡이쇠, 등자쇠, 등자철 ② 대문 문장부에 감아 박는 쇠.=감잡이쇠, 등자쇠, 등자철 ③ 해금의 통 밑에 대어 기둥쇠를 고정하고 통을 보호하는 'ㄴ'자로 구부러진 쇠붙이.=감잡이쇠, 등자쇠, 등자철, ④ 심마니들의 은어로 '낫[01]'을 이르는 말.
〈동아〉	감잡이 : ① 기둥과 들보를 겹쳐 대고 못을 박는 쇳조각. ② 대문의 문장부에 감아 박는 쇠. ③ 해금(奚琴)의 맨 아래 원산(遠山) 밑에 'ㄴ' 자로 구부려 붙인 쇠붙이. ④ '낫'의 심마니 말.

의궤가 대게 의례나 건축 관계 문서라는 내용상의 특수성을 감안하면 위의 뜻 중 〈표준〉과 〈동아〉의 ④는 우선 제외된다. 즉 의궤에서는 ①과 ②의 의미를 지시하는 경우가 많을 것이고, 『樂器造成廳儀軌』와 같은 악기와 관계있는 자료에서는 ③의 의미가 우선적으로 쓰일 것이다.

---

130 甘佐伊〈祭器樂器 24〉, 甘執伊〈嘉禮都監儀軌, 2房〉, 紺佐非(1667영건 161ㄴ06), 甘佐非(1901책봉 061ㄴ01)

그러나 정확한 의미 파악을 위해서는 이것이 나타나는 문맥적 환경이 함께 고려되어야 할 것이다.[131]

'감잡이'에 수식적인 요소가 선행하여 종류를 분화시키는데, 다음은 의궤에 나타나는 다양한 감잡이이다.

용도	架子甘佐非(1866가례下 130ㄴ11)
	杠穴甘佐非(1901책봉 061ㄴ01)
	古朔甘執只(1610책례 148ㄱ01)
	莫只甘佐非(1751책례 152ㄱ10)
	上蓋甘佐非(1759책례 083ㄱ11)
	上目甘佐非(1681가례 303ㄱ09)
	七寶召伊甘佐非(1751책례 067ㄴ05)
	下粧甘佐非(1906가례二 019ㄱ07)
	下目甘佐非(1681가례 303ㄱ07)
용도+크기	古朔大甘執伊(1627가례 056ㄱ06)
	朴只大甘佐非(1819가례下 124ㄱ04)
	赤貼朴只小甘佐非(1736책례 077ㄱ12)

131 가령, 〈한자〉에는 '감자비'의 표기로 '甘自非'와 '甘佐非'가 각각 항을 달리하여 등재되어 있다.
① 甘自非 해금 통의 밑에 대어 붙이는 얇고 넓적한 쇠붙이.
② 甘佐非 대문 문장부에 감아 박는 쇠. 또는 기둥과 들보에 겹쳐 대고 못을 박는 쇳조각. 甘執非. 甘執只. 甘執伊.
즉 위의 풀이대로라면 두 표기가 전혀 다른 기물을 나타내게 되는데 차자 표기에서 동일한 차자나 동음 표기가 흔히 있음을 고려하면 과연 '甘自非'와 '甘佐非'가 현장에서 변별이 되었을지 의문이다. 더구나 '甘佐非'가 여러 이표기와 함께 표기되었음을 감안하면 두 기물의 정확한 의미는 표기로 변별이 되기보다는 문맥 상황에서 파악되는 것이 마땅할 것이다. 또 〈표준〉에서는 이 두 표기가 나타내는 의미를 포괄하는 의미를 '甘自非'로 표기하고 있어 동음이의어 '감자비'가 과연 표기로 구별되었을지에 대해서는 더욱 회의적이다.

크기	長甘佐非(1866가례下 087ㄱ10)
	中甘佐非(1866가례下 088ㄱ02)
	小甘佐非(1866가례下 130ㄴ11)
	小小甘佐非(1819가례下 103ㄴ03)
용도+모양	倚子廣甘執只(1610책례 147ㄴ12)
	上蓋四隅甘佐非(1759책례 083ㄱ11)
	後面鳥足甘佐非(1722책례 118ㄴ05)
모양	曲甘佐非(1812책례 136ㄱ04)
	亇音甘佐非(1681가례 297ㄴ08)
	廣甘佐非(1721책례 194ㄴ08)
	麻葉甘佐非(1667책례 080ㄴ01)
	廣鳥足甘佐非(1706가례 204ㄴ10)
	每桶蠶甘佐非(1736책례 165ㄴ03)
	四足甘佐非(1721책례 190ㄴ01)
	三葉甘佐非(1736책례 076ㄴ10)
	丁字甘佐非(1812책례 121ㄱ12)
	鳥足甘佐非(1866가례下 087ㄱ09)
	乑甘佐非(1681가례 303ㄴ08)
	吾斤甘執只(1610책례 148ㄱ01)
	和花甘執只(1610책례 147ㄴ07)
	上隅甘執只(1610책례 147ㄴ09)
	下隅甘執只(1610책례 147ㄴ09)
	紫花甘佐非(1627가례 126ㄱ09)
모양+크기	絲長甘佐非(1627가례 126ㄱ10)
	鳥足小甘佐非(1736책례 076ㄴ10)
	鳥足長甘佐非(1721책례 197ㄱ07)
재료+모양	豆錫雲頭甘佐非(1812책례 056ㄱ07)
	豆錫粧飾長甘佐非(1721책례 194ㄴ08)
	豆錫粧餙所入鳥足甘佐非(1736책례 149ㄱ07)
	豆錫雲頭甘佐非(1875책례 055ㄱ07)
	小鳥足甘佐非(1681가례 240ㄱ08)
	鑞染丁字甘佐非(1901책봉 083ㄱ08)

재료+크기	鑞染大甘佐非(1901책봉 083ㄱ08)
	鑞染長甘佐非(1706가례 282ㄴ03)
	鑞染中甘佐非(1901책봉 083ㄱ08)
용도+재료+크기	朴只豆錫大甘佐非(1906가례二 117ㄱ01)
용도+크기+모양	粧飾次小鳥足甘佐非(1866가례上 166ㄴ11)
	粧飾次鳥足小甘佐非(1866가례上 168ㄱ04)

가례 관련 의궤 밖에서도 다양한 감잡이가 보이는데, 曲㔓-(1900영건 116ㄱ12), 耳-(1901영건 051ㄱ04), 十字-(1764영건 047ㄴ11), 兀字- (1805영건 074ㄴ03),[132] 隅-(1764영건 047ㄴ11)' 등은 모양에 따라 분화된 예이다. 크기에 따라 大曲-(1832영건 096ㄱ12), 中曲-(1830영건 071ㄱ01)가 있고, '同介-(1900영건 117ㄱ02), 捧支郞-(1805영건 078ㄱ01), 烟桶-(1900영건 117ㄱ05), 柱-(1900영건B 036ㄱ04)'등은 사용처에 따른 분화이다.

또 '감잡이'에 -鐵(1671가례 149ㄴ01), -朴只(1677영건 074ㄱ09), -薄鐵(1633영건 055ㄱ05), 兩尺-(1900영건B 055ㄱ12)' 등이 덧붙는 형태는 '감잡이'의 재료적 속성과 기능을 강조한 표기이다.

감잡이는 甘執伊, 甘佐非, 甘執伊 외에 紺佐非(1667영건 161ㄴ06)로도 쓰였지만 甘佐非(1901책봉 061ㄴ01)가 우세한 것으로 나타난다.[133]

23 [웅미리]

雄尾里(1759책례 117ㄴ02)

雄尾伊(1762가례上 092ㄱ06)

---

132 '兀字甘佐非 기자감자비잡이'는 'ㄴ자형으로 된 감자비쇠(〈한건〉)'로 '감자비(〉감잡이)'의 모양이 '兀'자와 닮은 데서 기인한 명명이다.

133 영건의궤에서도 감잡이는 대부분 甘佐非(1677영건 074ㄱ12)(1667영건 126ㄴ10)(1900영건B 121ㄱ07)(1752영건 094ㄴ06)(1900영건 048ㄱ03)(1901영건 095ㄴ03)(1748영건 109ㄴ08)(1652영건 062ㄱ03)(1633영건 048ㄱ04)로 나타나고, 紺佐非(1667영건 161ㄴ06)는 1회만 쓰임을 보인다.

雄未里刀(1690책례 131ㄴ06)

雄味里刀(1751책례 140ㄱ05)

위 표기는 제2음절의 '尾 : 未 : 味'와 제3음절의 '里 : 伊'의 대응 관계를 보인다. 먼저 의궤의 차자 표기에 쓰인 '雄, 尾, 未, 味'의 용례는 다음과 같다.

(1) [雄]

01 雄道乭廸耳 수돌저(져)귀(1677영건 071ㄴ01)

'雄'은 음차로 쓰여 [웅] 음을 나타낸다. '雄味里'의 다른 표기로 '雍味里(1748영건 175ㄴ08)', '玉未乃(1829진찬二 016ㄱ03)'가 있다. 이 중 '雍'은 玉未乃가 자음동화를 일으킨 현실음을 반영한 표기이고, '雄'은 '雍-', '瓮-(瓮米里)'의 모음 교체형을 표기한 것이다.

제2음절의 이표기 대응은 '尾 : 未 : 味'이다. 다음은 이들 용자가 쓰인 용례이다.

(2) [尾](2.1.2.8 求尾介 항 참조.)

(3) [未](2.1.5.8 古門乃木 항 참조.)

(4) [味](2.1.2.32 於亐味 항 참조.)

'尾', '未', '味'는 모두 음차로 쓰여 [미] 음을 나타낸다. 제3음절의 이표기 대응은 '里 : 伊'이다.

(5) [里](2.1.2.1 加里麻 항 참조.)

(6) [伊](2.1.3.2 乫非 항 참조.)

'里', '伊'는 모두 음차로 쓰여 [리] 음을 나타낸다.

이상에서 '雄尾里'를 분석한 결과는 다음과 같다.

(7) ① [웅] : 雄(음가자), 雄(음가자), 雄(음가자), 雄(음가자)
[미] : 尾(음가자), 尾(음가자), 未(음가자), 味(음가자)
[리] : 里(음가자), 伊(음가자), 里(음가자), 里(음가자)

'웅미리'의 표기로 현재 '옥밀이'로 남아 있다. 옥밀이는 '도래송곳같이 생기고 끝이 구부러진, 새김질에 쓰는 연장(〈표준〉)'을 말한다. '玉未乃', '瓮米里'로도 표기되었는데 이 중 '玉未乃가 가장 원형태를 표기한 것이다. 玉(雄, 瓮)-이 대패를 뜻하는 미리(〉밀이)에 선행해 기물의 종류를 분화시킨다. 이때 玉은 기물의 모양이 구부러졌음을 나타낸다.

한편, 기물 앞에 平이 선행해 '대패로 평면이 되도록 밂. 또는 그렇게 되도록 미는 대패(〈표준〉)', '평면지게 미는 대패, 평대패, 평포(〈한건〉)'를 가리키는 平未里(1690책례 131ㄴ06), 平尾里(1819가례下 074ㄴ11), 平味里(1751책례 140ㄱ06), 平尾乃(1748영건 278ㄴ01)로 분화시킨다. '平未里, 平尾里'는 '平木("槩, 平斗斛木 平木"〈四解上 42〉)'의 딴말인 '평미레'[134]로 해독될 가능성이 있다.

그러나 의궤의 특수성을 감안하면 농기구 '평미레'보다는 대패의 한 종류인 '평미리'의 표기일 가능성이 있다.[135] 〈한자〉에는 '平尾里'

---

134 '평미레'는 '말이나 되에 곡식을 담고 그 위를 평평하게 밀어 고르게 하는 데 쓰는 방망이 모양의 기구.(〈표준〉)'를 말한다. 평(平)+밀-+-에

135 의궤 자료에는 '平尾里, 平味里, 平尾乃'가 '雄尾里, 乽尾里, 長舌大波, 鴨項斧' 등의 연장과 함께 나타나는 것으로 보아 농기구 '평미레'보다는 대패의

와 '平未里'를 구분하여 전자는 대패의 일종인 '평미리'를, 후자는 '평미레(평목)'를 표기한 것으로 풀이하였다. 하지만 의궤의 차자 표기가 동일한 자로 다른 의미의 어휘를 표기하는 경우가 더러 있음을 고려한다면 '平尾里'와 '平未里'는 이표기[136]로 보는 것이 적절하다.

다만 '평미리'와 '평미레'의 표기를 구분해서 표기하지 않고 '平尾里', '平未里'를 혼용했다면 그 구분은 문맥 상황을 고려해서 가능하다. 다음 예를 보면 '平味里'와 '平尾乃'가 동일한 의궤 자료에서 모두 연장과 함께 나타나는 것을 알 수 있다.

> 木手所用加莫金五十介, 錐子十介, 木只刃四介, 平尾乃四介(1748영건 278ㄴ04~05)
> 小錯三介, 加莫金三十介, 雍味里十介, 平味里四介(1748영건 175ㄴ08)

서로 다른 표기의 출현이 동일한 의궤 자료이고, 또 문맥 상황이

한 종류인 '평미리'의 표기일 가능성이 있다.
耳只匠小登板鴨項乼平尾里乼臺雄尾里布手巾中礪石空石(1819가례下 074ㄴ10~12)
乼二箇破油芚八番鍊刀一箇雄味里刀一箇平味里刀一箇(1751책례 140ㄱ02~7)
木手所用加莫金五十介錐子十介木只刃四介平尾乃四介(1748영건 278ㄴ05~7)
長道里三介大朴串十九箇大長道里三十三箇西道里三箇雙絲刀二箇雄尾里三箇乼尾里三箇平尾里一箇長舌大波三箇(1830영건 086ㄱ09~12)

136 지금의 대패를 나타내는 미리(>밀이)의 표기는 의궤자료에서 다양하게 나타난다.

尾里	未里	味里	尾乃/未乃
乼尾里(창경093ㄴ11)	乼未里〈[明成皇后]洪陵山陵都監儀軌(2)〉(147ㄴ11)	-	-
平尾里(창경086ㄱ12)	平未里刀(1690책례 131ㄴ06)	平味里刀(1751책례 140ㄱ06)	平尾乃(1748영건 278ㄴ05)
雄尾里(1759책례 117ㄴ02)	雄未里刀(1690책례 131ㄴ06)	雄味里刀(1751책례 140ㄱ05)	玉未乃(1829진찬二 016ㄱ03)

같다면, 두 표기는 지시물이 동일한 이표기로 봐야 한다.

그러나 '平尾乃'를 대패의 한 종류인 '平味里'의 이표기로 단정짓기는 어려운데, '平尾乃'가 농기구 '평미레'의 표기일 가능성이 있기 때문이다. 하지만 '錐子, 木只刃, 小錯, 加莫金, 雍味里' 등 연장류와 함께 제시되어 있어 농기구보다는 대패의 일종으로 보는 것이 적절하다.

따라서 당시 현장에서는 '평미리'와 '평미레'는 표기뿐만 아니라 현실음도 구분이 분명하지 않았을 것으로 짐작된다.[137]

관련어로 雄末里刀(1690책례 131ㄴ06), 雄味里刀(1751책례 140ㄱ05), 平味里刀(1751책례 140ㄱ06), 平末里刀(1690책례 131ㄴ06)가 있다.

24 [쟝도리]

壯乭伊(1873진작 37ㄴ09)

章道里(1651책례 078ㄴ07)

위 표기는 제1음절의 '壯 : 章'과 제2음절의 '乭 : 道', 제3음절의 '伊 : 里'의 대응 관계를 보인다. 이들은 모두 음가자로 이용되었기 때문에 독음을 [쟝]과 [도], [리]로 확정짓는 데 별 무리는 없다.

(1) [壯](없음)

(2) [章](없음)

137 그러나 연장명으로서 '平味里'와 '平尾乃'의 혼용은 『眞殿重修都監儀軌』에서만 확인되었기 때문에 농기구 '평미레'와 대패 '평미리'의 관계는 좀 더 풍부한 자료를 검토했을 때 분명해질 것이다.

(3) [乭](2.1.5.8 乭迪耳 항 참조.)

(4) [道](2.1.2.13 都多益 항 참조.)

(5) [伊](2.1.3.2 㐚非 항 참조.)

(6) [里](2.1.2.1 加里麻 항 참조.)

이상에서 '壯乭伊, 章道里'를 분석한 결과는 다음과 같다.

(7) ① [쟝] : 壯(음가자), 章(음가자)
[도] : 乭(음가자), 道(음가자)
[리] : 伊(음가자), 里(음가자)
② 쟝도리(老鸛鎚)〈類解 下18〉
쟝도리(老鸛鎚)〈同文 下16b〉
쟝도리(鎚子)〈漢淸 10-33b〉

'쟝도리'는 '한쪽은 뭉뚝하여 못을 박는 데 쓰고, 다른 한쪽은 넓적하고 둘로 갈라져 있어 못을 빼는 데 쓰는 연장(〈표준〉)'으로 지금의 장도리를 말한다. 노루발 또는 노루발장도리라고도 한다.

'장도리'는 '壯乭伊, 章道里' 외에 '掌道耳〈正祖健陵山陵〉', '長乭伊〈正祖健陵山陵〉', '長道里〈眞殿重修〉' 등 다양하게 표기되었다. 크기에 따라 '大長道里(1830영건 086ㄱ01)', '中長道里(1858영건 118ㄱ09)', '小長道里(1857영건 079ㄱ02)'로 분화된 예가 영건의궤에 보이긴 하지만 가례 관련 의궤에서는 鑞染章道里(1690책례 086ㄱ05)만 나타난다.[138]

---

138 영건의궤에는 大-, 中-, 小- 외에 '白土長道里(1858영건 119ㄴ04)'가 보이지만 여러 관련 문헌에 등재되어 있지 않아 기물의 정확한 쓰임새를 밝히기는 어렵다. 다만 '장도리'는 현재 '비바람 따위로부터 집을 보호하려고 집채

한편, '壯乶伊, 章道里'의 동의어인 '獐足 노루발(1873진작 037ㄴ10)'도 보이는데 『癸酉]進爵儀軌』에는 壯乶伊(1873진작 037ㄴ09)와 함께 獐足(1873진작 037ㄴ10)이 나란히 제시되어 있어 별개의 기물일 가능성이 있다. 영건의궤류에는 長道里의 표기가 우세하다.[139]

25 [적첩]

赤貼(1627가례 055ㄴ14)

積貼(1627가례 030ㄴ14)

接貼(1610책례 066ㄴ12)

위의 표기는 제1음절의 '赤 : 積 : 接'의 대응 관계를 보인다. 다음은 이들 용자가 쓰인 용례이다.

안팎 벽의 둘레에다 벽을 덧쌓은 부분(《표준》)'을 뜻하는 '징두리'의 경상 방언으로 남아 있어 선행하는 '白土'와 연관을 지으면 '백토를 바른 벽' 정도로 추정이 가능하다. 그런데 '白土長道里'가 여느 '長道里'와 마찬가지로 연장류와 함께 제시되어 있어 연장일 가능성이 우선될 뿐만 아니라 아울러 '白土'의 다른 해석이 요구된다.

珠簾道乃桶大斮大長道里鐙子鐵彩刀斧子刻刀錐子木只刃〈眞殿重修〉

木只平尾乃錐子大錯大長道里彫刻匠所用刻刀小錯彩刀錐子〈眞殿重修〉

長錯大朴串大長道里西道里雙絲刃雄尾里乶尾里平尾里〈昌慶宮營建〉

充光耳曲銛斧子長道里方甎角耳白土長道里四隅夢同伊〈仁政殿重修〉

長錯大朴串大長道里西道里雙絲刃雄尾里弓非背開陽刃〈西闕營建〉

乭釘釘鎌子方甎角耳白土長道里〈南殿重建〉

139 영건의궤에서는 『仁政殿營建都監儀軌』의 7회를 제외하고는 '長道里'가 일관되게 쓰인다.

長道里(1857영건 079ㄱ01)(1901영건 096ㄱ05)(1900영건 122ㄴ06)(1858영건 105ㄴ02)(1901영건 169ㄴ08)(1904영건二 132ㄱ07)(1824영건 084ㄱ10)

大長道里(1830영건 086ㄱ09)(1748영건 175ㄴ06)(1832영건 104ㄱ06)

中掌道里(1805영건 144ㄱ04)

(1) [赤](2.1.2.34 赤古里 항 참조.)

(2) [積](없음)

(3) [接]

01 大接釘 대뎝쇠(1900영건 121ㄱ09)
02 大接佩釘 대뎝촐쇠(1901영건 095ㄴ12)
03 連接朴只 연접바기(1762가례下 115ㄱ10)
04 付接金 부접쇠(1667책례 085ㄴ04)
05 砂大接 사[사긔]대접(1900책봉 056ㄴ02)
06 接只 첩지(1902진연三 038ㄴ11)
07 接貼釵釘 적첩비녀못(1667영건 129ㄱ11)
08 柱接連鐵 주접이음쇠(인정076ㄴ10)

'赤', '積', '接'은 모두 음차로 쓰여 [적] 음을 나타낸다. '接'이 '적첩'의 [적] 음을 표기하는 데는 '여닫이문을 달 때 한쪽은 문틀에, 다른 한쪽은 문짝에 고정하여 문짝이나 창문을 다는 데 쓰는 철물(《표준》)'이라는 기물의 기능적인 요소가 반영된 선택으로 보인다.

(4) [貼](2.1.2.26 梳貼 항 참조.)

'貼'은 음차되어 [첩] 음을 표기한다.
이상에서 '赤貼, 積貼, 接貼'을 분석한 결과는 다음과 같다.

(5) ① [적] : 赤(음가자), 接(음가자), 積(음가자)
[첩] : 貼(음가자), 貼(음가자), 貼(음가자)

'적첩'은 현대 국어 사전류나 건축 관련 문헌에 등재되어 있지 않아 구체적으로 무엇을 말하는지 알 수 없다. 다만 〈한자〉에서 '赤

貼'을 '붉은 경첩'으로 풀이하고 있고, 또 〈한건〉에서 '赤貼'을 '② 정첩(이두)?'로 풀이하고 있어 차자 표기 '赤貼'과 관련성을 추정해 볼 수 있다.

또한 '接貼 : 赤貼 : 積貼'의 대응을 통해 이들 표기가 이표기일 가능성을 추정해 볼 수 있는데, 아래 예를 보면 이들 표기는 제시되는 환경이 동일하여 그 가능성을 더한다. 그런데 이들 표기가 이표기임을 전제하면 〈한자〉에서 '赤貼'을 '붉은 경첩'으로 설명한 것은 납득이 어렵다. 왜냐하면 '赤'과 대응 관계에 있는 '積', '接'을 '붉다'와 연관짓기는 어렵기 때문이다. 따라서 '赤'은 표음적인 기능만 하는 음가자로 보는 것이 적절하다.[140]

한편, 〈한건〉의 '적첩 赤貼' 항을 보면 '정첩' 외에 다른 풀이를 보인다.

> 적첩 : ① 지붕이 없는 달집. 보개에서 포살미의 위쪽에 가로댄 여모판(廉隅板) 밑에 댄 보. 통이층 고주 중층 머름 위에도 앞뒤에 설치하고 있음.

즉 '적첩'이 동음이의어일 개연성이 있는데 이러한 추정은 '赤貼'이 나타나는 환경을 통해서도 뒷받침이 된다.

① ㄱ. 長杠次二年木尙方橫杠次槍柄木柱次楸小條里椝次楸小條里廉隅赤貼次椵板彎衝椽次椵板曲之次楸木(1866가례上 166ㄱ09~11)
ㄴ. 中竹彎衝椽次椵板接貼次椵板(1681가례 109ㄴ02~03)
ㄷ. 一本房所掌輦輿長杠橫杠赤貼板所裹苧布磨鍊之時輦輿(1721책례 177ㄴ02)

140 물론 '積', '接'이 훈차된 '赤'과 음이 동일하거나 유사한 데 이끌린 표기일 가능성이 있다. 하지만 '붉다'와 '경첩'의 연관성을 찾기 어려운 것으로 보아 '赤' 은 음차로 보는 것이 적절하겠다.

ㄹ. 斜窓三隻草(乙)莫古里箭幷材木二條斜窓乼骨次宮材一條先佐耳十二隻夫草(乙)莫古里箭幷宮材三條材木四條廳板次修粧板二立火防赤貼次宮材一條班子長大欄次樓柱六條里六箇列大欄次宮材大條里二十箇同大欄次材木三條(1752영건 060ㄴ02~10)

ㅁ. 下雲足次材木大條里一箇三面盧與次椵板一立半雲足次楸板半立童子柱次楸木半條上盧與小欄次椵板半立赤貼䀳方次材木厚正板一立以卜定木取用(1752영건 066ㄱ01~06)

② ㄱ. 甘佐非丁具中赤貼釵丁具鳳頭圓環鳳頭赤貼丁具維結圓環排具(1866가례上 167ㄱ01~02)

ㄴ. 大菊花同鳳頭圓環兩門赤貼鳥足甘佐非中頭釘(1681가례 239ㄴ09~11)

ㄷ. 汗音粧飾接貼排木菊花同落目甘佐非朴排小頭釘(1671가례 061ㄱ10~11)

ㄹ. 菊花童十三箇廣頭釘具帳巨里金二箇鴨項釘四箇大赤貼金四箇釘具(1752영건 068ㄱ09~12)

ㅁ. 鼠目釘七十二箇積貼鐵二箇鼠目釘十六箇落目一箇排目菊花童具三箇鎖鑰開金具一部(1690책례 088ㄴ04~05)

ㅂ. 環兩排具六百五十二箇四百五十四箇鑞染五折沙瑟環八十五箇七十九箇鑞染鐙子釗三十箇二十四箇鑞染門赤貼一百八十箇一百五十八箇(1900영건 116ㄱ10~11)

ㅅ. 菊花同十三箇獐足釵釘四箇接貼釵釘四箇結繩圓環二十四箇排目二十四箇(1667영건 129ㄱ11~12)

위 용례에서 보듯이 '적첩'은 '부재'와 기물을 동시에 나타내기 때문에 구체적인 지시물은 이들이 제시된 전후 환경을 고려해서 파악할 수 있다. 뿐만 아니라 '적첩'이 (①ㄱ)에서는 부재 '火防'이나 '䀳防'과 함께 쓰이고, (②)에서는 '大'나 '金', '鐵', '門', '釵釘' 등이 함께 쓰여 '적첩'을 종류를 분화시키고 있어 이를 통해서도 대강의 구분은 가능하다.

'赤貼, 接貼, 積貼'과 관련한 부재와 기물로는 다음이 있다.

① 부재	1	赤貼袈方(1752영건 066ㄱ06)
	2	歛衣赤貼(1764영건 046ㄴ03)
	3	外簾隅赤貼(1900영건B 036ㄱ04)
	4	火防赤貼(1764영건 021ㄱ10)
	5	簾隅赤貼(1900영건B 036ㄱ04)
② 기물	6	火防赤貼朴只六寸頭釘(1752영건 075ㄱ01)
	7	火防上赤貼朴只三寸釘(1764영건 105ㄱ02)
	8	火防赤貼朴只六寸頭釘(1764영건 073ㄴ06)
	9	火防赤貼朴只三寸釘(1764영건 077ㄴ02)
	10	火坊赤貼朴只五寸頭釘(1764영건 061ㄱ04)
	11	赤貼朴只二寸五分釘(1736책례 076ㄴ08)
	12	赤貼朴只小甘佐非(1736책례 077ㄱ12)
	13	赤貼朴只二寸釘(1764영건 065ㄴ01)
	14	赤貼朴只小釘(1901영건 051ㄱ05)
	15	赤貼袈方朴只四寸頭釘(1752영건 066ㄴ08)
	16	赤貼廣頭丁(1725책례 067ㄱ06)
	17	三面赤貼朴只二寸釘(1752영건 066ㄴ02)
	18	大赤貼金(1764영건 063ㄴ08)
	19	長赤貼(1764영건 102ㄴ01)
	20	內上接貼乬金(1722책례 118ㄴ06)
	21	四面赤貼(1690책례 073ㄱ08)
	22	輂赤貼(1721책례 177ㄴ08)
	23	蓋兒赤貼(1736책례 082ㄴ10)
	24	鳳頭赤貼(1900영건B 069ㄴ08)
	25	鳳頭赤貼(1900영건B 069ㄱ05)
	26	曲赤貼(1805영건 089ㄱ08)
	27	兀字赤貼(1805영건 089ㄱ09)
	28	立赤貼(1764영건 102ㄱ12)
	29	于金赤貼(1736책례 152ㄴ11)
	31	大隅赤貼(1900영건B 055ㄱ05)
	32	大赤貼(1721책례 190ㄴ04)
	33	豆錫赤貼(1690책례 135ㄱ08)

	34	鑞染門赤貼(1900영건A 116ㄱ11)
	35	鑞染赤貼(1901영건 095ㄴ02)
	36	粧餙接貼(1610책례 067ㄱ11)
	37	藺草召伊赤貼(1751책례 067ㄴ05)
	38	後面赤貼(1812책례 092ㄱ04)
	39	擧乙窓赤貼(1901책봉 061ㄱ09)
	40	上下粧付接赤貼(1901책봉 064ㄱ12)

이 중 ①은 부재 '적첩'으로 각각 '적첩덧방', '여모적첩', '외여모적첩'을 가리키는데, 이들이 부재 적첩임을 15의 '赤貼䑐方朴只四寸頭釘', '赤貼朴只小釘', '赤貼朴只二寸釘' 등을 통해서도 확인할 수 있다. 반면, 長赤貼, 曲赤貼, 豆錫赤貼 등은 '경첩'으로 쓰인 예인데, 그 중 '兀字赤貼'은 관련 문헌에 수록되어 있지 않아 기물의 정확한 용도와 의미는 밝히기 어렵다. 다만 '兀字甘佐非 기자감자비'이 '兀'자 모양을 닮은 'ㄴ자형 감자비(《한건》)'라는 정보를 담고 있는 것으로 보아 역시 'ㄴ자 모양의 적첩' 정도로 추정이 가능하다.

26 [쫄정]

粗(乙)釘(1651책례 075ㄴ08)

乼釘(1819가례下 063ㄱ08)

召釘(1751책례 115ㄴ03)

召(ㄱ)釘(1906가례二075ㄴ05)

위 표기는 제1음절의 粗(乙) : 乼 : 召 : 召(ㄱ)의 대응 관계를 보인다. 의궤의 차자 표기에 쓰인 '粗(乙), 乼, 召, 鉒(乙), 召(ㄱ)'의 용례는 다음과 같다.

(1) [粗(乙)](없음)

(2) [졸](없음)

(3) [召](2.1.4.23 召兒 항 참조.)

(4) [召(ㄱ)](없음)

'召'는 전통 한자음이 '소'이나 차자 표기에서는 '조'로 읽히는 것이 일반적이다. 또, 粗(乙)釘, 造乙釘(《仁政殿營建》)의 표기가 있는 것으로 보아 '召'의 음을 '조'로 확정하는 데 무리가 없을 듯하다. '召釘'은 '乭-'을 볼 때 'ㄹ'을 생략한 표기이다.[141]

'召(ㄱ)'은 [쫄] 음의 표기로 추정되지만 '쫄'의 [ㄹ] 음 표기에 'ㄱ'이 쓰였다는 점이 특이하다. 문제는 이 'ㄱ'이 한글 자음 'ㄱ'인지 '隱'의 略體 'ㄱ'의 표기인지 구별이 어렵다는 점이다. 이 둘의 구분은 이표기를 통해 가능하겠지만 '쫄정'을 나타내는 표기는 '召釘, 乭釘, 乭乙丁, 造乙釘, 乭錠' 등과 같이 [ㄹ] 음을 분명히 밝히거나 생략된 표기가 대부분이고, 'ㄱ'이 말음으로 쓰인 예는 '召(ㄱ)釘'에서만 나타나고, 그마저도 1회[142]에 그치고 있어 정확한 독음 추정은 어렵다.

(5) [釘](2.1.5.15 朴文乙釘 항 참조.)

'釘'은 '丁'과 함께 의궤 자료에서 대개 '못'을 나타내지만 여기서는 이표기 '錠'[143]을 통해 이들이 [정] 음을 표기하는 것으로 확인된

---

141 반면에 '乭乙釘(1667영건 016ㄱ09)은 'ㄹ'이 첨가된 표기이다.

142 영건의궤에서는 더러 쓰임이 보인다.

召(ㄱ)丁(1748영건 238ㄱ08)　　散子板朴只二寸召(ㄱ)釘(1764영건 077ㄱ05)
朴只二寸召(ㄱ)釘(1764영건 069ㄴ01)　　朴只二寸召(ㄱ)釘(1764영건 069ㄴ03)
召(ㄱ)丁(1748영건 249ㄱ09)　　下帶朴只三寸召(ㄱ)釘(1764영건 072ㄴ11)

다. 훈차로 쓰인 자가 음이 동일한 다른 자로 교체되어 쓰인 경우가 있어 '錠'도 훈차로 쓰인 '丁', '釘'과 동일한 음이라는 이유로 선택되었을 가능성이 있다. 하지만 다음을 보면 '丁', '釘'이 훈차로 쓰여 '못'을 나타낸다고 단정짓기는 어렵다.

石手所用中小蒙同𫟪具各四串釘十一介乭釘十四立釘二十倚只音金二十五等乙急時上下進排事戶曹[144](1610책례 051ㄴ10~11)

위 기사에 의하면 石手가 쓰는 연장으로 '召乙丁, 串丁, 蒙同, 立丁, 飛只音金'가 제시되어 있어 '召乙丁'을 못의 일종으로 보기에는 무리가 따른다. 따라서 여기에서 '錠(乭錠(1633영건 057ㄱ09))'은 훈차로 쓰인 '釘, 丁'과 음이 동일한 데 이끌린 표기라기보다는 음차로 이용되어 [정] 음을 표기하는 '釘, 丁'의 이표기로 보는 것이 적절하겠다.

이상에서 '粗(乙)釘, 乭釘, 召釘, 召(ㄱ)釘'을 분석한 결과는 다음과 같다.

(6) ① [쫄] : 粗(乙)(음가자), 乭(음가자), 召(음가자), 召(ㄱ)(음가자)
[정] : 釘(음가자), 釘(음가자), 釘(음가자), 釘(음가자)

'돌을 쪼아서 다듬을 데 쓰는 연장(《한자—》)'을 표기하였으며, 지금의 '쫄정'에 해당한다. '쫄정'은 '쪼다'의 활용형 '쫄-'에 '정'이 결합한 합성어로 '乭, 召, 粗(乙), 召(ㄱ)'이 [쫄] 음을 표기하는데, 이는

---

143 釘과 錠의 교체에 대해서는 (2.1.5.15 朴文乙釘 항 참조)

144 다음을 보면 영건의궤에서도 乭釘에서 釘은 못을 나타내기보다는 연장을 가리키는 것으로 보인다.

今此浮石時初運石手四十名內一名邊首三十九各所用召乙丁五箇式合一百九十五箇串釘五箇式合一百九十五箇小蒙同合七十八箇立丁二百箇飛只音金合一百八十一箇……爲先尙下何如……『영녕전수개도감의궤』

[쫄] 음의 표기에 마땅한 차자가 없어 이들이 쓰인 것일 뿐 당시의 현실음은 '쫄정'이었을 것으로 추정된다(김연주 2009a: 277~278).[145]

다음을 보면 의궤 자료에 나타나는 쫄정은 주로 크기에 따른 구분이다.

小乫釘(1726책례147ㄱ09)
四寸乫釘(1676책례 062ㄴ10)
朴只三寸召丁(1706가례 276ㄴ06)
朴只三寸召釘(1681가례 331ㄴ01)
一寸五分召丁(1681가례 336ㄴ01)
朴只一寸召丁(1762가례上 082ㄴ06)

27 [졸음거]

條(乙)音鉅(1651책례 055ㄴ02)

條音鉅(1667책례 090ㄴ01)

條乙任鉅(1667책례 046ㄴ08)

條任鉅(1736책례 127ㄴ01)

條里鉅(1736책례 105ㄱ11)

---

145 쫄정의 표기는 건축 관계 문서인 영건의궤에 더욱 다양하게 출현한다.
乫釘(1633영건 041ㄴ04)(1748영건 203ㄱ11)(1677영건 061ㄴ09)(1764영건 019ㄱ03)(1901영건 096ㄱ02)(1652영건 035ㄱ01)
乫丁(1764영건 164ㄴ01)(1748영건 274ㄱ04)(1652영건 035ㄱ03)
召釘(1633영건 047ㄴ01)(1764영건 060ㄱ12)(1748영건 271ㄱ11)
召丁(1748영건 274ㄱ04)(1652영건 051ㄴ12)
召乙丁(1677영건 014ㄱ05)
召乙釘(1667영건 016ㄱ09)
乫錠(1633영건 057ㄱ09)
乫乙釘(1748영건 190ㄴ03)
召(ㄱ)丁(1748영건 238ㄱ08)

條乙音鉅(책례1677 053ㄱ03)

위 표기는 제1음절에서 '條(乙) : 條 : 條乙', 제2음절에서 '音' : '任' : '里'의 대응 관계를 보인다. 이들 용자가 쓰인 용례는 다음과 같다.

(1) [條(乙)](없음)

(2) [條]

01 條所 줄바(1866가례下 011ㄴ08)
02 大條里木 대조리목(1866가례下 085ㄱ11)
03 紅亇條 홍마조(1706가례 188ㄴ12)
04 紫的羅四條里 자적라네오리(1802가례上 238ㄴ09)
05 小條里匠 소조리장(1819가례下 037ㄱ09)
06 楸木五條 개오동나무다섯오리(1681가례 095ㄴ07)
07 屯太大條里 둔테대조리(1901영건 094ㄱ07)
08 班子條里 반자조리(1901영건 079ㄱ03)

(3) [條乙]

'條(乙)', '條乙', '條'는 모두 음차로 쓰여 [졸] 음을 나타낸다. 條는 ㄹ이 생략된 표기이다. 條(乙)과 條乙은 표기상으로 구분하기가 쉽지 않다. 특히 의궤 자료가 표기자가 여럿이라는 표기상의 특징이 있음을 감안하면 두 표기의 구분은 더욱 어렵다. (이상 상하합자의 합자 표기와 분리 표기 문제는 2.1.2.22 乶只 항 참조.)

제2음절의 이표기 대응은 '音', '任', '里'이다. 다음은 이들 용자가 쓰인 용례이다.

(4) [音](2.1.2.7 古音 항 참조.)

(5) [任](없음)

(6) [里](2.1.2.1 加里麻 항 참조.)

(7) [鉅]

01 乬鉅 걸거(1718가례 245ㄱ09)
02 乬鉅匠 걸거장(1706가례 201ㄴ08)
03 岐鉅匠 기거장(1866가례上 189ㄱ11)
04 小無齒鉅 소무치거(1706가례 263ㄱ12)
05 小引鉅軍 소인거군(1819가례下 112ㄴ09)
06 有柄小齒鉅 유병소치거(1721책례 162ㄱ12)
07 中鉅 중거(1651책례 055ㄴ02)

'音', '任', '里'는 모두 음차로 쓰여 [음] 음을 표기하고, 鉅는 훈차로 쓰여 [거] 음을 나타낸다.

이상에서 '條(乙)音鉅, 條音鉅, 條乙任鉅, 條任鉅, 條里鉅, 條乙音鉅'를 분석한 결과는 다음과 같다.

(8) ① [졸] : 條(乙)(음가자), 條(음가자), 條乙(음가자), 條(음가자), 條(음가자), 條乙(음가자)
[음] : 音(음가자), 音(음가자), 任(음가자), 任(음가자), 里(음가자), 音(음가자)
[거] : 鉅(훈독자), 鉅(훈독자), 鉅(훈독자), 鉅(훈독자) 鉅(훈독자), 鉅(훈독자)

'졸음거'를 표기한 것으로 추정되지만 현용 국어사전에 등재되어 있지 않고, 옛 문헌 자료에서도 찾을 수 없어 정확한 독음은 확인이 어렵다. 다만, 柏子板引鉅次條里鉅(1736책례 105ㄱ11), 柏子板引鉅次以條乙任鉅(1667책례 046ㄴ08)라는 기사를 통해 기물의 용도를 짐작할 수 있다.

28 [줄못]

乼丁(1866가례下 128ㄴ12)

乼釘(1751책례 115ㄱ08)

鉒(乙)釘刅(1762가례上 092ㄱ08)

위 표기는 제1음절의 '乼 : 鉒(乙)'과 제2음절의 '丁 : 釘'의 대응 관계를 보인다. 먼저 의궤의 차자 표기에 쓰인 '乼, 鉒(乙)'의 용례는 다음과 같다.

(1) [乼](2.1.5.7 㸱乼 항 참조.)

(2) [鉒(乙)]

01 鴨項鉒(乙) 압항[오리목]줄(1762가례上 092ㄴ03)

'乼'은 우리말의 [줄] 음을 표기하기 위하여 注와 乙을 결합하여 만든 글자다. 乼은 두 가지 뜻을 나타내는데 먼저 ① 줄, 줄칼을 의미하며 '鉒(乙)', '𨫼'과 같다. 大乼(1736책례 134ㄱ12), 小乼(1736책례 127ㄴ01), 方乼(1736책례 108ㄴ08), 菖蒲乼(1736책례 108ㄴ07) 등으로 쓰인다. ② 熟麻大束乼(1706가례 160ㄱ02), 葛乼(1866가례下 097ㄱ04)처럼 '줄이나 끈(《한자 一》)'을 가리킨다.

'鉒(乙)'은 '우리말 '줄'을 표기하기 위하여 金과 主(乙)을 결합하여 만든 글자로 뜻은 줄칼이며, '𨫼', '乼'과 같다.(《한자 四》)'

제2음절의 이표기 대응은 '釘', '丁'이다. 다음은 이들 용자가 쓰인 용례이다.

(3) [釘](2.1.5.15 朴文乙釘 항 참조.)

(4) [丁]

01 曲丁 곱정[곱못](1866가례下 064ㄱ01)
02 道里頭丁 도래두정(1667책례 080ㄴ02)
03 朴只廣頭丁 바기광두정[바기넙대갈못](1866가례下 007ㄱ06)
04 朴只一寸五分丁 바기일촌오분정[바기한치다섯푼못](1866가례下 087ㄱ08)
05 朴只中巨勿丁 바기중거물정(1866가례下 085ㄱ11)
06 邊子丁 변자못(1677영건 061ㄴ10)
07 鼠目丁 서목정[쥐눈(이)못](1866가례下 083ㄴ07)
08 小頭丁 소두정(1866가례下 058ㄱ03)
09 鴨項丁 압항정[오리목못](1866가례下 130ㄴ12)
10 蜈蚣鐵丁 오공철정[지네쇠못](1764영건 021ㄴ10)
11 二寸丁 이촌정[두치못](1866가례下 010ㄴ06)
12 眞墨一丁 진묵일정(1667책례 015ㄴ03)
13 釵丁 채정[비녀못](1866가례下 006ㄱ08)

여기에 쓰인 '釘', '丁'은 대부분 '못'의 표기에 쓰이므로 '못'의 일종일 가능성이 높다.[146]

이상에서 乼丁, 乼釘, 注(乙)釘을 분석한 결과는 다음과 같다.

(5) ① [줄] : 乼(음가자), 注(乙)(음가자)
[못] : 釘(훈독자), 丁(훈독자)[147]

146 '釘', '丁'은 '乭-, 乫' 등에서는 [정] 음을 표기하기도 하는데, 이표기 '乭錠'과의 대응을 고려하면 음가자로 쓰인 것이 분명하다(2.1.4.21 乭釘 참조). 물론 훈독자로 쓰인 용자가 음이 동일하거나 유사한 다른 자로 교체된 예가 있어 '錠'도 훈독자 '釘, 丁'에서 교체되어 쓰였을 가능성이 있다. 하지만 '쫄정'이 '못'과는 전혀 상관이 없는 기물이므로 이때 '釘, 丁'은 음차되었음이 분명하다.

'줄못'을 표기하였다. 줄못은 '줄칼의 날을 세우는 데 쓰는 쇠못(《한자 —》)'이다. 기물 앞에 '鐵-(1819가례下 074ㄴ02)'이 선행하여 기물의 재료적 속성을 강조하기도 한다. 줄을 만드는 장인을 乼匠(1736책례 109ㄱ02)이라고 하였다.

관련어로 長蒲乼釘(1759책례 117ㄴ03)이 있다.

29 [붓바기]

貼朴只(1875책례 141ㄴ08)

接朴只(1819가례下 130ㄴ01)

㐲朴只鎖鑰(1866가례下 087ㄱ11)

貼卜只邊板(1718가례 159ㄴ12)

위 표기는 제1음절에서 '貼 : 接 : 㐲'의 대응 관계를 보인다. 의궤의 차자 표기에 쓰인 貼, 接, 㐲'의 용례는 다음과 같다.

(1) [貼](2.1.2.26 梳貼 항 참조.)

(2) [接](2.1.5.25 赤貼 항 참조.)

(3) [㐲](없음)

'㐲'은 付와 叱을 결합하여 만든 고유한자로 [붓] 음을 표기한다. 㐲과 대응 관계에 있는 貼, 接은 모두 훈독자로 쓰여 [붓] 음을 나타

147 황금연 (1997: 175)에서는 '丁'이 '釘'과 통용되긴 하지만 본래의 의미로는 '못'을 표기하는 자가 아니라고 보아 음가자로 읽었다. 그러나 현용 자전류에서 '丁'을 '釘'의 古字로 설명하고 있어 '丁'을 훈독자로 읽는 데는 문제가 없을 듯하다.

낸다. 의궤 자료가 대부분 필사되었고 표기자가 여럿이다보니 상하 합자된 자를 분리하여 표기한 예가 더러 보이는데 '𠊱'도 '付叱'로 표기된 예가 보인다.

제2음절의 대응 관계를 보이는 '朴'과 '卜'은 모두 음차로 쓰여 [바〉박] 음을 나타낸다. 바기의 표기로 卜只가 쓰인 점이 흥미로운데, 다음 예를 보면 주로 바기는 '朴只'로 표기했고, 卜只는 아주 드문 편이다.

(4) [朴](2.1.3.10 中朴桂 항 참조.)

(5) [卜](2.1.3.11 卜只 항 참조.)

(6) [只](2.1.2.5 巨等(乙)只 항 참조.)

위 예를 보면 의궤의 차자 표기에서 '朴'은 주로 음차로 이용되었음을 알 수 있다. 의궤 자료에서 朴이 훈차로 쓰인 예는 찾기 어렵다. '朴'은 음차로 이용되어 '바기'의 [바] 음을 나타내는데, 이때 '朴'의 말음 'ㄱ'이 후행 음절의 첫 소리 'ㄱ'과 중철 표기되었다. [只]는 음차로 쓰여 [기] 음을 나타낸다.

이상에서 '貼朴只, 接朴只, 𠊱朴只, 貼卜只'를 분석한 결과는 다음과 같다.

(7) ① [븟] : 貼(훈독자), 接(훈독자), 𠊱(음가자), 貼(훈독자)
[바] : 朴(음가자), 朴(음가자), 朴(음가자), 卜(음가자)
[기] : 只(음가자), 只(음가자), 只(음가자), 只(음가자)
② 브틀졉 부칠졉(接)〈千字文〉〈類合〉
졉홀졉〈字會〉(예산본)
부칠 텁(貼)〈字類〉

붓바기 窓(硬窓)〈譯語 上17〉
붓박이 창(不開的窓)〈漢淸 288a〉

'붓바기'를 표기하였다. '貼(接, 㐸)朴(卜)只'의 형태적 구성은 용언의 어간 貼(接, 㐸)+접미사 朴(卜)只로 풀이된다. '붓바기'는 接朴只(1819가례下 130ㄴ01)처럼 자체로도 쓰이지만 대개 다른 요소와 어울려 붓바기의 다양한 형태를 보인다.

大㐸朴只鎖鑰(1866가례下 106ㄱ08)
禮緞所貼朴只(1866가례下 123ㄱ07)
㐸朴只鎖鑰開金具(1866가례下 087ㄱ11)
㐸朴只鎖鑰開金具(1906가례二111ㄱ04)
㐸朴只卓子(1866가례下 123ㄱ08)
沙器貼朴只(1866가례下 123ㄱ12)
二層食欌所鎖中㐸朴只鎖鑰(1866가례下 093ㄱ10)
竹册邊鐵赤貼連接朴只(1762가례下 115ㄱ10)
土宇內油芚貼朴只一寸丁(1651가례087ㄱ03)
後門貼朴只(1875책례 141ㄴ09)
囱戶貼卜只邊板(1718가례 159ㄴ12)

붓바기는 건축 관계 문서인 영건의궤류에서 쓰임이 활발하게 드러난다.

豆錫㐸朴只鎖鑰 두석붓바기쇄약(1900영건 084ㄴ04)
別大㐸朴只鎖鑰 별대[큰]붓바기자물쇠(1805영건 079ㄴ09)
㐸朴只邊條里 붓바기변조리(1752영건 080ㄱ09)
㐸朴只鎖鑰 붓바기자물쇠(1677영건 025ㄱ02)
崇閣㐸朴只多欄 순각붓바기다라니(1900영건 107ㄱ02)
二間㐸朴只長多欄 두칸붓바기장다라니(1900영건 110ㄱ09)

30 [토막]

吐莫(1812책례 099ㄱ01)

吐莫只(1866가례下 050ㄴ05)

吐木(1900책봉 050ㄴ07)

土木(1721책례 127ㄱ05)

土莫(1719진연二 008ㄱ02)

위 표기는 제1음절의 '吐 : 土'와 제2음절의 '莫 : 木'의 대응 관계를 보인다. 이들 용자가 쓰인 용례는 다음과 같다.

(1) [吐](2.1.2.13 都多益 항 参조.)

(2) [土](2.1.2.1 甘土 항 참조.)

(3) [莫](2.1.2.20 傍莫只 항 참조.)

(4) [木](2.1.5.2 加時木 항 참조.)

(5) [只](2.1.2.5 巨等(乙)只 항 참조.)

'吐', '土'와 '莫', '木'은 모두 음차로 쓰여 [토]와 [막] 음을 표기한다. '只'는 莫의 말음을 중철 표기하였다.

이상에서 '吐莫, 吐莫只, 吐木, 土木, 土莫'을 분석한 결과는 다음과 같다.

(6) ① [토] : 吐(음가자), 吐(음가자), 吐(음가자), 土(음가자), 土(음가자)
[막] : 莫(음가자), 莫(음가자), 木(음가자), 木(음가자), 莫(음가자)

[ㄱ] : 只(말음첨기)
② 토막(木頭銼)〈同文 下44〉〈漢淸 405c〉
榾椊 나모 토막〈柳物四木〉

'토막'을 표기하였다. 토막은 '크고 덩어리가 진 도막(《표준》)'을 가리키는 말로 의궤 자료에서는 주로 나무토막을 가리킨다. 토막 앞에 椴木-(1719진연二 008ㄱ02), 朴達-(1676책례 040ㄱ06), 木-(1721책례 126ㄴ04), 頭折-(1866가례下 070ㄱ06), 印-(印土莫(1751책례 115ㄱ07)) 등이 와서 토막의 종류를 분화시키는 역할을 한다.

椴木土莫(1719진연二 008ㄱ02)
頭折吐莫只(1866가례下 050ㄴ05)
頭折吐莫(1866가례下 070ㄱ06)
朴達吐莫(1676책례 040ㄱ06)
木土莫(1721책례 126ㄴ04)
印土莫(1751책례 115ㄱ07)

한편, 덩어리가 진 도막을 세는 단위명사로도 쓰이는데, 가례 관련 의궤 자료에서는 보이지 않는다.

31 [바회]

破回(1627가례 072ㄱ13)

(1) [破](2.1.4.25 所湯伊 항 참조.)

(2) [回](없음)

'破'와 '會'는 둘 다 음차로 쓰여 [바]와 [회]를 표기한다.

이상에서 '破回'를 분석한 결과는 다음과 같다.

(3) ① [바] : 破(음가자)
[회] : 回(음가자)
② 바회 륜(輪)〈字會 中26〉
輪은 바회라〈月二 38〉
巖房 바횟방〈龍 一46〉
巖ᄋᆞᆫ 바회라〈석六 44〉
바회 암(巖)〈字會 上3〉
바회(巖頭)〈譯語 上6〉

'破回'는 '바회'를 표기하였다. 바회는 지금의 바위와 바퀴를 동시에 가리키는 동음이의어이다. 관련어로 篩破回(1627가례 072ㄱ13)가 있다. 이때 破回는 바퀴를 나타낸다.

한편 破回는 인명 표기에도 즐겨 쓰인 것으로 나타난다. 다음은 가례 관련 의궤에 수록된 인명 破回이다.

李破回(1651책례 056ㄱ12)
安破回(1651책례 056ㄴ02)
鄭破回(1667책례 095ㄴ08)
金破回(1676책례 095ㄴ06)
金破回(1690책례 048ㄱ03)
盧破回(1690책례 049ㄱ11)

바회는 공사에 동원된 장인과 인부들의 이름이 많이 수록되어 있는 영건의궤에서도 빈번하게 발견할 수 있다.

金所回(1805영건 100ㄴ01)
洪所回(1805영건 102ㄱ09)
許岩回(1647영건 126ㄴ12)

鄭岩回(1830영건 111ㄱ10)

32 [한마치]

汗亇赤(1736책례 105ㄴ05)

汗了赤(1748영건 190ㄴ03)

汗馬赤(1706가례 261ㄱ11)

(1) [汗]

01 小汗(1751책례 136ㄴ12)

02 汗衫 한삼(1873진작 060ㄱ10)

03 汗於赤 똠어치(1667책례 042ㄴ01)

04 汗音次硼砂 띰음감붕사(1706가례 171ㄱ03)

05 闊汗衫 활한삼(1706가례 009ㄱ06)

위 예를 보면 汗은 음·훈차로 두루 쓰여 [한]과 [똠] 음을 표기한다. 여기서는 음차로 쓰여 [한] 음을 표기하였다.[148]

(2) [亇](2.1.2.33 月亇只 항 참조.)

(3) [了](2.1.2.35 赤亇 항 참조.)

(4) [馬](2.1.4.4 刀亇 항 참조.)

---

148 汗은 의궤 밖에서도 [한] 음 표기에 적극 이용되었다.

〈鄕藥集成方, 鄕藥本草, 草部〉萑草, 鄕名汗三(한삼)넝꿀

〈古今釋林 27, 東韓譯語 釋親〉漢丫彌. 高麗. 鷄林類事曰, 方言姑曰漢丫彌, 按祖母, 謂之汗阿彌, 今訛爲한마니

〈古今釋林 27, 東韓譯語 釋親〉漢丫秘. 高麗. 鷄林類事曰, 方言祖曰漢丫秘, 舅亦曰漢丫秘. 按俗稱祖爲汗阿父, 汗大也. 今訛爲한아비

(5) [赤](2.1.2.34 赤古里 항 참조.)

이상에서 '汗ケ赤, 汗了赤, 汗馬赤'을 분석한 결과는 다음과 같다.

(6) ① [한] : 汗(음가자), 汗(음가자), 汗(음가자)
[마] : ケ(음가자), 了(훈가자), 馬(음가자)
[치] : 赤(음가자), 赤(음가자), 赤(음가자)

'한마치'[149]로 읽는다. '한마치'는 '크기가 보통보다 큰 마치(〈한자三〉)'로 'ケ赤'에 '汗'이 결합하여 크기에 따라 의미 분화를 겪은 듯하다. 크기가 보통보다 큰 마치를 가리키는 명칭으로 '大ケ赤(1819가례下 071ㄱ05)'이 있는데 이 '大ケ赤'이 〈수은묘영건청〉, 〈의소묘영건청〉, 〈진전중수〉, 〈창경궁수리〉 등 보다 후대 자료인 〈인정전영건〉에 나타나는 것으로 보아 '마치'의 크기를 나타내는 접두사가 '汗'에서 '大'로 교체된 것으로 보인다.

한편, 〈한건〉에는 '汗ケ赤'을 '떡마치'로 읽고, '떡메'로 풀이하였다. 또, '汗ケ'를 '떡메'로 읽고 있어 '汗ケ赤'이 '떡을 만들 때 치는 메'를 지칭할 가능성도 염두에 두어야 할 것이다.

汗磨致〈仁祖國葬都監 3〉, 〈尙方定例 2, 別例 上〉로도 표기한다.

33 [홍도(독)개(기)]

紅都(叱)介(1802가례上 040ㄱ11)

紅都叱介(1866가례下 030ㄴ11)

洪道介(1651가례 014ㄴ05)

149 〈한건〉에는 '汗ケ赤'을 '떡마치'로 읽고, '떡메'로 풀이하였다. 또, '汗ケ'를 '떡메'로 읽고 있어 '汗ケ赤'이 '떡을 만들 때 치는 메'를 지칭할 가능성도 염두에 두어야 할 것이다.(김연주 2009a: 257)

橫搗介(1848진찬二 057ㄴ03)[150]

紅都卼(1866가례下 048ㄱ05)

紅道介(1866가례下 086ㄴ06)

橫搗介(1795원행附編一 048ㄱ01)

위 표기는 제1음절의 '紅 : 洪 : 橫'과 제2음절의 '都(叱) : 都叱 : 道 : 搗'와 제3음절의 '介 : 卼'의 대응 관계를 보인다. 먼저 의궤의 차자 표기에 쓰인 '紅, 洪, 橫'의 용례는 다음과 같다.

(1) [紅](없음)

(2) [洪](없음)

(3) [橫](없음)

'紅', '洪', '橫'은 모두 음차로 쓰여 [홍] 음을 나타낸다. '橫'은 음차로 쓰여 [홍] 음을 나타내는데, '紅 : 洪 : 橫'의 대응 관계를 통해 [ㅣ]가 첨가된 표기임을 알 수 있다.

제2음절의 이표기 대응은 '都(叱)', '都叱', '道', '搗'이다. 다음은 이들 용자가 쓰인 용례이다.

(4) [都(叱)](없음)

(5) [道](2.1.2.13 都多益 항 참조.)

(6) [搗](없음)

150 같은 책에 洪道介(1848진찬一 056ㄴ01)의 표기도 보인다.

(7) [都叱](없음)

'都(叱)', '道', '搗', '都叱'은 모두 음차로 쓰여 [도] 음을 나타낸다. 叱은 홍독개의 [독] 음을 표기할 대 받침 ㄱ을 밝혀 적은 것이다.

제3음절의 이표기 대응은 '介', '盖'이다. 다음은 이들 용자가 쓰인 용례이다.

(8) [介](2.1.2.8 求尾介 항 참조.)

(9) [盖](없음)

'介'와 '盖'은 모두 음차로 쓰여 [개] 음을 나타낸다.

이상에서 '紅都(叱)介, 洪道介, 横搗介, 紅都盖, 紅道介'를 분석한 결과는 다음과 같다.

(10) ① [홍] : 紅(음가자), 洪(음가자), 横(음가자), 紅(음가자), 紅(음가자)
[도(독)] : 都(叱)(음가자), 道(음가자), 搗(음가자), 都(음가자), 道(음가자)
[개(기)] : 介(음가자), 介(음가자), 介(음가자), 盖(음가자), 介(음가자)
② 홍도ㅅ개(趕麵棍)〈蒙語 下11〉
長洪道介 긴홍도긔〈借字攷〉
弘道介 홍독개 搗具也〈行用〉
홍독긔로 탁을 괴와〈海東 p.116〉

'홍도ㅅ개, 홍도긔, 홍독개'는 '다듬잇감을 감아서 다듬이질할 때에 쓰는, 단단한 나무로 만든 도구(〈표준〉)'로 지금의 '홍두깨'를 말한다. 홍두깨는 위 표기 외에 '弘道介〈行用吏文〉, 弘道竹〈孝宗寧陵山陵都

監儀軌〉, 長洪都介〈殯殿都監〉, 橫道介(1748영건 237ㄴ01), 紅豆改〈肇慶壇營建廳儀軌抄冊〉' 등으로도 표기되었다.

한편, '지붕기와 잇기에서 수키와 밑에 까는 진흙(〈한건〉)'을 '홍두깨흙'이라고 하는데 가례 관련 위궤 자료에서는 대부분 '橫道介次朴橽木'으로 제시되어 있는 것으로 보아 도구 '홍두깨'를 가리키는 것이 분명하다.

2.1.6. 기타 어휘

1 [간다개]

看多介(1690책례 130ㄴ01)

(1) [看](없음)

(2) [多](2.1.2.13 都多益 항 참조.)

(3) [介](2.1.2.8 求尾介 항 참조.)

看, 多, 介는 모두 음차로 쓰여 [간], [다], [개] 음을 표기한다.
이상에서 '看多介'를 분석한 결과는 다음과 같다.

(4) ① [간] : 看(음가자)
[다] : 多(음가자)
[개] : 介(음가자)
② 간다개(纓項)〈譯下 20〉
간다개 드리윗고(滴留着孛荅哈)〈杜初 上29〉

'간다개'를 표기하였다. 간다개는 '말 머리에서 고삐에 매는 끈(《표준》)'을 말한다.

2 [다리쇠]

脚金(1887진찬二 064ㄴ08)

橋鐵(1812책례 133ㄴ12)

위의 표기는 제1음절에서 '脚 : 橋', 제2음절에서 '金 : 鐵'의 대응 관계를 보인다. 먼저 脚, 橋의 용례는 다음과 같다.

(1) [脚]

01 每器獐一脚 노루한다리(1906가례一 281ㄴ11)
02 牛前脚 소앞다리(1866가례上 285ㄱ05)
03 牛後脚 소뒷다리(1866가례上 285ㄱ01)
04 獐後脚 노루뒷다리(1706가례 194ㄴ11)
05 火焰脚 화염각(1610책례 141ㄴ08)

(2) [橋]

01 橋甘伊次草綠眞絲 다리감이감초록진사(1802가례上 168ㄱ11)
02 層橋朴只加莫金 층교바기가막쇠(1866가례下 116ㄱ08)

(3) [金](2.1.4.20 雪釗 항 참조.)

(4) [鐵]

01 甘佐非薄鐵 감자비박쇠(1633영건 055ㄱ05)
02 甘佐非片鐵 감자비편쇠(1677영건 039ㄴ12)
03 擧鐵 걸[들]쇠(1726책례096ㄱ01)
04 牽馬鐵 견마쇠(1748영건 114ㄱ08)
05 古音鐵 곰쇠(1832영건 093ㄴ02)

06 高柱帶鐵 고주띄쇠(1752영건 061ㄱ01)
07 曲乫朴鐵 굽갈박쇠(1900영건 116ㄴ02)
08 曲連鐵 굽이음쇠(1647영건 086ㄴ07)
09 廣朴鐵 넙박쇠(1647영건 085ㄴ02)
10 橋鐵 다리쇠(1651책례 055ㄱ07)
11 欄干引鐵 난간끌쇠(1633영건 068ㄴ01)
12 短朴鐵釘 단박쇠못(1832영건 070ㄱ09)
13 踏板左右於于音朴鐵 답판좌우느림박쇠(1610책례 161ㄴ11)
14 大樑帶鐵 대들보띄쇠(1633영건 047ㄴ08)
15 大中道乃鐵 대중도래쇠(1819가례下 071ㄴ07)
16 頭甲鐵 두겁쇠(1667책례 077ㄴ09)
17 鐙子鐵 등즈쇠(1667영건 098ㄴ08)
18 登子鐵 등자쇠(1667책례 032ㄱ04)
19 鑞染蜈蚣鐵 납염지네쇠(1901영건 095ㄴ07)
20 兩曲牽馬鐵 양굽견마쇠(1805영건 077ㄱ03)
21 連鐵 이음쇠(1901영건 103ㄱ07)
22 莫只鐵 마기쇠(1866가례下 006ㄴ09)
23 貿鐵 무쇠(1832영건 108ㄴ08)
24 朴鐵 박쇠(1901책봉 076ㄴ06)
25 非其音鐵 비김쇠(1676책례 030ㄱ04)
26 沙乃朴鐵 사래박쇠(1900영건 116ㄴ02)
27 四足鐵 네발쇠(1633영건 073ㄴ03)
28 小引鉅金鐵䒗 소인거김쇠망(치)(1751책례 093ㄴ07)
29 所湯鐵 바탕쇠(1677영건 040ㄱ01)
30 水鐵 무쇠(1721책례 128ㄴ10)
31 水鐵迂里 무쇠우리(1819가례下 072ㄱ04)
32 牙鐵 어금쇠(1651책례 055ㄱ09)
33 乻只朴鐵 얼기박쇠(1748영건 251ㄴ06)
34 連鐵 이음쇠(1848진찬二 059ㄴ07)
35 亐里鐵 오리쇠(1900영건 059ㄱ05)
36 引鐵 끌쇠(1652영건 069ㄱ13)
37 赤貼鐵 적첩쇠(1726책례 065ㄴ05)

38 箭鐵 살쇠(1652영건 069ㄱ11)
39 鳥族鐵 조족철[새발쇠](1752영건 094ㄴ04)
40 鳥足鐵 조족철[새발쇠](1901책봉 076ㄱ08)
41 柱帶鐵 기둥띄쇠(1901진연三 001ㄴ01)
42 鐵高槽 철[쇠]고조(1721책례 150ㄱ02)
43 鐵南飛 철[쇠]남비(1877진찬二 053ㄴ11)
44 鐵大炙金 철대[쇠큰]적쇠(1706가례 274ㄴ05)
45 鐵籠籠 철[쇠]롱롱(1721책례 253ㄴ12)
46 鐵木器 철[쇠]목기(1721책례 148ㄴ10)
47 鐵烽爐 철[쇠]봉로(1706가례 274ㄴ07)
48 鐵亐里 철[쇠]우리(1901책봉 073ㄱ09)
49 鐵乼釘 철[쇠]줄정(1819가례下 074ㄴ02)
50 鐵執箇 철[쇠]집개(1721책례 149ㄱ02)
51 鐵燭籠 철[쇠]촉롱(1706가례 274ㄴ09)
52 鐵咊金 철[쇠]섥쇠(1706가례 274ㄴ06)
53 鐵火桶 철[쇠]화통(1706가례 274ㄴ08)
54 豊板鐵 풍판쇠(1900영건 116ㄴ01)
55 下莫只鐵 하마기쇠(1866가례下 006ㄱ08)
56 行者帶鐵 행자띄쇠(1900영건 117ㄱ05)
57 火口門樞鐵 아궁이문지도리쇠(1832영건 070ㄱ11)

'脚'과 '橋'는 둘 다 훈차로 쓰여 [다리] 음을 표기한다. 제2음절의 이표기 대응은 金과 鐵이다. 둘 다 훈차로 쓰여 [쇠] 음을 나타낸다. 차자 표기에서 金과 鐵의 대응은 흔하게 확인할 수 있다.(이상 金 : 釗 : 鐵의 교체에 대해서는 2.1.4.20 雪釗 항 참조.)

이상에서 '脚金, 橋鐵'을 분석한 결과는 다음과 같다.

(5) ① [다리] : 脚(훈독자), 橋(훈독자)
[쇠] : 金(훈독자), 鐵(훈독자)

'다리쇠'를 표기하였다. '다리쇠'는 '주전자나 냄비 따위를 화로 위에 올려놓을 때 걸치는 기구(〈표준〉)'를 이른다. 阿里金(1627가례 103ㄱ09)와 뜻이 같다.

크기에 따라 長橋鐵(1667책례 080ㄴ03), 中橋鐵(1690책례 104ㄱ08)로 구분한 예가 보이고, 風爐橋鐵(1875책례 084ㄱ02)는 기물의 용도를 보다 분명하게 밝힌 표기이다.

3 [고미릐(레)]

古門乃(1762가례下 087ㄴ06)

古尾乃(1866가례下 107ㄴ11)

古未乃(1759책례 030ㄱ06)

위의 표기는 제2음절에서 '門 : 尾 : 未'의 대응 관계를 보인다. 다음은 古, 門, 尾, 未, 乃의 용례는 다음과 같다.

(1) [古](2.1.2.6 古古里 항 참조.)

(2) [門](없음)

(3) [尾](2.1.2.8 求尾介 항 참조.)

(4) [未]
01 雄未里刀 웅미리도[칼](1690책례 131ㄴ06)
02 平未里 평미리(1900영건 122ㄴ05)

(5) [乃](2.1.4.38 釣乃 항 참조.)

'古'는 음차로 쓰여 [고] 음을 나타내고 '門', '尾', '未'는 모두 음차로 쓰여 [미] 음을 표기한다. '乃'도 음차로 쓰여 [릐(레)] 음를 표기한다.
이상에서 '古門乃, 古尾乃, 古末乃'를 분석한 결과는 다음과 같다.

(6) ① [고] : 古(음가자), 古(음가자), 古(음가자)
[미] : 門(음가자), 尾(음가자), 末(음가자)
[릐(레)] : 乃(음가자), 乃(음가자), 乃(음가자)
② 古尾乃고미릐 使之準平穀物者也〈行用〉
고미레(推扒)〈漢淸 346c〉
고미레(杋)〈物譜 耕農〉

'고미릐(레)'를 표기하였다. 고미릐(레)는 현재 ·으로 남아 있다. '고무래'는 '곡식을 그러모으고 펴거나, 밭의 흙을 고르거나 아궁이의 재를 긁어모으는 데에 쓰는 '丁' 자 모양의 기구로 장방형이나 반달형 또는 사다리꼴의 널조각에 긴 자루를 박아 만든다.(〈표준〉)'

4 [고다리]

古月乃(1706가례 217ㄴ11)

高月乃(1651책례 055ㄴ06)

古道乃(1681가례 257ㄱ04)

위의 표기는 제1음절에서 '古 : 高', 제2음절에서 '月 : 道'의 대응 관계를 보인다. 먼저 古, 高의 용례는 다음과 같다.

(1) [古](2.1.2.6 古古里 항 참조.)

(2) [高](2.1.3.4 膏飮 항 참조.)

(3) [月](2.1.2.33 月亇只 항 참조.)

(4) [道](2.1.2.13 都多益 항 참조.)

(5) [乃](2.1.4.38 釣乃 항 참조.)

'古'와 '高'는 음차로 쓰여 독음을 '고'로 확정하는 데 별무리는 없다. '月'은 대응 관계에 있는 '道'를 통해 훈차로 쓰인 것이 확인된다. '乃'는 음차로 쓰여 [리] 음을 표기한다.

이상에서 '古月乃, 高月乃, 古道乃'을 분석한 결과는 다음과 같다.

(6) ① [고] : 古(음가자), 高(음가자), 古(음가자)
[다] : 月(훈가자), 月(훈가자), 道(음가자)
[리] : 乃(음가자), 乃(음가자), 乃(음가자)

'고다리'로 추정된다. '고다리'는 '지겟다리 위에 뻗친 가지(《표준》)'를 이른다.

그런데 다음을 보면 古月乃, 高道乃는 의궤에서 주로 주렴틀과 전후해서 나타나고, 주렴장 소용 기물로 제시되어 있어 지금의 '고다리'와는 거리가 있다. 오히려 '주렴'과 연관이 있는 기물로 추정되나 정확하지 않다.

(1706가례 217ㄴ11)珠簾機 古月乃每機
(1819가례下 011ㄴ05)朱簾機 古月乃木 槓子具鎖鑰
(1651책례 055ㄴ06)朱簾匠所用高月乃六百介
(1667책례 094ㄴ09)高月乃四百介朱簾機
(1681가례 257ㄱ03)朱簾匠
(1681가례 257ㄱ04)朱簾機 古道乃

5 [구럭]

仇彔之(1671가례 015ㄱ06)

仇盝之(1866가례下 030ㄴ11)

위 표기는 제2음절에서 '彔 : 盝'의 대응 관계를 보인다. 의궤의 차자 표기에 쓰인 '仇, 彔, 盝, 之'의 용례는 다음과 같다.

(1) [仇](2.1.3.33 銀豆仇里 항 참조.)

(2) [彔](없음)

(3) [盝](없음)

'仇'와 '彔', '盝'은 음차로 쓰여 [구]와 [럭] 음을 표기한다.

(4) [之](2.1.3.9 朴古之 항 참조.)

위의 예를 보면 '之'는 의궤 자료에서 음차로만 쓰여 [지] 음을 나타낸다. 여기서는 앞 음절의 받침 'ㄱ'과 중첩된 중철 표기로 나타난다.

이상에서 '仇彔之'를 분석한 결과는 다음과 같다.

(5) ① [구] : 仇(음가자)
[럭] : 彔(음가자)
[ㄱ] : 之(말음첨기)
② 구럭 망태 어두〈漢淸 p.28〉
구러게 果實을(筐果)〈杜초 卄二11〉

'구럭'을 표기하였다. '구럭'은 '무엇을 넣기 위하여 새끼를 그물처럼 떠서 만든 물건(《표준》)'을 말한다. 그런데 다음을 보면 '구럭'이 다르게 해석될 가능성이 있다.

洪道介 仇彔之板(1681가례 328ㄴ03)
紅都叱介仇彔之板(1866가례下 048ㄱ05)
呩金 紅都乺仇彔之(1681가례 026ㄴ06)
紅都叱介仇盠之板(1866가례下 030ㄴ11)
紅道介仇彔之板(1866가례下 086ㄴ06)

6 [걸릐(레)]

[拘乙]介(1638가례 033ㄴ03)
拘介(1610책례 153ㄱ01)
[拘乙]箇(1762가례上 027ㄱ03)
擧乃布(1795원행四 045ㄴ09)
[擧乙]乃正布(1681가례 254ㄱ01)
乬乃(1651책례 044ㄱ06)
巨乃(1690책례 088ㄱ10)
去乙乃(1721책례 156ㄴ11)
拘乙介(1610책례 162ㄴ10)
去乃(1726책례134ㄱ01)
去乙內布(1706가례 268ㄱ07)

위 표기는 제1음절에서 '[拘乙] : 拘 : 擧 : [擧乙] : 乬 : 巨 : 去乙 : 拘乙 : 去'의 대응 관계와 제2음절에서 '介 : 箇 : 乃 : 內'의 대응 관계를 보인다. 의궤의 차자 표기에 쓰인 이들의 용례는 다음과 같다.

(1) [乫](없음)

01 乫排目 걸배목(1832영건 097ㄱ06)

(2) [拘](없음)

(3) [擧](2.1.2.4 擧頭美 항 참조.)

(4) [乬](2.1.5.7 乬乼 항 참조.)

(5) [乬]

01 乬加莫金 걸가막쇠(1748영건 171ㄴ05)

02 乬鉅匠 걸거장(1873진작 061ㄱ03)

03 乬鎖 걸쇠(1671가례 149ㄴ08)

04 㺚皮所百四十四乬里 달피바백사십사거리(1828진작二 022ㄴ04)

05 排目乬鎖 배목걸쇠(1744진연 055ㄴ08)

06 紗籠乬乼 사롱걸줄(1873진작 037ㄱ08)

07 左右長杠乬金 좌우장강걸쇠(1795원행四 055ㄱ05)

08 紅鄕糸乬所 홍향사걸바(1744진연 066ㄱ08)

(6) [巨](2.1.2.5 巨等(乙)只 항 참조.)

(7) [去乙]

01 去乙金 걸쇠(1667영건 157ㄱ10)

02 去乙皮 걸피(1762가례下 005ㄱ11)

(8) [拘乙](없음)

(9) [去]

01 去勿去鎖 거멀걸쇠(1652영건 055ㄱ10)

02 去勿丁 거물정[못](1652영건 055ㄱ05)

乫, 拘, 擧, 巪, 巨, 巨, 去乙, 拘乙, 去는 모두 음차로 쓰여 [걸] 음을 표기한다. 이 중 拘, 擧, 巨는 말음 ㄹ이 생략된 표기이다. 去乙, 拘乙은 두 자가 [걸] 음을 표기하였다. 去와 拘는 [거]를 표기하고, 乙은 말음첨기로 쓰여 받침 [ㄹ] 음을 나타낸다.

'乫'은 '拘'와 '乙'이 결합한 자로 그 음으로 '굴'을 상정할 수 있다. 그러나 '乫'은 '乫排目 걸배목(1832영건 097ㄱ06), 乫伊 걸이〈度支準折, 打鐵〉'처럼 [걸] 음 표기에 흔하게 쓰였다. 이들 표기에서 '乫'은 일차적으로 '掛'의 의미를 갖는다. 또한 [걸] 음을 표기하는 巪, 巨이 오는 자리에 乫이 쓰인 것으로 보아 '乫'이 [걸] 음을 표기할 가능성은 높다. 따라서 '乫'의 [걸] 음 표기는 표기자의 수의적인 선택으로 보인다.[151]

제2음절의 이표기 대응은 '介', '箇', '乃'이다. 다음은 이들 용자가 쓰인 용례이다.

(10) [介](2.1.2.8 求尾介 항 참조.)

(11) [箇](2.1.2.25 梳次介 항 참조.)

(12) [内]
01 内拱藍雲紋緞 안감남운문단(1866가례下 027ㄱ05)
02 牛内心肉 소안심육(1828진작二 002ㄴ01)

이들은 모두 음가자로 쓰여 [긔(레)] 음을 나타낸다.

이상에서 '乫介, 拘介, 乫箇, 擧乃, 巪乃, 巨乃, 巨乃, 去乙乃, 拘乙介, 去乃, 去乙内'를 분석한 결과는 다음과 같다.

151 황금연(1997: 41)에서는 乫의 [걸] 음 표기를 관행에 따른 결과로 설명한 바 있다.

(13) ① [걸] : 乫(음가자), 拘(음가자), 乫(음가자), 擧(음가자), 乬(음가자), 乬(음가자), 巨(음가자), 去乙(음가자), 拘乙(음가자), 去(음가자), 去乙(음가자)
[리/레] : 介(음가자), 介(음가자), 箇(음가자), 乃(음가자), 乃(음가자), 乃(음가자), 乃(음가자), 乃(음가자), 介(음가자), 乃(음가자), 內(음가자)
② 拘乙介걸리拭水者也〈行用〉
걸레(抹)〈漢淸 346c〉

'걸레'를 표기하였다. 의궤 자료에는 직물의 소재에 따라 正布乫介(1866가례下 031ㄴ11)와 白苧布乫介(1866가례下 031ㄴ12)로 구분한 예가 보인다. 또 걸레감으로 대부분 이 두 가지가 제시되어 있는 것으로 보아 두 직물이 걸레를 만드는 데 가장 적합했던 것으로 보인다. 擧乃布(1795원행四 045ㄴ09), 去乙乃白苧布(1721책례 156ㄴ11)는 擧乃, 去乙乃 뒤에 布와 白苧布가 와서 걸레를 만드는 재료가 직물임을 분명히 한 표기라 할 수 있다.

그런데 다음을 보면 ①과 ②의 擧乃는 서로 제시된 환경이 다르다.

① 乫介次白正布(1887진찬二 066ㄱ07)
擧乃布(1795원행四 045ㄴ09)
乫介次白苧布(1765가례二 038ㄴ05)
乬乃次白正布(1765가례二 038ㄴ05)
乫介次白苧布白正布各一尺五寸(1765가례二 038ㄴ12)

② 木擧乃一部(1765가례二 050ㄱ04)
木擧乃五坐每坐所入薄松板五尺(1765가례二 052ㄱ05)

또한 다음을 보면 擧乙乃와 拘乙介가 나란히 기재되어 있어 최소한 두 표기는 서로 다른 대상을 지시하는 것으로 보는 것이 적절하다.

③ 擧乙乃布(1680빈전 265ㄱ06)
拘乙介布(1680빈전 265ㄱ07)
㧾介次白苧布(1765가례二 038ㄴ05)
䢳乃次白正布(1765가례二 038ㄴ05)

이상을 종합하면, 擧乃는 환경에 따라 달리 해석해야 하며, 이때는 木이 선행하여 대상을 보다 명확하게 구분하기도 한다. 또한 擧乙乃, 拘乙介는 나란히 기재된 것으로 보아 서로 다른 대상을 지시하는 것으로 봐야 한다.

7 [기울]

其火(1719진연二 055ㄴ03)

의궤의 차자 표기에서 '其'와 '火'는 다음과 같이 쓰였다.

(1) [其]
01 飛其音金 비김쇠(1652영건 062ㄱ01)
02 西吉乼其 서살얼기(1667영건 162ㄱ09)

(2) [火](2.1.2.9 羅兀 항 참조.)

其는 음차로 쓰여 [기] 음을, 火는 훈차로 쓰여 [불] 음을 표기한다. 이상에서 '其火'을 분석한 결과는 다음과 같다.

(3) ① [기] : 其(음가자)
[울] : 火(훈가자)
② 밄기울(麩)〈救간 六86〉
麩기울〈四解 上38〉

기울 부(麩)〈字會 中22〉

'기울'의 표기로 현재 '기울'로 남아 있다. 기울은 '밀이나 귀리 따위의 가루를 쳐내고 남은 껍질을 이른다.(《한자 —》)'

8 [덩방]

德應房(1610책례 106ㄴ03)

의궤의 차자 표기에서 '德', '應', '房'은 다음과 같이 쓰였다.

(1) [德](없음)

(2) [應]
01 德應房 덩방(1706가례 219ㄴ06)
02 德應 덩(1722책례 058ㄱ07)
03 廉無應赤 염뭉치(1667책례 096ㄱ07)
04 文加應金 문덩(이)쇠(1752영건 083ㄴ10)
05 申加應伊[152] 신덩이(1651가례 117ㄱ12)

(3) [房](없음)

'德'은 음차로 쓰여 [더] 음을, '應'은 받침 [ㄱ]을 표기하였다. '房'은 음차로 쓰여 [방] 음을 나타낸다.
이상에서 '德應房'을 분석한 결과는 다음과 같다.

---

152 '應'이 말음 ㄱ을 표기하는 예는 호적대장의 인명 표기에서도 찾을 수 있다. 加(應)致(1759년) 덩치, 加(應)伊金(1717년)-加應金(1720년) 덩이쇠, 加(應)巨里(1729년)-加巨里(1732년)-加巨里(1735년) 덩거리, (김경숙 1989 참조.)

(4) ① [더] : 德(음가자)
[ㅇ] : 應(말음첨기)
[방] : 房(음독자)
② 덩ㄱ톤 거슬 메고〈癸丑 p.108〉
덩발을 들어 뼈 기드로거든〈家언 四17〉
보비로 우뮨 덩과로〈 석十三 19 〉

'덩방'을 이른다. 덩방은 '조선 시대에, 사복시(司僕寺)에 속하여 공주와 옹주가 타는 가마에 관한 일을 맡아보던 곳(〈표준〉)'이다. '덩'은 '공주나 옹주가 타던 가마(〈표준〉)'를 말한다.

9 [동[구리]뒷대야]

銅北鐥(1721책례 146ㄱ11)

의궤의 차자 표기에서 '銅', '北', '鐥'은 다음과 같이 쓰였다.

(1) [銅](2.1.4.7 銅亇飛介 참조.)

(2) [北](2.1.2.23 北分土 항 참조.)

(3) [鐥](2.1.4.7 銅味鐥 항 참조.)

'北'과 '鐥'은 각각 훈차로 쓰여 [뒤]와 [대야]를 표기한 것이다. 이상에서 '銅北鐥'을 분석한 결과는 다음과 같다.

(4) ① [동/구리] : 銅(음독자/훈독자)
[뒷] : 北(훈독자)
[대야] : 鐥(훈독자)

② 北鐥 뒷대야〈行用〉〈吏讀便覽〉

'동[구리]뒷대야'를 표기한 것으로 지금의 뒷물대야를 말한다. 의궤 자료에는 기물 앞에 銅-이 선행하는 예만 보이는 것으로 보아 주로 구리로 만들었을 것으로 추정된다.

한편, 銅北鐥과 비슷한 구조를 보이는 銅北甁(1671가례 209ㄱ05)을 〈한자 ㅡ〉에서는 '뒷물할 물을 담는 병'으로 풀이하였는데, 다음 기사를 보면 銅北甁의 쓰임이 보다 분명해진다.

銅北鐥一重二斤十三兩銅末飛介代銅北甁一重二斤九兩(1721책례 146ㄱ11)

10 [빗대(비쌔)]

肚帶(1690책례 130ㄴ04)

의궤의 차자 표기에서 '肚', '帶'는 다음과 같이 쓰였다.

(1) [肚]

01 白吐紬襦裹肚 백토주핫과두(1759가례上 016ㄱ04)
02 黑肚 흑두(1681가례 119ㄱ03)

(2) [帶]

01 高柱帶鐵 고주띄쇠(1752영건 061ㄱ01)
02 大樑帶鐵 대들보띄쇠(1633영건 047ㄴ08)
03 帶朴只 띄바기(1748영건 115ㄱ11)
04 帶把刀 대파놀(1752영건 021ㄴ04)
05 柱帶鐵 기둥띄쇠(1764영건 072ㄴ03)
06 平交帶連鐵 평교되이음쇠(1805영건 076ㄴ12)
07 火口板帶木 아궁이널띄목(1830영건 090ㄴ09)

이상에서 '肚帶'를 분석한 결과는 다음과 같다.

(3) ① [빗(빅)] : 肚(훈독자)
[대(때)] : 帶(음독자)
② 빗대(肚帶)〈譯語 下20〉
肚帶 빅대〈柳物一 毛〉
빅때(鞅)〈物譜 牛馬〉
빅때〈漢淸 133b〉

지금의 '뱃대'를 표기하였다. 뱃대(끈)는 '마소의 안장이나 길마를 얹을 때에 배에 걸쳐서 졸라매는 줄로 마앙(馬鞅), 뱃대, 식골추라고도 한다.(《표준》)' 관련어로 肚帶舌金(1690책례 130ㄴ04)가 있다. 肚帶+舌金의 구조로 분석이 가능하고, 舌金이 '흔들면 소리가 나도록 요령 안에 매단 쇠(《한자三》)'임을 고려하면 肚帶舌金의 쓰임을 짐작할 수 있다.

11 [마요(마유, 매유)]

馬腰(1627가례 060ㄴ04)

馬要(1627가례 108ㄴ12)

亇腰(1718가례 018ㄴ02)

亇腰機(1718가례 301ㄱ03)

亇要(1718가례 300ㄴ02)

위 표기는 제1음절의 馬 : 亇, 제2음절의 要 : 腰의 대응 관계를 보인다. 이들 용자가 쓰인 용례는 다음과 같다.

(1) [馬](2.1.4.4 刀亇 항 참조.)

(2) [㐎](2.1.2.33 月㐎只 항 참조.)

(3) [要](2.1.4.19 沙用 항 참조.)

(4) [腰]

01 腰輿 요여(1866가례下 082ㄱ12)

02 腰江 요강(1706가례 075ㄱ10)

'馬', '㐎'와 '要', '腰'는 모두 음차로 쓰여 각각 [마(매)]와 [요(유)] 음을 나타낸다.

이상에서 '馬腰, 馬要, 㐎腰, 㐎要'를 분석한 결과는 다음과 같다.

(5) ① [마, 매] : 馬(음가자), 馬(음가자), 㐎(음가자), 㐎(음가자)
[유, 요] : 腰(음가자), 要(음가자), 腰(음가자), 要(음가자)
② 마유(厠牏)〈物補 几案〉
뒤보는 마요 톄엿 거시라〈小언 六89〉
매유통 투(牏)〈字會 中6〉
믹요〈뎡미가례시일긔〉

'마요(마유, 매유)'를 표기한 것이다. 옛 문헌 자료에 마유, 마요, 매유 등으로 기록이 남아 있고 현용 국어사전에는 매화틀로 등재되어 있다. 마요(마유, 매유)는 동음이의어로 궁중에서 사용하는 이동식 변기를 뜻하는 동시에, 변을 궁중에서 달리 일컫는 말이기도 하다. 전자의 경우 구리로 만든 마요(마유, 매유)[銅馬腰(1866가례下 076ㄱ04)]와 황칠을 한 마요(마유, 매유)[黃漆㐎要(1706가례 257ㄱ04)] 등이 있다. 경우에 따라서는 '-機'가 생략된 형태로 쓰이기도 하지만 '馬要機[마요(마유, 매유)틀]'의 표기가 정확하다. '馬要, 馬腰, 㐎要, 㐎腰'와 함께 每要, 磨要〈順和宮嘉禮時節次〉로도 표기한다.

한편 馬腰乬鎖(1671가례 148ㄴ09)는 경우에 따라 ① 마요(마유, 매유)[매화]의 모양을 한 걸쇠 ② 마요(마유, 매유)에 소용되는 걸쇠의 두 가지 뜻으로 해석이 가능하다.

김연주(2008a: 307~308)에서는 '馬腰巨乙鎖(馬腰乬鎖, 馬要乬鎖, 馬腰乬金)'에서 '馬腰'는 후행하는 '걸쇠'를 수식하여 '마요(마유, 매유)[매화]의 모양을 한 걸쇠'를 지칭하는 표기로 해석될 여지가 있다[153]고 지적하였다. 그 근거로 '매화'는 궁중에서 '糞'을 가리키는 말로 위에 제시된 '馬要(腰)'가 변기인 '매화틀'을 가리키지만 '馬要(腰)'의 피수식어로 '巨乙鎖, 乬鎖, 乬鎖, 乬金'가 쓰인 것으로 보아 '매화틀'의 '매화'를 음이 같은 '매화(꽃)'와 연관지어 볼 수 있다고 설명한다. 즉 '糞'을 지시하는 말로 '매화'가 널리 알려져 있음을 전제한다면 매화(糞)와 음이 같은 매화(꽃)를 '梅花'로 표기하는 대신 '馬腰(要)'로 표기했을 가능성이 있다고 본 것이다. 그렇다면 위에 제시된 '마요(마유, 매유)'는 '매화틀'을 가리키는 '마요(마유, 매유)'가 아니라 이미 '꽃(매화)'으로 의미가 전용되어 쓰인 것으로 보아야 할 것이다.

이와 동시에 차자 표기가 수의적임을 감안하더라도 매화(꽃)을 표기하는 데 한자 梅花 대신 차자를 동원했을까하는 문제가 있음을 지적하였다. 또한 의궤에 보이는 차자 표기에는 수식어가 사용처를 밝히는 예[154]가 더러 있음을 들어 '마요(마유, 메유)'가 앞 요소로 와

---

153 이는 동·식물에 의한 비유적인 구성소의 표기로 이런 방법의 조어는 '蜈蚣鐵釘 지네쇠못(1832영건 069ㄴ12), 牛尾樑 꼬리보(1772영건 085ㄴ03), 鼠目釘 쥐눈이못(1667영건 132ㄱ03), 鴨項釘 오리목못(1677영건 036ㄱ06)', '菊花童 국화동(1764영건 047ㄴ11)', '鳥足金 새발쇠(1667영건 126ㄴ11)', '馬足椽 몰굽셧가래(1900영건 111ㄴ06)' 등에서도 보인다.(김연주 2009a:307)

154 다음의 용례는 앞 요소가 바탕어인 뒷 요소를 수식하여 사용처를 밝히고 있다.

서 걸쇠의 사용처 밝힌 것일 가능성도 함께 제기하였다.

12 [망올/망얽이]

網兀(1671가례 149ㄴ07)

(1) [網](없음)

(2) [兀](2.1.2.9 羅兀 항 참조.)

兀이 [올] 음을 표기하는지, [얽이] 음을 표기하는지 명확하지 않다. 지금의 망얽이를 표기하였지만, 兀을 얽이로 읽을 근거가 부족해서 독음을 정확하게 단정짓기가 곤란하다.

(3) ① [망] : 網(음독자)
[올/얽이] : 兀(음가자)

지금의 '망얽이'를 표기하였다. 망얽이는 '노끈으로 그물을 뜨듯이 얽은 물건. 또는 그런 그물(《표준》)'을 가리킨다.

13 [벼림]

別音(1721책례 084ㄴ06)

雙窓乻骨 쌍창얼굴(1764영건 021ㄱ09) 分閤乻骨 분합얼굴(1900영건 050ㄱ12)
廣窓乻骨 광창얼굴(1900영건 050ㄴ11) 斜窓乻骨 사창얼굴(1752영건 060ㄴ03)
火口門乻骨 아궁이문얼굴(1647영건 062ㄱ09) 同介甘佐非 동개감자비(1900영건 117ㄱ02)
烟桶甘佐非 연통감자비(1900영건 117ㄱ05) 鷲頭巨勿丁 취두거멀못(1748영건 284ㄴ08)
障子乶金 장지걸쇠(1633영건 039ㄱ12) 朱簾乶釗 주렴걸쇠(1900영건 055ㄱ07)
函室乶金 함실걸쇠(1633영건 063ㄱ03) 排目乬鎖 배목걸쇠(1633영건 055ㄱ02)

(1) [別]
01 別伊 벼리(1681가례 241ㄴ07)

(2) [音](2.1.2.7 古音 항 참조.)

別과 音은 모두 음차로 쓰여 [벼]와 [림]을 표기한다.
이상에서 '別音'을 분석한 결과는 다음과 같다.

(3) ① [벼] : 別(음가자)
[림] : 音(음가자)
② 도믜 벼려 두러 메고〈靑大 p.132〉

'벼림'은 '벼리다'의 어간 '벼리-'에 명사형 어미 -ㅁ(音)이 통합된 자로 '날이 무딘 연장을 불에 달궈 날카롭게 만듦(〈한자 四〉)'을 뜻한다.

冶匠所用別音炭十斗(1721책례 096ㄴ09)

14 [벼리]

別伊(1681가례 241ㄴ07)

(1) [別]
01 別音 벼림(1721책례 084ㄴ06)

(2) [伊](2.1.3.2 乫非 항 참조.)

'別'과 '伊'는 모두 음차로 쓰여 [벼]와 [리]를 표기한다.
이상에서 '別伊'를 분석한 결과는 다음과 같다.

(3) ① [벼] : 別(음가자)
[리] : 伊(음가자)
② 벼리 강(綱)〈字會 중14〉〈類合 下9〉
紀 벼리 건 줄이라〈柳物二水〉
그믌 벼리롤 자ᄇᆞ니(提綱)〈杜초 十六63〉

'벼리'를 표기하였다. 벼리는 '그물의 위쪽 코를 꿰어 놓은 줄로 잡아당겨 그물을 오므렸다 폈다 한다.(〈표준〉)' 의궤에서는 다음과 같이 쓰였다.

別伊紅眞絲三甲繩(1681가례 241ㄴ07)
別伊三甲繩(1718가례 217ㄱ08)
別伊三甲大紅鄕絲繩(1610책례 149ㄱ08)

15 [부들]

夫月(1719진연二 009ㄱ06)

의궤의 차자 표기에서 '夫', '月'은 다음과 같이 쓰였다.

(1) [夫](2.1.4.17 夫獨只 항 참조.)

(2) [月](2.1.2.33 月亇只 항 참조.)

위 표기에서 '夫'와 '月'은 각각 음차와 훈차로 쓰여 [부]와 [들]음을 표기한다.
이상을 종합하면 다음과 같다.

(3) ① [부] : 夫(음가자)

[들] : 月(훈가자)

현재 '부들'로 남아 있다. 부들은 '명주실이나 무명실을 꼬아 현악기의 현을 잇는 데 쓰는 줄(《표준》)'을 말한다. 옛 문헌 자료에서 '부들'을 찾을 수 없어 月의 독음을 [들]로 확정할 근거는 부족한 편이다. 다만, 夫月과 이표기 관계에 있는 夫道乙〈景慕宮樂器造成廳儀軌〉을 통해 月의 해독음을 추정할 수 있다.

16 [비누]

飛陑(1819가례下 085ㄱ11)

豆非陑(1762가례下 123ㄴ05)

위 표기는 제1음절의 '非 : 飛'의 대응 관계를 보인다. 다음은 의궤 자료에 보이는 이들의 용례이다.

(1) [飛](2.1.2.10 訥飛 항 참조.)

(2) [非](2.1.2.10 訥飛 항 참조.)

'非'와 '飛'는 둘다 음차로 쓰여 [비] 음을 표기하였다. 위 예를 보면 '飛'는 의궤의 차자 표기에서 훈차와 함께 음차로 고르게 이용되었음을 알 수 있다. 여기서는 '飛'와 대응 관계를 보이는 '非'를 통해 '飛'가 음차로 이용되어 [비] 음을 표기하였음을 확인할 수 있다.

(3) [陑]

01 陑飛 누비(1706가례 207ㄱ08)

‘陋’는 의궤의 차자 표기에서 대부분 음차로 쓰여 [누] 음을 나타낸다.

이상에서 ‘非陋, 飛陋’를 분석한 결과는 다음과 같다.

(4) ① [비] : 非(음가자), 飛(음가자)
[누] : 陋(음가자), 陋(음가자)
② 향 비누(肥皂)〈漢淸 338c〉
비노 잇ᄂᆞ냐(肥棗)〈朴重 下23〉
비노(皂角)〈譯語 上48〉
비노통(胰壺)〈同文 上54〉

‘비누’를 표기한 것이다. 豆非陋(1762가례下 123ㄴ05)이나 菉豆飛陋(1667책례 054ㄴ09)처럼 豆와 綠豆가 앞 요소로 와서 재료적 속성을 밝히기도 한다. 다른 표기로 飛露[155]가 있으나 가례 관련 의궤 자료에는 보이지 않는다.

17 [쇠야기]

所也只(1819가례下 122ㄴ07)

의궤의 차자 표기에서 ‘所’, ‘也’, ‘只’는 다음과 같이 쓰였다.

(1) [所](2.1.4.19 沙用 항 참조.)

(2) [也](2.1.4.8 銅前大也 항 참조.)

(3) [只](2.1.2.5 巨等(乙)只 항 참조.)

---

155 飛露. 本朝. 俗稱豆屑洗面者曰飛露.〈古今釋林 28, 東韓譯語, 釋穀〉

'所', '也', '只'는 모두 음차로 쓰여 각각 [소], [야], [기] 음을 표기한다.

이상에서 '所也只'를 분석한 결과는 다음과 같다.

(4) ① [쇠] : 所(음가자)
　　　[야] : 也(음가자)
　　　[기] : 只 (음가자)
　② 楔 쇠야기〈四解 下83〉
　　쇠야기 할(轄)〈字會 中26〉
　　쇠야기 설(楔)〈字會 中18〉
　　쇠야기(楔子)〈譯語 上17〉
　　몯과 쇠야밀 쌔혀(去丁楔)〈南明 下57〉

'쇠야기'를 표기한 것으로 현재 '쐐기'로 남아 있다. '쐐기'는 '물건의 틈에 박아서 사개가 물러나지 못하게 하거나 물건들의 사이를 벌리는 데 쓰는 물건으로 나무나 쇠의 아래쪽을 위쪽보다 얇거나 뾰족하게 만들어 사용한다.(《표준》)'

한편 所也只는 쐐기나방의 애벌레를 가리키기도 하는데[156] 가례 관련 의궤 자료에는 대부분 건축 관련 부재와 같이 제시되어 있어 쐐기로 쓰였음을 확인할 수 있다.

抹秃次中椽木 箇所也只次雜木 箇朴只大巨勿釘(1819가례下 122ㄴ07)
小所也只四十介登子金四介等用還次進排事捧甘(1722책례 210ㄴ05)

小所也只(1722책례 210ㄴ05)가 있는 것으로 보아 기물의 종류가 크기별로 구분되었음을 알 수 있다.

다른 표기로 所惡只〈景慕宮樂器造成廳儀軌 來關秩, 稟目〉가 있다.

---

156 衺惡只 蚝, 所也只〈鄉藥救急方 上5〉

18 [바탕]

所筒(1690책례 127ㄴ11)

의궤의 차자 표기에서 '所', '筒'은 다음과 같이 쓰였다.

(1) [所](2.1.4.19 沙用 항 참조.)

(2) [筒]
01 筒兒 통아(1634책례 068ㄱ09)
02 寶筒匠 보통장(1690책례 050ㄴ10)

'所'는 훈차로 쓰여 [바] 음을, '筒'은 음차로 쓰여 [탕] 음을 나타낸다. 이상에서 '所筒'을 분석한 결과는 다음과 같다.

(3) ① [바] : 所(훈가자)
[탕] : 筒(음가자)
② 바탕 뎡(鞓)〈字會 中23〉
바탕이 너므 기니(鞓帶忒長了)〈朴초 上18〉

'바탕'을 표기하였다. 바탕은 '가죽띠의 옛말(《한자 二》)'이며, '가죽띠를 만드는 장인(《한자 二》)'을 所筒匠(1690책례 051ㄱ01) 이라 한다.

19 [느림]

於伊音(1721책례 174ㄱ02)

於于音(1610책례 151ㄴ10)

위 표기는 제2음절의 '伊 : 于'의 대응 관계를 보인다. 먼저 의궤의 차자 표기에 쓰인 '於, 伊, 于, 音'의 용례는 다음과 같다.

(1) [於](2.1.2.32 於亐味 항 참조.)

(2) [伊](2.1.3.2 㚓非 항 참조.)

(3) [于](2.1.4.31 鍮亐斤蓋兒 항 참조.)

(4) [音](2.1.2.7 古音 항 참조.)

'於'는 훈차로 쓰여 [느] 음을, '伊'와 '于'는 음차로 쓰여 [리] 음을, '音'은 말음첨기로 쓰였다.

이상에서 '於伊音', '於于音'을 분석한 결과는 다음과 같다.

(5) ① [느] : 於(훈가자), 於(훈가자)
[리] : 伊(음가자), 于(음가자)
[ㅁ] : 音(말음첨기), 音(말음첨기)
② 金 노ᄒᆞ로 길흘 느리고〈석상 九10〉
欄ᄋᆞᆫ 나모 느륜 高欄이오〈월석 十51〉
노ᄒᆞᆯ ᄡᅩ아 그 ᄀᆞᅀᅢ 느리고〈월석 12: 9〉

'느림'을 표기하였다. '느림'은 '헝겊·줄·방울 따위와 같이, 장막이나 깃발 따위의 가장자리에 장식으로 늘어뜨린 좁은 물체.(《표준》)'를 일컫는다. 의궤에 보이는 於伊音 역시 蓮葉倚子於伊音(1721책례 174ㄱ02), 倚子於伊音(1721책례 186ㄱ12)으로 쓰이고 있어 於伊音이 현재의 느림임을 알 수 있다.

관련어로 踏板左右於于音朴鐵(1610책례 151ㄴ10)가 있고, 於里音〈尙方定例2, 別例 上〉으로도 표기한다.

20 [오랑]

乭郞(1690책례 127ㄴ10)

(1) [乭](2.1.2.15 方兀 항 참조.)

우리말의 [올] 음을 표기하기 위하여 '吾'와 '乙'을 결합하여 만든 글자(〈한자 ㅡ〉)이다.

(2) [郞]
01 奉支郞 받지랑(1819가례下 118ㄱ11)
02 鳳持郞 받지랑(1667영건 129ㄱ12)
03 捧支郞甘佐非 받지랑감좌비(1805영건 078ㄱ01)
04 捧持郞竹 받지랑대(1667영건 171ㄱ11)
05 小時郞 쇼시낭(1752영건 097ㄱ01)

'乭'과 '郞'은 둘다 음차로 쓰여 [오]와 [랑] 음을 표기한다.
이상에서 '乭郞'을 분석한 결과는 다음과 같다.

(3) ① [오] : 乭(음가자)
[랑] : 郞(음가자)
② 肚帶 오랑〈老諺重 下27a〉
오랑 드리웟고(肚帶)〈朴초 上30〉
오랑 느추고(鬆了肚帶)〈老諺 上30〉

'오랑'은 현재 '워낭'으로 남아 있다. 워낭은 '마소의 귀에서 턱 밑으로 늘여 단 방울. 또는 마소의 턱 아래에 늘어뜨린 쇠고리(〈표준〉)'를 이른다. 乭郞圓環(1690책례 128ㄱ09)으로도 표기하는데, 이때 圓環은 워낭의 모양을 한 번 더 강조한 것으로 보인다. 워낭을 만드는 일을 하는 乭郞匠(1690책례 144ㄱ08)이 있다.

五郞〈度支準折〉로도 표기한다.

21 [요강]

要江(1690책례 040ㄴ01)

腰江(1706가례 075ㄱ10)

要杠(1718가례 211ㄴ04)

溺江(1829진찬二 016ㄴ08)

鍮溺缸(1795원행四 038ㄱ03)

要江(1795원행五 047ㄱ02)

위 표기는 제1음절의 '要 : 腰 : 溺'과 제2음절의 '江 : 杠 : 缸'의 대응 관계를 보인다. 다음은 의궤의 차자 표기에 쓰인 '要', '腰', '溺', '江', '杠', '缸'의 용례이다.

(1) [要](2.1.4.19 沙用 항 참조.)

(2) [腰](2.1.6.11 馬腰 항 참조.)

(3) [江](없음)

(4) [杠](없음)

(5) [缸](2.1.5.38 要江 항 참조.)

'要', '腰', '溺'와 '江', '杠', '缸'은 모두 음차로 쓰여 각각 [요]와 [강] 음을 나타낸다.

이상에서 '要江, 腰江, 要杠, 溺江, 溺缸, 要江'을 분석한 결과는 다음과 같다.

(6) ① [요] : 要(음가자), 腰(음가자), 要(음가자), 溺(음가자), 要(음가자)
[강] : 江(음가자), 江(음가자), 杠(음가자), 缸(음가자), 江(음가자)
② 요강(夜壺)〈譯語補 43〉〈同文 下15〉

'요강'은 '방에 두고 오줌을 누는 그릇으로 놋쇠나 양은, 사기 따위로 작은 단지처럼 만든다.(〈표준〉)' '주로 방안에서 소변기로 사용했지만, 여성이 가마로 여행할 때 휴대하기도 했다.(〈의궤사전〉)' 요강의 주재료를 밝혀 적은 '鍮要江(1706가례 260ㄱ08), 鍮溺江(1812책례 022ㄴ02)'이 있다.

22 [양치대야]

鍮小養齒鐥(1681가례 023ㄴ03)

의궤의 차자 표기에서 '養', '齒', '鐥'은 다음과 같이 쓰였다.

(1) [養](없음)

(2) [齒]
01 無齒鉅 무치거(1748영건 205ㄱ10)
02 有齒朴 유치박(1748영건 204ㄱ06)
03 齒瓢子 니표자(1873진작 034ㄱ07)

(3) [鐥](2.1.4.7 銅味鐥 항 참조.)

이상에서 '養齒鐥'를 분석한 결과는 다음과 같다.

(4) ① [양] : 養(음가자)
[치] : 齒(음가자)
[대야] : 鐥(훈독자)
② 내 양지질 하자(我嗽口)〈朴重 下2〉
양지ᄒᆞ야 ᄉᆞᆷ끼라〈救方 上51〉
양치믈ᄒᆞ다(漱口)〈同文 上54〉

'양치대야'로 읽을 수 있다. 양치대야는 바탕어인 대야에 양치가 앞 요소로 와서 대야의 종류를 분화시키는 구실을 한다. 양치는 현용 사전에서 '이를 닦고 물로 입 안을 가심. 한자를 빌려 '養齒'로 적기도 한다(〈표준〉)'고 풀이한다.

23 [잉아]

伊我(1610책례 078ㄱ07)
忍我(1725책례 052ㄴ02)

의궤의 차자 표기에서 '伊', '忍'과 '我'는 다음과 같이 쓰였다.

(1) [伊](2.1.3.2 㐥非 항 참조.)

(2) [忍](없음)

(3) [我](없음)

'伊', '忍'과 '我'는 모두 음차로 쓰여 [잉]과 [아] 음을 표기한다. 이상에서 '伊我'를 분석한 결과는 다음과 같다.

(4) ① [잉] : 伊(음가자), 忍(음가자)

[아] : 我(음가자), 我(음가자)

② 잉ᄋᆞ(線繒子)〈漢淸 326a〉

綜 잉아〈四海 上4〉

잉아 종(綜)〈字會 中28〉

비단 ᄧᆞᄂᆞᆫ 잉아(掙線)〈譯語 下3〉

綜線 잉아실〈柳物三草〉

이아 爲綜〈解例 用字〉

'잉ᄋᆞ(아)'의 표기로 '베틀의 날실을 한 칸씩 걸러서 끌어 올리도록 맨 굵은 실(《표준》)'을 이른다. 의궤 기록에 따르면 잉ᄋᆞ(아)는 주로 흰색 실이 이용된 것으로 보인다.

忍我白絲一斤(1651책례 016ㄴ02)

忍我白絲一斤(1667책례 025ㄴ01)

忍我白絲一斤(1721책례 067ㄱ10)

忍我白絲一斤(1736책례 064ㄱ06)

忍我白絲一兩(1681가례 207ㄴ02)

忍我白絲一斤(1725책례 052ㄴ02)

24 [넉ᄌᆞ]

芿子(1829진찬二 016ㄴ08)

蒚子(1719진연一 037ㄱ02)

芿坐(1759책례 029ㄴ04)

위 표기는 제1음절의 '芿 : 蒚'의 대응 관계를 보인다. 먼저 의궤의 차자 표기에 쓰인 芿, 蒚의 용례는 다음과 같다.

(1) [芿](없음)

(2) [莻](없음)

(3) [子](2.1.2.4 昆者手 항 참조.)

(4) [坐]

01 濃澹漆排案牀一坐(1751책례 053ㄱ05)
02 大銅鍋一坐(1736책례 166ㄱ07)
03 大釜一坐(1762가례下 031ㄱ03)
04 陶罐一坐(1762가례下 027ㄴ11)
05 陶東海一坐(1751책례 112ㄴ08)
06 陶所羅三坐(1762가례下 031ㄱ03)
07 陶所羅二坐(1751책례 112ㄴ09)
08 蓮花方席二坐(1762가례下 014ㄴ07)
09 毛老臺一坐(1759책례 061ㄴ08)
10 木把槽二坐(1762가례下 031ㄱ03)
11 白缸一坐(1751책례 077ㄱ10)
12 洗水苔席一坐(1762가례下 014ㄴ09)
13 水甕一坐(1762가례下 031ㄱ03)
14 鑄伐兒一坐(1736책례 166ㄱ07)
15 朱筒一坐(1762가례下 009ㄱ07)
16 土火爐一坐(1751책례 064ㄴ12)
17 土火爐一坐(1751책례 078ㄴ12)
18 風爐一坐(1759책례 061ㄴ08)

'莻'은 7종성의 표기를 주목적으로 한 상하통합자로 기존의 한자에 '叱'이 결합하여 조자되었다. 상하통합으로 조자된 고유한자는 그에 따른 음의 확정이 대체로 일정한 규칙을 지니는데, 본체형의 한자가 가진 원래의 음을 유지하고 그것이 부가형 표기자 '叱'이나 '乙'의 음과 결합하여 새로운 음을 생성하게 된다. 그래서 '莻'은 그 음으로 '잇'이 우선적으로 기대된다.[157]

그런데 다음을 보면 '䒹'은 여러 문헌에서 다양한 음을 표기하는 것으로 나타난다.

> 芿子 넉ᄌ 印方席也〈行用吏文〉
> 芿叱 音 넙 胡人李芿叱乭〈五洲衍文長箋散稿〉
> 芿叱之 늣지, 芿叱介 늗개, 芿叱達 늣달〈東國新續三綱行實圖〉
> 木麥花 芿藏伊 모밀느정이〈救荒撮要 11〉
> 䒹之 늣지·䒹介 늣개〈東國新續三綱行實圖〉

김종훈(1992: 85)에서 '䒹'을 奴婢名 '䒹釗·䒹金·䒹今' 등에서 형성된 고유한자로 '늦다'의 '늦(晩)'을 음차 표기한 것으로 설명한 바 있어 '䒹'이 인명 표기에도 쓰였음을 알 수 있다. 또 다음을 보면 지명표기에서 [늣] 음을 표기하였다.

> 洪州屬島有芿늣盆島芿盆者悲之謂也一名鳴呼島〈書永篇下〉
> 我國多字書所無之字……又有有音無意之字芿音늣……〈書永篇下〉(김종훈 1992: 85 재인용)

이상을 종합하면 '䒹'의 '叱'은 '늦, 늣, 넉, 넙, 늗'의 말음 [ㅈ], [ㅅ], [ㄱ], [ㅂ], [ㄴ] 음을 표기했을 가능성이 있다. 만약 '䒹'의 '叱'이 'ㅅ'이 아닌 다른 음을 표기한 것이라면 종래의 차자 표기에서 말음 [ㅅ] 음 표기에 주로 쓰이던 '叱'의 기능이 확대된 것으로 추정해 볼 수 있다. 이 추정은 '붉나모 : 千金木 火乙叱羅毛〈牛疫方 3〉'를 통해서도 설득력을 얻는다. 뿐만 아니라 '臥叱多太 왁대콩〈農家集成, 衿陽雜錄〉'을 비롯하여 '無其叱金 무적쇠, 注叱德 죽덕, 注叱同 죽동〈東國新續三綱行實圖〉' 등에서 '叱'이 'ㄱ' 종성을 표기한 것으로 나타나 '叱'

157 〈한자〉에서는 '芿(叱)'을 '음은 잇. 뜻은 없다'고 풀이한다.

의 ‘ㄱ’ 종성 표기의 가능성을 더한다.[158] 그렇다고 종래의 차자 표기에서 [ㅅ] 음 표기에 흔히 쓰이던 ‘叱’의 역할이 [ㄱ] 음 표기로 확대되었다고 보기에는 다소 석연찮은 부분이 있다. 왜냐하면 현실음에서 말음 ㄱ, ㅅ, ㅈ, ㄴ의 구분이 그리 분명하지 않다는 점과 현장에서의 개인 발음 습관 등을 고려하면 ‘加叱’의 ‘叱’을 [ㄱ]으로 분명하게 인식을 한 표기가 아닐 가능성이 있기 때문이다. 그리고 ‘叱’의 [ㅅ] 표기가 아닐 가능성이 있는 예가 극히 제한적이라 위 추정을 단정짓기는 곤란하다. 따라서 말음 표기자로서의 ‘叱’의 기능 확대 여부는 좀더 많은 근거 바탕이 되었을 때 논의할 수 있을 것이다. 의궤에 보이는 ‘芿叱’은 ‘芿叱子’가 유일례라 이표기를 통한 독음 추정은 어렵지만 옛 문헌 자료의 기록을 우선적으로 고려하여 ‘넉’으로 읽는다(김연주 2009a: 187~188).

이상에서 ‘芿子’, ‘芿叱子’, ‘芿坐’를 분석한 결과는 다음과 같다.

(6) ① [넉] : 芿(음가자), 芿叱(음가자), 芿(음가자)
[즈] : 子(음가자), 子(음가자), 坐(음가자)
② 仍子 넉즈 卽方席也〈古今釋林〉
芿子 넉즈 卽方席也〈行用〉

‘넉즈’는 지금의 ‘넉자’로 ‘도장이 잘 찍히도록 밑에 받치는 폭신한 사슴 가죽(〈표준〉)’을 가리킨다.

---

158 그렇다면 ‘각괴’를 표기한 ‘加叱耳, 假(叱)耳’의 ‘叱’도 종성 ‘ㄱ’을 표기한 것으로 볼 수 있다. ‘각괴’를 나타내는 대부분의 표기가 ‘刎耳, 角耳, 刻耳’인 점을 감안하면 ‘叱’의 ‘ㄱ’ 표기는 더욱 가능성을 얻는다. 그러나 말음에서 ‘ㄱ’과 ‘ㅅ’의 현실음이 유사한 점과 ‘각괴’의 이표기 중에는 ‘加耳’처럼 말음 ‘ㄱ’을 생략한 표기도 있어 ‘假(叱)’, ‘加叱’의 ‘叱’은 개인의 방언형이 반영된 표기일 가능성이 있다.

25 [졈불]

占甫老(1690책례 130ㄴ02)

占乶(1690책례 119ㄱ10)

占甫匠(1690책례 144ㄱ10)

의궤의 차자표기에서 '占', '甫', '老'는 다음과 같이 쓰였다.

(1) [占]
01 朴占金 박점쇠(1795원행附編四 028ㄱ02)
02 朴占老美 박점노미(1795원행附編四 029ㄴ11)
03 尹占同 윤점동(1690책례 144ㄱ06)
04 李占金 이점쇠(1795원행附編四 030ㄱ06)

(2) [甫](2.1.4.16 甫兒 항 참조.)

(3) [乶]
01 乶只 볼찌(1627가례 048ㄱ03)

(4) [老](2.1.5.12 毛老竹 항 참조.)

'占'과 '甫', '乶'과 '老'는 모두 음차로 쓰여 각각 [점]과 [부], 말음첨기 'ㄹ'을 표기한다.

이상에서 '占甫老, 占乶, 占甫'를 분석한 결과는 다음과 같다.

(5) ① [졈] : 占(음가자), 占(음가자), 占(음가자)
[부/불] : 甫(음가자), 乶(음가자), 甫(음가자)
[ㄹ] : 老(말음첨기)
② 졈불 장(韂)〈字會 中27〉

'졈불'을 표기하였다. 졈불은 '말다래의 옛말(《표준》)'로 지금은 말다래로 쓰인다. 말다래는 '말을 탄 사람의 옷에 흙이 튀지 아니하도록 가죽 같은 것을 말의 안장 양쪽에 늘어뜨려 놓은 기구(《표준》)'를 말한다. 占은 點(點甫老〈六典條例 10, 工典, 工曹, 工匠〉)으로 교체되기도 한다.

관련어로 占甫老匠(1690책례 051ㄱ03), 占甫匠(1690책례 144ㄱ10), 占甫老機(1690책례 133ㄱ09)이 있다.

26 [조라치]

照羅赤(1873진작 020ㄱ01)

의궤 자료에서 '照', '羅', '赤'는 다음과 같이 쓰였다.

(1) [照]

01 照音菊花童 조임국화동(1819가례下 015ㄱ07)

(2) [羅](2.1.2.9 羅兀 항 참조.)

(3) [赤](2.1.2.34 赤古里 항 참조.)

'赤'은 지명과 인명에도 두루 쓰이는데 지명과 인명에 쓰일 때는 음이 '적'으로 쓰이지만 의궤에서는 주로 [치] 음의 표기에 이용된다. 물론 의궤에서 [적] 음으로 쓰인 예를 '乭赤耳'에서 찾을 수 있지만 '돌저(져)귀'의 표기로 '乭迪耳'가 보편적임을 감안하면 '赤'이 [적] 음보다는 [치] 음 표기에 적극적으로 쓰였음을 알 수 있다. '赤'이 [치]로 읽히는 것은 고려시대 이후의 관습적인 표기이다. 한자에 의한 몽고어 표기에서 '赤'은 항상 '치ci'를 나타내는데 이런

관행에 따라 우리말 표기에도 쓰인 것이다(〈한자〉).[159]

이상에서 照, 羅, 赤을 분석한 결과는 다음과 같다.

(4) ① [조] : 照(음가자)
[라] : 羅(음가자)
[치] : 赤(음가자)

'조라치'의 표기이다. '조라치'는 두 가지 뜻을 지니는데 '①고려시대에 둔, 위사의 하나. 몽고 침입 이후 숙위의 일부 직명을 몽고풍으로 고친 것. ② 왕실이나 나라에서 세운 절이나 불당의 뜰을 청소하던 하인(〈표준〉)'을 가리킨다. 의궤에서는 ②로 쓰였다. 詔羅赤〈연암집 14〉(熱河日記, 口外異聞), 照剌赤〈세종실록〉(122 30년 12월)으로도 표기하는데 가례 관련 의궤 자료에는 보이지 않는다.

27 [집게]

執介(1721책례 230ㄱ05)

執巨伊(1651책례 054ㄴ04)

執巨(1706가례 265ㄱ05)

鐵執箇(1706가례 261ㄱ11)

위 표기는 제2음절의 '介 : 巨伊 : 巨 : 箇'의 대응 관계에 있다. 의

---

159 의궤 자료에서 赤이 [치] 음 표기에 쓰인 예는 다음과 같다.

赤亇 치마(1627가례 049ㄱ09)
行子赤麻 행자치마(1706가례 127ㄴ06)
熟手赤丫 숙수치마(1765가례二 060ㄴㄱ04)
青兀赤 청올치(1832영건 100ㄴ10)
汗了赤 한마치(1901영건 190ㄴ03)

궤의 차자 표기에 쓰인 '執'과 '介', '巨伊', '巨', '箇'의 용례는 다음과 같다.

(1) [執](2.1.5.22 吾斤甘執只 항 참조.)

(2) [介](2.1.2.8 求尾介 항 참조.)

(3) [箇](2.1.2.25 梳次介 항 참조.)

(4) [巨](2.1.2.5 巨等(乙)只 항 참조.)

(5) [巨伊](2.1.2.5 巨等(乙)只 항 참조.)

'巨'는 음차로 이용되어 [개] 음을 표기한다. 차자의 표기상의 한 특징인 표기법의 불완전성을 감안하면 [ㅣ] 음이 생략된 표기로 설명할 수 있다.

'巨伊'는 음차로 쓰여 [게] 음을 표기한다. 두 자字가 일음一音을 표기하는데 巨伊의 [게] 음 표기는 이표기 관계에 있는 介, 箇를 통해 확인할 수 있다. 말음을 보다 정확하게 표기하고자 하는 의도가 반영된 표기이다.

이상에서 執介, 執巨伊, 執巨, 鐵執箇'를 분석한 결과는 다음과 같다.

(6) ① [집] : 執(음독자), 執(음독자), 執(음독자), 執(음독자)
[게] : 介(음가자), 巨(음가자), 巨(음가자), 箇(음가자)
[ㅣ] : 伊(음가자)
② 집게로 빠혀〈救方 上32〉
집게겸(鉗)〈字會 中16〉
집게(鉗子)〈物譜工匠〉

지금의 '집개'를 말한다. 위 표기 말고 '執擧〈景慕宮樂器造成廳儀軌〉'로도 표기하였다. 기물 앞에 大·中·小-(1819가례下 071ㄴ08), 火- (1681가례 272ㄴ03), 鐵-(1706가례 261ㄱ11), 豆錫-(1802가례上 038ㄴ11) 등이 앞 요소로 와서 기물을 크기와 용도, 재료적 속성에 따라 종류를 분화시킨다.

28 [철[쇠]고조]

鐵高槽(1706가례 262ㄱ03)

鐵高槽는 의궤 자료에서 다음과 같이 쓰였다.

(1) [鐵](2.1.5.5 脚金항 참조.)

(2) [高](2.1.3.4 膏飮 항 참조.)

(3) [槽]
 01 大波槽 대파조(1671가례 014ㄴ10)
 02 木杷槽 목파조(1718가례 241ㄴ12)
 03 木杷槽 목파조(1819가례下 031ㄱ04)

'鐵'은 음·훈차로 쓰여 [쇠/철] 음을, '高'와 '槽'는 음차로 쓰여 [고]와 [조] 음을 표기한다.

이상에서 鐵高槽를 분석한 결과는 다음과 같다.

(4) ① [철/쇠] : 鐵(음/훈독자)
 [고] : 高(음가자)
 [조] : 槽(음가자)
 ② 酒醉亦作 窖 고조〈四解 下29〉

고조 조(槽) 고조 자(榨)〈字會 中12〉

'쇠[철]고조'를 표기하였다. 고조는 '술, 기름 따위를 짜서 밭는 틀(〈표준〉)'을 말한다.

관련어로 麵高槽(1706가례 274ㄱ12)가 있다.

2.1.7. 단위명사

가례 관련 의궤에는 행사에 소용되는 복식이나 기명, 물품 등과 관련한 단위명사가 다양하게 등장한다. 이 가운데에는 기존의 국어사 자료에서는 찾기 힘든 것들도 있어 당시 단위명사의 다양한 면모를 살피는 데 좋은 단서를 제공할 수 있다.

1 [거리]

巨衣(1873진작 037ㄱ10)

巨里(1651가례 050ㄱ04)

巨里(1873진작 036ㄴ10)

乬里(1736책례 176ㄴ12)

위 표기는 제1음절에서 '巨 : 巨 : 乬'과 제2음절에서 '衣 : 里'의 대응 관계를 보인다. 먼저 '巨', '巨', '乬'은 의궤의 차자 표기에서 다음과 같이 쓰였다.

(1) [巨]

01 都巨伊 도가니(1902진연二 034ㄴ03)

(2) [巨](2.1.2.5 巨等(乙)只 항 참조.)

(3) [乬](2.1.5.12 乫介 항 참조.)

'艮', '巨', '乬'은 전부 음차로 쓰여 [거] 음을 나타낸다. '乬'은 말음 [ㄹ]이 후행 음절의 첫소리 'ㄹ'과 중첩되어 표기되었다.

제2음절의 이표기 대응은 '衣', '里'이다. 다음은 이들 용자가 쓰인 용례이다.

(4) [衣](2.1.2.36 周防衣 항 참조.)

(5) [里](2.1.2.1 加里麻 항 참조.)

'衣', '里'는 각각 음차로 쓰여 [리]를 표기한다.

이상에서 '艮衣, 艮里, 巨里, 乬里'를 분석한 결과는 다음과 같다.

(6) ① [거] : 艮(음가자), 艮(음가자), 巨(음가자), 乬(음가자)
[리] : 衣(음가자), 里(음가자), 里(음가자), 里(음가자)

거리는 '새끼나 끈 따위를 사리어 뭉친 것을 이르는 말(《한자 三》)'이다. 巨衣[160]로도 쓰지만 가례 관련 의궤에는 보이지 않는다.

의궤 자료에서 '거리'를 나타내는 다양한 표기는 다음과 같이 쓰였다.

艮里	熟麻擔乼三艮里(1667책례 068ㄴ09)
	紬條所一艮里(1651가례 050ㄱ04)
乬里	紅小索參乬里(1736책례 176ㄴ12)

160 竹散馬竹鞍馬幷十二匹引曳熟麻大索二十四巨衣〈仁祖國葬都監儀軌 二房〉

艮衣	葛乼二艮衣(1906가례二 027ㄱ06)
	槁乼一艮衣(1721책례 236ㄱ11)
	捲索三艮衣(1819가례下 119ㄴ12)
	樏皮索三艮衣(1802가례上 204ㄴ11)
	樏皮所十六艮衣(1906가례二 078ㄴ12)
	擔乼二艮衣(1866가례上 169ㄱ06)
	擔荷靷三艮衣(1651가례 090ㄴ06)
	大紅眞絲三甲繩八艮衣(1610책례 149ㄱ09)
	大紅眞絲八艮衣(1610책례 148ㄴ12)
	輦輿擔乼三艮衣(1906가례二 010ㄴ01)
	輦雨備乫只三甲絲二十四尺式二艮衣(1721책례 216ㄱ07)
	輦後於乙只三甲繩 艮衣(1706가례 207ㄱ02)
	每佐非條所三艮衣(1906가례二 127ㄴ02)
	奉持卽八介紅眞絲三甲繩八艮衣(1651가례 090ㄱ06)
	沙魚皮三寸三艮衣(1819가례上 183ㄱ02)
	三甲所一艮衣(1906가례二 037ㄴ10)
	三甲繩三艮衣(1706가례 206ㄴ01)
	細布引鈴繩三艮衣(1681가례 190ㄴ09)
	小索十四艮衣(1721책례 238ㄱ10)
	束乼二艮衣(1906가례二 027ㄱ05)
	熟麻繩三兩三艮衣(1706가례 226ㄱ01)
	熟麻條所八艮衣(1610책례 052ㄴ04)
	雨備於乙只紅鄕絲三甲繩二十四尺式二艮衣(1651가례 091ㄱ06)
	條所三十艮衣(1906가례二 015ㄱ06)
	靑木擔乼玖艮衣(1736책례 095ㄱ10)
	懸索三艮衣(1819가례下 119ㄴ12)
	紅染布乼十艮衣(1610책례 081ㄱ11)
	後結所一艮衣(1722책례 117ㄱ03)
	後乫只所一艮衣(1690책례 075ㄴ08)
巨里	葛乼二巨里(1721책례 067ㄱ01)
	捲簾乼二巨里(1819가례下 016ㄱ08)
	旗主乙三巨里(1627가례 070ㄱ03)
	樏皮索十巨里(1906가례一 153ㄴ03)
	樏皮所三巨里(1866가례下 097ㄱ04)
	擔乼二巨里(1866가례上 167ㄱ10)

	擔乼編結三巨里(1681가례 110ㄱ03)
	大小索三巨里(1706가례 201ㄴ04)
	大束乼三巨里(1706가례 201ㄴ03)
	落纓一巨里(1901책봉 072ㄴ02)
	流蘇四巨里(1906가례二 014ㄴ03)
	伐里乼四巨里(1819가례下 017ㄱ01)
	鳳頭每緝流蘇四巨里(1906가례二 009ㄱ01)
	捧持郎所八巨里(1721책례 189ㄱ06)
	奉持郎乼八巨里(1819가례下 017ㄱ01)
	西乬次雜長木七巨里(1812책례 133ㄴ01)
	細條所三巨里(1706가례 180ㄴ03)
	小索一巨里(1719진연二 007ㄱ11)
	束乼六巨里(1906가례二148ㄴ07)
	熟麻擔乼三巨里(1706가례 270ㄴ03)
	於只條所一巨里(1690책례 131ㄱ10)
	長沙乬三巨里(1762가례上 085ㄱ11)
	條所三巨里(1671가례 221ㄱ01)
	中索六巨里(1667책례 034ㄴ10)
	合翼帳回繩四巨里(1819가례下 016ㄴ12)
	紅綿紗十巨里(1873진작 036ㄴ10)
	紅絨絲三甲所二巨里(1906가례一 277ㄱ08)
	回繩乼一巨里(1906가례二 009ㄱ12)
	後乼只所一巨里(1721책례 189ㄱ11)
	後乼只一巨里(1819가례下 017ㄱ03)

위 예를 보면 단위명사 '거리'를 표기한 艮衣, 艮里, 巨里, 巪里는 현용 사전류의 풀이처럼 '오이나 가지 따위를 묶어 세는 단위(《표준》)'로만 쓰인 것이 아니라 새끼나 끈 등 길고 가는 모양을 세는 단위명사로 폭넓게 쓰였음을 알 수 있다. 특히 巨里는 쓰임이 단위명사로 한정되는 것이 아니라 보다 다양한 쓰임을 보인다. 다음의 巨里는 '걸이'의 뜻으로 '명사 뒤에 붙어서 그 물건을 걸어 두는 기구임(《한자 二》)'을 나타낸다.

間巨里(1762가례上 091ㄴ12)
巨里金[161](1681가례 314ㄴ11)
豆錫幅巨里(1906가례一 278ㄴ05)
燈槃巨里(1866가례下 066ㄱ10)
燈盞巨里三寸釘(1819가례下 118ㄱ06)
鐙子巨里正鐵朴只鐵(1690책례 130ㄴ04)
馬鞍巨里(1866가례下 107ㄱ12)
紗帽巨里(1866가례下 108ㄴ10)
鞍子巨里(1690책례 119ㄴ11)
衣巨里(1866가례下 103ㄴ06)
釘巨里(1819가례下 074ㄴ02)
乷釘巨里(1910책봉 031ㄴ03)
揮帳巨里鴨項釘(1681가례 109ㄴ06)
揮帳巨里鴨項丁(1706가례 086ㄱ11)

즉 巨里는 단위명사 '거리'를 나타내면서 '걸다'의 명사형 '걸이'를 표기하기도 한다.

이 밖에 假漆匠 金巨里金(1751책례 094ㄱ07)처럼 인명 표기에도 쓰임이 보인다.

2 [자(ᄌᆞ)래]

迲乃(1827진작二 004ㄴ06)

의궤의 차자 표기에서 '迲', '乃'는 다음과 같이 쓰였다.

(1) [迲](없음)

---

161 巨里金(1706가례 261ㄱ09)는 '걸이쇠'를 표기한 것으로 '물건을 걸어 두는 데 쓰는 쇠갈고리(〈한자 二〉)'를 나타낸다.

〈한자〉에서는 迲을 '자래. 나뭇단이나 풀단 따위를 세는 단위'로 설명하면서 바로 아래 迲乃 항에서는 '거래'로 읽었다. 이처럼 迲은 음·훈차 여부에 따라 '자'와 '거' 둘 다 가능하다. 이럴 경우 이표기나 옛 문헌 자료를 독음을 추정할 수 있는데, 옛 문헌 자료에서 迲[鮮]物不滿束 자래 거〈字典釋要〉, 迲 ᄌᆞ래〈行用〉로 밝히고 있어 迲의 독음을 '자/ᄌᆞ'로 확인할 수 있다. 뿐만 아니라 迲乃와 이표기 관계에 있는 自乃[162]를 통해 迲는 [자/ᄌᆞ] 음 표기가 분명해진다.

(2) [乃](2.1.4.38 釣乃 항 참조.)

'乃'는 이두, 구결, 향약명 표기 등에서 [나], [내] 음 표기에 일관되게 쓰인다. 그런데 의궤의 차자 표기에서는 대부분 [ᄅᆡ(래)] 음을 표기한다.[163] '加乃, 㔹乃'가 바로 이런 경우인데 먼저, 『雅言覺非』(卷2)에 "鐵加羅訛傳云加來加羅者鍬也鍬亦方言云加羅(철가라는 와전되어 '가래'라 하였다. '가라'란 '가래'이다. 가래도 또한 방언으로 가라라 이른다.(황금연 1997 : 137 재인용)"의 기록에서 '羅 : 來'의 대응을 설정할 수 있다. 그리고 '支乃 : 支來[지래]', '飛乃 : 飛來[나래]'의 대응을 통해 '乃'가 [래] 음 표기임을 알 수 있다. 의궤에서 [래]에 대응되는 '乃'의 예를 들면 다음과 같다.[164]

---

162 松明一自乃〈英祖國葬都監(1776)〉
松明半自乃〈孝懿王后國葬都監(1821)〉

163 의궤의 차자 표기에서 '乃'의 [리] 음을 표기는 '古月乃 고다리(1706가례 217ㄴ11)'와 돌다리에 쓰이는 석재의 총칭인 '다리돌 月乃石(1633영건 034ㄱ02)'에서만 나타난다.

164 한편, '물래목 文內木(1857영건 072ㄴ05) : 文乃木(1830영건 087ㄱ07)', '밀지래 排支乃(1832영건 104ㄱ04) : 排地內(1633영건 041ㄴ02)', '가래장부 加乃杖夫(1900영건 060ㄴ03) : 加內杖夫(1857영건 073ㄱ01) : 加羅丈夫(1677영건 015ㄱ01)' 등에 보이는 '內 : 乃 : 羅'의 대응도 참고 된다.

高道乃 고다리(1690책례 113ㄴ09)
古未乃 고미릭(1633영건 034ㄴ12)
道乃金 도래쇠(1751책례 136ㄱ04)
道乃錐 도래송곳(1832영건 108ㄴ01)
刀乃推子 도래밀개(1832영건 104ㄱ09)
木支乃 목[나모]지래(1900영건 060ㄴ03)
文乃木 물래목(1819가례下 137ㄱ01)
排支乃 밀지래(1832영건 104ㄱ04)
飛乃 나래(1759가례下 174ㄴ09)
月乃 타래(1866가례下 008ㄱ03)
月乃朴工 다래박공(1832영건 082ㄴ04)
進乃金 진내쇠(1633영건 039ㄱ10)
火支乃 불지래(1812책례 136ㄴ11)

'迲', '乃'는 훈차와 음차로 쓰여 각각 [자]와 [래] 음을 나타낸다. 이상에서 '迲乃'를 분석한 결과는 다음과 같다.

(3) ① [자/ᄌᆞ] : 迲(훈독자)
[래] : 乃(음가자)
② 迲[鮮]物不滿束 자래 거〈字典釋要〉
迲 ᄌᆞ래 ○ 柴一束也 ○ 柴木之大者爲迲〈行用〉

'迲乃'는 '자래, ᄌᆞ래'의 표기로 나무단이나 풀단을 한 사람이 질 수 있는 정도를 세는 단위이다. 다음을 보면 의궤에서도 ᄌᆞ래가 땔나무의 큰 묶음을 뜻하는 어휘로 쓰였음을 확인할 수 있다.

松明九迲乃(1866가례下 021ㄱ05)
松明吐木各十二迲乃(1901책봉 084ㄴ04)
松明吐木各二迲乃(1827진작二 04ㄴ06)
土木十五迲乃(1721책례 127ㄱ05)

吐木十五迲乃(1721책례 148ㄴ02)
吐木十二迲乃(1900책봉 050ㄴ07)

그런데 〈표준〉에서는 다른 풀이를 보인다.

① 자래01「명사」
「1」 쌍으로 된 생선의 알상자.
「2」 ((수량을 나타내는 말 뒤에 쓰여)) 쌍으로 된 생선의 알상자를 세는 단위.
② 자래02「명사」
심마니들의 은어로, '땔나무' 또는 '생나무'를 이르는 말.

우선 〈표준〉의 자래 풀이항에는 땔나무의 큰 묶음이라는 설명은 보이지 않는다. 누락의 이유로 자래가 현대 한국어에서 수목류 어휘의 단위어라는 기능을 소실했을 가능성이 우선 고려된다. 또한 자래02의 풀이를 감안하면 수량을 나타내는 단위어 迲乃가 자립적 기능을 했을 것으로 추정할 수 있다. 즉 迲乃는 근대 한국어 시기에는 의존성과 자립성을 함께 가진 것으로 보인다.[165] 다만, 의궤 자료에서는 단위명사의 쓰임만 보이며, 대상 어휘도 토목[吐木]이나 관솔[松明]과 같은 수목류에 한정되는 제약성을 보인다.

한편 기존 연구서에서 迲乃의 독음을 전통 한자음대로 읽어 '거내', '거래'라 한 점은 재고가 필요하다.[166]

165 황금연(2005: 158)에서는 ᄌᆞ래가 한글 문헌 자료에서 자립적 기능으로 쓰이는 예는 확인할 수 없다고 하면서도 〈行用吏文〉의 풀이를 근거로 자립적 기능으로 쓰였을 것을 추단할 수 있다고 지적한 바 있다.

166 ① 거래[迲乃]: 땔나무나 나뭇단 따위의 묶음을 세는 단위. 6바리가 1거래임.(『국역경모궁악기조성청의궤』(57))
자래[迲乃]: 땔나무 따위의 묶음을 세는 단위.(『국역경모궁악기조성청의궤』

3 [곧치]

串(1873진작04ㄴ12)

의궤의 차자 표기에서 '串'은 다음과 같이 쓰였다.

(1) [串]

01 串鍱伊 곶광이(1667영건 016ㄴ08)
02 串只 꼬지(1772영건 096ㄱ04)
03 大宋串 대[큰]송곶(1858영건 093ㄴ11)
04 道乃同串丁 도래동곶못(1748영건 172ㄱ07)
05 同串 동곶(1762가례上 092ㄴ05)
06 朴串 바곶(1900영건 121ㄴ06)
07 鍮香串之 놋향꼬지(1667영건 131ㄴ11)
08 紫的鄕織串衣 자적향직고의(1866가례上 026ㄴ02)
09 花陽炙三十五串 화양적삼십오곧치(1873진작04ㄴ12)

'串'은 지명 표기에서 형성된 한국 한자로 [곧치] 음을 표기한다. 〈新字典〉에서 '串'에 대하여 '곶地名岬也 꼬지有長山串月串箭串'이라 하였고, 현용 여러 자전에서도 '串곶'이라 하여 國音字라 하였다(김종훈 1992 : 124~125).

이상에서 '串'을 분석한 결과는 다음과 같다.

(2) ① [곧치] : 串(훈독자)
② 곧치 쳔(串)〈倭語 下15〉
곶地名岬也 꼬지有長山串月串箭串〈新字典〉

---

(88))
② 거내[去乃] : 풀이나 땔나무 따위의 묶음.(〈한자〉)

'串'은 '꼬치'를 표기하였다. 꼬치는 '산적 따위와 같이 꼬챙이에 꿴 음식을 세는 단위(《한자 四》)'이다. 의궤에서 串이 단위명사로 쓰이는 명사는 다음과 같다.

大全卜三串(1719진연二 053ㄴ08)
散炙一串(1902진연二 063ㄴ02)
牛肉半串(1719진연二 048ㄴ03)
全鰒四串(1795원행四 023ㄱ11)
全卜三串(1719진연二 053ㄴ08)
樽柹五串(1906가례一 284ㄴ09)
海蔘一貼七串(1795원행四 021ㄴ09)
花陽炙三十五串(1873진작 004ㄴ12)

4 [두름]

冬音(1719진연二 051ㄱ01)

의궤의 차자 표기에서 '冬'과 '音'은 다음과 같이 쓰였다.

(1) [冬]
01 冬果饅頭 동과만두(1719진연二 060ㄴ07)

(2) [音](2.1.2.7 古音 항 참조.)

'冬'과 '音'은 음차로 쓰여 각각 [두]와 [름] 음을 표기한다. 이상에서 '冬音'을 분석한 결과는 다음과 같다.

(3) ① [두] : 冬(음가자)
[름] : 音(음가자)
② 靑魚一冬音(二十介作一冬音, 百冬音作一同)〈度支〉

'두름'의 표기로 현용 사전에서는 '조기 따위의 물고기를 짚으로 한 줄에 열 마리씩 두 줄로 엮은 것을 세는 단위(《표준》)'로 풀이한다. 그런데 다음을 보면 의궤 자료에서 단위어 '두름'은 물고기뿐만 아니라 三甫에도 쓰였음을 알 수 있다.

乾大鰕五十冬音(1719진연二 051ㄱ01)
三甫半半冬音(1627가례 125ㄴ12)
三甫五冬音(1610책례 080ㄴ12)
三甫二冬音(1610책례 096ㄱ11)
生葦魚五冬音(1611祭器 017ㄴ12)

5 [동ᄒᆡ]

東海(1873진작 028ㄴ11)

의궤의 차자 표기에서 '東'과 '海'는 다음과 같이 쓰였다.

(1) [東](2.1.2.14 同道里 항 참조.)

(2) [海](없음)

'東'과 '海'는 모두 음차로 쓰여 [동]과 [ᄒᆡ] 음을 나타낸다.
이상에서 '東海'는 다음과 같이 분석된다.

(3) ① [동] : 東(음가자)
[ᄒᆡ] : 海(음가자)
② 동ᄒᆡ 분(盆)〈類合 上27〉
동ᄒᆡ로 ᄃᆞᆸ고(盆)〈救간 一112〉
동ᄒᆡ예 담고〈諺解胎産集要〉
동희(瓦盆)〈同文 下15a〉

동희〈蒙語 下10b, 器具〉
믈 두 동희애 달혀 훈 동희예 니르게 ᄒᆞ야〈馬經 下116b〉
동회에 물 ㅂ릴제 내여 씨ᄃᆞ린단 말(揚盆)〈物譜 鼎鐺〉

'동희(〉동이)'는 '흔히 물 긷는 데 쓰는 질그릇의 하나(〈표준〉)'로 지금의 '동이'를 말한다. 대부분의 의궤 자료에서 '東海'로 나타나는 것으로 보아 '東海'의 표기가 일반적으로 쓰였음을 알 수 있다.[167]

東海

'陶東海(1866가례下 012ㄱ01)', '鍮東海(1866가례上 043ㄴ06), 鑄東海(1706가례 014ㄴ10), 鑄涼東海(1681가례 023ㄱ04)'는 '東海' 앞에 수식적인 요소 '陶-', '鍮-, 鑄-, 鑄涼-'이 와서 기물의 재료적 속성을 분명히 한 예이며, '大-(1772영건 068ㄴ11)'와 '小-(1706가례 014ㄴ10)'가 와서 크기에 따라 분화되기도 한다. 鑄小東海(1706가례 014ㄴ10)는 재료와 크기를 동시에 밝힌 예이다.

관련어로 東海匠(1706가례 062ㄱ08)이 있다.

한편 東海는 단위명사로도 쓰이는데 '典樂麵一東海(1873진작 028ㄴ11)', '淸酒十五東海(1748영건 035ㄴ01), 夙湯十五東海(1748영건 035ㄴ02), 水阿膠十四東海半(1633영건 056ㄱ12)'처럼 한 동이, 두 동이로 쓰인다.

의궤 자료에서 東海가 단위명사로 쓰인 예는 다음과 같다.

麪五東海(1828진작二 010ㄴ09)
酒三東海(1828진작二 010ㄴ09)
魚煎油花麪五東海(1828진작二 016ㄴ12)
牛外心肉麪五東海(1828진작二 018ㄱ07)
刀丫麪五東海(1828진작二 019ㄴ09)

---

167 의궤 자료에서는 동이의 표기로 東海가 일관되게 쓰였지만 다음을 보면 다른 표기로 銅盔가 쓰이기도 했음을 알 수 있다.
銅盔. 本朝. 俗稱汲水盆曰銅盔, 又稱東海.〈古今釋林 28, 東韓譯語, 釋器〉

典樂糆一東海(1873진작 028ㄴ11)
淸酒十五東海(1748영건 035ㄴ01)
夙湯十五東海(1748영건 035ㄴ02)
水阿膠十四東海半(1633영건 056ㄱ12)

6 [복ᄌᆞ]

卜子(1719진연二 069ㄴ07)

의궤의 차자 표기에서 '卜'과 '子'는 다음과 같이 쓰였다.

(1) [卜]
01 道乃沙卜釵釘 도래사복채정[비녀못](1676책례 043ㄱ03)
02 燒木十五卜 땔감열다섯바리(1610책례 127ㄱ05)
03 碎氷二卜子 쇄빙두복ᄌᆞ(1634책례 015ㄴ05)
04 使令柳者斤卜 사령류자근복(1651가례 098ㄴ13)
05 醋壹卜子 초한복ᄌᆞ(1736책례 176ㄱ08)
06 金卜只 김복지(1651책례 056ㄴ02)

'卜'은 '① 지거나 싣거나 하여 옮기려고 뭉뚱거린 물건을 이르는 짐을 나타내거나 ② 단위명사(《한자 一》)'로 쓰인다. 단위명사로는 ②-1 마소 따위의 등에 실은 짐을 세는 단위인 '바리'로 쓰이거나 ②-2 조세를 매기기 위한 논밭의 면적을 나타내는 단위 '짐'을 나타낸다. 위의 예중 02가 ②-1의 뜻으로 쓰인 예이다.

(2) [子](2.1.2.4 昆者手 항 참조)

'卜'과 '子'는 모두 음차로 쓰여 [복], [자] 음을 나타낸다.
이상에서 '卜子'는 다음과 같이 분석된다.

(3) ① [복] : 卜(음가자)
[즈] : 子(음가자)
② 복즈(明流子)〈漢清 346b〉

지금의 '기름복자'를 가리킨다. 기름복자는 '기름을 되는 데 쓰는 그릇. 모양이 접시와 비슷하고 한쪽에 귀때가 붙어 있다(〈표준〉)'이다. 다음은 의궤에 보이는 단위명사 卜子이다.

醋二卜子(1706가례 210ㄴ03)
臙脂水三卜子(1906가례一 287ㄴ07)
燒酒二十六卜子(1719진연二 069ㄴ07)

7 [사리]

沙里(1873진작 001ㄴ02)

의궤의 차자 표기에서 '沙', '里'는 다음과 같이 쓰였다.

(1) [沙](2.1.2.27 首紗只 항 참조.)

(2) [里](2.1.2.1 加里麻 항 참조.)

'沙, '里'는 모두 음차로 쓰여 각각 [사]와 [리] 음을 나타낸다. 이상에서 '沙里'를 분석한 결과는 다음과 같다.

(3) ① [사] : 沙(음가자)
[리] : 里(음가자)

'沙里'는 '① 국수, 새끼, 실 따위를 동그랗게 포개어 감은 뭉치.

② (수량을 나타내는 말 뒤에 쓰여) 국수, 새끼, 실 따위의 뭉치를 세는 단위(《표준》)'인 '사리'를 표기한 것이다. 가례 관련 의궤에서도 주로 국수를 세는 단위로 쓰였다.

木麵二十沙里(1873진작 001ㄴ02)
乾餉三十沙里(1906가례一 281ㄴ02)
乾葛三沙里(1651책례 055ㄴ02)
生葛二沙里(1759가례下 194ㄱ07)

의궤 자료에서 沙里는 단위명사 외에도 다양하게 쓰였음을 알 수 있는데 다음의 예는 이름의 일부로 쓰인 경우이다.

韓沙邑沙里 한삽사리(1762가례下 125ㄴ08)
金加夫沙里 김더부사리(1762가례下 126ㄱ10)
池莡沙里 지줏사리(1676책례 071ㄴ04)

뿐만 아니라 泡水次牛毛加沙里(1866가례上 142ㄴ09), 高沙里(1795원행四 009ㄴ08)에서처럼 우무가사리와 고사리를 표기할 때도 沙里가 쓰였다.

8 [사발]

沙鉢(1706가례 185ㄱ11)
砂鉢(1873진작 032ㄴ09)

위 표기는 제1음절의 '沙 : 砂'의 대응 관계를 보인다. 다음은 이들 용자가 쓰인 용례이다.

(1) [沙](2.1.2.27 首紗只 항 참조.)

(2) [砂](2.1.4.19 沙用 항 참조.)

(3) [鉢](2.1.4.9 銅周鉢 항 참조.)

'沙', '砂', '鉢'은 모두 음차로 쓰여 [사]와 [발] 음을 나타낸다. 이상에서 '沙(砂)鉢'을 분석한 결과는 다음과 같다.

(4) ① [사] : 沙(음가자), 砂(음가자)
[발] : 鉢(음독자)
② 사발 완(椀)〈類合 上27〉
사발(砂鉢)〈痘瘡 22〉〈倭語 下14a〉
사발(椀)〈四解 上38〉〈同文 下13b〉〈蒙語 下9b〉
사발(碗)〈物譜 酒食〉
사발(磁椀)〈譯語 下13a〉〈方言 三10a〉
사발집(椀包)〈方言 三10b〉

'사발'은 '사기로 만든 주발처럼 생긴 그릇. 沙盂, 砂鉢.(〈한자 三〉)'을 가리킨다. '沙鉢'에 대한 기존의 해석을 살펴보면 먼저 이기문(1991: 248)에서는 '沙鉢'이 중국어에서는 찾아보기 어렵다는 이유를 들어 우리나라에서 형성된 한자어로 추측한다. 아울러 몽고어 saba(그릇)와 어떤 관계가 있을 가능성도 함께 제시하였다. 김종훈(1992: 220)에서도 '沙鉢'을 고유 한자로 소개하고 있어 기존 연구에서는 '沙鉢'을 한국 한자로 보는 견해가 일반적이다.

사발[沙鉢]의 크기와 품질에 따라 大-(1764영건 020ㄴ02), 中-(1764영건 020ㄴ02), 常大-(1857영건 086ㄱ10), 常-(1819가례下 010ㄴ12) 등으로 구분하고, 唐-(1866가례上 144ㄴ10)은 사발의 원산지를 나타낸다.[168] 또 茶

168 '唐-'이 '사발'의 재료적 속성을 밝힌다고 보는 견해도 있다(김왕직 1987: 170 참조).

-(1751책례 086ㄱ09), 羹-(1681가례 139ㄱ08), (1681가례 139ㄱ08)은 그릇의 주요 쓰임새 따른 구분이며, 平-(1677영건 073ㄴ07)은 사발의 모양이 오목하지 않고 평평한 사발을 가리킨다. 이 밖에 白-(1671가례 057ㄴ01)과 綵紋-(1706가례 016ㄱ03), 靑-(1671가례 016ㄴ12), 畵-(1873진작 032ㄴ09) 등이 있다.

의궤에는 사발의 크기와 용도 빛깔에 따라 여러 종류의 사발이 보인다.

한편 '사발'은 여느 용기류와 마찬가지로 그 자체가 단위명사로 쓰이기도 하는데, 예를 들면 다음과 같다.

牛油六沙鉢(1721책례 239ㄴ11)
肉膏二沙鉢(1765수작二 049ㄴ10)
火具所用夙膏二十四沙鉢(1764영건 165ㄴ11)
松油二百五十七沙鉢(1805영건 097ㄴ03)

사발의 표기로는 沙鉢이 일반적이나 드물게는 沙發(1633영건 041ㄴ08)의 표기도 보인다. 노비명奴婢名 중에 식기명食器名으로 작명한 사발思發(최범훈 1997: 95)이 보이는데,[169] 이때 思發은 沙鉢의 다른 표기이다.

9 [송이]

所應伊(1719진연二 053ㄴ11)

의궤의 차자 표기에서 '所', '應', '伊'는 다음과 같이 쓰였다.

169 이러한 작명은 '鐵方九里, 錘子, 爭班'과 함께 奴婢名에서 흔히 나타나는데, 외모의 특징과 기물의 유사성을 연관지은 작명이라 할 수 있다.

(1) [所](2.1.4.19 沙用 항 참조.)

(2) [應](2.1.5.14 德應房 항 참조.)

(3) [伊](2.1.3.2 乫非 항 참조.)

'所'와 '伊'는 음가자로 쓰여 각각 [소], [이] 음을 나타내고, '應'은 음절말 표기자[170]로 쓰였다.

이상에서 '所應伊'를 분석한 결과는 다음과 같다.

(4) ① [소] : 所(음가자)
[ㅇ] : 應(말음첨기)
[이] : 伊(음가자)
② 葡萄송이〈譯語 上55〉
잣 송이(栢塔子)〈同文 下5〉
毬彙 밤송이〈柳物 四:木〉

'송이'의 표기로 '(수량을 나타내는 말 뒤에 쓰여) 꼭지에 달린 꽃이나 열매 따위를 세는 단위(《표준》)'를 나타낸다.

의궤 자료에는 고유어 所應伊와 함께 한자 朶도 활발하게 쓰인 것으로 나타난다.

葡萄七所應伊(1719진연二 053ㄴ11)
葡萄二十八朶(1719진연二 069ㄴ06)

10 [뭇]

束(1751책례 091ㄱ05)

---

170 의궤 자료에서 보이는 음절말 표기자는 (2.1.2.22 乷只 항 참조) 참조.

의궤의 차자 표기에서 '束'은 다음과 같이 쓰였다.

(1) [束](2.1.4.26 束古里 항 참조.)

'束'은 훈독되어 [뭇] 음을 나타낸다.
이상에서 '束'을 분석한 결과는 다음과 같다.

(2) ① [뭇] : 束(훈독자)
② 딥동 세 무슬 어더〈月八 99〉
ᄒᆞᆫ 뭇딥식 ᄒᆞ여(一束草)〈老諺 上10〉
ᄒᆞᆫ 뭇식 ᄒᆞ여노코〈朴重 中20〉
뭇 속(束)〈類合 下7〉

'束'은 '뭇'을 표기한 것으로 미역이나 물고기의 한 묶음을 뜻한다.
의궤에서 '束'은 다음과 같은 명사의 단위를 밝히는 데 쓰였다.

加佐味九束二介(1719진연二 071ㄱ09)
穀草四束(1651책례 043ㄱ06)
槐木皮四束(1721책례 230ㄴ06)
金箔三束(1875책례 136ㄱ01)
內裹裌袱二束(1676책례 073ㄴ09)
杻木五束(1667책례 015ㄴ05)
鑞箔二束(1901책봉 083ㄴ10)
付接金一束(1721책례 218ㄴ10)
三甫二束(1651책례 047ㄱ12)
水芹五束(1802가례上 259ㄴ11)
入染藁草 束(1706가례 208ㄱ01)
長斫三千束(1902진연二 092ㄱ10)
貼金一束二貼(1610책례 079ㄴ11)
蒿草七束(1676책례 070ㄱ12)

黃草十一束(1721책례 158ㄱ10)
黃灰木 束(1671가례 148ㄱ05)
厚貼金二束(1651가례 064ㄱ02)
貼金一束(1751책례 091ㄱ05)

11 [타래/ᄃᆞᆯ애(ᄃᆞ래)/ᄃᆞᄅᆡ(ᄃᆞᆯᄅᆡ)]

月乃(1719진연二 051ㄴ06)

의궤의 차자 표기에서 '月'과 '乃'는 다음과 같이 쓰였다.

(1) [月](2.1.2.33 月亇只 항 참조.)

차자 표기에서 '月'은 주로 훈차되어 [다] 음 표기에 쓰였는데 月乃朴工의 이표기인 多來朴工을 통해 확인된다. 그런데 실이나 생선 등을 사리어 묶음으로 만들어 세는 단위명사 '타래'를 표기할 때는 [타] 음으로 쓰인다.

(2) [乃](2.1.4.38 釣乃 항 참조.)

'月'과 '乃'는 각각 훈차와 음차로 쓰여 [타]와 [래] 음을 나타낸다. 이상에서 '月乃'는 다음과 같이 분석된다.

(3) ① [타/ᄃᆞᆯ(ᄃᆞ)/ᄃᆞ(ᄃᆞᆯ)] : 月(훈가자)
[래/애(래)/ᄅᆡ(ᄅᆡ)] : 乃(음가자)
② ᄃᆞ래(障泥)〈物譜 牛馬〉
ᄃᆞᆯ애 쳠(韂)〈字會 중27〉 ᄃᆞᆯ애(韂)〈譯語 下19〉
굴흠 갓튼 北道 다ᄅᆡ〈海東 p.95〉
ᄃᆞᆯᄅᆡ〈뎡미가례시일기〉

假髮 ᄃᆞ릐〈譯語補 29〉

月乃는 동음이의어로 'ᄃᆞᆯ애, ᄃᆞ래'와 '타래', 'ᄃᆞ릐, ᄃᆞᆯ릐'를 나타낸다. 먼저 ① ᄃᆞᆯ애, ᄃᆞ래는 지금의 '말다래'로 '말의 안장 좌우에 늘어뜨리어 땅의 흙이 말을 탄 사람의 옷에 튀는 것을 막는 물건'을 이른다. 의궤에서는 다음과 같이 쓰였다.

左右月乃次薄椵板(1866가례下 090ㄴ01)
月乃次椵板(1866가례上 139ㄱ07)
月乃次柏子板(1802가례上 183ㄴ10)
月乃二部(1690책례 130ㄴ02)
軟坐皃及周皮三巨里具馬勒鞍匣月乃汗於赤(1667책례 042ㄴ01)
月乃匠(1690책례 051ㄱ09)

② 타래는 실이나 생선 등을 사리어 묶음으로 만들어 세는 단위 또는 그것을 사리어 뭉쳐 놓은 것을 말한다.

三甫三月乃(1651책례 044ㄱ08)
生落蹄二十月乃(1719진연二 051ㄴ06)
落蹄四月乃(1719진연二 063ㄱ01)
高沙里半半月乃(1795원행四 009ㄴ08)
三南二月乃(1721책례 083ㄱ11)
絡蹄二月乃(1829진찬二 046ㄱ06)

③ ᄃᆞᆯ릐, ᄃᆞ릐는 여자들이 숱이 적은 머리털에 덧드리는, 곡지를 맨 딴 머리털을 가리킨다.

月乃石(1633영건 034ㄱ02)에서는 '다리돌'을 표기한다.

12 [오리]

條里(1802가례上 238ㄴ09)

(1) [條](2.1.5.27 條(乙)音鉅 항 참조.)

(2) [里](2.1.2.1 加里麻 항 참조.)

'條'과 '里'는 각각 훈차와 음차로 쓰여 [오]와 [리] 음을 나타낸다. 이상에서 '條里'는 다음과 같이 분석된다.

(3) ① [오] : 條(훈독자)
[리] : 里(음가자)
② 오리 됴(條)〈倭語 下39〉
가족오리(皮條)〈同文 下40〉〈漢淸 334c〉
오리(條子)〈漢淸 350b〉

〈한자〉의 풀이에 따르면 '條里'는 세 가지의 음과 뜻을 지닌다. 먼저 '서까래를 받치기 위하여 기둥 위에 건너지르는 나무(〈표준〉)'를 가리키는 '道里'의 뜻으로 쓰였다. 둘째는 실, 대, 나무 따위의 가늘고 긴 물건을 세는 단위인 '오리'를 나타낸다. 마지막으로 열 개를 한 묶음으로 세는 단위를 나타내는 단위명사 '조리'를 뜻한다.

그런데 〈한자〉의 풀이대로 條里가 부재명 '도리'와 함께 단위명사 '오리'와 '조리'를 표기한 것으로 보기에는 다소 무리가 따른다. 황금연(1997: 154)에서는 條里가 도리를 표기한 예는 『度支準折』을 제외하고는 없고, 의궤의 차자 표기에서 도리의 표기로 道里가 일관되게 쓰이고 있음을 들어 條里를 건축용어 도리로 읽는 데 대해 의문을 제기한다. 또 단위명사로 오리가 있음을 들어 條里 항의 마지막 설명인 단위명사 '조리'의 타당성을 지적한다.

다음을 보면 의궤에서 條里는 가늘고 긴 물건을 가리키거나 단위명사로 쓰였음을 알 수 있다.

大條里木(1866가례下 085ㄱ11)
屯太大條里(1772영건 094ㄱ07)
班子條里(1772영건 079ㄱ03)
小條里匠(1819가례下 037ㄱ09)
楸木五條(1681가례 095ㄴ07)
紫的羅四條里(1802가례上 238ㄴ09)

이상의 논의를 종합하면 條里는 ① 실, 대, 나무 따위의 가늘고 긴 물건과 ② 그것을 세는 단위명사로 풀이하는 것이 적절하겠다.

13 [죵ᄌᆞ]

鍾子(1873진작 001ㄴ09)

의궤의 차자 표기에서 '鍾'과 '子'는 다음과 같이 쓰였다.

(1) [鍾](없음)

(2) [子](2.1.2.4 昆者手 항 참조.)

'鍾'과 '子'는 전부 음차로 쓰여 각각 [죵], [ᄌᆞ] 음을 나타낸다.
이상에서 '鍾子'를 분석한 결과는 다음과 같다.

(3) ① [죵] : 鍾(음가자)
[ᄌᆞ] : 子(음가자)

② 죵ᄌᆞ 죵(鍾)〈石千 21〉
죵ᄌᆞ(鍾子)〈譯語 下13a〉〈倭語 下14a〉〈方言 三10a〉
미 복 ᄒᆞᆫ 냥을 믈 ᄒᆞᆫ 죵ᄌᆞ애 세소솜을 달혀〈馬經 下81a〉
지령죵ᄌᆞ의 잡ᄉᆞ오면〈癸丑 p.110〉
탕긔 죵ᄌᆞ (甌兒)〈物譜 酒食〉

'죵ᄌᆞ'는 현대어의 '종지' 또는 '종재기'에 대응한다. '鍾子'는 '박공이나 대문짝에 박는 장식쇠(〈한건〉)'인 '鍾子金(鐵) 종지쇠'와 동음이의어이다. 그러나 '鍾子金(鐵)'의 모양이 국화동 모양과 마름모꼴로 만든 것이 있는 것으로 보아[171] 容器類인 '鍾子'와 모양이 유사한 데 기인한 표기는 아닌 것으로 보이지만, 두 기물 사이에 다른 의미적 연관성이 있을지는 분명하지 않다.

그런데 다음을 보면 〈창경궁수리〉, 〈헌릉〉에는 '죵ᄌᆞ'가 '種子'로 나타난다.

〈昌慶宮修理都監儀軌〉 甫兒, 貼是, 大貼, 種子, 沙鉢.
〈昌慶宮修理都監儀軌〉 沙鉢, 沙貼匙, 沙種子, 甫兒, 大貼, 沙磨子.
〈獻陵碑石重建廳儀軌〉 堂上郎廳監造官各房排所用木光明臺燈盞種子 火爐各一水瓮五坐.

---

171 현용 사전류에서는 '종자쇠'를 다음과 같이 풀이한다.
〈한건〉 ① 못머리를 감추며 장식적으로 대는 쇠. 국화동 모양으로 크게 만든 것과 사각 마름모꼴로 만든 것이 있음 ② 박공 또는 대문짝에 박는 장식쇠. 박공에 박는 것은 방환(方環)이라고도 함.
〈한자〉 종지쇠. 차자
〈표준〉 종자쇠 : 풍판에 일정한 간격으로 설치한 장식품.
한편 이권영(2005)에서는 鍾子金을 加莫金, 回龍鐵과 함께 목수나 조각장이 공답소나 창호소, 당가소 등에서 사용한 것으로 되어 있으나 자세한 용도를 알 수 없다고 하였다.

'種子'는 용기류를 나타내는 '甫兒 보ᄋᆞ, 貼是 뎝(접)시, 大貼 대텹, 沙鉢 사발, 沙貼匙 사[사긔]뎝(접)시, 沙磨子 사[사긔]막ᄌᆞ' 등과 함께 제시되어 있어 용기명 '鍾子'의 다른 표기로 볼 수 있으나 鍾子가 우세하게 쓰이고 있어 일반적인 표기는 아닌 것으로 보인다.

畫員所用沙莫子一沙種子二(1690책례 157ㄴ02)

大圓瓢子十介草省五介木梳五介沙鉢二立白缸一沙磁碗二立沙莫子一介細玉珠二兩沙種子二介以上平市署(1690책례 178ㄴ03~05)

黑漆大果器付標啓下黑中果器付標啓下黑漆小果器付標啓下黑漆種子付標啓下(1706가례 019ㄱ03~04)

朱紅大果盤朱紅中果盤朱紅小果盤朱紅木種子工曹鑄種子朱紅小四方盤朱紅小圓盤(1681가례 024ㄴ07~09)

鍮錚盤鐵燭籠紅綃衣別工作次知種子鑄亏里(1681가례 309ㄴ04~06)

沙磁碗沙甫兒大貼種子(1765수작二 061ㄱ02)

鍾子는 다양한 수식어로 종류를 구분하는데 다음은 의궤에 보이는 鍾子의 종류이다.

金託裏胡桃木鍾子(1906가례一 045ㄱ01)

唐鍾子(1802가례上 105ㄴ11)

沙鍾子(1706가례 184ㄴ09)

砂鍾子(1906가례一 155ㄴ06)

常鍾子(1866가례上 138ㄱ05)

綵紋鍾子(1706가례 016ㄱ06)

靑鍾子(1706가례 018ㄱ04)

黑漆鍾子(1627가례 123ㄱ05)

鍮鍾子(1748영건 210ㄴ07)

實果鍾子(1748영건 243ㄱ07)

'沙-', '鍮-', '唐-'은 후행하는 기물의 재료적 속성에 따른 구분이며, '實果-'는 '鍾子'의 쓰임새에 따라 분화된 예이다.

'鍾子'는 '鍾子紋斑子紙一千五百十六張 종지무늬반자지천오백십육장(1772영건 101ㄴ06)'에서 보는 바와 같이 '鍾子紋'으로 쓰여 '壽福字를 드문드문 놓은 무늬(《한건》)'를 가리키기도 하는데 이는 무늬의 모양이 종지 모양과 유사한 데 따른 명명이기보다는 주로 종지에 새기는 무늬의 뜻으로 쓰인 듯하다.

한편 사발처럼 종지도 단위명사로 쓰이는데 다음은 의궤에 보이는 단위명사 종지이다.

臙脂四分二鍾子(1873진작 001ㄴ09)
絡蹄半鍾子(1902진연二 033ㄱ01)

14 [주지]

注之(1719진연二 058ㄱ06)
注只(1736책례 077ㄴ01)
迲之(1887진찬二 058ㄱ10)

위 표기는 제1음절의 注 : 迲, 제2음절의 之 : 只의 대응 관계를 보인다. 이들 용자가 쓰인 용례는 다음과 같다.

(1) [注](2.1.2.31 腋注音 항 참조.)

(2) [迲](2.1.5.7 夔迲 항 참조.)

(3) [之](2.1.3.9 朴古之 항 참조.)

(4) [只](2.1.2.5 巨等(乙)只 항 참조.)

注, 迲와 之, 只는 모두 음차로 쓰여 각각 [주]와 [지] 음을 표기한다. 이상에서 '注之, 注只, 迲之'를 분석한 결과는 다음과 같다.

(5) ① [주] : 注(음가자), 注(음가자), 迲(음가자)
[지] : 之(음가자), 只(음가자), 之(음가자)
② 注之, 甘藿, 多士麻, 或稱丹, 或稱束, 或稱注之〈行用〉

'주지'는 동음이의어이다. 먼저 ① '미역, 다시마 따위의 한 묶음을 이르는 말(〈한자 三〉)'로, 의궤에서 다음과 같이 쓰였다.

引鰒折 器 器 器 注之(1866가례上 276ㄱ11)
五色草七十三注之以上白川郡卜乞縇紫的吐(1906가례一 161ㄱ02)
生葱一注之(1719진연二 058ㄱ06)
朴古之一迲之(1887진찬二 058ㄱ10)

② '깃대의 끝이나 가마 등의 뚜껑 꼭대기를 아름답게 꾸미기 위하여 다는 꽃모양으로 된 장식(〈한자 三〉)'을 가리킬 때는 다음과 같이 쓰였다.

銅鐵注之(1627가례 056ㄴ01)
輦注之(1610책례 153ㄱ08)
注之(1610책례 155ㄱ09)
注只片竹(1736책례 077ㄴ01)
注之釵釘(1706가례 086ㄱ09)
注之(1651가례 089ㄱ11)
八面注之(1651가례106ㄱ02)
衝椽注之(1610책례 138ㄴ09)
輦注之(1610책례 153ㄱ08)
注之付金內拱紅紬(1610책례 166ㄱ02)
注之貼金(1651책례 048ㄴ06)

注之次楸木(1690책례 078ㄴ12)
注之及粧餙次豆錫(1721책례 143ㄴ09)
注之次椴木(1706가례 086ㄴ04)
注之龜次豆錫(1819가례下 061ㄱ11)
注之釵丁(1681가례 109ㄴ04)
銅鐵注之(1627가례 056ㄴ01)
葦注之(1610책례 153ㄱ08)

15 [접]

貼(1736책례 160ㄴ10)

의궤의 차자 표기에서 '貼'은 다음과 같이 쓰였다.

(1) [貼]
01 金箔七貼八張(1759책례 068ㄴ05)
02 金錢紙二貼四張(1762가례下 091ㄴ06)
03 腶脩脯一貼(1906가례一031ㄱ03)
04 牧丹屛十貼一坐(1906가례一194ㄱ05)
05 付接金五貼七張(1736책례 160ㄴ10)
06 衣香七貼(1751책례 070ㄱ10)
07 竹册六簡六貼(1812책례 060ㄱ05)
08 紙金一貼二張(1762가례下 096ㄱ02)
09 貼金二貼四張(1736책례 164ㄱ11)

'貼'은 의궤의 차자 표기에서 주로 음차로 쓰여 [접] 음을 표기한다. 이상에서 '貼'을 분석한 결과는 다음과 같다.

(2) ① [접] : 貼(음가자)

'貼'은 '접'을 차자 표기한 것으로 물고기나 전복 등의 묶음을 가리킨다. 종류에 따라 10개 또는 100개를 한 단위로 한다. 다음은 의궤에서 貼이 쓰인 명사들이다.

搥卜十貼(1719진연二 055ㄱ06)
搥卜二十貼(1719진연二 063ㄱ05)
乾柹三貼(1719진연二 069ㄴ04)
鹽脯四貼(1795원행四 023ㄱ11)
衣香五貼(1667책례 034ㄱ03)
金錢紙七貼(1667책례 074ㄱ12)
貼金八貼 (1676책례 046ㄱ09)

16 [토리]

吐里(1827진작二 020ㄴ04)

의궤의 차자 표기에서 '吐', '里'는 다음과 같이 쓰였다.

(1) [吐](2.1.2.13 都多益 항 참조.)

(2) [里](2.1.2.1 加里麻 항 참조.)

'吐', '里'는 모두 음차로 쓰여 각각 [토]와 [리] 음을 나타낸다. 이상에서 '吐里'를 분석한 결과는 다음과 같다.

(3) ① [토] : 吐(음가자)
[리] : 里(음가자)

'吐里'는 현재 '토리'로 남아 있다. 토리는 ① 실을 둥글게 감은 뭉치와 함께 ② (수량을 나타내는 말 뒤에 쓰여) 실몽당이를 세는 단위(《표준》)'를 나타낸다. 의궤에서는 朴古之一吐里(1795원행附編一 037ㄴ06)처럼 박고지의 수량을 나타내는 데 쓰였다.

한편 吐里는 다음에서 보는 바와 같이 인명에도 쓰였다.

泥匠姜吐里 니장강토리(1647영건 116ㄴ01)

17 [발/바리]

把(1690책례 066ㄱ05)

의궤의 차자 표기에서 '把'는 다음과 같이 쓰였다.

(1) [把]
01 杻把子 뉴파즈(1866가례下 097ㄱ02)
02 帶把刃 대파놀(1752영건 021ㄴ04)
03 大把槽桶 대파조통(1671가례 215ㄴ08)
04 木把子 목파즈(1706가례 185ㄴ05)
05 木把槽 목파조(1706가례 127ㄴ02)
06 朴排把子圍排 박배파즈위배(1866가례上 154ㄴ01)
07 白吐紬襦把持 백토주핫바지(1866가례上 025ㄱ01)
08 中把槽 중파조(1906가례一 048ㄱ01)
09 青板把羅知 청판바라지(1647영건 074ㄱ03)
10 草把子 초파즈(1866가례下 097ㄱ02)

'把'는 음차로 쓰여 [발/바리] 음을 나타낸다.

이상에서 '把'를 분석한 결과는 다음과 같다.

(2) [발/바리] : 把(음가자)

'把'는 [발] 또는 [바리]로 읽는다. '바리'는 '마소의 등에 잔뜩 실은 짐을 세는 단위(《표준》)'를 '발'은 '길이의 단위(《표준》)'를 나타낸다. 경우에 따라서는 '줌'의 뜻으로도 쓰인다.

條所五把(1906가례二 134ㄱ10)
青綿絲三甲所九把(1906가례二 129ㄱ05)
每佐非條所十把(1866가례下 105ㄴ06)
細繩五十把(1721책례 096ㄴ02)
紅交牀一把(1906가례一 024ㄱ04)
銀壺甁二把(1906가례一 045ㄱ07)
銀汁甁二把(1906가례一 045ㄱ09)
乫只紅綿絲十把(1906가례一 170ㄱ03)
銀鞘刀十五把(1634책례 055ㄴ01)
銀粧刀二把(1634책례 079ㄴ04)
結次紅索四把(1690책례 066ㄱ05)
小索四巨里十五把(1721책례 157ㄴ07)
外結次紅熟麻小索七把(1751책례 075ㄱ06)
紅鄕絲三甲所一艮衣長五把(1759책례 058ㄱ09)
條所一艮衣二十把(1759책례 110ㄱ08)

3. 차자 표기 분석

이 장에서는 2.1.의 가례 관련 의궤 자료에 나타난 차자 표기의 해독 결과를 종합하여 177개 어휘에 사용된 306개 용자用字를 분석하고, 이를 바탕으로 차자의 표기상의 특징을 살펴보기로 한다. 이를 위해 먼저 가례 관련 의궤에 나타나는 용자를 독음과 함께 표로 제시하고, 용자에 사용된 한자의 성격을 살필 것이다. 그리고 보다 세밀한 분석을 위해 177개 어휘에 이용된 용자를 고유한자와 전래한자로 대별하고, 전래한자는 그 표의성에 따라 음독자, 훈독자로 나누고 표음성에 따라 음가자와 훈가자로 나누어 기술하기로 한다.

3.1. 용자用字의 특성

다음은 이 연구에서 분석 대상으로 삼은 차자 표기에 쓰인 306개의 용자 목록이다. 목록은 다음과 같이 제시하였다.

1. 용자의 배열 순서는 현용 한자음 순으로 한다.
2. 용자는 독음과 함께 먼저 제시하고 독음 방법에 따라 음독, 음가, 훈독, 훈가 순으로 제시한다. 아래 예 '乬'은 모두 2회 나타나는데, 음가자와 훈가자로 각각 1회 쓰여 [들]과 [걸] 음을 표기한다는 뜻이다.

번호	용자	독음	음독	음가	훈독	훈가	총계
29	擧乙	들			1		1
		걸	1				1

3. 차용 방법이 같고 독음이 다를 경우 ' / '을 사용하였다. 아래 예 '甘'은 음가자로 이용되어 [감]과 [가] 음을 표기하며, 각각 4회와 1회의 빈도를 보인다는 뜻이다.

번호	용자	독음	음독	음가	훈독	훈가	총계
13	甘	감/가		4/1			5

4. 음독과 함께 훈독의 가능성을 동시에 지닐 경우 [ ]를 사용하였다. 아래 예 '木'은 음독했는지 훈독했는지는 알 수 없다. 이런 경우는 음독과 훈독의 독음을 다 제시하되 [ ]로 묶어 제시한다.

번호	용자	독음	음독	음가	훈독	훈가	총계
112	木	막		1			1
		[목/나무]	[6]		[6]		[6]

번호	용자	독음	음독	음가	훈독	훈가	총계
1	假	가	[1]	[1]			1
2	加	[덧/가]	[1]		[1]		1
		더				1	11
		가		5			5
3	可	가		1			1
4	柯	가		5			5
5	加乙	가		1			1
6	脚	다리			1		1
7	干	가		3			3

8	看	간		1			1
9	艮	거		2			2
10	間	간		1			1
11	乫	갈		5			5
12	敢	감		1			1
13	甘	감/가		4/1			5
14	鹼	감		1			1
15	江	강		3			3
16	杠	강		1			1
17	介	개/게/러(레)		13/1/2			16
18	盖	두에/덥게	2				2
19	箇	개/러(레)/게		1/1/1			3
20	蓋	두에/덥게	2				2
21	介乙	개		2			2
22	去	걸		1			1
23	巨	거/걸/게		2/1/2			5
24	擧	걸/거		1/2			3
25	鉅	거			6		6
26	去乙	걸		2			2
27	乾	간		1			1
28	乬	걸/거		1/1			2
29	擧乙	들			1		1
		걸	1				1
30	法	자(ᄌ)			1		1
31	絹	견		1			1
32	桂	계		1			1
33	古	고/구		18/1			19
34	膏	고		1			1
35	高	고		4			4
36	昆	곤		2			2
37	串	곧치			1		1
38	罐	간		4			4
39	鑵	간		1			1

40	光	광		1			1
41	橋	다리			1		1
42	仇	구		2			2
43	拘	걸		1			1
44	求	쑤		1			1
45	拘乙	걸		1			1
46	乬	걸		2			2
47	斤	근		6			6
48	金	쇠			15		15
49	其	기		3			3
50	南	남	[1]	[1]			[1]
		남		2			2
51	乃	릐(릐)/릐(레)/ 래/래(리)/리		1/9/1/1/3			15
52	內	릐(레)		1			1
53	累	비		1			1
54	縷	비		1			1
55	陋	누		3			3
56	訥	누		3			3
57	多	다/타		1/2			3
58	唐	당		1			1
59	大	대		1			1
60	帶	대(때)	1				1
61	臺	대/태		1/1			2
62	檯	대		1			1
63	德	더		1			1
64	刀	[도/칼]	[1]		[1]		[1]
		도	4				4
65	塗	도		1			1
66	擣	도/독		1			1
67	桃	도		1			1
68	道	두/도(독)/돌/ 도/다		1/2/1/5/4			13

69	都	독/도/도(독)		1/8/1			10
70	陶	도		4			4
		[도/딜]	[1]		[1]		[1]
71	道(乙)	돌		1			1
72	都(叱)	도(독)		1			1
73	獨	독		2			2
74	乭	돌/도		2/1			3
75	冬	두		1			1
76	同	동		7			7
77	東	동		2			2
78	童	동	1	1			1
79	銅	[동/구리]	[3]		[3]		[3]
80	斗	두		2			2
		말			1		1
81	豆	독/두		1/4			5
82	頭	두		5			5
83	肚	빗(비)			1		1
84	等(乙)	들		1			1
85	羅	너/라/나		2/3/1			6
86	絡	낙		1			1
87	落	락		6			6
88	蘭	란(도리)		1			1
89	剌	레/라		1/1			2
90	郎	낭		1			1
91	來	릐(릐)		1			1
92	凉	냥/양		1/13			14
93	領	령		1			1
94	爐	로	2				2
95	老	로/ㄹ		3/1			4
96	彔	럭		1			1
97	了	마				3	3
98	裏	씨/리/릭		2/1/1			4
99	裡	씨		2			2

		릭		2			2
100	里	니/음/리/릭(릐)/이		1/1/28/2/1			33
101	磨	마		2			2
102	馬	마(매)/마		2/3			5
103	麻	마		2			2
104	亇	마(매)/마		2/6			8
105	莫	막/마		5/3			8
106	末	마/막		1/1			2
107	網	망	1				1
108	每	미		2			2
109	覓	멱		1			1
110	母	멍		1			1
111	毛	멍/모		2/6			8
112	木	막		1			1
		[목/나무]	[6]		[6]		[6]
113	蒙	몽		1			1
114	無	무		2			2
115	文	그				3	3
116	門	미		1			1
117	味	맛				1	1
		미		3			3
118	尾	밀/미		1/4			5
119	未	미		2			2
120	美	미		1			1
121	蜜	꿀			2		2
122	朴	바/박		5/5			10
123	半	반	1				1
124	發	바		3			3
125	鉢	발/발(바)	1/3				4
126	傍	견			1		1
127	房	방	1				1
128	方	방		3			3

129	防	마(막-)			1		1
		방		2			2
130	排	븨/뷔		2			2
131	背	븨/뷔		1			1
132	伐	바		1			1
133	别	벼		2			2
134	瓶	병	1				1
135	甫	부/보		2/1			3
136	甫乙	볼		3			3
137	卜	바/복		1/2			3
138	乶	볼/불		3/1			4
139	夫	부		3			3
140	浮	부		2			2
141	北	뒷			3		3
142	分	픈/발		1/3			4
143	盆	푼/픈		1/1			2
144	[illegible]	붓				1	1
145	非	이			1		1
		비/븨(뷔)		8/2			10
146	飛	놀				4	4
		비/븨(뷔)		14/1			15
147	紕	비		1			1
148	沙	새/사		2/3			5
149	砂	새/사		1/1			2
150	紗	사		1			1
151	栖	싀		1			1
152	棲	셔		1			1
153	西	서/셔		1/1			2
154	鐥	대야			4		4
155	舌	혀			1		1
156	雪	셞/설		1/2			3
157	爇	셜		1			1
158	[illegible]	셞		2			2

159	召	졸/초(쵸)		1/1			2
160	所	새/소/쇠		1/2/1			4
		바				4	4
161	梳	빗			3		3
162	召(ㄱ)	졸		1			1
163	束	속		1			1
		뭇			1		1
164	巽	손		1			1
165	釗	쇠		4			4
166	垂	수		1			1
		드리			1		1
167	愁	수		1			1
168	手	손				1	1
169	水	슈		1			1
170	首	[머리/슈]	[2]		[2]		[2]
171	膝	[스/무릅]		[1]	[1]		[1]
172	是	싀		1			1
173	時	셔		3			3
174	食	밥			1		1
175	新	셜/신		1/2			3
176	兒	ᄋᆞ(의)/ᄋᆞ(ᄉᆞ)/ 라/접미사/ᄋᆞ		3/1/1/4/1			10
177	我	아		2			2
178	牙	어금				1	1
179	阿	아		1			1
180	丫	마		3			3
181	岳	악		1			1
182	腋	겨			1		1
183	也	야		2			2
184	養	양		1			1
185	於	어(언)/어		1/1			2
		느				2	2
		느(늘)			1		1

186	魚	어		1			1
187	乻	느(늘)			1		1
188	掩	엄		1			1
189	業	업		3			3
190	汝	너				1	1
191	葉	녁		1			1
		엽	1				1
192	五	고/우		1/1			2
193	吾	우		1			1
194	兀	올(얽이)/올(울)		1/4			5
195	乯	워/올		1/1			2
196	腰	유(요)/요		2/1			3
197	要	유(요)/용/요		2/1/3			6
198	用	용		3			3
199	于	리/우		1/2			3
200	盂	우	2				2
201	隅	모/목				1/1	2
202	云	운		1			1
203	亐	유/우		1/3			4
204	雄	웅		4			4
205	月	다/타(다, ᄃᆞ)/들/달				2/1/1/2	6
206	油	유	3				3
207	鍮	[유/놋]	[4]		[4]		[4]
208	潤	운		2			2
209	乙	ㄹ(을)		2			2
210	音	름/름(음)/림/ㅁ/음		3/2/1/10/6			22
211	飮	음		1			1
212	應	ㅇ		2			2
213	衣	리		1			1
		[옷/의]	[2]		[2]		[2]
		기(이)	1				1

214	伊	잉/이/니/리/ 릐(릐)/ㅣ		1/5/3/5/1/1			16
215	履	리	1				1
216	耳	이/리		3/2			5
		귀/구			5/1		6
217	溺	요		1			1
218	益	릭/락		1/1			2
219	翼	릭		1			1
220	忍	잉		1			1
221	任	음		2			2
222	入	들				1	1
223	蒻	넉		1			1
224	芿	넉		2			2
225	子	ᄌᆞ/자/쟈		5/1/1			7
226	煮	쟈/젼/자	1/1/1				3
		복			1		1
227	者	쟈/자		1/4			5
228	自	자		1			1
229	壯	쟝		1			1
230	章	쟝		1			1
231	長	길				1	1
232	炙	젹	4				4
233	積	적		1			1
234	赤	적/치/저(져)/져		1/9/1/1			12
235	迪	저(져)		3			3
236	前	전	[1]	[1]			[1]
237	煎	젼	2				2
238	占	졈		3			3
239	接	븟			1		1
		적		1			1
240	丁	몿			1		1
		졍		1			1

241	正	졍		1			1
242	釘	[정/못]	[2]		[2]		[2]
		정		4			4
		못			1		1
243	蹄	지		1			1
244	助	죠/조		3/1			4
245	條	졸		3			3
		오			1		1
246	槽	조		1			1
247	照	조		1			1
248	釣	죠		2			2
249	助(乙)	죠		1			1
250	條(乙)	졸		1			1
251	粗(乙)	졸		1			1
252	條乙	졸		2			2
253	乭	졸		1			1
254	鍾	죵		1			1
255	佐	잡			1		1
256	坐	ᄌᆞ		1			1
257	周	쥬		1			1
		두루			1		1
258	朱	쥬		1			1
259	注	주		3			3
260	紬	주		1			1
261	鉒(乙)	줄		1			1
262	竹	대				1	1
263	乼	줄/주		2/1			3
264	中	중	[1]	[1]			[1]
265	楫	즙/즙/듭		1			1
266	之	ᄌᆞ/지/ㄱ		1/8/1			10
267	只	찌/ㄱ/기/이		2/3/29/2			39
268	地		1				1

269	支	기		2			2
270	脂	지		2			2
271	執	집		4			4
		잡			1		1
272	緝	즙/즙/듭		1			1
273	次	츠		2			2
274	千	쳔	1				1
275	天	텰/텬		2			2
276	鐵	쇠			3		3
		[철/쇠]	[1]		[1]		[1]
277	帖	텰/텬		2			2
278	貼	뎝/텰(텬)/첩		1/1/4			6
		붓			2		2
279	招	초/쵸		1			1
280	炒	초/쵸	1				1
281	致	치		1			1
282	齒	치		1			1
		이			1		1
283	湯	탕		6			6
284	蕩	탕		1			1
285	太	태		1			1
286	吐	토/막		4/1			5
287	土	투/막/토		1/2/4			7
288	筒	탕		1			1
289	把	발(바리)		1			1
290	波	바		2			2
291	破	바		2			2
292	板	[판/널]	[1]		[1]		[1]
293	瓢	함박			1		1
294	汗	한		3			3
		쑴				1	1
295	割	활		1			1
296	缸	강		1			1

297	海	히		1			1
298	洪	홍		1			1
299	紅	홍		3			3
300	火	울/불				2/1	3
301	花	화		1			1
302	和(咊)	섥		3			3
303	豁	활	1				1
304	回	회		1			1
305	横	홍		1			1
306	後	뒷			1		1
총계			39字	252字	49字	18字	358字
			70회	224회	97회	35회	

표로 제시한 차자의 독음 결과를 몇 가지로 묶어 설명하면 다음과 같다.

첫째, 표에서 나타나다시피 음가자의 빈도가 압도적으로 우세함을 알 수 있다. 총 358字의 용자 중 음독자는 39字로 10.89%, 음가자는 224字로 70.39%, 훈독자는 49字로 13.68%, 훈가자는 18字로 5%가 쓰였다. 이를 통해 가례 관련 의궤 차자 표기의 주된 방식은 음가자 방식이고 훈가자는 극소수임을 알 수 있다.

둘째, 독자와 가자의 출현 빈도가 각각 24.58%와 75.41%인데, 독자가 24.58%나 된다는 사실을 바탕으로 용자를 선택할 때 의미를 상당히 고려해서 선택하였음을 지적할 수 있다. 이는 일반적으로 앞선 시기 차자 표기에서 후대로 갈수록 독자의 비율이 낮아지는 것과는 대조적이다.

셋째, 용자별 고빈도순을 정리해보면 다음과 같다.

(1) 음독자는 木(6회), 刀(4회), 鉢(4회), 銅(3회) 순으로 쓰였다.
(2) 음가자는 只(39회), 里(32회), 音(22회), 介(16회), 伊(16회), 飛(15회), 古(19회), 乃(15회), 凉(14회), 道(13회), 都(10회)가 쓰였다.
(3) 훈독자는 金(15회), 鉅(6회), 木(6회), 耳(6회), 梳(3회)가 쓰였다.
(4) 훈가자는 月(6회), 飛(4회), 所(4회), 文(3회), 了(3회)가 쓰였다.

넷째, 총 358字의 용자 중 두 가지 이상으로 읽히는 용자의 수는 100자(27.9%)이다. 이 중 伊[잉/이/니/리/릐(릐)/ㅣ]는 6개의 음을 표기하는 데 쓰였고, 乃[릐(릐)/릐(레)/래/래(리)/리], 里[니/음/리/릐(릐)/이], 道[두/도(독)/돌/도/다], 只[끼/ㄱ/기/이/키]는 5개, 所[새/소/쇠/바], 月[다/타(다, ᄃᆞ)/들/달], 衣[리/옷[의]/기(이)], 耳[이/리/귀/구], 貼[뎝/텰(텬)/첩/붓], 赤[적/치/저(져)/져] 등은 4개의 음을 표기하는 데 쓰였다. 都[독/도/도(독)], 木[막/목/나무], 要[유(요)/용/요], 巨[거/걸/게], 羅[너/라/나], 裏[끼/리/릭] 등이 3개의 음을 표기하였다. 이들 대부분은 음가자, 음독자, 훈가자, 훈독자 등의 다양한 방법으로 쓰였으며 乃, 里, 道, 音, 都, 巨, 羅, 赤 등은 음가자로만 쓰여 3개 이상의 음을 나타내고 있다.

이를 표로 보이면 다음과 같다.

구분	용자	독 음		용 례
1	月	달	훈가	月ケ只 달마기(1627가례 043ㄴ11)
		타	훈가	月乃 타래(1721책례 234ㄱ05)
		들	훈가	夫月 부들(1719진연二 009ㄱ06)
		돌/ᄃᆞ	훈가	月乃 (말)둘애(1866가례下 090ㄴ01)
2	赤	적	음가	于金赤貼 우근적첩(1667책례 077ㄴ08)
		치	음가	赤ケ 치마(1627가례 049ㄱ09)
		저(져)	음가	乭赤耳 돌저(져)귀(1802가례上 157ㄱ06)
		져	음가	赤古里 져고리(1627가례 048ㄴ08)
3	只	기	음가	鑰耳只 놋구기(1627가례 103ㄴ03)

		찌	음가	乶只 볼찌(1671가례 090ㄴ12)
		이	음가	甘執只 감잡이(1610책례 066ㄴ12)
		퀴	음가	方乫只 방[모]갈퀴(1759가례下 176ㄴ12)
		ㄱ	음가	道土落只 도토락(1744진연 100ㄴ01)
4	所	소	음가	所羅 소라(1627가례 054ㄱ06)
		받	훈가	豆毛所枕 두멍받침(1819가례下 127ㄴ02)
		쇠	음가	所也只 쇠야기(1819가례下 122ㄴ07)
		새	음가	所用 새용(1706가례 233ㄱ10)
		바	훈가	大所古味 대[큰]바구미(1795원행四 040ㄱ12)
5	乃	릐(레)	음가	古尾乃 고미릐(레)(1866가례下 107ㄴ11)
		릐(리)	음가	釣乃 죠릐(리)(1795원행四 039ㄴ08)
		리	음가	高月乃 고다리(1651책례 055ㄴ06)
		래	음가	迲乃 ᄌᆞ래(1827진작二 04ㄴ06)
		릐	음가	月乃匠 ᄃᆞ릐장(1696가례 217ㄴ05)
6	伊	이	음가	乫伊匠 갈이장(1873진작 059ㄴ03)
		니	음가	都艮伊 도가니(1902진연二 034ㄴ03)
		릐(리)	음가	助(乙)伊 죠릐(리)(1877진찬二 055ㄱ07)
		리	음가	雄尾伊 웅미리(1762가례上 092ㄱ06)
		잉	음가	伊我 잉아(1610책례 078ㄱ07)
		ㅣ	음가	執巨伊 집게(1651책례 054ㄴ04)
7	道	다	음가	古道乃 고다리(1681가례 257ㄱ04)
		도	음가	道吐落 도타(토)락(1829진찬二 008ㄴ01)
		두	음가	蒙道里 몽두리(1848진찬三 041ㄱ01)
		돌	음가	道迪耳 돌저(져)귀(1651가례 078ㄱ04)
		도(독)	음가	紅都叱介 홍도(독)개(기)(1866가례下 030ㄴ11)
8	音	름	음가	腋注音 견주름(1819A가례 024ㄱ11)
		ㅁ	음가	垂音 드림(1795원행四 049ㄱ07)
		음	음가	高音 고음(1848진찬二 013ㄴ03)
9	耳	이	음가	凉耳掩 양이엄(1802가례上 247ㄴ07)
		귀	훈가	乭迪耳 돌저(져)귀(1902진연三 001ㄴ02)
			훈독	耳鐥 귀대야(1627가례 103ㄴ02)

		리	음가	阿耳金 아리쇠(1828진작二 020ㄴ02)
		구	훈가	耳只匠 구기장(1762가례上 073ㄴ02)
10	貼	뎝	음가	梳貼 빗뎝(1690책례 011ㄱ09)
		붓	훈독	貼朴只 붓바기(1875책례 141ㄴ08)
		텰(텬)	음가	貼裡 텰(텬)릭(1718가례 012ㄴ02)
		텹	음가	大貼 대텹(1627가례 117ㄴ04)
		첩	음가	赤貼 적첩(1627가례 055ㄴ14)

다섯째, 고유한자는 고유어를 한자로 표기하려는 노력의 일환으로 만들어진 것인데, 가례 관련 의궤에는 다음과 같은 고유한자가 쓰였다.

번호	고유한자	재구음	용 례
1	巪	걱	鑰周巪(1819가례下 047ㄱ04)
2	召(ㄱ)	쫄	召(ㄱ)釘(1906가례二075ㄴ05)
3	[illegible]	덕	金[illegible]金(책례1667 097ㄴ12)
4	[illegible]	똥	李介[illegible](책례1667 096ㄱ08)
5	[illegible]	끗	金[illegible]者只(1721책례 116ㄴ05)
6	[illegible]	붓	[illegible]朴只鎖鑰(1866가례下 087ㄱ11)
7	[illegible]	솟	趙[illegible]知(책례1667 095ㄴ09)
8	旕	엇	金旕山(책례1667 035ㄱ12)
9	[illegible]	넉	[illegible]子(1719진연一 037ㄱ02)
10	乫	갈	乫非(1873진작 007ㄱ02)
11	乬	걸	乬金(1681가례 318ㄱ08)
12	[illegible]	걸	白苧布[illegible]介(1819가례下 046ㄴ10)
13	乭	돌	乭迪耳(1759책례 050ㄱ09)
14	等(乙)	들	巨等(乙)只(1887진찬二 004ㄴ12)
15	乶	볼	乶只(1671가례 090ㄴ12)
16	[illegible]	쫄	[illegible]釘(1819가례下 063ㄱ08)
17	[illegible]	살	西[illegible]乃床排竹次小竹(1828진작二 022ㄴ06)
18	[illegible]	섥	[illegible]煮(1819가례下 093ㄱ06)

19	乺	솔	山猪毛乺(책례1667 054ㄱ10)
20	乻	얼	乻只(1736책례 156ㄱ02)
21	乯	올	乯音鉅(책례1677 053ㄱ05)
22	乯	올	落纓方乯次去核綿花(1719진연二 017ㄴ09)
23	助(乙)	죠	助(乙)里(1887진찬二 065ㄱ06)
24	條(乙)	졸	條(乙)音鉅(책례1651 055ㄴ02)
25	鉒(乙)	줄	鉒(乙)釘刃(1762가례上 092ㄱ08)
26	乼	줄	乼牛皮(1706가례 255ㄴ09)
27	串	꼬	豆錫香串之(1866가례下 034ㄴ05)
28	釗	쇠	曲𢒰釗(1901책봉 061ㄱ06)
29	鉢	발	銀朱鉢(1718가례 063ㄱ06)
30	亇	마	汗亇赤(1762가례下 089ㄱ11)

여섯째, 전래한자는 그 표의성에 따라 음독자와 훈독자로, 표음성에 따라 음가자와 훈가자로 나눌 수 있는데, 가례 관련 의궤에 나타나는 전래한자를 표음성과 표의성에 따라 구분하여 살펴보면 다음과 같다.

(1) 음독자

가례 관련 의궤에 쓰인 대표적인 음독자는 鉅, 煎, 爇, 於, 盖, 千, 刀, 葉, 盂, 銅, 炒, 鍮, 半, 瓶, 網, 曲, 中, 大, 沙, 長, 釘(丁), 執, 煮 등이 있다. 이들 가운데 다음의 예를 살펴보기로 한다.

번호	용자	재구음	용 례
1	南	남	乾南(1627가례 043ㄱ04)
2	帶	대/때	肚帶(1690책례 130ㄴ04)
3	童	동	童發里(1819가례下 123ㄴ05)
4	銅	동	銅味鐥(1721책례 146ㄱ11)
5	爐	로	糆新設爐(1868진찬二 004ㄱ12)
6	網	망	網兀(1671가례 149ㄴ07)

7	鉢	발	銅周鉢(1873진작 033ㄴ09)
8	房	방	德應房(1610책례 106ㄴ03)
9	爇	셜	新爇爐(1887진찬二 064ㄱ02)
10	首	수	首紗只(1638가례 032ㄱ02)
11	葉	엽	千葉(1719진연二 055ㄴ06)
12	盂	우	陶筏盂(1873진작 034ㄴ04)
13	油	유	煎油花(1827진작二 020ㄴ06)
14	履	리	飛頭履(1902진연圖式 072ㄱ)
15	煮	젼	煮油兒(1681가례 220ㄱ04)
16	煮	쟈	鑁煮(1827진작二 028ㄴ03)
17	炙	젹	於音炙(1719진연二 055ㄴ05)
18	煎	젼	煎油兒(1681가례 220ㄴ08)
19	中	중	中朴桂(1706가례 188ㄱ03)
20	執	집	執介(1721책례 230ㄱ05)
21	千	쳔	千葉(1719진연二 055ㄴ06)
22	炒	초/쵸	炒兒(1795원행四 038ㄴ07)
23	豁	활	豁衣(1638가례 030ㄴ03)

(1) 乾南에서 南은 표기만으로는 음·훈차 여부를 명확하게 알기 어렵다. 다만, 아래 설명대로 '간남'이라는 명칭이 제사상에 놓이는 위치 때문에 생긴 것이라면 이때 南은 음독자로 읽어야 한다.

> 肝南者 古之所謂羞胾也〈士虞禮〉 星翁謂 其饌列在肝燔之南 名曰肝南〈與猶堂全書 雅言覺非 煎果〉

(3)의 '童'은 童耳機 동귀틀(짧은 귀틀), 童發里 동바리(짧은 기둥), 童子柱 동자주(짧은 기둥), 童大欄 동다라니(짧은 다라니) 등에서 '짧다'의 의미로 쓰인다. 여기서 '童'이 '어리다'에서 전이된 '짧다'의미를 나타낸다는 점에서 음독자로 볼 수 있다(김연주 2009a: 65).

童은 의궤의 차자 표기에서 同과 東의 교체가 빈번하게 일어난다.

이는 (23)의 豁이 割과 교체를 보이는 것과 같은 맥락으로 이해할 수 있다. 이처럼 의궤에서는 독자讀字로 쓰인 자字가 그 자字와 음이 동일하거나 유사한 다른 자字와 교체되어 쓰인 예가 종종 있는데, 이는 의궤의 차자에서 발견되는 표기상의 독특한 특징이라 할 만하다. 다음은 기저형의 한자음에 이끌려 용자用字 교체를 보이는 어휘들이다.

童多繪(1706가례 169ㄴ03)	同多繪(1671가례 009ㄴ09)	東多繪(1744진연 097ㄴ08)
童大欄(1748영건 177ㄴ05)	同多欄(1830영건 040ㄱ04)	-
童道里(1764영건 055ㄱ07)	同道里(1667영건 099ㄴ02)	東道里(1681가례 143ㄱ08)
童發里(1819가례下 123ㄴ05)	同發耳(1829진찬二 059ㄱ06)	東發里(정순후원릉二 039ㄱ19)
童耳機(1830영건 051ㄱ01)	同耳機(1900영건B 049ㄴ)	東歸機(1748영건 111ㄴ11)

(19)는 중박계(>배끼)를 표기하였다. 박계는 '유밀과에 속하는(《한자 二》)' 조과(造菓)의 한 종류이다. 크기에 따라 大-, 中-, 小-가 있지만, 현재는 중배끼만 남아 있다. 현용 국어사전에는 배끼 대신 중배끼가 등재되어 있고, '유밀과의 하나. 밀가루를 꿀과 기름으로 반죽하여 네모지게 잘라 기름에 지져 만든다(《표준》)'고 풀이하고 있다. 따라서 지금 쓰고 있는 중배끼에는 크기를 구분하던 中-의 의미는 없어졌음을 알 수 있다.

(23) 豁衣에서 '豁'은 음차로 쓰여 [활] 음을 표기한다. 활옷[의]이 포(袍)의 한 종류로 소매가 넓은 옷임을 감안하면 豁은 음독자로 쓰인 것으로 추정된다. 豁衣와 이표기 관계에 있는 割衣는 이표기 豁과 음이 유사한 데 이끌린 선택으로 보인다.

(2) 훈독자

가례 관련 의궤에 쓰인 대표적인 훈독자를 체언과 용언으로 나누어 살펴보면 다음과 같다.

① 체언

번호	용자	재구음	용 례
1	脚	다리	脚金(1887진찬二 064ㄴ08)
2	迲	자(ᄌᆞ)리	迲乃(1827진작二 004ㄴ06)
3	串	곧치	串(1873진작04ㄴ12)
4	橋	다리	橋鐵(1812책례 133ㄴ12)
5	金	쇠	加莫金(1690책례 076ㄴ03)
6	機	틀	擧乃機(1706가례 077ㄱ05)
7	女	암	常女夫瓦(1866가례下 107ㄱ11)
8	陶	딜	陶所羅(1762가례下 031ㄱ03)
9	斗	말	斗隅板(1901진연二 093ㄴ01)
10	頭	머리	陽支頭(1873진작 002ㄱ04)
11	肚	빗(빈)	肚帶(1690책례 130ㄴ04)
12	蜜	꿀	蜜雪只(1828진작 001ㄱ08)
13	傍	견	傍莫只(1795원행四 100ㄱ01)
14	夫	수	夫莫沙(1651가례 077ㄴ05)
15	北	뒤	北分土(1721책례 046ㄴ10)
16	鐥	대야	銅北鐥(1721책례 146ㄱ11)
17	舌	혀	舌金(1671가례 197ㄱ11)
18	梳	빗	梳次介(1718가례 114ㄴ01)
19	束	뭇	束(1751책례 091ㄱ05)
20	膝	무릅	膝蘭(1638가례 047ㄴ01)
21	食	밥	食古里(1902진연二 092ㄱ05)
22	腋	겯	腋注音(1819A가례 024ㄱ11)
23	隅	모	四隅甘執伊(1651가례 088ㄴ11)
24	襦	솜	襦赤古里(1681가례 017ㄱ03)
25	耳	귀	耳鐥(1627가례 103ㄴ02)
26	刃	놀	釷(乙)釘刃(1762가례上 092ㄱ08)
27	條	오	條里(1802가례上 238ㄴ09)
28	釵	비녀	釵釘(1875책례 123ㄴ05)
29	草	새	草飛乃(1812책례 135ㄴ07)
30	齒	이	齒瓢子(1873진작 034ㄱ07)
31	瓢	함박	齒瓢子(1873진작 034ㄱ07)

32	後	뒤	後機(1819가례下 125ㄱ10)
33	刀	도/칼	同磨只刀(1727가례 275ㄱ09)
34	銅	동/구리	銅北鐥(1721책례 146ㄱ11)
35	木	목/나모	加時木(1829진찬三 009ㄴ04)
36	鍮	유/놋	鍮東海(1765수작二 061ㄱ04)
37	衣	옷/의	豁衣(1638가례 030ㄴ03)
38	釘	정/못	朴乙釘(1676책례 036ㄱ02)
39	釘/丁	못/정	鼠目釘(1812책례 135ㄱ07)
40	鳥	새/조	鳥足甘佐非(1722책례 118ㄴ05)
41	足	발/족	四足莫古里(1610책례 148ㄱ10)
42	鐵	철/쇠	鐵高槽(1706가례 262ㄱ03)
43	板	판/널	斗隅板(1901진연二 093ㄴ01)

위 표를 보면 1~32와 33~43은 차이를 보인다. 33~43은 의궤의 차자 표기에서 음·훈차의 가능성을 동시에 지닌다. 그런데 독자讀字로 쓰일 경우 음·훈독 여부를 명확히 밝히기가 쉽지 않다. 지금으로서는 표기자의 의도를 알 수 없기 때문에 음독과 훈독 둘 다 고려된다.

② 용언

번호	용자	재구음	용 례
1	蓋	덮-	鍮亐斤蓋兒(1706가례 017ㄴ07)
2	開	열-	開金(1875책례 098ㄴ08)
3	擧	들-/걸-	擧乷(1902진연三 036ㄱ05)
4	曲	굽-	曲㔫釗(1901책봉 061ㄱ06)
5	空	빈-	空石(1875책례 032ㄴ08)
6	廣	넙-	廣刀磨(1866가례上 116ㄱ10)
7	大	큰-/대	大甘佐非(1676책례 042ㄴ05)
8	小	작은-/소	小沙用(1722책례 164ㄱ03)
9	垂	드리-	垂音(1795원행四 049ㄱ07)
10	於	누르-	於音釘(국장1800四 104ㄱ05)
11	於	느(늘)-	於音炙(1719진연二 055ㄴ05)

12	長	긴-/장	長赤古里(1706가례 223ㄴ09)
13	接	붓-	接朴只(1819가례下 130ㄴ01)
14	貼	붓-	貼朴只(1875책례 141ㄴ08)
15	煮	복-	煮只(1681가례 220ㄴ08)

(3) 擧乼은 擧의 음·훈차 여부에 따라 '들줄'과 '걸줄' 둘 다 가능하다. 현용 사전에는 들줄 대신 걸줄이 등재되어 있고, 국역본에서는 擧乼을 '들줄'로 풀이하고 있어 결국 擧의 음·훈차 여부에 따라 지시하는 대상이 달라지게 된다. 이처럼 어떤 용자가 음훈차의 가능성을 동시에 지닐 때는 擧釗 : 乬釗처럼 이표기를 활용하여 보다 명확하게 독음을 추정해볼 수 있는데, 擧乼의 다른 표기로 보이는 梁乼(1800국장三 004ㄴ06)을 통해 擧이 [들] 음을 표기했음을 추정할 수 있다. 또한 擧乼이 출현하는 의궤 자료가 〈진연의궤〉임을 고려하면 '걸줄'보다는 '악기의 손잡이로 매는 끈(〈한자 一〉)'을 이르는 '들줄'을 표기했을 가능성을 더해준다.

또한 擧金(1610책례 148ㄱ05)도 '擧'을 음으로 읽느냐, 훈으로 읽느냐에 따라 지시하는 대상이 달라진다. 현대 한국어에서 '걸쇠'와 '들쇠'는 각각의 용도나 기능이 분화된 다른 기물을 지시한다. 그래서 擧金는 차자의 해석에 따라 각기 별개의 기물을 지시하게 되는 가능성이 있는데 서로 다른 口語를 반영했다 하더라도 표기는 하나이기 때문에 해독이 그리 간단치가 않다. 표기 자체만으로는 그것이 어떤 음의 표기이며 무엇을 나타낸 것인지 단정짓기 곤란하다.

그런데 '擧'과 이표기 관계로 보이는 '乬', '巨乙'을 통해 擧金의 독음은 '걸쇠'가 우선적으로 고려된다. 물론 '擧乙金, 擧金, 大擧釗' 등은 '들쇠'의 표기이고, '乬鎖, 排目巨乙金'가 '걸쇠'의 표기일 가능성이 있고, 또 현대 한국어에서 '들쇠'의 방언으로 '걸쇠'가 쓰이고 있어 어느 한 쪽으로 단정짓기는 곤란하다. 다만, 다음을 보면 최소한 이때의 鑾金은 '들쇠'를 표기하는 것으로 보인다.

柄鑾金二十介乬金二十介(1721책례 254ㄱ02)

帶次長編鐵一介鑾金一介(1736책례 182ㄴ09)

乬金一介柱金一介(1736책례 182ㄴ10)

(3) 음가자

번호	용자	재구음	용 례
1	假	가	假地防(1819가례下 129ㄴ02)
2	加	가	加莫金(1690책례 076ㄴ03)
3	可	가	可莫金(1706가례 086ㄱ12)
4	柯	가	柯栖木(1690책례 086ㄱ08)
5	干	가	都干里(1873진작 002ㄱ03)
6	看	간	看多介(1690책례 130ㄴ01)
7	艮	가	都艮伊(1902진연二 034ㄴ03)
8	間	간	猪間莫只(1795원행四 003ㄴ12)
9	乫	갈	乫飛(1795원행附編一 037ㄴ05)
10	敢	감	敢頭(1762가례下 018ㄱ11)
11	甘	가	甘莫金(1627가례 056ㄱ01)
12	甗	감	甗頭(1681가례 226ㄱ09)
13	介	개	梳次介(1718가례 114ㄴ01)
14	箇	개	鐵執箇(1706가례 261ㄱ11)
15	去	걸	去乃(1726책례134ㄱ01)
16	巨	걸	巨乃(1690책례 088ㄱ10)
17	擧	걸	擧乃布(1795원행四 045ㄴ09)
18	去乙	걸	去乙乃(1721책례 156ㄴ11)
19	乾	간	乾南(1627가례 043ㄱ04)
20	乬	걸	乬乃(1651책례 044ㄱ06)
21	絹	견	絹莫只(1887진찬二 004ㄴ11)
22	桂	계	中朴桂(1706가례 188ㄱ03)
23	古	고	古毛介(1627가례 106ㄴ05)

24	膏	고	膏飮(1795원행四 002ㄴ05)
25	高	고	高音(1848진찬二 013ㄴ03)
26	昆	곤	昆者手(1719진연二 075ㄱ05)
27	罐	간	陶罐耳(1877진찬一 052ㄴ06)
28	鑵	간	陶鑵(1667책례 089ㄱ05)
29	光	광	葉光耳(1828진작二 020ㄱ12)
30	仇	구	銀豆仇里(1681가례 022ㄴ03)
31	拘	걸	拘介(1610책례 153ㄱ01)
32	求	구	求尾介(1744진연 083ㄱ12)
33	拘乙	걸	拘乙介(1610책례 162ㄴ10)
34	乫	걸	乫介(1638가례 033ㄴ03)
35	斤	근	鍮亐斤盖兒(1651가례 013ㄴ11)
36	金	근	于金甘佐非(1736책례 153ㄱ04)
37	其	기	其火(1719진연二 055ㄴ03)
38	南	남	南羅介(1627가례 105ㄱ07)
39	乃	릐(레)	古門乃(1762가례下 087ㄴ06)
40	內	레	去乙內布(1706가례 268ㄱ07)
41	累	누	累飛(1651책례 042ㄴ11)
42	縷	누	縷紕(1795원행四 037ㄱ05)
43	陋	누	飛陋(1819가례下 085ㄱ11)
44	訥	누	訥非音(1681가례 205ㄴ06)
45	多	타(토)	都多落(1721책례 188ㄴ06)
46	唐	당	唐只(1902진연三 038ㄴ11)
47	大	대	銅前大也(1795원행四 036ㄱ03)
48	臺	대	毛老檯(1690책례 132ㄴ05)
49	搗	독	橫搗介(1848진찬二 057ㄴ03)
50	桃	도	桃吐落(1759가례上 100ㄱ01)
51	道	두	蒙道里(1848진찬三 041ㄱ01)
52	都	도	都干里(1873진작 002ㄱ03)
53	陶	도	陶罐耳(1877진찬一 052ㄴ06)
54	道(乙)	돌	道(乙)迪耳(1671가례 149ㄴ08)
55	都叱	독	紅都叱介(1866가례下 030ㄴ11)
56	獨	독	夫獨只(1610책례 078ㄱ06)

57	乭	돌	乭迪耳(1759책례 050ㄱ09)
58	冬	두	冬音(1719진연二 051ㄱ01)
59	同	동	同發伊(1828진작二 022ㄴ03)
60	東	동	東海(1873진작 028ㄴ11)
61	童	동	童道里(1627가례 030ㄴ03)
62	斗	두	斗母(1873진작 033ㄴ12)
63	豆	두	豆之(1681가례 332ㄱ04)
64	頭	두	銀頭古里(1651가례108ㄱ13)
65	等(乙)	들	巨等(乙)只(1887진찬二 004ㄴ12)
66	羅	너	羅兀(1802가례上 079ㄴ09)
67	絡	낙	絡蹄(1902진연二 082ㄱ06)
68	落	락	都土落(1802가례上 168ㄱ06)
69	蘭	란	膝蘭(1638가례 047ㄴ01)
70	剌	라	水剌(1795원행四 001ㄴ08)
71	來	릭	釣來(1829진찬二 056ㄴ08)
72	涼	냥	涼盆(1827진작二 028ㄴ05)
73	領	령	同領(1848진찬三 046ㄴ01)
74	老	로	毛老臺(1667책례 090ㄱ07)
75	彔	록	仇彔之(1671가례 015ㄱ06)
76	盝	록	仇盝之(1866가례下 030ㄴ11)
77	了	마	赤了(1726책례134ㄴ12)
78	裏	릭	帖裏(1718가례 117ㄴ05)
79	裡	릭	貼裡(1718가례 012ㄴ02)
80	里	리	覓西里(1795원행附編一 048ㄴ06)
81	磨	마	同磨只刀(1727가례 275ㄱ09)
82	馬	마	汗馬赤(1706가례 261ㄱ11)
83	麻	마	加里麻(1829진찬二 73ㄱ11)
84	亇	마	乬亇金 걸마쇠(1651책례 055ㄱ08)
85	莫	막	加莫釗(1901책봉 064ㄴ02)
86	每	미	每楫(1638가례 040ㄴ04)
87	覓	멱	覓西里(1795원행附編一 048ㄴ06)
88	母	멍	斗母(1873진작 033ㄴ12)
89	毛	모	毛老竹(1667책례 060ㄴ04)

90	蒙	몽	蒙道里(1848진찬三 041ㄱ01)
91	無	무	古無釗(1906가례二 039ㄱ09)
92	門	무	古門乃(1762가례下 087ㄴ06)
93	味	미	所古味(1795원행四 040ㄱ12)
94	尾	미	雄尾里(1759책례 117ㄴ02)
95	美	미	擧頭美(1676책례 079ㄴ05)
96	朴	박	朴古之(1795원행四 001ㄴ04)
97	發	바	同發伊(1828진작二 022ㄴ03)
98	鉢	발	沙鉢(1706가례 185ㄱ11)
99	方	방	方乶(1719진연二 017ㄴ09)
100	防	방	加之防(1795원행四 055ㄱ02)
101	伐	바	鍮伐兒(1671가례 175ㄱ11)
102	筏	발	都筏盂(1829진찬二 054ㄴ09)
103	别	별	别音(1721책례 084ㄴ06)
104	甫	보	甫兒(1627가례 023ㄱ04)
105	卜	복	卜子(1719진연二 069ㄴ07)
106	乶	볼	乶只 볼씨(1627가례 048ㄱ03)
107	夫	부	夫月(1719진연二 009ㄱ06)
108	浮	부	浮豆只(1795원행四 045ㄴ09)
109	分	발	北分土(1721책례 046ㄴ10)
110	盆	푼	凉盆(1827진작二 028ㄴ05)
111	非	비	非其音鐵(1676책례 030ㄱ04)
112	飛	비	飛排(1610책례 174ㄱ08)
113	紕	비	縷紕(1795원행四 037ㄱ05)
114	沙	사	首沙只(1638가례 030ㄴ01)
115	紗	사	首紗只(1638가례 032ㄱ02)
116	栖	셔	柯栖木(1690책례 086ㄱ08)
117	棲	셔	柯棲木(1681가례 224ㄱ09)
118	西	셔	柯西木(1706가례 280ㄴ01)
119	說	설	糆新設爐(1868진찬二 004ㄱ12)
120	雪	셝	雪釗(1873진작 033ㄱ02)
121	爇	셜	新爇爐(1887진찬二 064ㄱ02)
122	召	쫄	召釘(1751책례 115ㄴ03)

123	所	소	所也只(1819가례下 122ㄴ07)
124	召(ㄱ)	쫄	召(ㄱ)釘(1906가례二075ㄴ05)
125	束	속	束古里(1795원행四 040ㄱ12)
126	巽	손	昆者巽(1795원행四 001ㄴ03)
127	釗	쇠	雪釗(1873진작 033ㄱ02)
128	垂	수	垂兀(1906가례二 009ㄴ06)
129	愁	수	愁兀(1736책례 068ㄴ09)
130	水	슈	水剌(1795원행四 001ㄴ08)
131	膝	스	膝蘭(1638가례 047ㄴ01)
132	是	셔	加是木(책례1677 054ㄴ09)
133	時	셔	加時木(1829진찬三 009ㄴ04)
134	新	신	新爇爐(1887진찬二 064ㄱ02)
135	兒	아	鍮于斤蓋兒(1681가례 022ㄴ10)
136	阿	아	阿里金(1651가례 014ㄱ08)
137	丫	마	刀丫(1827진작二 028ㄱ10)
138	岳	악	助岳(1795원행附編一 035ㄴ07)
139	也	야	所也只(1819가례下 122ㄴ07)
140	於	언	於赤(1690책례 127ㄴ05)
141	魚	어	煎油魚(1873진작 04ㄴ05)
142	掩	엄	凉耳掩(1802가례上 247ㄴ07)
143	業	업	業支潤(1829진찬二 047ㄱ05)
144	葉	엽	葉光耳(1828진작二 020ㄱ12)
145	五	우	銅鐵五斤蓋兒(1722책례 153ㄴ10)
146	兀	올	網兀(1671가례 149ㄴ07)
147	亐	워	亐郎(1690책례 127ㄴ10)
148	腰	요	亇腰(1718가례 018ㄴ02)
149	要	요	要江(1690책례 040ㄴ01)
150	用	용	沙用(1671가례 057ㄱ02)
151	于	우	于斤甘佐非(1721책례 190ㄴ05)
152	隅	모	隅湯(1848진찬二 012ㄱ10)
153	云	운	業脂云(1873진작 013ㄴ01)
154	亐	우	鍮亐斤蓋兒(1706가례 017ㄴ07)
155	潤	운	業支潤(1829진찬二 047ㄱ05)

156	音	음	長音(1887진찬二 044ㄱ12)
157	飮	음	膏飮(1795원행四 002ㄴ05)
158	伊	이	所湯伊(1651가례115ㄴ07)
159	耳	이	葉光耳(1828진작二 020ㄱ12)
160	益	릭	天益(1721책례 039ㄴ10)
161	翼	릭	天翼(1902진연三 038ㄴ05)
162	任	음	條乙任鉅(1667책례 046ㄴ08)
163	子	자	昆子巽(1906가례上 283ㄴ12)
164	者	쟈	鍮者(1627가례 117ㄴ02)
165	壯	장	壯乭伊(1873진작 37ㄴ09)
166	章	장	章道里(1651책례 078ㄴ07)
167	積	적	積貼(1627가례 030ㄴ14)
168	赤	져	乭赤耳(1802가례上 157ㄱ06)
169	迪	져	道迪耳(1651가례 078ㄱ04)
170	接	적	接貼(1610책례 066ㄴ12)
171	丁	정	乼丁(1866가례下 128ㄴ12)
172	正	정	同正(1638가례 038ㄱ10)
173	釘	정	乽釘(1819가례下 063ㄱ08)
174	蹄	지	絡蹄(1902진연二 082ㄱ06)
175	助	죠	助里(1902진연二 091ㄴ12)
176	條	졸	條音鉅(1667책례 090ㄴ01)
177	釣	죠	釣乃(1795원행四 039ㄴ08)
178	助(乙)	죠	助(乙)里(1887진찬二 065ㄱ06)
179	條(乙)	졸	條(乙)音鉅(1651책례 055ㄴ02)
180	粗(乙)	졸	粗(乙)釘(1651책례 075ㄴ08)
181	乽	졸	乽釘(1819가례下 063ㄱ08)
182	鍾	죵	鍾子(1873진작 001ㄴ09)
183	佐	자	于斤甘佐非(1721책례 190ㄴ05)
184	周	주	銅周鉢(1873진작 033ㄴ09)
185	朱	주	銀朱鉢(1718가례 063ㄱ06)
186	注	주	注只(1736책례 077ㄴ01)
187	紬	주	脓紬音(1638가례 031ㄱ06)
188	駐(乙)	줄	駐(乙)釘刃(1762가례上 092ㄱ08)

189	乼	줄	鑾乼(1902진연三 036ㄱ05)
190	中	중	中朴桂(1706가례 188ㄱ03)
191	楫	즙/즙	每楫(1638가례 040ㄴ04)
192	只	기	蜜雪只(1828진작 001ㄱ08)
193	地	지	假地防(1819가례下 129ㄴ02)
194	支	지	業支潤(1829진찬二 047ㄱ05)
195	脂	지	業脂潤(1902진연二 036ㄴ01)
196	緝	듭	每緝(1638가례 033ㄱ02)
197	次	츠	梳次箇(1882가례一 037ㄴ04)
198	天	텬/텰	天益(1721책례 039ㄴ10)
199	帖	텬/텰	帖裡(1681가례 118ㄴ07)
200	貼	첩	赤貼(1627가례 055ㄴ14)
201	招	초/쵸	招皃(1651책례 034ㄱ13)
202	致	치	助致(1795원행四 002ㄱ01)
203	湯	탕	破湯伊(1671가례 176ㄱ07)
204	蕩	탕	波蕩(1690책례 178ㄴ01)
205	太	태	凉太(1651가례 061ㄱ07)
206	吐	토	吐莫(1812책례 099ㄱ01)
207	土	토	土莫(1719진연二 008ㄱ02)
208	筩	탕	所筩(1690책례 127ㄴ11)
209	波	바	波蕩(1690책례 178ㄴ01)
210	破	바	破回(1627가례 072ㄱ13)
211	割	활	割衣(1627가례 052ㄱ11)
212	海	히	東海(1873진작 028ㄴ11)
213	洪	홍	洪道介(1651가례 014ㄴ05)
214	紅	홍	紅都(叱)介(1802가례上 040ㄱ11)
215	花	화	煎油花(1827진작二 020ㄴ06)
216	豁	활	豁衣(1638가례 030ㄴ03)
217	回	회	破回(1627가례 072ㄱ13)
218	橫	횡	橫搗介(1795원행附編一 048ㄱ01)

위 표는 가례 관련 의궤에 쓰인 대표적인 음가자들이다. 이 중

몇 가지만 살펴보면 먼저, (39)의 '乃'는 이두, 구결, 향약명 표기 등에서 '나, 내'의 표기에 일관되게 쓰이는 자이다. 의궤의 차자 표기에서도 '乃'는 대부분 [러(래)] 음을 표기한다. 다만, '고다리 古月乃(1706가례 217ㄴ11)'와 돌다리에 쓰이는 석재의 총칭인 '다리돌 月乃石(1633영건 034ㄱ02)'에서는 [리] 음을 표기하는 데 쓰였다. 의궤에서 [래]에 대응되는 '乃'의 예를 들면 다음과 같다.[1]

古未乃 고미러(1633영건 034ㄴ12)
道乃金 도래쇠(1751책례 136ㄱ04)
道乃錐 도래송곳(1832영건 108ㄴ01)
刀乃推子 도래밀개(1832영건 104ㄱ09)
木支乃 목[나모]지래(1900영건 060ㄴ03)
文乃木 물래목(1819가례下 137ㄱ01)
排支乃 밀지래(1832영건 104ㄱ04)
飛乃 나래(1759가례下 174ㄴ09)
月乃 타래(1866가례下 008ㄱ03)
月乃朴工 다래박공(1832영건 082ㄴ04)
進乃金 진내쇠(1633영건 039ㄱ10)
火支乃 불지래(1812책례 136ㄴ11)

(114)의 '沙'는 음차로 이용되어 [쇠], [새], [사] 음을 나타낸다. 이 중 '莫沙 막새'와 '乬沙 걸쇠'에서는 말음 [ㅣ]가 생략 표기되었다.

(144)의 '葉'은 여러 방법으로 이용되어 [엽], [잎], [넉] 등의 다양한 음을 나타낸다. 가령, 千葉 쳔엽(1719진연二 055ㄴ06), 三葉甘佐非 삼엽감자비(1736책례 076ㄴ10)에서는 음독자로, '蓮葉朴只 연잎바기'에서

---

1 한편, '물래목 文內木(1857영건 072ㄴ05) : 文乃木(1830영건 087ㄱ07)', '밀지래 排支乃(1832영건 104ㄱ04) : 排地內(1633영건 041ㄴ02)', '가래장부 加乃杖夫(1900영건 060ㄴ03) : 加內杖夫(1857영건 073ㄱ01) : 加羅丈夫(1677영건 015ㄱ01)' 등에 보이는 '內 : 乃 : 羅'의 대응도 참고 된다.

는 훈독자로 '葉光耳 넉광이'에서는 훈가자로 쓰였다. 이 중 '葉光耳'는 이표기 '廣光伊'를 통해 [넉] 음 표기에 쓰였음을 확인할 수 있다.

(200)의 '貼'은 전통 한자음이 [첩]이지만 가례 관련 의궤에서는 [첩]과 함께 [접] 음 표기에 활발하게 쓰인 것으로 나타난다. 또한 [텰] 음을 표기하는 데도 쓰였다.

첩(텹)	접(뎝)	텰(텬)
大貼金(1832영건 092ㄴ04)	沙貼是(1610책례 173ㄴ10)	貼裡(1718가례 012ㄴ02)
大貼小累(1805영건 023ㄴ05)	梳貼(1690책례 011ㄱ09)	-
積貼(1627가례 030ㄴ14)	-	-

貼朴只(1875책례 141ㄴ08)처럼 훈독자로 쓰일 때는 [붓-] 음을 표기한다.

(4) 훈가자

가례 관련 의궤에 쓰인 훈가자로는 '月, 了, 文, 飛, 所, 隅, 耳, 竹, 手' 등이 보이는데, 대표적인 예를 들면 다음과 같다.

번호	용자	재구음	용 례
1	了	마	赤了(1726책례134ㄴ12)
2	文	그	朴文乙釘(1676책례 030ㄱ05)
3	飛	놀	銅末飛介(1721책례 146ㄱ11)
4	所	바	所古味(1795원행四 040ㄱ12)
5	手	손	昆者手(1719진연二 075ㄱ05)
6	牙	어금	牙金(1681가례 254ㄴ10)
7	於	느	於伊音(1721책례 174ㄱ02)
8	汝	너	汝火(1627가례 047ㄴ06)
9	隅	모	隅湯(1848진찬二 012ㄱ10)

10	月	달/들/타(돌/ᄃᆞ)	月ケ只(1627가례 043ㄴ11) 夫月(1719진연二 009ㄱ06) 月乃(1719진연二 051ㄴ06)
11	耳	귀	乫迪耳(1759책례 050ㄱ09)
12	入	드	鍮半瓶入里(1795원행四 040ㄱ05)
13	長	길	長音(1887진찬二 044ㄱ12)
14	竹	대	毛老竹(1667책례 060ㄴ04)
15	汗	땀	汗於赤(1667책례 042ㄴ01)
16	火	울	羅火(1610책례 175ㄴ03)

(2) 가례 관련 의궤에서 文이 훈가자로 쓰인 예는 朴文乙釘(1676책례 030ㄱ05), 方文里(1671가례 081ㄱ02), 加文刺(1681가례 118ㄴ01)로 나타나며 [그] 음을 표기하였다. 이 중에서 朴文乙釘(1676책례 030ㄱ05)의 文은 선행하는 朴의 말음 'ㄱ'과 중첩되어 [ㄱ] 음을 표기한다. 朴文乙釘과 이표기 관계에 있는 朴乙釘과 비교하면 朴文乙釘은 현실음을 반영한 표기라 할 수 있다.

(10) 月은 의궤의 차자 표기에서 다양한 음을 표기하는 것으로 나타난다. 月ケ只(1627가례 043ㄴ11)에서는 [달] 음을, 夫月(1719진연二 009ㄱ06)에서는 [들] 음을, 月乃(1719진연二 051ㄴ06)에서는 [타], [돌], [ᄃᆞ] 음을 표기한다.

여섯째, 전통적인 차자 표기에서 종성표기에 쓰인 용자로는 'ㄱ(只), ㄴ(隱), ㄹ(乙), ㅁ(音), ㅂ(邑), ㅅ(叱), ㄱ(應)'이다. 이 중 가례 관련 의궤류의 차자 표기에 계승된 것은 'ㄱ(只)뿐이며, 'ㄴ(隱), ㅂ(邑), ㅊ(次)'는 나타나지 않는다. 나머지 'ㄹ(乙), ㅅ(叱)'은 고유한자로 대체되어 '乬, 乭, 乫, 乶, 乷, 乼' 등과 같이 쓰였다. 이러한 종성표기의 변화는 가례 관련 의궤류 차자 표기의 한 특징으로 지적된다.

3.2. 표기의 특성

3.2.1. 복수 이표기

차자 표기는 크게 한 어휘에 하나의 표기 형태만 나타나는 단일 표기와 동일한 지시물에 대해 표기가 여러 형태로 나타나는 즉 복수 이표기 형태로 구분할 수 있다. 전자는 어떤 어휘에 대한 표기로 모든 의궤에 일관되게 단일한 형태가 나타나는 경우이다. 예를 들어 '동히'에 대한 차자 표기의 형식은 '東海'가 일관되게 쓰이는데 이에 대해서 차자를 달리한 표기 형식은 보이지 않는다. 그런가 하면 '㗈耳'와 '刻耳'는 '각괴'의 표기인데 이들은 각각 假字와 假字의 결합, 讀字와 假字의 결합이라는 점에서 차이가 있다. 그리고 하나의 의궤 자료에서도 특정한 어휘에 대한 표기가 표기자에 따라 다를 수 있다. 더구나 의궤 표기가 입말을 바탕으로 하기 때문에 방언이나 음운 법칙으로 인한 어휘의 표기가 나타나기도 한다. 즉 동일한 의미를 지닌 개별 어휘가 음운 변화를 거친 형이 표기에 반영되는 데 따른 표기 방법이 표기자의 선택과 함께 복수 표기 형태를 생산하는 요인이 된다.

다음은 가례 관련 의궤에 나타나는 차자 표기 중 복수 이표기 관계에 있는 항목들이다.

재구음	용례	출전
주지	注之	注之(1719진연二 058ㄱ06)
	注只	注只(1736책례 077ㄴ01)
	迬之	迬之(1887진찬二 058ㄱ10)
거리	巨衣	巨衣(1873진작 037ㄱ10)
	巨里	巨里(1651가례 050ㄱ04)

	巨里	巨里(1873진작 036ㄴ10)
	틀里	틀里(1736책례 176ㄴ12)
집게	執介	執介(1721책례 230ㄱ05)
	執巨伊	執巨伊(1651책례 054ㄴ04)
	執巨	執巨(1706가례 265ㄱ05)
	執箇	鐵執箇(1706가례 261ㄱ11)
점불	占甫老	占甫老(1690책례 130ㄴ02)
	占乶	占乶(1690책례 119ㄱ10)
	占甫	占甫匠(1690책례 144ㄱ10)
넉즈	芿子	芿子(1829진찬二 016ㄴ08)
	莻子	莻子(1719진연一 037ㄱ02)
	芿坐	芿坐(1759책례 029ㄴ04)
잉아	伊我	伊我(1610책례 078ㄱ07)
	忍我	忍我(1725책례 052ㄴ02)
요강	要江	要江(1690책례 040ㄴ01)
	腰江	腰江(1706가례 075ㄱ10)
	要杠	要杠(1718가례 211ㄴ04)
	溺江	溺江(1829진찬二 016ㄴ08)
	溺缸	鍮溺缸(1795원행四 038ㄱ03)
	要江	要江(1795원행五 047ㄱ02)
비누	飛陋	飛陋(1819가례下 085ㄱ11)
	非陋	豆非陋(1762가례下 123ㄴ05)
느림	於伊音	於伊音(1721책례 174ㄱ02)
	於于音	於于音(1610책례 151ㄴ10)
마요 (마유, 매유)	馬腰	馬腰(1627가례 060ㄴ04)
	馬要	馬要(1627가례 108ㄴ12)
	亇腰	亇腰(1718가례 018ㄴ02)
	亇要	亇要(1718가례 300ㄴ02)
걸레	乬介	乬介(1638가례033ㄴ03)
	拘介	拘介(1610책례 153ㄱ01)
	乬箇	乬箇(1762가례上 027ㄱ03)
	擧乃	擧乃布(1795원행四 045ㄴ09)
	舉乃	舉乃正布(1681가례 254ㄱ01)

	巪乃	巪乃(1651책례 044ㄱ06)
	巨乃	巨乃(1690책례 088ㄱ10)
	去乙乃	去乙乃(1721책례 156ㄴ11)
	拘乙介	拘乙介(1610책례 162ㄴ10)
	去乃	去乃(1726책례134ㄱ01)
	去乙內	去乙內布(1706가례 268ㄱ07)
구럭	仇彔之	仇彔之(1671가례 015ㄱ06)
	仇盝之	仇盝之(1866가례下 030ㄴ11)
고다리	古月乃	古月乃(1706가례 217ㄴ11)
	高月乃	高月乃(1651책례 055ㄴ06)
	古道乃	古道乃(1681가례 257ㄱ04)
고미릐(레)	古門乃	古門乃(1762가례下 087ㄴ06)
	古未乃	古未乃(1759책례 030ㄱ06)
	古尾乃	古尾乃(1866가례下 107ㄴ11)
다리쇠	脚金	脚金(1887진찬二 064ㄴ08)
	橋鐵	橋鐵(1812책례 133ㄴ12)
한마치	汗亇赤	汗亇赤(1736책례 105ㄴ05)
	汗了赤	汗了赤(진수190ㄴ03)
	汗馬赤	汗馬赤(1706가례 261ㄱ11)
토막	吐莫	吐莫(1812책례 099ㄱ01)
	吐莫只	吐莫只(1866가례下 050ㄴ05)
	吐木	吐木十二迲乃(1900책봉 050ㄴ07)
	土木	土木十五迲乃(1721책례 127ㄱ05)
	土莫	土莫(1719진연二 008ㄱ02)
붓바기	貼朴只	貼朴只(1875책례 141ㄴ08)
	接朴只	接朴只(1819가례下 130ㄴ01)
	乶朴只鎖鑰	乶朴只鎖鑰(1866가례下 087ㄱ11)
	貼卜只邊板	囱戶貼卜只邊板(1718가례 159ㄴ12)
줄못	乼丁	乼丁(1866가례下 128ㄴ12)
	乼釘	乼釘(1751책례 115ㄱ08)
	乼(乙)釘	乼(乙)釘刃(1762가례上 092ㄱ08)
쫄정	粗(乙)釘	粗(乙)釘(1651책례 075ㄴ08)
	乽釘	乽釘(1819가례下 063ㄱ08)

	召釘	召釘(1751책례 115ㄴ03)
	釷(乙)釘	釷(乙)釘刀(1762가례上 092ㄱ08)
	召(ㄱ)釘	召(ㄱ)釘(1906가례二 075ㄴ05)
적첩	赤貼	赤貼(1627가례 055ㄴ14)
	積貼	積貼(1627가례 030ㄴ14)
	接貼	接貼(1610책례 066ㄴ12)
장도리	壯乭伊	壯乭伊(1873진작 37ㄴ09)
	章道里	章道里(1651책례 078ㄴ07)
웅미리	雄尾里	雄尾里(1759책례 117ㄴ02)
	雄尾伊	雄尾伊(1762가례上 092ㄱ06)
	雄未里	雄未里刀(1690책례 131ㄴ06)
	雄味里	雄味里刀(1751책례 140ㄱ05)
우근감잡이	吾斤甘執只	吾斤甘執只(1610책례 157ㄴ11)
	于斤甘佐非	于斤甘佐非(1721책례 190ㄴ05)
	于金甘佐非	于金甘佐非(1736책례 153ㄱ04)
어금쇠	牙金	牙金(1681가례 254ㄴ10)
	牙鐵	牙鐵(1651책례 055ㄱ09)
혀쇠	舌金	舌金(1671가례 197ㄱ11)
	舌鐵	舌鐵(1762가례下 005ㄴ07)
비븨(뷔)	飛排	飛排(1610책례 174ㄱ08)
	非排	非排(1751책례 112ㄱ12)
	非非	非非(1736책례 127ㄱ01)
	飛飛	飛飛刀(1718가례 227ㄴ07)
	飛排	飛排刃(1762가례下 022ㄱ10)
	飛排	飛排刃(1610책례 079ㄱ05)
	飛背	飛背竹(1610책례 079ㄱ06)
	飛非	飛非刀(1690책례 132ㄴ03)
비김(쇠)	非其音鐵	非其音鐵(1676책례 030ㄱ04)
	非其鐵	非其鐵(1676책례 032ㄱ11)
	飛音金	飛音金(1722책례 026ㄴ03)
	非音	非音白馬皮(1765가례二 021ㄴ09)
	飛只音金	飛只音金(1667책례 060ㄴ01)
	飛只音	飛只音布(1690책례 127ㄱ05)

	非只音	非只音(1829진찬二 010ㄴ-08)
박글(을)정 [못]	朴文乙釘	朴文乙釘(1676책례 030ㄱ05)
	朴乙釘	朴乙釘(1676책례 036ㄱ02)
모탕	隅湯	隅湯(1848진찬二 012ㄱ10)
	毛湯	毛湯板(1706가례 217ㄴ-08)
모로대	毛老竹	毛老竹(1667책례 060ㄴ-04)
	毛老臺	毛老臺(1667책례 090ㄱ07)
	毛老檯	毛老檯(1690책례 132ㄴ-05)
동바리	同發伊	同發伊(1828진작二 022ㄴ-03)
	童發里	童發里(1819가례下 123ㄴ-05)
	同發耳	同發耳(1829진찬二 059ㄱ06)
돌져(저)귀	乭迪耳	乭迪耳(1759책례 050ㄱ09)
	道(乙)迪耳	道(乙)迪耳(1671가례 149ㄴ-08)
	乭赤耳	乭赤耳(1802가례上 157ㄱ06)
	道迪耳	道迪耳(1651가례 078ㄱ04)
고무쇠	古無金	古無金(1706가례 214ㄴ-05)
	古無釗	古無釗(1906가례二 039ㄱ09)
덧지방	加之防	加之防(1795원행四 055ㄱ02)
	假地防	假地防(1819가례下 129ㄴ-02)
가셔목/ 가싀나모	加時木	加時木(1829진찬三 009ㄴ-04)
	加是木	加是木(책례1677 054ㄴ-09)
	柯栖木	柯栖木(1690책례 086ㄱ08)
	柯西木	柯西木(1706가례 280ㄴ-01)
	可時木	可時木(1671가례 231ㄱ03)
	柯棲木	柯棲木(1681가례 224ㄱ09)
	柯時木	柯時木(1721책례 253ㄴ-01)
가막쇠	加莫金	加莫金(1690책례 076ㄴ-03)
	加莫釗	加莫釗(1901책봉 064ㄴ-02)
	可莫金	可莫金(1706가례 086ㄱ12)
	加乙末金	加乙末金(1627가례 056ㄱ05)
	甘莫金	甘莫金(1627가례 056ㄱ01)
죠릭(릐)	釣乃	釣乃(1795원행四 039ㄴ-08)
	釣來	釣來(1829진찬二 056ㄴ-08)

	助里	助里(1902진연二 091ㄴ12)
	助(乙)里	助(乙)里(1887진찬二 065ㄱ06)
	助(乙)伊	助(乙)伊(1877진찬二 055ㄱ07)
적쇠	炙金	炙金(1827진작二 28ㄴ04)
	炙釗	炙釗(1873진작 033ㄱ02)
자바기	者朴只	者朴只(1690책례 133ㄱ05)
	自朴只	自朴只(1906가례一 154ㄱ01)
	者所只	者所只(1706가례 216ㄴ01)
두구리	豆古里	銀豆古里(1651책례 034ㄱ05)
	頭古里	銀頭古里(1651가례108ㄱ13)
	豆仇里	銀豆仇里(1681가례 022ㄴ03)
유[놋]자	鍮者	鍮者(1627가례 117ㄴ02)
	鍮煮	鍮煮(1819가례下 069ㄱ10)
우근두에 (덥개)[개야]	亐斤蓋兒	鍮亐斤蓋兒(1706가례 017ㄴ07)
	亐斤盖兒	鍮亐斤盖兒(1651가례 013ㄴ11)
	于斤蓋兒	鍮于斤蓋兒(1681가례 022ㄴ10)
	五斤盖兒	銅鐵五斤盖兒(1722책례 153ㄴ10)
유[놋]바라	鍮伐兒	鍮伐兒(1671가례 175ㄱ11)
	鍮伐羅	鍮伐羅(1651책례 076ㄱ07)
아리쇠	阿里金	阿里金(1651가례 014ㄱ08)
	阿耳金	阿耳金(1829진찬二 056ㄱ07)
바탕이	所湯伊	所湯伊(1651가례115ㄴ07)
	破湯伊	破湯伊(1671가례 176ㄱ07)
	波湯	波湯(1676책례 092ㄱ03)
	波蕩	波蕩(1690책례 178ㄴ01)
초ᄋᆡ(쵸의)	召兒	銀召兒(1873진작 041ㄱ03)
	炒兒	炒兒(1795원행四 038ㄴ07)
	招兒	招兒(1651책례 034ㄱ13)
솕쟈	鐥煮	鐥煮(1827진작二 028ㄴ03)
	和者	鍮和者(1718가례 025ㄴ07)
	味煮	味煮(1627가례 104ㄱ10)
	味者	味者(1627가례 104ㄱ03)
	鐥者	鐥者(1795원행四 039ㄱ12)

	鑙子	鑙子(1877진찬二 055ㄴ09)
새용	沙用	沙用(1671가례 057ㄱ02)
	沙要	沙要(1627가례 102ㄴ09)
	砂用	砂用(1795원행四 045ㄱ02)
	所用	所用(1706가례 233ㄱ10)
픈즈	瓫子	瓫子(1690책례 103ㄱ06)
	分之	分之(1627가례 105ㄱ03)
부독이	夫獨只	夫獨只(1610책례 078ㄱ06)
	浮獨只	浮獨只(1718가례 021ㄴ11)
	浮豆只	浮豆只(1795원행四 045ㄴ09)
	夫都只	夫都只(1829진찬二 054ㄱ05)
두지	斗之	斗之(1762가례上 092ㄱ04)
	豆之	豆之(1681가례 332ㄱ04)
두멍	斗母	斗母(1873진작 033ㄴ12)
	豆毛	豆毛(1819가례下 068ㄴ01)
	頭毛	頭毛(1765가례二 080ㄱ03)
도발우	陶筏盂	陶筏盂(1873진작 034ㄴ04)
	都筏盂	都筏盂(1829진찬二 054ㄴ09)
고모개	高毛介	高毛介(1706가례 018ㄱ07)
	古毛介	古毛介(1627가례 106ㄴ05)
박고지	朴古之	朴古之(1795원행四 001ㄴ04)
	朴五之	朴五之(1765수작二 065ㄴ03)
복기	卜只	卜只(1827진작二 24ㄱ03)
	煮只	煮只(1681가례 220ㄴ08)
신셜로	新爇爐	新爇爐(1887진찬二 064ㄱ02)
	新設爐	麵新設爐(1868진찬二 004ㄱ12)
느름(늘음)적	於音炙	於音炙(1719진연二 055ㄴ05)
	乻音炙	黃肉乻音炙(1765가례二 074ㄱ09)
업지운	業脂潤	業脂潤(1902진연二 036ㄴ01)
	業脂云	業脂云(1873진작 013ㄴ01)
	業支潤	業支潤(1829진찬二 047ㄱ05)
감투	甘土	甘土(1671가례 154ㄴ03)
	甘頭	甘頭(1681가례 226ㄱ09)

	敢頭	敢頭(1762가례下 018ㄱ11)
곁주름	腋注音	腋注音(1819A가례 024ㄱ11)
	腋紬音	腋紬音(1638가례 031ㄱ06)
활옷[의]	割衣	割衣(1627가례 052ㄱ11)
	豁衣	豁衣(1638가례 030ㄴ03)
고음	膏飮	膏飮(1795원행四 002ㄴ05)
	高音	高音(1848진찬二 013ㄴ03)
도가니	都干里	都干里(1873진작 002ㄱ03)
	都艮伊	都艮伊(1902진연二 034ㄴ03)
	都干伊	都干伊(1795원행四 007ㄱ01)
	道干伊	道干伊(1887진찬二 031ㄱ04)
꿀설기	蜜雪只	蜜雪只(1828진작 001ㄱ08)
	蜜雪支	蜜雪支(1873진작 003ㄴ10)
도마	刀亇	刀亇(1795원행四 040ㄱ07)
	都亇	都亇(1627가례 108ㄴ12)
	刀磨	刀磨(1866가례上 036ㄴ03)
	刀馬	刀馬(1706가례 274ㄱ06)
	刀丫	刀丫(1827진작二28ㄱ10)
동다리	同道里	同道里(1795원행四 055ㄴ08)
	東道里	東道里(1696가례 206ㄴ07)
	童道里	童道里(1627가례 030ㄴ03)
너울	羅兀	羅兀(1802가례上 079ㄴ09)
	汝火	汝火(1627가례 047ㄴ06)
	羅火	羅火(1610책례 175ㄴ03)
누비	訥飛	訥飛(1651가례 090ㄴ06)
	累飛	累飛(1651책례 042ㄴ11)
	縷緋	縷緋(1795원행四 037ㄱ05)
	陋飛	陋飛(1706가례 207ㄱ08)
	訥非	訥非(1721책례 193ㄱ08)
도투락	都多益	都多益(1819가례上 154ㄱ04)
	道土落只	道土落只(1744진연 100ㄴ01)
	都土落	都土落(1802가례上 168ㄱ06)
	桃吐落	桃吐落(1759가례上 100ㄱ01)

	道土落只	道土落只(1719진연二 011ㄴ07)
	道吐落	道吐落(1829진찬二 008ㄴ01)
	都多落	都多落(1721책례 188ㄴ06)
양태	凉臺	凉臺(1906가례一 179ㄱ07)
	凉太	凉太(1651가례 061ㄱ07)
매듭	每楫	每楫(1638가례 040ㄴ04)
	每緝	每緝(1638가례 033ㄱ02)
곁마기	傍莫只	傍莫只(1795원행四 100ㄱ01)
	絹莫只	絹莫只(1887진찬二 004ㄴ11)
방올	方兀	方兀(1866가례上 139ㄴ02)
	方乭	方乭(1719진연二 017ㄴ09)
볼끼	乶只	乶只(1627가례 048ㄱ03)
	乶裡	乶裡(1702가례 087ㄴ10)
	甫乙裡	甫乙裡(1681가례 088ㄴ01)
	甫乙裏	甫乙裏(1638가례 030ㄱ12)
	乶裏	乶裏(1638가례 032ㄱ12)
	甫乙只	甫乙只(1627가례 061ㄴ05)
뒷발막	北分土	北分土(1721책례 046ㄴ10)
	後分土	後分土(1722책례 217ㄱ07)
	北分吐	北分吐(1721책례 160ㄴ12)
슈[머리]사기	首紗只	首紗只(1638가례 032ㄱ02)
	首沙只	首沙只(1638가례 030ㄴ01)
수올	垂兀	垂兀(1906가례二 009ㄴ06)
	愁兀	愁兀(1736책례 068ㄴ09)
막ᄌᆞ	亇子	沙亇子(1667책례 034ㄴ11)
	莫子	沙莫子(1667책례 088ㄴ12)
	磨子	沙磨子(1667책례 023ㄴ07)
적쇠	炙金	炙金(1827진작二 28ㄴ04)
	炙釗	炙釗(1873진작 033ㄱ02)
철릭	天盆	天盆(1721책례 039ㄴ10
	帖梩	帖裡(1681가례 118ㄴ07)
	貼裡	貼裡(1718가례 012ㄴ02)
	帖裏	帖裏(1718가례 117ㄴ05)

	天翼	天翼(1902진연三 038ㄴ05)
섥쇠	咊金	咊金(1866가례下 030ㄱ09)
	鑅金	大鑅金(1827진작二 028ㄴ04)
	雪釗	雪釗(1873진작 033ㄱ02)
	和金	和金(1906가례二 105ㄱ08)
저고리	赤古里	赤古里(1627가례 048ㄴ08)
	赤古裏	赤古裏(1638가례 033ㄱ01)
방그(고)리	方文里	方文里(1671가례 081ㄱ02)
	方古里	方古里(1848진찬二 021ㄱ07)
빗치개	梳次介	梳次介(1718가례 114ㄴ01)
	梳次箇	梳次箇(1882가례一 037ㄴ04)
송고마조	松古了條	松古了條(1866가례上 018ㄴ11)
	松古亇條	松古亇條(1802가례上 022ㄱ01)
우리	亐里	鍾子亐里臺具(1866가례下 067ㄱ05)
	亐里	亐里(1866가례下 060ㄴ08)
	于里	上粧于里赤貼(1721책례 187ㄱ08)
	迂里	水鐵迂里(1819가례下 072ㄱ04)
달마기	月亇只	月亇只(1627가례 043ㄴ11)
	月了只	月了只(1906가례一 262ㄴ05)
유사마조	油沙亇條	油沙亇條(1802가례上 021ㄴ12)
	油沙了條	油沙了條(1866가례上 018ㄱ06)
요강	要江	要江(1690책례 040ㄴ01)
	溺江	鍮溺江(1812책례 022ㄴ02)
놋[유]자	鍮煮	鍮煮(1866가례下 049ㄱ02)
	鍮者	鍮者(1819가례上 044ㄴ08)
핫[유]과두	襦褁肚	襦褁肚(1759가례上 089ㄴ08)
	襦裹肚	白吐紬襦裹肚(1866가례上 024ㄴ08)
치마	赤亇	赤亇(1627가례 049ㄱ09)
	赤麻	行子赤麻(1706가례 127ㄴ06)
	赤丫	熟手赤丫(1765가례二 060ㄴㄱ04)
	赤了	赤了(1726책례 134ㄴ12)
전유아[어, 화]	煎油兒	煎油兒(1681가례 220ㄴ08)
	煎油魚	煎油魚(1873진작 004ㄴ05)

	煎油花	煎油花(1827진작二 020ㄴ06)
	煮油兒	煮油兒(1681가례 220ㄱ04)
주발	周鉢	銅周鉢(1873진작 033ㄴ09)
	朱鉢	銀朱鉢(1718가례 063ㄱ06)
뎝시	貼匙	貼匙(1667책례 022ㄴ09)
	貼是	沙貼是(1667책례 035ㄱ02)
	楪匙	常中楪匙(1901진연二 095ㄱ11)
홍도개 (홍도기, 홍독개)	紅都(叱)介	紅都(叱)介(1802가례上 040ㄱ11)
	紅都叱介	紅都叱介(1866가례下 030ㄴ11)
	洪道介	洪道介(1651가례 014ㄴ05)
	橫搗介	橫搗介(1848진찬二 057ㄴ03)
	紅都乺	紅都乺(1866가례下 048ㄱ05)
	紅道介	紅道介(1866가례下 086ㄴ06)
	橫搗介	橫搗介(1795원행附編一 048ㄱ01)
셝쇠	雪釗	雪釗(1873진작 033ㄱ02)
	鑍金	大鑍金(1827진작二 028ㄴ04)
	和金	和金(1906가례二 105ㄱ08)
	吙金	吙金(1866가례下 030ㄱ09)
마날개	亇飛介	銅亇飛介(1671가례 209ㄱ06)
	末飛介	銅末飛介(1721책례 146ㄱ11)
	馬飛介	銅馬飛介(1651책례 034ㄴ08)
	丫飛介	銅丫飛介(1829진찬二 016ㄴ09)
셝쟈	鑍煮	鑍煮(1827진작二 028ㄴ03)
	鑍者	鑍者(1795원행四 039ㄱ12)
	吙者	吙者(1627가례 104ㄱ03)
	吙煮	吙煮(1627가례 104ㄱ10)
	和者	鍮和者(1718가례 025ㄴ07)
	鑍子	鑍子(1877진찬二 055ㄴ09)
갈비	乫非	乫非(1873진작 007ㄱ02)
	乫飛	乫飛(1795원행附編一 037ㄴ05)
	乫伊	乫伊(1901진연二 048ㄱ01)
	乫里	乫里(1906가례上 284ㄴ10)
감잡이	甘執伊	甘執伊(1627가례 055ㄴ13)

	甘佐非	杠穴甘佐非(1901책봉 061ㄴ01)
	甘執只	古朔甘執只(1610책례 148ㄱ01)
곤자손	昆者手	昆者手(1719진연二 075ㄱ05)
	昆者巽	昆者巽(1827진작二 21ㄱ10)
	昆子巽	昆子巽(1906가례上 283ㄴ12)
	昆者巽	昆者巽(1795원행四 001ㄴ03)
대텹	大楪	唐大楪(1819가례上 151ㄱ05)
	大貼	大貼(1667책례 088ㄴ12)
	大接	砂大接(1900책봉 056ㄴ02)
몽동(이)	蒙同	小蒙同 소몽동(이)(1681가례 287ㄴ10)
	蒙童	小蒙童 소몽동(이)(1667책례 060ㄴ01)
	蒙童伊	鐵蒙童伊(1759가례下 098ㄴ12)
	夢同	裹夢同(1795원행五 004ㄱ07)

이 중 가장 많은 형태를 보이는 것은 '걸레'로 '乫介, 拘介, 乫箇, 擧乃, 擧乙乃, 乬乃, 巨乃, 去乙乃, 拘乙介, 去乃, 去乙內'의 11개 이표기 형태가 나타난다. 그 다음 '비븨(뷔)'와 '비김(쇠)', '가셔목/가싀나모', '도투락', '홍도개(홍도기, 홍독개)' 등이 '飛排, 非排, 非非, 飛飛, 飛排, 飛背, 飛非', '非其音鐵, 非其鐵, 飛音金, 非音, 飛只音金, 飛只音, 非只音', '加時木, 加是木, 柯栖木, 柯西木, 可時木, 柯棲木, 柯時木', '都多益, 道土落只, 都土落, 桃吐落, 道土落只, 道吐落, 都多落'와 '紅都(叱)介, 紅都叱介, 洪道介, 橫搗介, 紅都叱介, 紅道介'로 각각 7개와 6개의 이형태를 보인다. 이처럼 이표기가 여럿일 경우 대표 형태를 설정하는 문제가 생기는데 특정 어휘에 대한 대표 형태는 출현 빈도를 근거로 설정할 수 있다. 그러기 위해서는 모든 차자 표기 자료를 검토할 필요가 있음은 물론이다. 이 연구에서는 총 57여 권의 가례 관련 의궤를 연구 대상 자료로 삼았을 뿐만 아니라 해독한 어휘도 총 177개로 한정했기 때문에 대표 형태를 확정하기에는 보편성과 타당성을 확보하는 데 무리가 따른다. 따라서 이 연구에서는 대표형을 별도로 지정하지

않는다.[2]

3.2.2. 용자用字 교체 현상

이표기 가운데에는 '이표기 우선의 원칙'으로 설명하기 어려운 것이 있는데 훈독자와 음가자가 대응되는 경우가 그러하다. 예를 들면, '捧支郞 : 鳳持郞'는 '받지랑'으로 해독되는 것으로 후대 자료에서도 '받지랑'만이 나타난다. 그런데 용자 '捧'은 훈독자로서 '받'으로 읽히는 데에 문제가 없지만 '鳳'은 어떻게 읽어도 '받'으로 읽을 수 없다. 이런 경우 '이표기 우선의 원칙'을 적용하면 '봉지랑'으로 읽을 수밖에 없는데 '봉지랑'이라는 기물은 없다. 따라서 '鳳持郞'이라는 이표기는 '捧支郞'이라는 표기의 용자 '捧'의 한자음에 이끌린 표기로 볼 수밖에 없는 것이다. 이와 같이 독자의 한자음에 이끌리어 용자가 가자로 교체된 현상은 의궤 차자 표기의 독특한 특징으로 지적될 만하다(김연주 2009a: 357). 아래 표에서 보면, 왼쪽항에 있는 용자들은 모두 '독자'에 해당한다. 그러나 이에 대응되는 오른쪽 항의 용자들은 '의미'와는 전혀 상관이 없고, 더구나 용례에 따라서는 재구음과도 대응이 되지 않는 음을 나타내는 '가자'들이다.

구분	이표기 대응 용자		용 례
1	甗	甘	甗頭 : 甘土 감투
2	金	釗	炙金 : 炙釗 적쇠

2 물론 단일한 형태로 나타난다하더라도 본 연구의 대상이 되었던 자료 외에서 이표기 형태가 나타날 가능성이 있기 때문에 단일형 역시 대표 형태로 단정 짓기는 어렵다.

3	童	同, 東	童道里 : 同道里 : 東道里 동다리 童多繪 : 同多繪 : 東多繪 동다회
4	磨	莫, 亇	亇子 : 莫子 : 磨子 막ᄌᆞ
5	味	莫	銅味鐥 : 銅莫大也 동맛대야
6	煮	者	鑤煮 : 㕲者 솖쟈
7	煮	卜	全鰒煮只 : 全鰒卜只 전복복기

가령, '童'은 '어리다'에서 의미 전이된 '짧다'를 나타내는 표기로 후행하는 기물의 모양을 한정짓는 구실을 한다. 왜냐하면 '童-'과 함께 쓰인 기물들은 '짧다'의 의미를 포함하기 때문인데, '童耳機 동귀틀(짧은 귀틀)', '童發里 동바리(짧은 기둥)', '童子柱 동자주(짧은 기둥)', '童大欄 동다라니(짧은 다라니)' 등이 그 예이다.(김연주 2009a: 65) 또한 의궤의 차자 표기에서 童과 同, 東의 교체가 빈번하게 일어난다. 이들의 교체가 흔하게 나타나는 이유는 '同', '東'이 '童'과 음이 동일한 데서 온 혼용의 결과이다. 이처럼 의궤에서는 훈독자로 쓰인 자가 그 자와 음이 동일하거나 유사한 다른 자와 교체되어 쓰인 예가 종종 있는데,[3] 이는 의궤의 차자에서 발견되는 표기상의

3 영건의궤에서도 독자가 가자로 교체되는 현상을 찾을 수 있다.

구분	이표기 대응 용자		용 례
①	盖	開	盖板 : 開板 개판
②	童	同, 東	① 童發伊 : 同發伊/東發伊 동바리 ② 童耳機 : 同耳機/東耳機 동귀틀
③	防	方	防草 : 方草 막새
④	捧, 奉	鳳	捧支郞 : 鳳持郞 받지랑
⑤	婦	付	婦椽 : 付椽 부연[며느리셧가래]
⑥	圓	元	圓環 : 元環 둥근고리
⑦	足, 蹄	族	① 馬足椽, 馬蹄椽 : 馬族椽 물굽셧가래 ② 鳥足鐵 : 鳥族鐵 새발쇠
⑧	宗	從, 縱	宗樑 : 縱樑, 從樑/從樑 마루보
⑨	大	汗	大丫赤 : 汗亇赤

가령, 盖板 : 開板 개판의 경우 '개판(지붕널(《한건》))'을 표기하는데 '盖'와

독특한 특징이라 할 만하다.[4]

이러한 가자로의 용자 교체 현상은 이표기간의 대응에 머물지 않고 여러 사전류에까지 영향을 미쳐서, 차자 표기된 어휘를 용자로 쓰인 한자의 음 그대로 읽어 등재해 놓은 경우가 있다. 예를 들면, '防草'가 그러한데 이는 '막새'의 차자 표기이다. 그런데 현용 국어사전과 건축 사전에서 '방초'로 등재해 놓고 있으며 '막새'와 동의어로 설명하고 있다.

3.2.3. 동음이자同音異字 표기

차자 표기에서 어떤 음을 적기 위해 용자가 고정되어 있는 것은 아니다. 의궤의 경우는 특히 표기자가 여럿이라는 사실을 감안해 볼 때 용자의 교체는 얼마든지 가능하고 빈번히 일어난다고 볼 수

음이 같은 '開'가 쓰였다. '盖'는 지시하는 기물이 '덮다'의 의미를 포함하고 있기 때문에 지시물의 기능을 염두에 둔 선택으로 보인다. 즉, '盖'는 음독자로 쓰인 것이다. 그런데 대부분의 의궤 자료에서 '盖板'이 쓰이다가 비교적 후대 자료인 〈영건1900C〉에서 '盖板'과 음이 같은 '開板'이 보인다. 이는 '盖板'에서 '盖'가 지니는 의미적 기능이 후대로 오면서 약화된 것이 아니라 '盖板'의 의미는 유지한 채, '盖'의 한자음에 이끌리어 '開'를 이표기한 것으로 판단된다. '圓環'은 '둥근고리'로 해독되는 차자 표기로 '圓'은 훈독자로 쓰였다. 그런데 이 용자의 음에 이끌리어 '둥근'이라는 뜻과는 전혀 상관이 없는 '元'이 선택되어 음가자로 쓰인 것이다.

4 김연주(2009a: 358)에서는 이렇게 볼 수 있는 근거로 독자로 쓰인 것이 가자로 쓰인 용자보다 출현하는 빈도수가 훨씬 높다는 점을 들었다. 따라서 독자로 쓰인 용자가 먼저 나타나고, 후에 그 독자의 한자음에 이끌린 가자가 이표기에 교체되어 나타났다고 말할 수 있는 것이다. 다만, 후대 문헌에서 교체된 가자가 나타나는 경우도 있지만 위 표의 예들은 대부분 한 문헌에 공존하는 경우가 많아서 시대의 변천을 근거로 내세우기는 어렵다.

있다. 즉 용자의 선택은 어떤 경우에든 수의적이다.[5] 가령, [가] 음을 나타내는데 '加', '假', '家' 등이 다 쓰일 수 있다. 동자이음 표기가 차자의 경제적인 운용이 기대되는 표기라면 동음이자 표기는 차자의 수가 늘어나게 되는 직접적인 원인이 된다. 가례 관련 의궤에 보이는 동음이자 표기를 아래와 같이 몇 가지로 나누어 볼 수 있다. (1)~(2)는 독자간의 교체가 일어난 경우이고, (3)~(7)은 독자와 가자, 가자와 가자간의 교체가 일어난 경우이다.

(1)

[쇠]	金	鐵	釗
	炙金	炙鐵	炙釗
	味金, 乶金	味鐵	雪釗

(1)은 훈독자간의 교체가 나타난 것으로 가례 관련 의궤에서 훈독자간의 교체는 '金'과 '鐵'의 교체가 두드러진다. 즉 '金'과 '鐵'이 '-쇠'를 표기하는 차자로 주로 쓰이는데 이들은 유의관계에 있는 한자로 서로의 새김이 동일한 데서 교체될 수 있는 조건을 갖추고 있는 셈이다. 이들의 교체는 '鎖'와 '釗'로 확대되는데, 이는 '-쇠'형이 어휘의 일부를 구성하는 요소이면서 연장을 만드는 재료적 성격을 나타낸다는 정보가 널리 알려져 있는 상황이라면, 굳이 '-쇠'에 해당하는 새김을 차용하지 않더라도 즉 [쇠] 음의 음차만 하더라도 혼란이 없었기 때문이다. 게다가 '鎖'는 새김에 '金'이나 '鐵'과

5 이론적으로 볼 때, 차자 표기에서 용자의 선택은 수의적이다. 그러나 고대 한국어 차자 표기 자료를 살펴보면 특정음을 표기하기 위해 동원되는 용자가 대체로 공통적이고 한정되어 있음을 알 수 있다. 특히 음차자들이 그러하다(김동소 1999: 35-36 참조.). 이런 특성 때문에 한자 차용 방법의 동질성을 확인할 수 있고, 그 체계를 기술할 수 있는 것이다.

어느 정도 비슷한 의미를 포함하고 있어 별무리 없이 선택이 된 것으로 보인다.

(3)

① 동다리	同道里	東道里	童道里
② 막ᄌᆞ	磨子	亇子	莫子
③ 너울	汝火	羅兀	-

(3)은 훈독자로 쓰인 용자가 그 자와 음이 동일하거나 유사한 다른 용자와 교체되어 쓰인 경우이다. 가령, (3②)의 '磨子 : 亇子 : 莫子'는 '막ᄌᆞ'를 표기한 것이다. 대부분의 의궤에서 '莫子'로 나타나는 것으로 보아 '磨子', '亇子'는 예외적인 표기라 할 수 있는데, '亇'자가 망치를 본 떠 만든 字이므로 '마치'와 '막ᄌᆞ'의 의미 기능적 유연성에서 연유한 것으로 풀이된다. '沙磨子' 역시 '막ᄌᆞ'의 기능을 염두에 둔 표기로 보인다.

(4)

① 도마	② 도타(토)락	③ 마요(마유, 매유)	④ 부독이	⑤ 마놀개	⑥ 져고리
刀亇	都多益	馬腰	夫獨只	亇飛介	赤古里
都亇	道土落只	馬要	浮獨只	末飛介	赤古裏
刀磨	都土落	亇腰	浮豆只	馬飛介	-
刀馬	桃吐落	亇要	夫都只	丫飛介	-
刀丫	道土落只	-	-	-	-
-	道吐落	-	-	-	-
-	都多落	-	-	-	-

(5)

① [설쟈]	鐥煮	鐥者	鐥子	-
② [석쇠]	呩金	鐥金	雪釗	和金

(6)

① [너울]	羅兀	汝火	-	-
② [곤자손]	昆者手	昆者巽	昆者選*	-

(7)

① [막ᄌᆞ]	磨子	亇子	莫子
② [복기]	全鰒煮只	全鰒卜只	-
③ [바탕]	所湯次松板	小湯次眞長木	-
④ [셝쟈]	鐥煮	鐥者	鐥子
⑤ [덧지방]	加之防	假地防	-

(4)는 음가자간의 교체이고, (5)는 음독자와 음가자의 교체를, (6)는 훈가자와 음가자간의 교체를 보인다. (7)은 '煮 : 卜', '所 : 小'의 대응에서 훈독자와 음가자의 교체를 보인다.

3.2.4. 동자이음同字異音 표기

의궤의 차자 표기에서는 하나의 용자가 어휘에 따라 여러 음을 표기하는 경우가 있다. 이는 차자 해독에 있어 일자일음의 원칙이 적용되기에 다소 무리가 따르는 부분이다. 이러한 동자이음 표기는 차자의 경제적인 운용이 기대되는 표기로 차자의 양산을 억제하는 구실을 하는 측면이 있다. 이러한 예로 대표적인 몇 가지를 들면 다음과 같다.

구분	용 자	독 음	용 례
1	沙	① [쇠]	乬沙 걸쇠(1652영건 069ㄱ09)
		② [새]	夫莫沙 수막새(1651가례077ㄴ05)
		③ [사]	沙鉢 사발(1736책례 171ㄴ01)
		④ [상]	沙魚皮 상어껍질(1736책례 172ㄱ10)
2	刺	① [라]	水剌 슈라(1795원행四 001ㄴ08)
		② [레]	加文剌 더그레(1681가례 118ㄴ01)
3	赤	① [적]	赤古里 져고리(1627가례 048ㄴ08)
		② [치]	赤亇 치마(1627가례 049ㄱ09)
		③ [저(져)]	乭赤耳 돌저(져)귀(1802가례上 157ㄱ06)
		④ [져]	赤古里 져고리(1627가례 048ㄴ08)
4	伊	① [이]	乫伊匠 갈이장(1873진작 059ㄴ03)
		② [니]	都艮伊 도가니(1902진연二 034ㄴ03)
		③ [릐(릐)]	助(乙)伊 죠릐(릐)(1877진찬二 055ㄱ07)
		④ [리]	雄尾伊 웅미리(1762가례上 092ㄱ06)
		⑤ [잉]	伊我 잉아(1610책례 078ㄱ07)
		⑥ [ㅣ]	執巨伊 집게(1651책례 054ㄴ04)
5	道	① [다]	古道乃 고다리(1681가례 257ㄱ04)
		② [도]	道吐落 도타(토)락(1829진찬二 008ㄴ01)
		③ [두]	蒙道里 몽두리(1848진찬三 041ㄱ01)
		④ [돌]	道迪耳 돌저(져)귀(1651가례 078ㄱ04)
		⑤ [도(독)]	紅都叱介 홍도(독)개(긔)(1866가례下 030ㄴ11)
6	音	① [름]	腋注音 견주름(1819A가례 024ㄱ11)
		② [ㅁ]	垂音 드림(1795원행四 049ㄱ07)
		③ [음]	高音 고음(1848진찬二 013ㄴ03)
7	只	① [기]	唐只 댕기(1902진연三 038ㄴ11)
		② [ㄱ]	道土落只 도토락(1744진연 100ㄴ01)
		③ [지]	巨等(乙)只 거들지(1887진찬二 004ㄴ12)

		④ [씨]	乶只 볼씨(1671가례 090ㄴ12)
		⑤ [이]	吾斤甘執只 오근감잡이(1610책례 157ㄴ11)
		⑥ [키]	方乫只 방[모]갈키(1759가례下 176ㄴ12)
8	所	① [새]	沙所用 사[사긔]새용(1721책례 125ㄱ12)
		② [바]	所湯伊 바탕이(1706가례 271ㄱ10)
		③ [보]	所阿只 보아지(1764영건 163ㄴ12)*
		④ [받]	落目所枕 낙목받침(1906가례一 161ㄱ10)
		⑤ [소]	所羅 소라(1906가례一155ㄱ10)
		⑥ [쇠]	所也只 쇠야기(1819가례下 122ㄴ07)
9	耳	① [귀]	耳曲釗 귀곱쇠(1906가례二 019ㄱ08)
		② [구]	鍮耳只 유[놋]구기(1627가례 103ㄴ03)
		③ [이]	光耳 광이(1902진연二 091ㄴ08)
		④ [리]	阿耳金 아리쇠(1828진작二 020ㄴ02)
10	貼	① [뎝]	貼匙 뎝시(1681가례 096ㄴ12)
		② [붓]	貼朴只 붓바기(1875책례 141ㄴ08)
		③ [털]	貼裡 털릭(1718가례 012ㄴ02)
		④ [첩]	赤貼 적첩(1627가례 055ㄴ14)
		⑤ [텹]	大貼 대텹(1627가례 117ㄴ04)
11	夫	① [부]	夫月 부들(1719진연二 009ㄱ06)
		② [수]	夫莫沙 수막새(1651가례077ㄴ05)
12	金	① [금]	于金甘佐非 우근감자비(1736책례 153ㄱ04)
		② [쇠]	脚金 다리쇠(1887진찬二 064ㄴ08)
13	石	① [섬]	空石 빈섬(1667책례 016ㄱ03)
		② [돌]	耳機石 귀틀돌(1832영건 024ㄱ02)*
14	月	① [달]	月ケ只 달마기(1627가례 043ㄴ11)
		② [들]	夫月 부들(1719진연二 009ㄱ06)
		③ [돌/ᄃᆞ]	月乃 (말)ᄃᆞᆯ애(1866가례下 090ㄴ01)
		④ [타]	月乃 타래(1651책례 044ㄱ08)

동일한 차자가 음으로도 차용되고 훈으로도 차용이 될 때, 그것이 나타내는 음이 같을 수는 없다(남풍현: 1981) 위의 용례에서 보듯이 독음 방법이 같은데도 불구하고 다양한 음을 나타내기도 한다.

(1)~(4)는 모두 음가자로 쓰인 반면 (8)~(13)은 음가자와 훈가자로 쓰여 여러 음을 표기한다.

차자의 경제적인 운용이 기대되는 표기로는 이외에도 한 형태가 서로 다른 의미를 가진 개체를 지시하는 경우를 들 수 있는데 이 역시 차자 표기 자체가 지니는 수의성과, 하나의 형태로 여러 의미를 나타내려는 경제성이 고려된 결과라 할 수 있다. 물명을 표기한 차자는 의미적 기능에 따라 변별성이 부여되기 때문에 동일한 차자 표기 형태는 그것이 쓰인 전후 환경에 따라 의미가 달라질 수 있다.

가령, '古音'는 한 단어가 두 개의 의미를 지니는 동음이의어로 '괴다'의 명사형 '굄'과 의복의 부분 명칭인 '고름'을 표기한다. 그래서 정확한 의미는 이들이 나타나는 전후 환경에 따라 달라진다. 즉 굄으로 쓰인 경우에는 주로 -木이나 -鐵, -靑石 등과 함께 제시된다. 반면 복식 명칭으로 쓰일 때는 古音次紫的桃榴甲紗兩尺처럼 나타나고 있어 표기가 같더라도 지시대상의 구분이 가능하다. 또한 '죵 ᄌᆞ 鍾子', '사발 沙鉢', '방그(고)리 方文(古)里'는 생활도구를 그대로 인명으로 삼은 예로 이는 奴婢名 작명에서 흔히 나타나는 외모의 특징과 기물의 유사성을 연관 지은 것이다. 이들 표기는 동일한 표기로 서로 다른 지시물을 가리키므로 차자가 표기된 전후 환경에 따라 구분할 수밖에 없다. 이와 같이 동자이음 표기와 동음이의어 표기는 차자의 양산을 억제하는 기능을 한다. 다음은 영건의궤에 보이는 동음이의어인데 각각의 표기들은 두 가지 이상의 의미로 사용되고 있음을 알 수 있다.

1	加莫金	가막쇠	① 자재명
			② 자재명(악기에 소용)

<table>
<tr><td rowspan="3">2</td><td rowspan="3">甘佐非</td><td rowspan="3">감자비</td><td>① 자재명</td></tr>
<tr><td>② 자재명</td></tr>
<tr><td>③ 자재명(악기에 소용)</td></tr>
<tr><td rowspan="2">3</td><td>① ~巨里金釘</td><td>거리*</td><td>① 부재명</td></tr>
<tr><td>② 二巨里</td><td></td><td>② 단위명</td></tr>
<tr><td rowspan="2">4</td><td>① 空石</td><td>① 빈섬</td><td>① 용기명</td></tr>
<tr><td>② 石</td><td>② 섬</td><td>② 단위명</td></tr>
<tr><td rowspan="3">5</td><td>① 大貼</td><td>① 대텹</td><td>① 용기명</td></tr>
<tr><td>② 大貼金</td><td>② 대텹쇠</td><td>② 자재명</td></tr>
<tr><td>③ 大貼小累</td><td>③ 대텹소로</td><td>③ 부재명</td></tr>
<tr><td rowspan="3">6</td><td rowspan="3">所湯(伊)</td><td>바탕(이)</td><td>① 용기명</td></tr>
<tr><td>바탕</td><td>② 부재명</td></tr>
<tr><td>바탕쇠</td><td>③ 도구명</td></tr>
<tr><td rowspan="2">7</td><td rowspan="2">東海</td><td rowspan="2">동히</td><td>① 용기명</td></tr>
<tr><td>② 단위명</td></tr>
<tr><td rowspan="2">8</td><td rowspan="2">赤貼, 積貼, 接貼</td><td rowspan="2">적첩</td><td>① 부재명</td></tr>
<tr><td>② 기물명</td></tr>
<tr><td rowspan="3">9</td><td rowspan="3">破回</td><td rowspan="3">바회</td><td>① 인명</td></tr>
<tr><td>② 기물(바퀴)</td></tr>
<tr><td>③ 바위</td></tr>
<tr><td rowspan="2">10</td><td rowspan="2">馬腰, 馬要, 亇腰, 亇要</td><td rowspan="2">마요</td><td>① 이동식변기</td></tr>
<tr><td>② 糞</td></tr>
<tr><td rowspan="2">11</td><td rowspan="2">注之</td><td rowspan="2">주지</td><td>① 단위명사</td></tr>
<tr><td>② 장식</td></tr>
<tr><td rowspan="2">12</td><td rowspan="2">方文里</td><td rowspan="2">방그리</td><td>① 용기명</td></tr>
<tr><td>② 인명</td></tr>
<tr><td rowspan="2">13</td><td>① 甫兒</td><td>① 보ᄋᆞ</td><td>① 용기명</td></tr>
<tr><td>② 甫兒只</td><td>② 보아지</td><td>② 부재명</td></tr>
<tr><td rowspan="2">14</td><td>① 沙乃朴鐵</td><td>① 사래</td><td>① 부재명</td></tr>
<tr><td>② 五千沙乃</td><td>② 사리</td><td>② 단위명</td></tr>
<tr><td rowspan="2">15</td><td rowspan="2">沙鉢</td><td rowspan="2">사발</td><td>① 용기명</td></tr>
<tr><td>② 단위명</td></tr>
</table>

			③ 인명
16	散子	산자	① 음식명
			② 용기명
			③ 부재명
17	所羅	소라	① 용기명
			② 악기명
18	所用	새용	① 용기명
			② 단위명
19	于(亏)里	우리	① 용기명
			② 부재명
20	月乃朴工	① 다래	① 부재명*
	三甫牛月乃	② 타래	② 단위명
	月乃	ᄃᆞᆯ릐/ᄃᆞ릐	다리
		ᄃᆞᆯ애	(말)다래
21	鍾子	죵ᄌᆞ	① 용기명
			② 자재명
			③ 인명
22	注之	주지	① 자재명
			② 단위명
23	古音	고름	① 복식명
		곰	② 자재명
		곰	③ 음식명
24	同道里, 東道里, 童道里	동다리	① 군복
			② 군복의 소매 끝에 댄 선
			③ 휘장의 아랫단에 댄선
25	蒙道里	몽두리	① 여령이 착용한 옷
			② 장옷
26	乶只	볼끼	① 방한구
			② 엉덩이살
27	間莫只	(현재) 간막국	① 음식
		칸막이	② 부재
28	刀ケ, 刀Y, 刀馬, 刀磨, 都ケ	도마	① 조리 도구
			② 받침대

29	食古里	밥고리	① 오지그릇
		고리	② 대오리로 엮은 그릇
30	毛老竹, 毛老臺, 毛老檯		① 모루를 올려놓는 대와
			② 층층대의 좌우 모퉁이에 놓는 돌
31	筩介	동개	① 자재명
			② 용기명

((16)은 '산자'로 읽히는 차자 표기 '散子'가 ① 용기명과 ② 음식명 ③ 부재명으로 쓰인다는 뜻이다.)

3.2.5. 불완전한 표기

동일한 어휘에 대한 차자 표기가 여럿일 경우가 있는데, 그 이유로는 먼저 의궤가 표기자가 여럿이라는 표기상의 특징을 들 수 있겠다. 또한 표기자의 단순 오기이거나 개인의 방언형이 표기에 반영되었을 가능성도 염두에 두어야 한다. 이러한 수의성은 크게 생략표기, 첨기표기, 중철표기 등으로 나타난다.[6]

1) 생략표기

생략표기의 원인은 표기법의 불완전성에 있다(남풍현 1981: 155). 생략표기 역시 차자 표기에서 흔히 발견되는 표기자의 수의적인 표기로 임의적인 현상이다. 따라서 생략표기가 어형의 차이로 직결되지는 않는다.

6 남풍현(1990)에서는 차자의 변이 양상을 생략표기, 첨기표기, 대표음의 전용 등으로 대별하였다.

(1) ㄹ생략

번호	독음	용례	비고
1	걸[들]쇠	擧金(1721책례 212ㄴ12)	⿱擧乙金(1736책례 168ㄱ02)
2	걸레	巨乃(1690책례 088ㄱ10)	乬乃(1651책례 044ㄱ06)
3	걸레	去乃(1726책례134ㄱ01)	去乙乃(1721책례 156ㄴ11)
4	걸레포	擧乃布(1795원행四 045ㄴ09)	⿱擧乙乃正布(1681가례 254ㄱ01)
5	걸레	拘介(1610책례 153ㄱ01)	⿱拘乙介(1638가례 033ㄴ03)
6	돌저(져)귀	道迪耳(1651가례 078ㄱ04)	乭迪耳(1759책례 050ㄱ09)
7	쫄정	召釘(1751책례 115ㄴ03)	⿱召乙釘(1819가례下 063ㄱ08)
8	얼기	於只(1651책례 038ㄴ10)	乻只(1610책례 149ㄱ06)
9	졸음거	條里鉅(1736책례 105ㄱ11)	條(乙)音鉅(1651책례 055ㄴ02)
10	졸음거	條音鉅(1667책례 090ㄴ01)	條(乙)音鉅(1651책례 055ㄴ02)
11	졸음거	條任鉅(1736책례 127ㄴ01)	條(乙)音鉅(1651책례 055ㄴ02)
12	줄장	注匠(1706가례 063ㄴ02)	乼匠(1736책례 184ㄱ05)
13	아리쇠	阿耳金(1829진찬二 056ㄱ07)	阿里金(1651가례 014ㄱ08)
14	귀얄	歸也(1877진찬一 050ㄱ02)	-

위 예는 'ㄹ'이 생략 표기된 형태들이다. 그런데 (14)는 다른 용례와는 차이를 보인다. 귀얄을 표기한 歸也는 [얄] 음을 표기할 마땅한 글자가 없어 소리가 비교적 가까운 '也'가 대신한 것이다. 반면에 (1)~(13)에서 보이는 생략은 특별한(어떤) 규칙성을 보여주기보다는 표기자의 단순 오류에 의한 표기로 보인다.

(2) ㅣ생략

번호	독음	용례	비고
1	괴목	高音木(1866가례上 148ㄴ03)	-
2	대몽동이	大蒙同(1676책례 032ㄱ10)	鐵蒙童伊(1759가례下 098ㄴ12)
3	도가니	陶罐(1759책례 110ㄱ04)	陶罐耳(1877진찬一 052ㄴ06)
4	수막새	夫莫沙(1651가례 077ㄴ05)	-
5	새옹	沙要(1627가례 102ㄴ09)	-
6	새옹	沙用(1671가례 057ㄱ02)	-

7	새용	砂用(1795원행四 045ㄱ02)	-
8	바탕이	所湯(1759책례 098ㄱ01)	所湯伊(1651가례115ㄴ07)
9	곤자손이	昆者手(1719진연二 075ㄱ05)	-
10	쇠야기	所也只(1819가례下 122ㄴ07)	-
11	집게	執巨(1706가례 265ㄱ05)	執巨伊(1651책례 054ㄴ04)
12	더그레	加文剌(1681가례 118ㄴ01)	-

(3) ㅇ생략

번호	독음	용례	비고
1	붕어	大鮒魚(1719진연二 058ㄱ08)	-
2	숭어	秀魚(1892진찬二 058ㄴ04)	-
3	상어	沙魚(1795원행四 021ㄴ05)	-
4	새용	沙要(1627가례 102ㄴ09)	沙用(1751책례 036ㄱ11)

(4) ㄱ생략

번호	독음	용례	비고
1	사[사긔]막즈	沙亇子(1667책례 034ㄴ11)	沙莫子(1751책례 043ㄱ09)
2	넉즈	芀子(1829진찬二 016ㄴ08)	蒚子(1719진연一 037ㄱ02)
3	말목판	斗隅板(1901진연二 093ㄴ01)	-

5) 기타

번호	독음	용례	비고
1	조임국화동	照音菊花童(1819가례下 015ㄱ07)	사동접사 생략
2	비음	非音次白馬(1719진연二 017ㄱ05)	非只音(1829진찬二 010ㄴ08)
3	오징어	烏賊魚(1828진작二 004ㄱ10)	-

(5-1)은 사동접사 -이-가 생략되었고, (5-2)는 非只音의 '只'(기)가 생략된 표기이다. 그러나 이들의 출현이 1~2회에 그치고 있어 표기자의 오류에 의한 표기로 보는 것이 적절하겠다.

2) 중철 표기

(1) ㄱ

間莫只湯 간마기탕(1795원행四 003ㄴ12)
莡朴只鎖鑰 붓바기(1866가례下 087ㄱ11)
赤古里 져고리(1627가례 048ㄴ08)
貼朴只 붓바기(1875책례 141ㄴ08)

(2) ㅁ

甘莫金 가막쇠(1627가례 056ㄱ01)
小引鉅朴老音味 소인거박놈미(책례1722 165ㄱ07)

(3) ㄹ

㺚皮所百四十四乬里 달피바백사십사거리(1828진작二 022ㄴ04)
童發里 동바리(1819가례下 123ㄴ05)
末乙木 말목(1667책례 051ㄱ07)
牛毛加士乙里 우모가사리(1721책례 240ㄱ02)
助(乙)里 조리(1887진찬二 065ㄱ06)
中乬勿釘 중거물못(1877진찬一 052ㄱ03)
黃肉乼音炙 황육느름젹(1765가례二 074ㄱ09)
巨勿乙釘 거물정[못](1681가례 318ㄴ11)
朴老音味 박노미(책례1722 165ㄱ07)
葛乙乼 갈줄(책례1736 072ㄱ10)

(4) ㅣ

裵金伊夢赤 배쇠망치(1676책례 057ㄱ07)
磨鏡匠金金伊同 마경장김쇠동(책례1722 129ㄱ07)
蔡金伊太 채쇠태(책례1667 095ㄴ09)

(5) 기타

甘執非 감잡이(1651책례 060ㄱ10)

중철 표기는 음절 경계를 정확하게 인식하고자 하는 표기자의 어간 의식과 현실음이 동시에 반영된 결과라 할 수 있다. 그 결과 앞 음절의 말음과 뒤 음절의 첫소리가 중첩 표기로 나타났다. 그런데 주목할 만한 점은 이들 중철 표기가 주로 ㄱㄱ과 ㄹㄹ의 중첩을 보인다는 점이다. 가령, 貼朴只는 어간 '박-[朴]'에 명사형어미 '기[只]'의 결합으로 분석된다. 이때 朴은 기물의 기능을 반영한 선택이고, 명사형어미 -이 표기에 [기] 음을 나타내는 '只'가 쓰인 데는 당시 언어 현실이 음절 경계를 정확하게 인식하지 못했음을 감안하면 현실음을 반영한 표기라 할 수 있다.

그런데 다음은 중철 표기보다는 음의 첨기로 설명할 수 있다.

① 道土落只 도토락(1719진연二 011ㄴ07)
② 吐莫只 토막(1866가례下 050ㄴ05)
③ 仇彔之 구럭(1671가례 015ㄱ06)
④ 迲乃 자(즈)래(1827진작二 004ㄴ06)
⑤ 鉢里 바리(가례1696 237ㄴ09)

위 예를 보면 ①~③과 ④~⑤는 다소 다른 양상을 보인다. 먼저 ①~②의 只 와 ③의 之는 각각 앞음절 '락'의 말음 'ㄱ'을 첨가한 말음 첨기자로 쓰였다. ④와 ⑤는 훈독자+음가자로 이루어졌으며 이때 음가자는 앞선 훈독자의 말음을 표기한다. 즉 乃와 里는 각각 자(즈)래[迲]와 바리[鉢]의 말음 [래]와 [리]를 표기하는 훈독말음 첨기(이건식: 1996)으로 기능하였다.[7]

---

7 김완진(1980)에서는 이러한 말음 첨기를 훈주음종訓主音從으로 설명한 바 있다. 훈주음종은 어떤 형태를 표기할 때 개념을 나타내는 차자를 앞세우고 그 형태 끝부분에 해당하는 차자를 뒤따르게 하는 방식이다.

3.2.6. 변화 없는 어형

이표기가 여럿일 경우 대표 형태를 설정하는 문제가 생기는데 특정 어휘에 대한 대표 형태는 출현 빈도를 근거로 설정할 수 있다. 그러기 위해서는 모든 차자 표기 자료를 다 검토할 필요가 있음은 물론이다. 이 연구에서는 의궤 자료 전체를 연구 대상으로 삼지 않았고, 해독한 어휘도 총 177개로 한정했기 때문에 대표 형태를 확정하기에는 보편성과 타당성을 확보하기가 다소 어렵다. 따라서 본 연구에서는 대표형을 별도로 지정하지 않았다.

다만, 다음은 일관되게 동일한 형태를 보이는 표기이다.[8] 물론 단일한 형태로 나타난다하더라도 본 연구의 대상이 되었던 자료 밖에서 이표기 형태가 나타날 가능성이 있기 때문에 단일형 역시 대표 형태로 단정짓기는 어렵다.

1)

의궤/어형	東海	把持	鼠目釘	甫兒	大也
1610책례	(1610책례 079ㄱ10)	-	-	(1610책례 006ㄱ11)	(1610책례 088ㄱ06)
1627가례	(1627가례 108ㄱ12)	(1627가례 044ㄱ07)	-	(1627가례 108ㄱ12)	(1627가례 108ㄱ11)
1638가례	(1638가례 015ㄴ02)	(1638가례 031ㄱ08)	-	(1638가례 015ㄴ03)	(1638가례 015ㄴ03)
1651가례	(1651가례 012ㄴ13)	(1651가례 008ㄱ02)	-	(1651가례 084ㄱ07)	-
1651책례	(1651책례 030ㄴ14)	-	-	-	-
1667책례	(1667책례 016ㄱ03)	-	(1667책례 078ㄱ02)	-	-
1671가례	(1671가례 174ㄴ11)	(1671가례 010ㄱ03)	(1671가례 149ㄴ02)	(1671가례 057ㄱ02)	(1671가례 047ㄱ06)
1676책례	(1676책례 071ㄱ07)	-	(1676책례 -045ㄱ09)	-	-
1681가례	(가례1681 066ㄴ08)	(가례1681 086ㄴ12)	(가례1681 109ㄴ05)	(가례1681 066ㄴ08)	(가례1681 025ㄴ02)
1690책례	(1690책례 040ㄴ07)	-	(1690책례 088ㄴ04)	(1690책례 040ㄴ06)	(1690책례 040ㄴ01)
1696가례	(가례1696 051ㄴ07)	(가례1696 010ㄴ07)	-	(가례1696 051ㄴ06)	(가례1696 051ㄴ06)
1706가례	(1706가례 013ㄴ12)	(1706가례 010ㄴ07)	-	(1706가례 016ㄱ04)	(1706가례 051ㄴ06)

8 물론 단일한 형태로 나타난다하더라도 본 연구의 대상이 되었던 자료 외에서 이표기 형태가 나타날 가능성이 있기 때문에 단일형 역시 대표 형태로 단정짓기는 어렵다.

1718가례	(1718가례 064ㄴ03)	(1718가례 012ㄴ04)	-	(1718가례 064ㄴ02)	(1718가례 064ㄴ02)
1721책례	(1721책례 041ㄴ09)	-	鼠目釘(1721책례 144ㄱ10)	(1721책례 046ㄴ11)	(1721책례 065ㄱ05)
1722책례	(1722책례 134ㄱ04)	-	-	(1722책례 134ㄱ04)	(1722책례 031ㄱ05)
1726책례	(1725책례 031ㄱ10)	-	(1726책례 067ㄱ02)	(1725책례 051ㄱ01)	(1725책례 034ㄱ05)
1736책례	(1736책례 046ㄱ09)	-	(1736책례 149ㄴ04)	(1736책례 -047ㄱ07)	(1736책례 040ㄱ11)
1751책례	(1751책례 036ㄱ11)	-	(1751책례 121ㄱ01)	(1751책례 -036ㄱ12)	(1751책례 036ㄱ10)
1759책례	(1759책례 051ㄱ09)	-	(1759책례 083ㄴ09)	(1759책례 030ㄱ02)	(1759책례 030ㄱ02)
1762가례	(1762가례上 064ㄱ07)	(1762가례上 015ㄴ09)	-	(1762가례上 064ㄱ07)	(1762가례上 064ㄱ05)
1802가례	(1802가례上 152ㄱ10)	(1802가례上 234ㄱ01)	(1802가례上 169ㄴ12)	(1802가례上 105ㄴ11)	(1802가례上 046ㄴ04)
1812책례	(1812책례 022ㄴ04)	-	(1812책례 121ㄴ03)	(1812책례 113ㄱ08)	-
1819가례	(1819가례上 144ㄴ02)	(1819가례上 218ㄱ02)	(1819가례下 107ㄱ10)	(1819가례上 178ㄴ08)	(1819가례下 047ㄱ11)
1827진작	(1827진작二 028ㄴ04)	-	-	(1827진작二 028ㄴ01)	(1827진작二 028ㄱ12)
1866가례	(가례1866상 149ㄱ03)	(가례1866상 258ㄴ06)	(가례1866상 156ㄱ03)	(가례1866상 116ㄱ12)	(가례1866하 071ㄱ01)
1873진작	(1873진작 005ㄱ04)	-	(1873진작 032ㄴ01)	(1873진작 032ㄴ09)	(1873진작 033ㄴ07)
1875책례	(1875책례 018ㄴ07)	-	(1812책례 121ㄴ03)	(1875책례 120ㄱ08)	-
1900책봉	(1900책봉 050ㄴ09)	-	-	-	-
1901책봉	(1901책봉 078ㄱ04)	-	(1901책봉 076ㄴ10)*	(1901책봉 057ㄱ01)	-
1902진연	(1902진연二 090ㄴ06)	-	-	(1902진연二 091ㄱ10)	(1902진연二 090ㄴ08)
1906가례	(1906가례上 046ㄱ02)	(1906가례上 034ㄴ08)	(1906가례上 177ㄱ11)	(1906가례上 145ㄱ09)	(1906가례下 051ㄴ10)
1910책봉	(1910책봉 031ㄱ08)	-	-	-	-

2)

의궤/어형	空石	香串之	木賊	所湯	乫只
1610책례	(1610책례 088ㄱ06)	-	(1610책례 079ㄴ05)	-	(1610책례 149ㄱ06)
1627가례	(1627가례 025ㄴ14)	(1627가례 057ㄴ08)	(1627가례 044ㄴ01)	-	(1627가례 094ㄱ04)
1638가례	(1638가례 015ㄴ04)	-	(1638가례 057ㄴ06)	-	-
1651가례	(1651가례 078ㄴ11)	(1651가례 112ㄴ03)	(1651가례 085ㄱ03)	(1651가례 084ㄴ01)	-
1651책례	(1651책례 055ㄱ01)	-	(1651책례 018ㄴ11)	-	(1651책례 042ㄴ05)
1667책례	(1667책례 016ㄱ03)	-	(1667책례 027ㄱ01)	(1667책례 094ㄴ04)	(1667책례 050ㄴ09)
1671가례	(1671가례 219ㄴ03)	(1671가례 163ㄴ04)	(1671가례 221ㄱ06)	(1671가례 081ㄱ02)	(1671가례 167ㄴ09)
1676책례	(1676책례 039ㄱ08)	-	(1676책례 040ㄴ07)	-	(1676책례 043ㄱ02)
1681가례	(가례1681 106ㄱ05)	(가례1681 312ㄴ07)	(가례1681 106ㄴ04)	(1681가례 097ㄱ06)	(가례1681 242ㄴ06)
1690책례	(1690책례 056ㄴ11)	(1690책례 076ㄴ03)	(1690책례 067ㄱ08)	所湯(1690책례 127ㄱ02)	(1690책례 075ㄴ08)
1696가례	(가례1696 268ㄴ11)	-	(가례1696 182ㄴ12)	(1696가례 077ㄱ01)	(가례1696 239ㄴ05)
1706가례	(1706가례 074ㄴ01)	(1706가례 258ㄴ01)	(1706가례 082ㄱ06)	(1706가례 077ㄱ01)	(1706가례 239ㄴ05)
1718가례	(1718가례 090ㄱ09)	(1718가례 260ㄴ06)	(1718가례 103ㄴ07)	(1718가례 093ㄱ10)	(1718가례 218ㄴ06)
1721책례	(1721책례 064ㄴ09)	-	(1721책례 070ㄱ01)	所湯(1721책례 150ㄴ05)	(1721책례 106ㄱ01)
1722책례	(1722책례 079ㄴ07)	-	(1722책례 082ㄱ04)	-	(1722책례 091ㄱ09)
1726책례	(1726책례 110ㄱ03)	(1726책례 084ㄱ06)	(1725책례 055ㄱ08)	-	(1726책례 084ㄱ05)
1736책례	(1736책례 063ㄴ09)	-	(1736책례 067ㄱ05)	所湯(1736책례 -167ㄱ12)	(1736책례 080ㄱ11)
1751책례	(1751책례 029ㄱ07)	-	(1751책례 068ㄴ08)	-	(1751책례 080ㄴ07)
1759책례	(1759책례 029ㄴ07)	-	(1759책례 055ㄱ11)	所湯(1759책례 098ㄱ01)	(1759책례 063ㄴ09)

1762가례	(1762가례上 088ㄴ02)	-	(1762가례下 021ㄴ01)	(1762가례下 086ㄴ11)	(1762가례上089ㄱ03)
1784책례	-	-	-	-	-
1802가례	(1802가례上 166ㄴ01)	(1802가례上 195ㄴ05)	(1802가례上 177ㄴ09)	(1802가례上 168ㄱ08)	(1802가례上 182ㄴ06)
1812책례	(1812책례 073ㄱ11)	(1812책례 102ㄴ04)	(1812책례 073ㄱ09)	(1812책례 123ㄱ04)	(1812책례 115ㄱ02)
1819가례	(1819가례上 156ㄱ02)	(1819가례上 190ㄴ05)	(1819가례下 070ㄴ10)	(1819가례下 012ㄴ03)	(1819가례上 170ㄱ07)
1827진작	(1827진작二 028ㄴ10)	-	(1827진작二 004ㄴ03)	(1827진작二 028ㄴ12)	-
1866가례	(가례1866상 145ㄱ09)	(가례1866상 182ㄴ09)	가례1866상 140ㄱ12)	(가례1866상 151ㄴ11)	(가례1866하 063ㄴ12)
1873진작	(1873진작 039ㄴ08)	(1873진작 041ㄱ07)	-	-	-
1875책례	(1875책례 032ㄴ08)	(1875책례 110ㄴ09)	(1875책례 071ㄱ12)	(1875책례 130ㄴ09)	(1875책례 077ㄱ02)
1900책봉	-	-	(1900책봉 051ㄴ07)	1900책봉 047ㄱ03)	(1900책봉 035ㄴ09)
1901책봉	-	(1901책봉 075ㄴ03)	(1901책봉 079ㄱ02)	-	(1901책봉 029ㄱ08)
1902진연	-	-	-	-	-
1906가례	(1906가례上 145ㄴ03)	(1906가례上 042ㄱ11)	(1906가례一146ㄴ02)	(1906가례上 157ㄱ04)	(1906가례上 180ㄱ05)
1910책봉	-	-	(1910책봉 031ㄴ09)	-	(1910책봉 024ㄱ12)

3)

의궤/어형	方文里	周乬	加文剌	方亇	蘇亇
1610책례	-	-	-	-	-
1627가례	-	-	-	-	-
1638가례	(1638가례 141ㄴ02)	-	(1638가례 030ㄱ07)	-	-
1651가례	(1651가례 114ㄱ05)	-	(1651가례 060ㄱ03)	-	-
1651책례	-	-	-	-	-
1667책례	(1667책례 046ㄴ05)	-	-	-	-
1671가례	(1671가례 081ㄱ02)	-	-	-	-
1676책례	-	-	-	-	-
1681가례	(1681가례 027ㄴ10)	-	(1681가례 014ㄱ10)	-	-
1690책례	(1690책례 102ㄱ10)	-	-	(1690책례 119ㄱ03)	-
1696가례	-	-	-	-	-
1706가례	(1706가례 217ㄴ06)	-	-	-	-
1718가례	(1718가례 093ㄱ10)	-	(1718가례 012ㄴ01)	-	-
1721책례	(1721책례 049ㄴ04)	-	-	-	-
1722책례	(1722책례 164ㄱ04)	-	-	(1722책례 113ㄴ04)	-
1726책례	-	-	-	-	-
1736책례	(1736책례 046ㄱ09)	-	-	-	(1736책례 069ㄴ02)
1751책례	(1751책례 043ㄱ10)	-	-	(1751책례 061ㄱ11)	(1751책례 062ㄱ03)
1759책례	(1759책례 029ㄴ04)	-	-	(1759책례 082ㄱ04)	-
1762가례	(1762가례下 021ㄴ10)	(1762가례下 107ㄴ01)	-	(1762가례下 003ㄴ06)	(1762가례下 003ㄴ06)
1784책례	-	-	-	(1784책례 086ㄴ10)	(1784책례 086ㄴ10)
1802가례	(1802가례上 040ㄴ08)	-	-	(1802가례上 190ㄱ12)	(1802가례上 193ㄱ02)
1812책례	(1812책례 022ㄴ05)	-	-	(1812책례 071ㄴ02)	(1812책례 070ㄴ11)
1819가례	(1819가례上 039ㄴ05)	(1819가례上 044ㄴ07)	(1819가례上 216ㄱ12)	(1819가례上 152ㄴ03)	(1819가례上 149ㄱ08)
1827진작	-	-	-	-	-

1866가례	(1866가례上 037ㄴ07)	-	-	(1866가례上 139ㄴ02)	(1866가례上 142ㄱ04)
1873진작	-	-	-	-	-
1875책례	(1875책례 018ㄴ07)	-	-	(1875책례 069ㄴ03)	(1875책례 069ㄴ03)
1900책봉	(1900책봉 052ㄱ08)	-	-	(1900책봉 026ㄴ10)	(1900책봉 021ㄱ10)
1901책봉	(1901책봉 079ㄴ04)	-	-	(1901책봉 023ㄱ03)	(1901책봉 019ㄱ10)
1902진연	(1902진연二 091ㄱ07)	(1902진연二 091ㄱ11)	-	(1902진연三 001ㄱ12)	-
1906가례	(1906가례下 027ㄱ03)	-	(1906가례上 269ㄴ10)	(1906가례上 161ㄴ01)	(1906가례上 161ㄴ01)
1910책봉	-	-	-	(1910책봉 021ㄱ10)	(1910책봉 021ㄱ10)

4)

의궤/어형	赤亇	五味子	飛陋	排目	雪綿子
1610책례	-	(1610책례 078ㄴ06)	(1610책례 081ㄱ02)	目(1610책례 069ㄱ01)	(1610책례 074ㄱ10)
1627가례	(1627가례 049ㄱ09)	(1627가례 120ㄱ07)	-	(1627가례 031ㄱ01)	(1627가례 055ㄴ08)
1638가례	(1638가례 030ㄴ02)	(1638가례 093ㄴ06)	(1638가례 106ㄱ07)	(1638가례 080ㄱ11)	(1638가례 105ㄴ04)
1651가례	(1651가례 008ㄱ08)	(1651가례 076ㄴ14)	-	(1651가례 077ㄴ09)	(1651가례 056ㄱ01)
1651책례	(1651책례 032ㄱ06)	(1651책례 025ㄱ03)	(1651책례 076ㄴ07)	(1651책례 059ㄴ08)	(1651책례 025ㄱ04)
1667책례	-	(1667책례 027ㄱ07)	(1667책례 054ㄴ09)	(1667책례 077ㄴ06)	(1667책례 027ㄱ10)
1671가례	(1671가례 008ㄴ09)	(1671가례 220ㄴ06)	(1721책례 110ㄴ12)	(1671가례 078ㄴ09)	(1671가례 058ㄴ06)
1676책례	(1676책례 075ㄱ08)	(1676책례 062ㄱ10)	(1676책례 039ㄱ12)	(1676책례 044ㄱ05)	(1676책례 040ㄴ01)
1681가례	(1681가례 015ㄴ05)	(1681가례 219ㄱ03)	(1681가례 253ㄱ08)	(1681가례 109ㄴ07)	(1681가례 113ㄱ03)
1690책례	(1690책례 010ㄱ12)	(1690책례 123ㄴ04)	(1690책례 103ㄱ11)	(1690책례 076ㄴ04)	(1690책례 086ㄱ01)
1696가례	-	-	-	-	-
1706가례	(1706가례 009ㄱ08)	(1706가례 247ㄱ01)	(1706가례 214ㄱ11)	(1706가례 084ㄴ07)	(1706가례 082ㄱ01)
1718가례	(1718가례 009ㄴ12)	(1718가례 269ㄴ10)	(1718가례 231ㄴ05)	(1718가례 215ㄱ06)	(1718가례 098ㄱ02)
1721책례	(1721책례 077ㄱ06)	(1721책례 070ㄴ07)	(1721책례 070ㄴ07)	(1721책례 190ㄴ06)	(1721책례 068ㄴ10)
1722책례	(1722책례 171ㄴ07)	(1722책례 147ㄴ03)	(1722책례 139ㄱ03)	(1722책례 094ㄴ06)	(1722책례 081ㄴ11)
1726책례	(1726책례 134ㄴ01)	(1726책례103ㄴ12)	(1726책례 094ㄱ10)	(1726책례 065ㄱ05)	(1726책례 063ㄴ01)
1736책례	-	(1736책례 067ㄴ11)	(1736책례 067ㄴ12)	(1736책례 077ㄱ07)	(1736책례 065ㄱ12)
1751책례	-	(1751책례 070ㄱ02)	(1751책례 070ㄱ03)	(1751책례 121ㄱ10)	(1751책례 061ㄱ09)
1759책례	-	(1759책례 056ㄱ06)	(1759책례 056ㄱ07)	(1759책례 042ㄴ12)	(1759책례 050ㄱ04)
1762가례	(1762가례下 028ㄱ08)	(1762가례下 024ㄱ02)	(1762가례下 024ㄱ03)	(1762가례下 004ㄴ04)	(1762가례下 003ㄱ05)
1784책례	-	-	-	-	-
1802가례	(1802가례上 029ㄴ10)	(1802가례上 154ㄴ07)	-	(1802가례上 136ㄴ12)	(1802가례上 136ㄴ10)
1812책례	-	(1812책례 073ㄴ02)	(1812책례 073ㄴ06)	(1812책례 059ㄴ12)	(1812책례 059ㄴ10)
1819가례	(1819가례上 026ㄴ01)	(1819가례上 147ㄱ12)	(1819가례下 070ㄱ12)	(1819가례上 130ㄱ03)	(1819가례上 130ㄱ01)
1827진작	-	-	-	-	-
1866가례	(1866가례上 026ㄴ08)	(1866가례上 141ㄴ07)	-	(1866가례上 123ㄱ03)	(1866가례上 123ㄱ01)
1873진작	-	-	-	-	-
1875책례	-	(1875책례 073ㄴ07)	(1875책례 073ㄴ05)	(1875책례 059ㄱ03)	(1875책례 073ㄴ10)
1900책봉	-	(1900책봉 051ㄱ04)	(1900책봉 051ㄱ04)	(1900책봉 026ㄴ06)	(1900책봉 018ㄱ05)
1901책봉	-	(1901책봉 078ㄱ11)	(1901책봉 078ㄱ11)	(1901책봉 061ㄴ06)	(1901책봉 016ㄱ05)
1906가례	(1906가례上 036ㄴ03)	(1906가례上 281ㄱ12)	(1906가례下 098ㄱ06)	(1906가례上 278ㄴ01)	(1906가례上 288ㄴ01)
1910책봉	-	(1910책봉 031ㄴ01)	-	(1910책봉 021ㄱ05)	(1910책봉 013ㄱ05)

5)

의궤/어형	月乃(단위)	豆毛	月亇只	迲乃	耳只
1610책례	-	-	-	-	-
1627가례	(1627가례 058ㄴ08)	(1627가례 103ㄱ06)	(1627가례 043ㄴ11)	(1627가례 109ㄴ13)	(1627가례 103ㄴ03)
1638가례	(1638가례054ㄴ10)	(1638가례139ㄱ07)	(1638가례032ㄱ01)	(1638가례144ㄱ09)	(1638가례136ㄴ03)
1651가례	(1651가례 109ㄱ06)	(1651가례 014ㄱ07)	(1651가례 063ㄱ08)	(1651가례 114ㄱ12)	(1651가례013ㄴ01)
1651책례	(1651책례 044ㄱ08)	-	-	-	(1651책례 034ㄴ02)
1667책례	(1667책례 076ㄴ06)	-	-	-	(1667책례 060ㄴ06)
1671가례	(1671가례 218ㄴ08)	(1671가례 014ㄴ06)	(1671가례 126ㄱ03)	(1671가례 189ㄴ09)	(1671가례 013ㄴ11)
1676책례	(1676책례 048ㄴ12)	-	-	-	(1676책례 072ㄱ03)
1681가례	(1681가례 318ㄱ03)	(1681가례 025ㄴ07)	(1681가례 017ㄱ12)	(1681가례 271ㄴ01)	(1681가례 023ㄱ03)
1690책례	(1690책례 051ㄱ09)	-	-	-	(1690책례 051ㄱ12)
1696가례	-	-	-	-	-
1706가례	(1706가례 097ㄴ07)	(1706가례 015ㄱ11)	(1706가례 107ㄴ06)	(1706가례 235ㄴ06)	(1706가례 014ㄴ05)
1718가례	(1718가례 108ㄱ09)	(1718가례 024ㄴ10)	(1718가례 117ㄴ09)	(1718가례 249ㄴ10)	(1718가례 020ㄱ04)
1721책례	(1721책례 234ㄴ08)	(1721책례 125ㄱ06)	-	(1721책례 127ㄱ05)	(1721책례 146ㄱ01)
1722책례	(1722책례 148ㄱ03)	-	-	-	(1722책례 072ㄴ01)
1726책례	(1726책례070ㄱ03)	-	-	-	(1726책례059ㄴ01)
1736책례	(1736책례 071ㄴ06)	-	-	-	(1736책례 113ㄴ07)
1751책례	(1751책례 066ㄴ07)	-	-	-	(1751책례 050ㄱ11)
1759책례	(1759책례 053ㄴ11)	-	-	-	(1759책례 079ㄴ09)
1762가례	(1762가례下 022ㄱ07)	(1762가례下 106ㄴ02)	-	(1762가례下 089ㄱ06)	(1762가례下 037ㄴ03)
1784책례	-	-	-	-	(1784책례068ㄱ08)
1802가례	(1802가례上 130ㄴ04)	(1802가례上 039ㄱ08)	(1802가례上 238ㄴ06)	-	(1802가례上 162ㄴ12)
1812책례	(1812책례 070ㄴ10)	-	-	-	(1812책례 046ㄱ07)
1819가례	(1819가례下 006ㄴ07)	(1819가례上 038ㄱ02)	(1819가례上 222ㄴ09)	(1819가례下 009ㄴ03)	(1819가례上 034ㄴ12)
1827진작	-	-	-	-	-
1866가례	(1866가례上 116ㄱ01)	(1866가례上 036ㄱ07)	-	-	(1866가례上 153ㄴ12)
1875책례	(1875책례 049ㄱ11)	-	-	-	-
1900책봉	(1900책봉 037ㄴ07)	-	-	(1900책봉 050ㄴ08)	-
1901책봉	(1901책봉 050ㄴ07)	-	-	(1901책봉 078ㄱ03)	-
1906가례	(1906가례上 148ㄱ09)	(1906가례上 047ㄱ05)	(1906가례上 262ㄴ05)	(1906가례下 098ㄱ07)	(1906가례上046ㄴ02)
1910책봉	(1910책봉 025ㄴ10)	-	-	-	-

6)

의궤/어형	三甲所	鴨項乷	頭釘	道里	條所
1610책례	(1610책례 149ㄱ02)	-	(1610책례 110ㄴ04)	(1610책례 111ㄱ07)	(1610책례 078ㄱ04)
1627가례	(1627가례 055ㄴ09)	-	(1627가례 123ㄴ04)	(1627가례 064ㄴ12)	(1627가례 125ㄴ03)
1638가례	(1638가례 104ㄱ08)	(1638가례 080ㄱ07)	(1638가례 098ㄴ09)	-	(1638가례 061ㄴ07)
1651가례	(1651가례 076ㄴ13)	(1651가례 077ㄴ09)	(1651가례 102ㄴ08)	-	(1651가례 114ㄱ04)
1651책례	(1651책례 055ㄱ09)	-	(1651책례 037ㄴ13)	(1651책례 057ㄴ06)	(1651책례 016ㄴ10)
1667책례	(1667책례 051ㄴ07)	-	(1667책례 080ㄴ02)	(1667책례 080ㄴ02)	(1667책례 047ㄴ02)

1671가례	(1671가례 148ㄱ05)	(1671가례 218ㄱ09)	(1671가례 078ㄴ09)	(1671가례 173ㄴ09)	(1671가례 082ㄴ07)
1676책례	-	-	(1676책례 042ㄴ04)	-	(1676책례 051ㄱ02)
1681가례	(1681가례 027ㄱ09)	(1681가례 324ㄴ07)	(1681가례 239ㄴ04)	(1681가례 258ㄴ03)	(1681가례 122ㄱ09)
1690책례	-	(1690책례 131ㄱ06)	(1690책례 076ㄴ02)	(1690책례 079ㄴ08)	(1690책례 066ㄴ09)
1706가례	(1706가례 197ㄱ06)	(1706가례 263ㄴ02)	(1706가례 086ㄴ01)	(1706가례 213ㄱ03)	(1706가례 080ㄱ07)
1718가례	(1718가례 228ㄴ11)	(1718가례 230ㄱ06)	(1718가례 216ㄱ04)	(1718가례 225ㄴ07)	(1718가례 225ㄱ01)
1721책례	(1721책례 128ㄱ01)	(1721책례 152ㄱ10)	(1721책례 212ㄴ02)	(1721책례 209ㄴ04)	(1721책례 115ㄱ04)
1722책례	(1722책례 188ㄴ04)	-	(1722책례 094ㄴ05)	(1722책례 181ㄴ03)	-
1726책례	(1726책례 127ㄱ06)	(1726책례 110ㄱ06)	(1726책례 065ㄱ03)	-	(1726책례 073ㄴ02)
1736책례	(1736책례 119ㄱ06)	(1736책례 134ㄴ01)	(1736책례 149ㄴ11)	(1736책례 155ㄴ02)	(1736책례 077ㄱ11)
1751책례	(1751책례 073ㄱ10)	(1751책례 114ㄴ11)	(1751책례 152ㄱ11)	(1751책례 152ㄱ11)	(1751책례 091ㄴ12)
1759책례	(1759책례 050ㄴ07)	(1759책례 079ㄴ10)	(1759책례 102ㄴ12)	(1759책례 102ㄴ12)	(1759책례 068ㄴ03)
1762가례	(1762가례上 026ㄴ01)	(1762가례上 092ㄱ06)	(1762가례上 083ㄱ02)	-	(1762가례上 091ㄴ05)
1784책례	(1784책례 087ㄱ02)	-	-	-	-
1802가례	(1802가례上 040ㄴ12)	(1802가례上 158ㄴ01)	(1802가례上 158ㄴ01)	(1802가례上 204ㄱ08)	(1802가례上 131ㄱ02)
1812책례	(1812책례 055ㄱ02)	(1812책례 135ㄱ08)	(1812책례 136ㄱ08)	(1812책례 121ㄴ12)	(1812책례 073ㄱ09)
1819가례	(1819가례上 039ㄴ09)	(1819가례上 165ㄴ08)	(1819가례上 165ㄴ07)	(1819가례上 183ㄴ02)	(1819가례上 123ㄱ02)
1827진작	-	-	-	-	-
1866가례	(1866가례上 037ㄴ11)	(1866가례上 168ㄱ10)	(1866가례上 167ㄱ04)	(1866가례上 152ㄴ02)	(1866가례上 116ㄱ11)
1873진작	-	-	-	-	-
1875책례	(1875책례 054ㄱ04)	(1875책례 142ㄴ05)	(1875책례 142ㄴ03)	(1875책례 123ㄴ05)	(1875책례 073ㄱ09)
1900책봉	(1901책봉 016ㄴ09)	(1900책봉 056ㄱ12)	-	(1900책봉 044ㄴ11)	(1900책봉 051ㄴ07)
1901책봉	(1901책봉 066ㄱ11)*	(1901책봉 078ㄴ01)*	(1901책봉 067ㄱ05)	-	(1901책봉 061ㄴ09)
1906가례	(1906가례上 127ㄱ10)	(1906가례上 167ㄴ10)	(1906가례上 167ㄴ09)	-	(1906가례上 150ㄱ03)
1910책봉	(1910책봉 013ㄴ01)	(1910책봉 031ㄴ04)	-	-	(1910책봉 031ㄴ08)

4. 결 론

의궤의 고유어휘를 찾아 해독하고 설명하는 연구, 나아가 사라진 옛말을 찾는 연구는 최근 쏟아져 나오는 의궤의 역주 작업에서 없어서는 안 될 작업이다. 더욱이 기존 사전류와 연구 등에서 잘못된 풀이가 그대로 역주에 반영되고 있는 실정을 감안하면 의궤의 차자 표기에 대한 이해와 올바른 접근법이 무엇보다 필요한 때라 할 수 있다.

그런데 의궤 차자 표기를 해독하는 데에 필요한 근거 자료는 매우 빈약하다. 해독 대상 어휘들은 기존 고어사전은 물론이고, 최근에 간행된 주제별 사전에서도 구체적인 설명이 나오지 않는 것이 대부분이다.

뿐만 아니라 의궤의 차자 표기가 현실음을 그대로 반영하고 있고, 이들 표기들이 중세 한국어나 근대 한국어 한글 문헌 자료에 나타나지 않는 경우가 대부분이기 때문에 음운론적 사실을 검증하는 데는 한계가 있다. 또한 한글 표기가 나타나더라도 의궤가 오랜 시간에 걸쳐 기록이 되어 왔고, 앞선 시기의 표기를 그대로 답습하는 경향을 보이는 의궤 기록의 특수성을 감안하면 재구음을 어느 한가지로 확정하는 데 무리가 따른다.

따라서 이 연구에서는 이러한 형편을 감안하여 해독의 객관성을 유지하기 위한 방법으로 다음과 같은 기준을 세워 적용하였다. 이러한 기준은 해독의 객관성 유지와 함께 합리적인 근거 제시는 물론이고 보다 체계적이고 일관성 있는 해독을 위한 최소한의 장치라 할 수 있다.

첫째, 이표기 우선하기
둘째, 용자례 활용하기
셋째, 한글문헌 자료에서 대응 어휘 찾기
넷째, 현대 한국어를 중심으로 유추하기
다섯째, 문맥 상황 고려하기
여섯째, 전통한자음으로 읽기
일곱째, 보다 적극적으로 해독하기
여덟째, 한글 의궤와 대조하기
아홉째, 의궤 차자 표기상 특징 고려하기

위와 같은 기준에 의거하여 그동안 이루어져왔던 의궤 차자 표기 풀이 방법을 재점검하고, 올바른 풀이 방법을 찾는 데 주력하였으며, 그 결과를 정리하면 다음과 같다.

번호	차자 표기	재구음	현대한국어	비고
1	加里麻(1829진찬二 73ㄱ11)	가리마	가리마	① 가리마 ② 가리맛조개(加里亇 〈日省錄〉)
2	加文剌(1681가례 118ㄴ01)	더그레	더그레	加文羅 〈吏文續輯覽〉
3	甘土(1671가례 154ㄴ03) 𩕬頭(1681가례 226ㄱ09) 敢頭(1762가례下 018ㄱ11)	감토	감투	-
4	擧頭美(1676책례 079ㄴ05)	거두미	거두미	擧頭美簪(1676책례 073ㄱ08) 擧頭美函(1690책례 055ㄴ02) 擧頭美黑角簪(1722책례 196ㄱ02) 擧頭美朱紅函(1690책례 145ㄴ08) 嘉禮擧頭美髢髮(1718가례 127ㄱ09) 去豆微 〈朝鮮女俗考〉 巨頭味 〈正祖實錄〉
5	巨等(乙)只(1887진찬二 004ㄴ12)	거들지	거들지	① 덧대는 소매 ② 속적삼
6	古古里(1681가례 305ㄴ01)	고고리	고고리	[동] 簇頭里(1795원행四 049ㄱ10)
7	古音(1902진연三 039ㄴ05)	고롬	고름	① (옷)고름 ② 곪(목) ③ 곰
8	求尾介(1744진연 083ㄱ12)	쑤미개	꾸미개	-

9	羅兀(1802가례上 079ㄴ09) 汝火(1627가례 047ㄴ06) 羅火(1610책례 175ㄴ03)	너울	너울	裌汝火(1690책례 010ㄴ07) 羅火匠(1610책례 175ㄴ03) 白紬汝火(1671가례 010ㄱ10) 白綃汝火(1671가례 010ㄱ11) 鴉靑羅兀(1906가례一273ㄱ03) 紫的羅裌羅兀(1819가례上 058ㄱ06) 皀羅羅兀(1819가례上 041ㄴ03) 阜羅紬汝火(1681가례 015ㄴ10) 阜綃汝火(1681가례 015ㄴ09) 黃綃汝火(1671가례 010ㄴ10) 黑紬羅兀(1819가례上 042ㄴ05)
10	訥飛(1651가례 090ㄴ06) 累飛(1651책례 042ㄴ11) 縷紕(1795원행四 037ㄱ05) 陋飛(1706가례 207ㄱ08) 訥非(1721책례 193ㄱ08)	누비	누비	白正布五甲訥飛(1651가례 090ㄴ06) 白正布五甲訥飛(1681가례 243ㄱ05) 白正布五甲訥飛(1671가례 166ㄱ09) 正布五甲訥飛(1651가례 090ㄴ06) 正布五甲訥非(1721책례 193ㄱ08) 五甲訥非(1721책례 195ㄱ05) 正布五甲累飛(1651책례 042ㄴ11) 五甲累飛正布(1651책례 043ㄴ07) 正布五甲累飛(1667책례 075ㄴ01) 五甲累飛(1667책례 078ㄱ09) 五甲累飛(1721책례 216ㄱ02) 五甲累飛正布(1736책례 151ㄴ07) 五甲累飛(1736책례 153ㄱ11) 五甲累飛(1751책례 157ㄱ03) 五甲訥飛(1681가례 243ㄱ05) 白正布五甲訥飛(1681가례 243ㄱ05) 縷飛 〈順和宮嘉禮時節次〉
11	訥非音(1681가례 205ㄴ06)	누임	누임	-
12	唐只(1902진연三 038ㄴ11)	당기	댕기	唐只金(1830영건 055ㄱ08) 唐紒 〈秋官志, 定例〉 唐紒 〈正祖實錄 12년〉
13	都多益(1819가례上 154ㄱ04) 道土落只(1744진연 100ㄴ01) 都土落(1802가례上 168ㄱ06) 桃吐落(1759가례上 100ㄱ01) 道土落只(1719진연二 011ㄴ07) 道吐落(1829진찬二 008ㄴ01) 都多落(1721책례 188ㄴ06)	도타 (토)락	도투락	圖吐洛 〈順和宮嘉禮時節次〉

14	同道里(1795원행四 055ㄴ08) 東道里(1696가례 206ㄴ07) 童道里(1627가례 030ㄴ03)	동다리	동달이	① 옛날 군복의 한 가지 ② 군복의 소매 끝에 가늘게 댄 선(줄) ③ 휘장의 아랫단에 댄 선
15	同正(1638가례 038ㄱ10) 同領(1848진찬三 046ㄴ01) 同丁(1906가례一 178ㄱ07)	동정/ 동령	동정	東征〈行用吏文〉 東政〈松南雜識(林氏本)〉
16	凉耳掩(1802가례上 247ㄴ07)	양이엄	양이엄	毛耳掩(1651가례 017ㄴ07) 耳掩匠(1722책례 165ㄱ10)
17	凉臺(1906가례一 179ㄱ07) 凉太(1651가례 061ㄱ07)	양태	양태	凉太匠(1651가례098ㄱ04)
18	每楫(1638가례 040ㄴ04) 每緝(1638가례 033ㄱ02)	민좁, 민즙, 민듭	매듭	每緝匠(가례1627/128ㄱ11)
19	蒙道里(1848진찬三 041ㄱ01)	몽두리	몽두리	① 기녀가 춤출 때 입던 옷 ② 장옷
20	傍莫只(1795원행四 100ㄱ01) 絹莫只(1887진찬二 004ㄴ11)	견(견) 마기	곁마기	袂隔音〈世宗實錄〉 絹莫伊〈四禮便覽〉 肩莫只〈順和宮嘉禮時節次〉
21	方兀(1866가례上 139ㄴ02) 方亐(1719진연二 017ㄴ09)	방올	방울	-
22	乶只(1627가례 048ㄱ03) 乶裡(1702가례 087ㄴ10) 甫乙裡(1681가례 088ㄴ01) 甫乙裏(1638가례 030ㄱ12) 乶裏(1638가례0 32ㄱ12) 甫乙只(1627가례 061ㄴ05)	볼씨	볼끼 볼기	① 방한구 ② 볼기살 : 牛後脚兩隻〈乶只並付〉(1906가례上 289ㄴ07)
23	北分土(1721책례 046ㄴ10) 後分土(1722책례 217ㄱ07) 北分吐(1721책례 160ㄴ12)	뒷발막	뒷발막	後分土(1744경모 55ㄱ12) 分套〈太宗實錄〉 分套鞋〈太宗實錄〉
24	飛頭履(1902진연圖式 072ㄱ)	비두리	-	-
25	梳次介(1718가례 114ㄴ01) 梳次箇(1882가례一 037ㄴ04)	빗츠개	빗치개	-
26	梳貼(1690책례 011ㄱ09)	빗뎝	빗접	倭朱紅漆梳貼函(1866가례上 028ㄱ03) 黑眞漆梳貼函(1866가례上 048ㄱ01) 黑漆梳貼函(1866가례上 132ㄱ03) 唐朱紅漆梳貼函(1906가례一 037ㄴ05)
27	首紗只(1638가례 032ㄱ02) 首沙只(1638가례 030ㄴ01)	슈[머리] 사기	-	-

28	垂兀(1906가례二 009ㄴ06) 愁兀(1736책례 068ㄴ09)	수울	술	-
29	垂音(1795원행四 049ㄱ07)	드림	드림	-
30	膝蘭(1638가례 047ㄴ01)	스란[무릅도리]	스란	膝欄 〈端宗 4卷 卽位年〉 膝襴 〈燕山君 55卷, 10年〉
31	腋注音(1819A가례 024ㄱ11) 腋紬音(1638가례 031ㄱ06)	겯주름	-	白吐紬腋注音(1819가례上 024ㄱ11) 白綿布腋注音(1819가례上 024ㄱ12) 十一升紬腋注音(1681가례 016ㄱ12) 十一升綿布腋注音(1681가례 016ㄴ01)
32	於亐味(1829진찬二 73ㄱ11)	어유미	어유미	於由味 〈正祖實錄〉 於余未 〈朝鮮女俗考〉
33	月亇只(1627가례 043ㄴ11) 月了只(1866가례上 262ㄴ04)	달마기	-	-
34	赤古里(1627가례 048ㄴ08) 赤古裏(1638가례 033ㄱ01)	져고리	저고리	裌赤古里(1802가례上 240ㄱ02) 襦赤古里(1681가례 017ㄱ03) 長赤古里(1706가례 223ㄴ09) 短赤古里(1706가례 009ㄱ07) 藍紬裌赤古里(1802가례上 044ㄴ11) 綾裌赤古里(1681가례 017ㄱ01) 白綾裌赤古里(1690책례 011ㄱ05) 紫的綃裌赤古里(1759가례上 017ㄱ12) 紫的匹段襦赤古里(1681가례 202ㄴ07) 紫的鄕織襦赤古里(1802가례上 029ㄴ06) 紫的花紋匹段襦赤古里(1690책례 A 010ㄱ08) 紬襦赤古里(1681가례 015ㄴ04) 靑金線短赤古里(1681가례 016ㄴ12) 草綠大緞赤古里(1819가례上 236ㄴ02) 草綠鼎紬裌赤古里(1759가례上 023ㄴ03) 草綠紬裌赤古里(1802가례上 043ㄴ02) 草綠吐紬襦赤古里(1690책례 010ㄱ09)
35	赤亇(1627가례 049ㄱ09) 赤麻(1706가례 127ㄴ06) 赤丫(1765가례二 060ㄴㄱ04) 赤了(1726책례134ㄴ12)	치마	치마	裌赤亇(1819가례上 026ㄴ01) 襦赤亇(1690책례 010ㄱ11) 單赤亇(1627가례 064ㄱ12) 長赤亇(1721책례 074ㄴ11) 十四幅裌赤亇(1681가례 203ㄴ09) 九八升染紬十二幅裌赤亇(1681가례 015ㄴ05) 九八升染紬十一幅襦赤亇

				(1681가례 015ㄴ05) 紫的吐紬十四幅袱赤亇(1690책례 010ㄴ03) 紫的膝蘭(1706가례 167ㄴ04) 行子赤麻(1706가례 127ㄴ06) 行子布赤亇(1759가례上 109ㄱ02) 熟手赤丫(1765가례二 060ㄴ04) 九八升染紬十二幅袱赤亇(1681가례 015ㄴ05) 九八升染紬十一幅襦赤亇(1681가례 015ㄴ05) 藍廣織襦赤亇(1759가례上 017ㄴ03) 藍雲紋大緞赤亇(1819가례上 236ㄴ04) 藍鼎紬襦赤亇(1759가례上 023ㄴ04) 藍紬襦赤亇(1759가례上 024ㄱ05) 藍紬赤亇(1759가례上 025ㄱ07) 大紅廣的袱赤亇(1866가례上 026ㄴ08) 大紅匹段袱赤亇(1681가례 203ㄴ05) 大紅花紋匹段袱赤亇(1690책례 010ㄱ12) 藍廣的襦赤亇(1802가례上 029ㄴ11) 藍六花紋匹段襦赤亇(1690책례 010ㄴ01) 藍紗帶紅紬長赤亇(1819가례上 041ㄴ01) 藍鼎紬襦赤亇(1866가례上 040ㄱ01) 藍紬襦赤亇(1762가례上 028ㄴ08) 藍紬赤亇(1762가례上 029ㄱ08) 藍匹段襦赤亇(1681가례 203ㄴ01) 白紬單赤亇(1759가례上 025ㄱ06) 十一升紬袱赤亇(1681가례 017ㄱ06) 十一升紬襦赤亇(1681가례 017ㄱ05)

37				鴉靑紬單赤亇(1759가례上 025ㄴ03) 鴉靑紬赤亇(1762가례上 028ㄴ09) 紫的吐紬十四幅裌赤亇(1690책례 010ㄴ03) 紫的吐紬襦赤亇(1866가례上 026ㄴ10) 紫的花紋匹段襦赤亇(1690책례 010ㄱ11) 草綠紬赤亇(1671가례 010ㄱ08) 草綠吐紬十二幅襦赤亇(1690책례 010ㄴ02) 紅紬長赤亇(1866가례上 040ㄱ02) 黃紬長赤亇(1762가례上 029ㄱ06) 赤亇〈行用吏文〉
36	周防衣(1829진찬二 05ㄱ05) 周衣(1829진찬二 05ㄱ01)	두루마기	두루마기	-
37	天益(1721책례 039ㄴ10) 帖裡(1681가례 118ㄴ07) 貼裡(1718가례 012ㄴ02) 帖裏(1718가례 117ㄴ05) 天翼(1902진연三 038ㄴ05)	텬(텰)릭	철릭	匹段裌帖裏(1681가례 015ㄱ10) 襦天益(1802가례上 232ㄴ01) 磻紅天益(1681가례 211ㄱ02) 白天益(1721책례 039ㄴ10) 紫的天益(1681가례 211ㄱ02) 紅天翼(1819가례下 025ㄴ03) 十一升紬襦帖裏(1681가례 015ㄱ10) 紫的紬天益(1819가례上 234ㄴ02) 草綠吐紬襦天益(1762가례上 015ㄴ04) 匹段裌帖裏(1681가례 015ㄱ10) 紅紬天益(1819가례上 234ㄱ10) 帖裏一次草綠雲紋大緞(1906가례一 269ㄴ11) 藍紗天翼(1829진찬三 004ㄴ05) 裰翼〈星湖僿說〉 疊裏〈宣祖實錄〉
38	割衣(1627가례 052ㄱ11) 豁衣(1638가례 030ㄴ03)	활의[옷]	활옷	屯絹豁衣(1681가례 088ㄴ08) 鴉靑雲紋大緞割衣(1819가례上 236ㄴ03) 藍匹段割衣(1671가례 010ㄱ05) 紬裌豁衣(1681가례 015ㄴ06)

				冒段豁衣(1681가례 018ㄱ02) 華衣(1776국장二 126ㄴ03) ① 대례복 ② 혼례 예복
39	間莫只(1866가례下 124ㄱ01)	간마기	① 간막국 ② 칸막이	間莫只湯(1795원행四 003ㄴ12) 猪間莫只(1795원행四 003ㄴ12) ① (현재)간막국 ② 가로막 ③ 간막이(〉칸막이)
40	乫非(1873진작 007ㄱ02) 乫飛(1795원행附編一 037ㄴ05) 乫伊(1901진연二 048ㄱ01) 乫里(1906가례上 284ㄴ10)	갈비 (이, 리)	갈비	乫飛蒸(1795원행附編一 037ㄴ05) 乫伊湯(1901진연二 054ㄱ12) 猪乫非(1719진연二 056ㄱ10) 黃肉猪乫非(1795원행四 002ㄱ01) 細乫飛(1795원행四 015ㄴ05) 乫非椽(1901책봉 063ㄴ01) 乫伊匠(1873진작 059ㄴ03) 乫里匠(1900책봉 058ㄱ01) 曷非 〈雅言覺非〉
41	乾南(1627가례 043ㄱ04)	간남	-	肝南 〈古今釋林〉 間南 〈古文書集成〉
42	膏飮(1795원행四 002ㄴ05) 高音(1848진찬二 013ㄴ03)	고음 (〉곰)	① 굄(목) ② (옷)고름 ③ 곰(음식)	① 굄(목) ② (옷)고름 ③ 곰(음식)
43	昆者手(1719진연二 075ㄱ05) 昆者巽(1827진작二 21ㄱ10) 昆子巽(1906가례上 283ㄴ12) 昆者巽(1795원행四 001ㄴ03)	곤자손	곤자소니	胖昆者巽(1795원행四 014ㄴ03) 昆子選 〈內外進宴謄錄〉 (1901)
44	絡蹄(1902진연二 082ㄱ06)	낙지	낙지	絡締〈星湖僿說〉 落蹄〈華成城役儀軌〉
45	都干里(1873진작 002ㄱ03) 都艮伊(1902진연二 034ㄴ03) 都干伊(1795원행四 007ㄱ01) 道干伊(1887진찬二 031ㄱ04)	도가니	도가니	胖都干伊(1795원행四 007ㄱ01) 都艮伊煎油花(1902진연二 031ㄴ03) 道艮伊 〈內外進宴謄錄〉 (1901)
46	蜜雪只(1828진작 001ㄱ08) 蜜雪支(1873진작 003ㄴ10)	꿀설기	-	石耳雪只(1795원행附編一 039ㄱ09) 白雪只(1795원행附編一 039ㄱ07) 白頭蜜雪支(1873진작03ㄴ10) 辛甘菜雪只(1902진연二039ㄱ08) 辛甘草蜜雪只(1795원행附編一 044ㄴ09) 青太雪只(1795원행附編一 044ㄴ09)

				荏子雪只(1795원행附編一 039ㄱ10) 蜜粘雪只(1795원행附編一 039ㄱ10) 雜果粘雪只(1795원행附編一 039ㄱ11) 荏子粘雪只(1795원행附編一 039ㄱ11) 菉豆石耳雪只(1873진작 010ㄱ10) 菉豆蜜雪只(1873진작14ㄴ06) 雪糕 〈古今釋林〉
47	朴古之(1795원행四 001ㄴ04) 朴五之(1765수작二 065ㄴ03)	박고지	박고지	朴枯脂 〈於于集, 後集 2〉 朴亐巨里(1719진연二 059ㄴ12)
48	中朴桂(1706가례 188ㄱ03)	중박계	중배끼	-
49	卜只(1827진작二 024ㄱ03) 煮只(1681가례 220ㄴ08)	복기	-	骨卜只(1795원행四 028ㄱ04) 豆卜只(1795원행四 028ㄱ02) 生鰒炒生雉卜只(1795원행四 010ㄴ06) 生雉煮只(1819가례上 019ㄴ01) 生蛤煮只(1681가례 220ㄴ01) 藥脯醬卜只(1795원행四 010ㄴ10) 牛肉卜只(1795원행四 026ㄴ05) 煮千葉卜只(1795원행四 017ㄱ01) 胖卜只(1795원행四 002ㄱ04) 獐肉煮只(1681가례 221ㄱ03) 全鰒煮只(1681가례 220ㄱ12) 竹蛤卜只(1795원행四 008ㄱ08) 陳鷄卜只(1795원행四 026ㄴ05) ① 인명: 金卜只(1651책례 056ㄴ02) ② 바기[朴只] : 肉戶貼卜只邊板 (1718가례 159ㄴ12)
50	水刺(1795원행四 001ㄴ08)	슈라	수라	朝水刺(1795원행四 012ㄴ10) 晝水刺(1795원행四 008ㄱ06) 夕水刺(1795원행四 010ㄴ03) 粥水刺(1795원행四 011ㄴ12) 水刺間(1873진작19ㄱ05)
51	新爇爐(1887진찬二 064ㄱ02) 麵新設爐(1868진찬二 004ㄱ12)	신셜로	신선로	麵新設爐(1868진찬二 004ㄱ12) 湯新設爐(1868진찬二 024ㄱ05) 麪新設爐(1868진찬二 029ㄴ06) 鍮新爇爐(1887진찬二 062ㄱ07)
52	於音炙(1719진연二 055ㄴ05)	느름젹	누름적	生卜於音炙(1719진연二 057ㄱ02)

	艺音炙(1765가례二 074ㄱ09)			千葉於音炙(1719진연二 055ㄴ05) 苽制湯(1719진연二 056ㄱ05) 鷄卵於音炙(1719진연二 058ㄱ01) 胖於音炙(1719진연二 060ㄱ09) 色於音炙(1765가례二 032ㄱ01) 黃肉於音炙(1765가례二 032ㄴ07) 黃肉艺音炙(1765가례二 074ㄱ09) 於音炙串(1795원행四 039ㄴ11)
53	業脂潤(1902진연二 036ㄴ01) 業脂云(1873진작 013ㄴ01) 業支潤(1829진찬二 047ㄱ05)	업지운	업진	-
54	(朞荳)長音(1887진찬二 044ㄱ12)	길음	-	-
55	炙串(1795원행四 039ㄴ10)	젹곧치	적꼬치	-
56	煎油兒(1681가례 220ㄴ08) 煎油魚(1873진작 04ㄴ05) 煎油花(1827진작二 020ㄴ06) 煮油兒(1681가례 220ㄱ04)	젼유ᄋᆞ (어, 화)	전유어, 저냐	煎油魚假家(1848진찬二 061ㄱ04)
57	助岳(1795원행附編一 035ㄴ07)	조악	주악	甘苔助岳(1828진작二 006ㄱ04)
58	助致(1795원행四 002ㄱ01)	죠치	조치	助致器二坐(1795원행四 038ㄱ08) ① 찌개나 찜 ② 조칫보 ③ 조칫보에 담긴 반찬
59	千葉(1719진연二 055ㄴ06)	쳔엽	처녑	千葉於音炙(1719진연二 055ㄴ05) 煮千葉卜只(1795원행四 017ㄱ01) 千葉煎油花(1902진연二 032ㄴ03) 胖千葉煎油花(1902진연二 041ㄱ09) 豬肉千葉煎油花(1901진연二 046ㄱ06)
60	高毛介(1706가례 018ㄱ07) 古毛介(1627가례 106ㄴ05)	고모개	-	-
61	南羅介(1627가례 105ㄱ07)	남나개	남날개	皮南羅介(1627가례 105ㄱ07) 南飛介 〈東韓譯語〉
62	南飛(1887진찬二 044ㄱ11)	남비	냄비	鐵南飛(1902진연二 090ㄴ06)
63	陶罐耳(1877진찬一 052ㄴ06) 陶罐(1759책례 110ㄱ04) 塗罐(1667책례 060ㄴ03) 陶鑵(1667책례 089ㄱ05) 陶罐伊(1875책례 084ㄱ03)	도간이	도가니	陶灌(1748영건 176ㄱ03) 陶灌伊 〈純元王后國葬 4, 手本〉
64	刀ケ(1795원행四 040ㄱ07)	도마	도마	大刀馬(1706가례 274ㄱ06)

	刀馬(1706가례 274ㄱ06) 刀磨(1866가례上 036ㄴ03) 刀丫(1827진작二 028ㄱ10) 都亇(1627가례 108ㄴ12)			中刀亇(1706가례 015ㄴ08) 小刀亇(1627가례 103ㄴ09) 廣刀磨(1866가례上 116ㄱ10) ① 도마 ② 받침대
65	陶筏盂(1873진작 034ㄴ04) 都筏盂(1829진찬二 054ㄴ09)	도[딜] 발우	-	-
66	銅亇飛介(1671가례 209ㄱ06) 銅末飛介(1721책례 146ㄱ11) 銅馬飛介(1651책례 034ㄴ08) 銅丫飛介(1829진찬二 016ㄴ09)	동[구리] 마눌개	-	銅小亇飛介(1819가례上 044ㄴ11) 銅末飛箇(1900영건 095ㄱ07) 銅仐飛乃 〈行用吏文〉 銅末乙飛介 〈仁祖國葬, 3房〉 銅亇飛箇 〈純元王后國葬,3房〉 砂酒煎子(1848진찬二 024ㄱ06) 鍮酒煎子(1634책례 008ㄴ11) 銀酒煎子(1795원행四 035ㄴ07) 鍮大酒煎子(1795원행四 035ㄴ08) 銅大酒煎子(1795원행四 035ㄴ09)
67	銅味鐥(1721책례 146ㄱ11)	동맛대야	-	銅莫大也 〈順和宮嘉禮時節次〉 동맛대야 〈뎡미가례시일긔〉 鍮味鐥(1627가례 104ㄴ11) 燒酒一鐥(1795원행附編一 041ㄴ02)
68	銅前大也(1795원행四 036ㄱ03)	동[구리] 전대야	-	銅鐵大大也(1610책례 096ㄱ09) 洗水大也(1759책례 077ㄴ01) 鍮大也(1610책례 088ㄱ06) 中湯大也(1873진작 033ㄴ07) 銅大也(1828진작二 020ㄴ03) 大銅大也(1827진작二 028ㄱ12)
69	銅周鉢(1873진작 033ㄴ09) 銀朱鉢(1718가례 063ㄱ06)	동[구리] 쥬발	주발	周鐙 〈古今釋林 28, 東韓譯語, 釋器〉 鍮朱鉢 〈陶山書院掌記〉 銅周鉢(1866가례下 070ㄴ09) 銀周鉢(1706가례 050ㄴ09) 鍮周鉢(1858영건 124ㄴ11)
70	斗母(1873진작 033ㄴ12) 豆毛(1819가례下 068ㄴ01) 頭毛(1765가례二 080ㄱ03)	두멍	두멍	大豆毛(1706가례 015ㄱ11) 大中豆毛木蓋(1706가례 257ㄱ12) 鍮豆毛(1681가례 335ㄴ06) 豆毛所枕(1819가례下127ㄴ02) 陶豆毛, 水鐵豆毛 〈貞純后殯殿都監儀軌〉

				祭器庫禁火所用塩水豆毛(1901영건 072ㄴ05)
71	斗之(1762가례上 092ㄱ04) 豆之(1681가례 332ㄱ04)	두지	뒤주	大斗之(1610책례 011ㄴ07) 中斗之(1819가례下 125ㄴ09) 草斗之(1819가례下 126ㄱ01) 水刺間豆之(1671가례 149ㄱ05)
72	凉盆(1827진작二 028ㄴ05)	냥푼	양푼	沙凉盆(1718가례 020ㄴ07) 鍮凉盆(1795원행四 042ㄱ06)
73	覓西里(1795원행附編一 048ㄴ06)	멱서리	멱서리	-
74	鉢里(가례1696 237ㄴ09)	바리	바리	銀鉢里(1866가례下 049ㄴ07) 中銀鉢里(1721책례 126ㄱ05) 銀小鈑鉢里(1681가례 022ㄴ09) 銀飯鉢里(1681가례 022ㄴ02)
75	方文里(1671가례 081ㄱ02) 方古里(1848진찬二 021ㄱ07)	방그(고)리	방구리	陶方文里(1877진찬二 055ㄴ06) 金鐵方九里
76	甫兒(1627가례 023ㄱ04)	보ᄋᆞ/보ᅀᆞ	보아	茶甫兒(1812책례 113ㄱ07) 唐甫兒(1875책례 137ㄱ01) 綵紋甫兒(1718가례 023ㄱ02) 靑甫兒(1718가례 026ㄴ06) 常甫兒(1906가례上 145ㄱ09) 沙甫兒(1751책례 092ㄴ06) 砂甫兒(1901책봉 084ㄱ10) 竹甫兒(1718가례 095ㄱ01) 沙大甫兒(1677영건 073ㄴ06) 小甫兒(1633영건 057ㄴ02)
77	夫獨只(1610책례 078ㄱ06) 浮獨只(1718가례 021ㄴ11) 浮豆只(1795원행四 045ㄴ09)	부독이	부디기	浮都只 〈仁敬王后殯殿魂殿〉 不毒只 〈度支準折〉 夫都只布(1795원행四 045ㄴ09)
78	盆子(1690책례 103ㄱ06) 分之(1627가례 105ㄱ03)	픈ᄌᆞ	푼주	沙盆子(1610책례 173ㄴ09) 砂盆子(1722책례 200ㄱ07) 唐沙盆子(1819가례下 031ㄱ08) 鍮分之(1634책례 008ㄱ05) 白盆子(1651책례 055ㄴ03) 大盆子(1651가례086ㄱ12)
79	沙用(1671가례 057ㄱ02) 沙要(1627가례 102ㄴ09) 砂用(1795원행四 045ㄱ02) 所用(1706가례 233ㄱ10)	새용	새옹	大沙用(1718가례 193ㄱ07) 中沙用(1866가례下 070ㄴ08) 中沙要(1802가례上 055ㄴ01) 小沙用(1722책례 164ㄱ03) 鍮沙用(1722책례 031ㄱ05)

				鑄沙要(1759가례上 027ㄱ10) 鑄沙用(1681가례 023ㄱ04) 鑄沙要(1866가례下 032ㄴ05) 沙所用(1706가례 233ㄱ10) 鍮大沙用(1866가례下 066ㄴ08) 鍮小沙用(1681가례 253ㄴ11) 鍮中沙用(1866가례下 066ㄴ09) 鑄大沙要(1866가례下 029ㄱ11) 鑄大沙用(1866가례下 072ㄱ02) 鑄中沙要(1866가례上 036ㄱ02) 鑄中沙用(1706가례 015ㄱ07) 鑄小沙要(1866가례下 029ㄴ01) 鑄小沙用(1866가례下 072ㄱ02)
80	雪釗(1873진작 033ㄱ02) 大鑍金(1827진작二 028ㄴ04) 和金(1906가례二 105ㄱ08) 味金(1866가례下 030ㄱ09)	셝쇠	석쇠	大味金(1866가례下 085ㄱ04) 中鑍金(1866가례下 109ㄴ04) 小鑍金(1795원행四 036ㄱ11) 鐵味金(1706가례 280ㄱ09) 鐵味金(1651가례 109ㄴ11) 鍮和者(1718가례 025ㄴ07)
81	鑍煮(1827진작二 028ㄴ03) 鑍者(1795원행四 039ㄱ12) 味者(1627가례 104ㄱ03) 味煮(1627가례 104ㄱ10) 鍮和者(1718가례 025ㄴ07) 鑍子(1877진찬二 055ㄴ09)	셝쟈	석자	鐵鑍者(1748영건 210ㄴ11) 銅味者(1681가례 289ㄱ02) 鍮味者(1718가례 020ㄱ08) 大鑍煮(1829진찬二 053ㄴ07) 中鑍煮(1866가례下 130ㄱ01) 小鑍煮(1819가례下 136ㄱ06) 鑍金 〈度支準折〉
82	所羅(1627가례 054ㄱ06)	소라	소래(소래기)	① 굽 없는 접시와 비슷한 넓은 질그릇 ② 吹奏 樂器의 하나 大所羅(1866가례下 050ㄴ10) 中所羅(1805영건 087ㄱ11) 大小所羅(1901영건 068ㄴ11) 大中所羅(1764영건 034ㄱ10) 小所羅(1805영건 087ㄱ12) 陶所羅(1706가례 127ㄴ02) 鑄所羅(1706가례 016ㄱ09) 鍮所羅(1866가례下 032ㄱ11) 陶大所羅(1706가례 269ㄱ01) 大陶所羅(1866가례下 029ㄴ11)

				陶中所羅(1633영건 035ㄱ04) 中陶所羅(1866가례下 029ㄴ12) 陶小所羅(1633영건 035ㄱ03) 小陶所羅(1627가례 109ㄴ13) 鑄中所羅(1706가례 013ㄴ11) 食所羅(1866가례下 066ㄱ07)
83	召兒(1627가례 127ㄴ05) 炒兒(1795원행四 038ㄴ07) 招兒(1651책례 034ㄱ13)	초ᄋ (쵸의)	-	召兒(1627가례 127ㄴ05) 炒兒(1795원행四 038ㄴ07) 招兒(1651책례 034ㄱ13)
84	所古味(1795원행四 040ㄱ12)	바구미	바구미	大所古味(1795원행四 040ㄱ12)
85	所湯伊(1651가례115ㄴ07) 破湯伊(1671가례 176ㄱ07) 波湯(1676책례 092ㄱ03) 波蕩(1690책례 178ㄴ01)	바탕이	바탱이	陶所湯伊(1667책례 094ㄴ04) 所湯(1759책례 097ㄴ12)
86	束古里(1795원행四 040ㄱ12)	속고리	소쿠리	所古里 〈正祖健陵山陵〉 所昆里 〈度支準折, 木柳器〉
87	食古里(1902진연二 092ㄱ05)	밥고리	밥고리	① 소주나 초 따위를 담는 오지 그릇 ② 고리버들이나 대오리로 엮어서 상자처럼 만든 그릇 杻古里 〈度支準折〉 杻皮古里 〈度支準折〉
88	阿里金(1651가례 014ㄱ08)	아리쇠	아리쇠	삼발이의 옛말
89	鍮半甁入里(1795원행四 040ㄱ05)	유반병두리	유반병두리	鍮半甁斗里 〈日省錄〉
90	鍮伐兒(1671가례 175ㄱ11) 鍮伐羅(1651책례 076ㄱ07)	유[놋] 바라	바라기	鑄伐兒(1721책례 242ㄴ06)
91	鍮亐斤蓋兒(1706가례 017ㄴ07) 鍮亐斤盖兒(1651가례 013ㄴ11) 鍮于斤蓋兒(1681가례 022ㄴ10) 銅鐵五斤盖兒(1722책례 153ㄴ10)	우근두에 [덮게]	욱은덮개	吾斤甘執只(1610책례 157ㄴ11) 銀小蓋兒(1706가례 015ㄱ03) 鍮大蓋兒(1866가례下 077ㄴ02) 鍮中蓋兒(1866가례下 077ㄴ03) 鍮小蓋兒(1866가례下 077ㄴ04) 蓋兒匠(1706가례 228ㄴ06) 盖也(1900영건 074ㄴ04) 介也(1748영건 235ㄴ01) 加也(1748영건 108ㄴ03)
92	鍮者(1627가례 117ㄴ02)	유[놋]자	-	유자 〈ᄌᆞ경뎐진쟉〉

	鍮煮(1819가례下 069ㄱ10)			鍮大煮(1848진찬二 058ㄱ07) 小煮(1848진찬二 058ㄱ08) 鍮湯煮(1877진찬二 055ㄱ03) 湯煮(1877진찬一 050ㄴ03)
93	銀豆古里(1651책례 034ㄱ05) 銀頭古里(1651가례108ㄱ13) 銀豆仇里(1681가례 022ㄴ03)	은두고(구)리	(약)두구리	
94	耳鐥(1627가례 103ㄴ02)	귀대야	귀대야	은이션 〈뎡미가례시일긔〉 鍮耳鐥(1706가례 014ㄴ04) 銀耳鐥(1829진찬二 061ㄱ01)
95	耳只(1681가례 138ㄴ01)	구기	구기	匊只, 句只 〈順和宮嘉禮時節次〉 〈日省錄 1796년 2월 11일〉 耳只匠(책례1667-060ㄴ06) 耳只小盤(1906가례一183ㄴ08) 褥席耳只(1866가례上 153ㄴ12) 獨臺耳只(1802가례上 199ㄴ01) ① 술이나 기름을 풀 때 쓰는 기구 ② 단위어
96	者朴只(1690책례 133ㄱ05) 自朴只(1906가례一 154ㄱ01) 者所只(1706가례 216ㄴ01)	자바기	자배기	小者所只(1706가례 216ㄴ01) 陶者朴只(1748영건 145ㄴ08)
97	炙金(1827진작二 28ㄴ04) 炙釗(1873진작 033ㄱ02)	적쇠	적쇠	大炙金(1802가례上 039ㄱ11) 中炙金(1866가례下 109ㄴ04) 小炙金(1795원행四 036ㄴ01) 鐵大炙金(1706가례 274ㄴ05) 足炙金(1795원행四 036ㄴ01) 炙鐵 〈松南雜識(林氏本), 橘, 什物類, 肉弗〉
98	釣乃(1795원행四 039ㄴ08) 釣來(1829진찬二 056ㄴ08) 助里(1902진연二 091ㄴ12) 助(乙)里(1887진찬二 065ㄱ06) 助(乙)伊(1877진찬二 055ㄱ07)	죠릐(릐)	조리	-
99	齒瓢子(1873진작 034ㄱ07) 齒瓢(1795원행四 039ㄴ07)	이함박	이남박	-
100	加莫金(1690책례 076ㄴ03) 加莫釗(1901책봉 064ㄴ02) 可莫金(1706가례 086ㄱ12) 加乙末金(1627가례 056ㄱ05)	가막쇠	가막쇠	大加莫金(1812책례 121ㄴ01) 中加莫釗(1902진연三 001ㄱ09) 小可莫金(1633영건 073ㄱ07) 長加莫釗(1901책봉 073ㄴ12)

	甘莫金(1627가례 056ㄱ01)			�加莫釗(1900영건B 055ㄱ02) 懸板加莫金(1633영건 039ㄱ10) 五寸甘莫金(1667영건 126ㄴ07) 豆錫加莫金(1901책봉 037ㄱ11)
101	加時木(1829진찬三 009ㄴ04) 加是木(책례1677 054ㄴ09) 柯栖木(1690책례 086ㄱ08) 柯西木(1706가례 280ㄴ01) 可時木(1671가례 231ㄱ03) 柯棲木(1681가례 224ㄱ09) 柯時木(1721책례 253ㄴ01)	가셔목/ 가싀나모	가시목/ 가시나무	椵西木(1677영건 034ㄱ09) 柯是木(1667영건 175ㄱ03) 加斜木 〈牧民心書 8, 修兵〉 ① 가시가 있는 나무의 통칭 ② 참나무과의 상록활엽교목
102	加之防(1795원행四 055ㄱ02) 假地防(1819가례下 129ㄴ02)	덧[가] 지방	가지방	加方(1748영건 121ㄴ09) 伽方(1752영건 077ㄴ05)
103	甘湯(1651가례 086ㄴ09)	감탕	감탕	甘湯板(1706가례 214ㄱ08)
104	乬乼(1902진연三 036ㄱ05)	들줄	들줄	木乬乼(1828진작二 020ㄱ01)
105	古無金(1706가례 214ㄴ05) 古無釗(1906가례二 039ㄱ09)	고무쇠	-	
106	㔔只金(1812책례 100ㄱ07)	갈기쇠/ 갈키	① 갈퀴 ② 갉이	① 갈키(〉갈퀴) ② 갈기(〉갉이) 方㔔只(1759가례下 156ㄴ08)
107	乭迪耳(1759책례 050ㄱ09) 道(乙)迪耳(1671가례 149ㄴ08) 乭赤耳(1802가례上 157ㄱ06) 道迪耳(1651가례 078ㄱ04)	돌저 (져)귀	돌쩌귀	道迪歸(1652영건 052ㄱ01) 石迪耳(1652영건 070ㄱ11) 道(乙)的歸(1652영건 055ㄱ10) 道(乙)迪耳(1652영건 047ㄱ09) 夫道(乙)摘歸(1652영건 062ㄱ04) 夫道(乙)的歸(1652영건 055ㄱ08) 女道的歸(1652영건 055ㄱ08)
108	同發伊(1828진작二 022ㄴ03) 童發里(1819가례下 123ㄴ05) 同發耳朔次小椽木(1829진찬二 059ㄱ06)	동바리	동바리	童發伊(1830영건 062ㄱ01) 童發伊(1830영건 062ㄱ01) 童件里(1752영건 053ㄴ07)
109	同磨只刀(1727가례 275ㄱ09)	동마기도 [칼]	-	-
110	斗隅板(1901진연二 093ㄴ01)	말모판	말모판	小斗隅板(1901진연二 022ㄱ06) 中斗隅板(1901진연二 022ㄱ01)
111	毛老竹(1667책례 060ㄴ04) 毛老臺(1667책례 090ㄱ07) 毛老檯(1690책례 132ㄴ05)	모로대	모루대	毛老(1866가례下 106ㄴ05) 毛老板(1736책례 133ㄴ06) 大釜鐵毛老砧石(1827진작 二28ㄴ12)

				小毛老(1819가례下 129ㄴ09) 鐵毛老(1812책례 100ㄴ10) ① 모두를 올려 놓는 대 ② 층층대의 좌우모퉁이에 놓는 돌
112	隅湯(1848진찬二 012ㄱ10) 毛湯板(1706가례 217ㄴ08)	모탕	모탕	毛湯板(1706가례 217ㄴ08) 毛湯木(책례1667 090ㄴ03)
113	尾金(1690책례 130ㄴ02)	밑쇠	밑쇠	尾赤金 〈度支準折〉
114	朴文乙釘(1676책례 030ㄱ05) 朴乙釘(1676책례 036ㄱ02)	박글(을)정[못]	-	-
115	非其音鐵(1676책례 030ㄱ04) 非其鐵(1676책례 032ㄱ11) 飛音金(1722책례 026ㄴ03) 飛只音金(1667책례 060ㄴ01) 飛只音布(1690책례 127ㄱ05) 非只音(1829진찬二 010ㄴ08) 非音白馬皮(1765가례二 021ㄴ09)	비김쇠	-	非音金(1667영건 016ㄱ08) 非音鐵(1900영건 121ㄱ11) 非只音金(1667영건 122ㄴ10) 飛其音金(1652영건 062ㄱ01)
116	飛排(1610책례 174ㄱ08) 非排(1751책례 112ㄱ12) 非非(1736책례 127ㄱ01) 飛飛刀(1718가례 227ㄴ07) 飛飛金(1762가례下 085ㄱ06) 飛排刃(1762가례下 022ㄱ10) 飛背刃(1610책례 079ㄱ05) 飛背竹(1610책례 079ㄱ06) 飛非刀(1690책례 132ㄴ03)	비븨(뷔)	비비송곳	飛飛刀(1718가례 227ㄴ07) 飛非刀(1690책례 132ㄴ03) 飛排刀(1751책례 117ㄴ12) 飛飛金(1762가례下 085ㄱ06) 飛排刃(1762가례下 022ㄱ10) 飛背刃(1610책례 079ㄱ05) 飛背竹(1610책례 079ㄱ06) 大飛排(1751책례 139ㄱ06) 弓非背(1832영건 104ㄱ08)
117	舌金(1671가례 197ㄱ11) 舌鐵(1762가례下 005ㄴ07)	혀쇠	혀쇠	豆錫舌金(1667책례 045ㄴ07) 黑漆柄鑞染舌金(1706가례 236ㄴ01) 短擔鞭舌鐵(1762가례下 005ㄴ07) 肚帶舌金(1690책례 130ㄴ04) 鼇足四擔釵舌金(1681가례 303ㄱ11) 擔鞭白黍擔釵舌金(1681가례 303ㄴ01)
118	牙金(1681가례 254ㄴ10) 牙鐵(1651책례 055ㄱ09)	어금쇠	어금쇠	嚴丁金 〈度支準折, 打鐵〉
119	於赤(1690책례 127ㄴ05) 汗於赤(1667책례 042ㄴ01)	썹언치	언치	皮於叱赤 〈六典條例 8〉 於赤匠(1690책례 051ㄱ06) 汗致匠 〈經國大典 6〉
120	葉光耳(1828진작二 020ㄱ12)	녁광이	녁괭이	廣光屎 〈華城城役儀軌3, 移文〉
121	吾斤甘執只(1610책례 157ㄴ11)	우근	감잡이	鍮于斤蓋兒(1681가례 022ㄴ10)

	于斤甘佐非(1721책례 190ㄴ05) 于金甘佐非(1736책례 153ㄱ04)	감잡이		鍮亏斤蓋兒(1671가례 014ㄱ09) 紺佐非(1667영건 161ㄴ06) 甘佐非(1901책봉 061ㄴ01) 架子甘佐非(1866가례下 130ㄴ11) 杠穴甘佐非(1901책봉 061ㄴ01) 古朔甘執只(1610책례 148ㄱ01) 莫只甘佐非(1751책례 152ㄱ10) 上蓋甘佐非(1759책례 083ㄱ11) 上目甘佐非(1681가례 303ㄱ09) 七寶召伊甘佐非(1751책례 067ㄴ05) 下粧甘佐非(1906가례二 019ㄱ07) 下目甘佐非(1681가례 303ㄱ07) 古朔大甘執伊(1627가례 056ㄱ06) 朴只大甘佐非(1819가례下 124ㄱ04) 赤貼朴只小甘佐非(1736책례 077ㄱ12) 長甘佐非(1866가례下 087ㄱ10) 中甘佐非(1866가례下 088ㄱ02) 小甘佐非(1866가례下 130ㄴ11) 小小甘佐非(1819가례下 103ㄴ03) 倚子廣甘執只(1610책례 147ㄴ12) 上蓋四隅甘佐非(1759책례 083ㄱ11) 後面烏足甘佐非(1722책례 118ㄴ05) 曲甘佐非(1812책례 136ㄱ04) 乫音甘佐非(1681가례 297ㄴ08) 廣甘佐非(1721책례 194ㄴ08) 麻葉甘佐非(1667책례 080ㄴ01) 廣烏足甘佐非(1706가례 204ㄴ10) 每桶體甘佐非(1736책례 165ㄴ03) 四足甘佐非(1721책례 190ㄴ01) 三葉甘佐非(1736책례 076ㄴ10) 丁字甘佐非(1812책례 121ㄱ12) 烏足甘佐非(1866가례下 087ㄱ09) 平甘佐非(1681가례 303ㄴ08) 吾斤甘執只(1610책례 148ㄱ01) 和花甘執只(1610책례 147ㄴ07) 上隅甘執只(1610책례 147ㄴ09) 下隅甘執只(1610책례 147ㄴ09)

				紫花甘佐非(1627가례 126ㄱ09) 絲長甘佐非(1627가례 126ㄱ10) 鳥足小甘佐非(1736책례 076ㄴ10) 鳥足長甘佐非(1721책례 197ㄱ07) 豆錫雲頭甘佐非(1812책례 056ㄱ07) 豆錫粧飾長甘佐非(1721책례 194ㄴ08) 豆錫粧餙所入鳥足甘佐非(1736책례 149ㄱ07) 豆錫雲頭甘佐非(1875책례 055ㄱ07) 小鳥足甘佐非(1681가례 240ㄱ08) 鑞染丁字甘佐非(1901책봉 083ㄱ08) 鑞染大甘佐非(1901책봉 083ㄱ08) 鑞染長甘佐非(1706가례 282ㄴ03) 鑞染中甘佐非(1901책봉 083ㄱ08) 朴只豆錫大甘佐非(1906가례二 117ㄱ01) 粧飾次小鳥足甘佐非(1866가례上 166ㄴ11) 粧飾次鳥足小甘佐非(1866가례上 168ㄱ04)
122	雄尾里(1759책례 117ㄴ02) 雄尾伊(1762가례上 092ㄱ06) 雄末里刀(1690책례 131ㄴ06) 雄味里刀(1751책례 140ㄱ05)	웅미리	옥밀이	平末里(1690책례 131ㄴ06) 平尾里(1819가례下 074ㄴ11) 平味里(1751책례 140ㄱ06) 平尾乃(1748영건 278ㄴ01) 雍味里(1748영건 175ㄷ08) 乶尾里(1832영건 086ㄱ11) 舲尾里(1834영건 093ㄷ012) 雄末里刀(1690책례 131ㄴ06) 雄味里刀(1751책례 140ㄱ05) 平味里刀(1751책례 140ㄱ06) 平末里刀(1690책례 131ㄴ06)
123	壯乭伊(1873진작 37ㄴ09) 章道里(1651책례 078ㄴ07)	장도리	장도리	掌道耳 〈正祖健陵山陵〉 長乭伊 〈正祖健陵山陵〉 長道里 〈1748영건〉 大長道里(1830영건 086ㄱ01) 中長道里(1858영건 118ㄱ09) 小長道里(1857영건 079ㄱ02) 鑞染章道里(1690책례 086ㄱ05)

124	赤貼(1627가례 055ㄴ14) 積貼(1627가례 030ㄴ14) 接貼(1610책례 066ㄴ12)	적첩	적첩	赤貼詔方(1752영건 066ㄱ06) 斂衣赤貼(1764영건 046ㄴ03) 外簾隅赤貼(1900영건B 036ㄱ04) 火防赤貼(1764영건 021ㄱ10) 簾隅赤貼(1900영건B 036ㄱ04) 火防赤貼朴只六寸頭釘(1752영건 075ㄱ01) 火防上赤貼朴只三寸釘(1764영건 105ㄱ02) 火防赤貼朴只六寸頭釘(1764영건 073ㄴ06) 火防赤貼朴只三寸釘(1764영건 077ㄴ02) 火坊赤貼朴只五寸頭釘(1764영건 061ㄱ04) 赤貼朴只二寸五分釘(1736책례 076ㄴ08) 赤貼朴只小甘佐非(1736책례 077ㄱ12) 赤貼朴只二寸釘(1764영건 065ㄴ01) 赤貼朴只小釘(1901영건 051ㄱ05) 赤貼詔方朴只四寸頭釘(1752영건 066ㄴ08) 赤貼廣頭丁(1725책례 067ㄱ06) 三面赤貼朴只二寸釘(1752영건 066ㄴ02) 大赤貼金(1764영건 063ㄴ08) 長赤貼(1764영건 102ㄴ01) 內上接貼㐙金(1722책례 118ㄴ06) 四面赤貼(1690책례 073ㄱ08) 輦赤貼(1721책례 177ㄴ08) 蓋兒赤貼(1736책례 082ㄴ10) 鳳頭赤貼釘(1900영건B 069ㄴ08) 鳳頭赤貼釵釘(1900영건B 069ㄱ05) 曲赤貼(1805영건 089ㄱ08) 兀字赤貼(1805영건 089ㄱ09) 立赤貼(1764영건 102ㄱ12) 于金赤貼(1736책례 152ㄴ11) 大隅赤貼(1900영건B 055ㄱ05) 大赤貼(1721책례 190ㄴ04)

				豆錫赤貼(1690책례 135ㄱ08) 鑞染門赤貼(1900영건A 116ㄱ11) 鑞染赤貼(1901영건 095ㄴ02) 粧餙接貼(1610책례 067ㄱ11) 蘭草召伊赤貼(1751책례 067ㄴ05) 後面赤貼(1812책례 092ㄱ04) 擧乙窓赤貼(1901책봉 061ㄱ09) 上下粧付接赤貼(1901책봉 064ㄱ12)
125	粗(乙)釘(1651책례 075ㄴ08) 乭釘(1819가례下 063ㄱ08) 召釘(1751책례 115ㄴ03) 召(ㅣ)釘(1906가례二075ㄴ05)	쫄정	쫄정	小乭釘(1726책례147ㄱ09) 四寸乭釘(1676책례 062ㄴ10) 朴只三寸召丁(1706가례 276ㄴ06) 朴只三寸召釘(1681가례 331ㄴ01) 一寸五分召丁(1681가례 336ㄴ01) 朴只一寸召丁(1762가례上 082ㄴ06)
126	條(乙)音鉅(1651책례 055ㄴ02) 條音鉅(1667책례 090ㄴ01) 條乙任鉅(1667책례 046ㄴ08) 條任鉅(1736책례 127ㄴ01) 條里鉅(1736책례 105ㄱ11) 條乙音鉅(책례1677 053ㄱ03)	졸음거	-	-
127	乼丁(1866가례下 128ㄴ12) 乼釘(1751책례 115ㄱ08) 鉒(乙)釘刃(1762가례上 092ㄱ08)	줄못	줄못	鐵乼丁(1819가례下 074ㄴ02) 乼匠(1736책례 109ㄱ02) 長蒲乼釘(1759책례 117ㄴ03)
128	貼朴只(1875책례 141ㄴ08) 接朴只(1819가례下 130ㄴ01) 乶朴只鎖鑰(1866가례下 087ㄱ11) 貼卜只邊板(1718가례 159ㄴ12)	붓바기	-	大乶朴只鎖鑰(1866가례下 106ㄱ08) 禮緞所貼朴只(1866가례下 123ㄱ07) 乶朴只鎖鑰開金具(1866가례下 087ㄱ11) 乶朴只鎖鑰開金具(1906가례二 111ㄱ04) 乶朴只卓子(1866가례下 123ㄱ08) 沙器貼朴只(1866가례下 123ㄱ12) 二層食橱所鎖中乶朴只鎖鑰(1866가례下 093ㄱ10) 竹册邊鐵赤貼連接朴只(1762가례下 115ㄱ10) 土宇內油芚貼朴只一寸丁(1651가례087ㄱ03) 後門貼朴只(1875책례 141ㄴ09) 囪戶貼卜只邊板(1718가례 159ㄴ12)

129	吐莫(1812책례 099ㄱ01) 吐莫只(1866가례下 050ㄴ05) 吐木(1900책봉 050ㄴ07) 土木(1721책례 127ㄱ05) 土莫(1719진연二 008ㄱ02)	토막	토막	椵木土莫(1719진연二 008ㄱ02) 頭折吐莫只(1866가례下 050ㄴ05) 頭折吐莫(1866가례下 070ㄱ06) 朴達吐莫(1676책례 040ㄱ06) 木土莫(1721책례 126ㄴ04) 印土莫(1751책례 115ㄱ07)
130	破回(1627가례 072ㄱ13)	바회	① 바위 ② 바퀴	① 바위 ② 바퀴
131	汗亇赤(1736책례 105ㄴ05) 汗了赤(1748영건 190ㄴ03) 汗馬赤(1706가례 261ㄱ11)	한마치	한마치	汗磨致 〈仁祖國葬 3〉
132	紅都(叱)介(1802가례上 040ㄱ11) 紅都叱介(1866가례下 030ㄴ11) 洪道介(1651가례 014ㄴ05) 橫搗介(1848진찬二 057ㄴ03) 紅都叱(1866가례下 048ㄱ05) 紅道介(1866가례下 086ㄴ06) 橫搗介(1795원행附編一 048ㄱ01)	홍도(독) 개(기)	홍두깨	弘道介 〈行用吏文〉 弘道竹 〈孝宗寧陵山陵都監〉 長洪都介 〈殯殿都監〉 紅豆改 〈肇慶壇營建廳儀軌抄册〉 橫道介(1748영건 237ㄴ01)
133	看多介(1690책례 130ㄴ01)	간다개	간다개	-
134	脚金(1887진찬二 064ㄴ08) 橋鐵(1812책례 133ㄴ12)	다리쇠	다리쇠	동 阿里金(1627가례 103ㄱ09) 長橋鐵(1667책례 080ㄴ03) 中橋鐵(1690책례 104ㄱ08) 風爐橋鐵(1875책례 084ㄱ02)
135	古門乃(1762가례下 087ㄴ06) 古尾乃(1866가례下 107ㄴ11) 古未乃(1759책례 030ㄱ06)	고미릐 (레)	고미레	-
136	古月乃(1706가례 217ㄴ11) 高月乃(1651책례 055ㄴ06) 古道乃(1681가례 257ㄱ04)	고다리	고다리	-
137	仇彔之(1671가례 015ㄱ06) 仇盠之(1866가례下 030ㄴ11)	구럭	구럭	-
138	乫介(1638가례 033ㄴ03) 拘介(1610책례 153ㄱ01) 乫箇(1762가례上 027ㄱ03) 擧乃布(1795원행四 045ㄴ09) 乬乃正布(1681가례 254ㄱ01) 乬乃(1651책례 044ㄱ06) 巨乃(1690책례 088ㄱ10) 去乙乃(1721책례 156ㄴ11)	걸릐(레)	걸레	正布乫介(1866가례下 031ㄴ11) 白苧布乫介(1866가례下 031ㄴ12) 擧乃布(1795원행四 045ㄴ09) 去乙乃白苧布(1721책례 156ㄴ11)

	拘乙介(1610책례 162ㄴ10) 去乃(1726책례134ㄱ01) 去乙內布(1706가례 268ㄱ07)			
139	其火(1719진연二 055ㄴ03)	기울	기울	-
140	德應房(1610책례 106ㄴ03)	덩방	덩방	德應(1690책례 029ㄴ02)
141	銅北鐥(1721책례 146ㄱ11)	동[구리] 뒷대야	동뒷대야	-
142	肚帶(1690책례 130ㄴ04)	빗대 (비때)	뱃대(끈)	肚帶舌金(1690책례 130ㄴ04)
143	馬腰(1627가례 060ㄴ04) 馬要(1627가례 108ㄴ12) 亇腰(1718가례 018ㄴ02) 亇腰機(1718가례 301ㄱ03) 亇要(1718가례 300ㄴ02)	마요 (마유, 매유)	마유, 매화틀	每要, 磨要 〈順和宮嘉禮時節次〉
144	網兀(1671가례 149ㄴ07)	망올	망얽이	-
145	別音(1721책례 084ㄴ06)	벼림	벼림	-
146	別伊(1681가례 241ㄴ07)	벼리	벼리	-
147	夫月(1719진연二 009ㄱ06)	부들	부들	夫道乙 〈경모궁악기조성〉
148	飛陋(1819가례下 085ㄱ11) 豆非陋(1762가례下 123ㄴ05)	비누	비누	飛露 〈古今釋林 28〉 豆非陋(1762가례下 123ㄴ05) 菉豆(菉豆飛陋(1667책례 054ㄴ09)
149	所也只(1819가례下 122ㄴ07)	쇠야기	쐐기	小所也只(1722책례 210ㄴ05) 所惡只 〈경모궁악기조성〉 ① 물건의 사이를 벌리는 데 쓰는 물건 ② 쐐기 나방의 애벌레
150	所筒(1690책례 127ㄴ11)	바탕	바탕	所筒匠(1690책례 051ㄱ01)
151	於伊音(1721책례 174ㄱ02) 於于音(1610책례 151ㄴ10)	느림	느림	蓮葉倚子於伊音(1721책례 174ㄱ02) 倚子於伊音(1721책례 186ㄱ12) 踏板左右於于音朴鐵(1610책례 151ㄴ10) 於里音 〈尙方定例2, 別例 上〉
152	亙郞(1690책례 127ㄴ10)	오랑	워낭	亙郞圓環(1690책례 128ㄱ09) 亙郞匠(1690책례 144ㄱ08) 五郞 〈度支準折〉
153	要江(1690책례 040ㄴ01) 腰江(1706가례 075ㄱ10) 要杠(1718가례 211ㄴ04) 溺江(1829진찬二 016ㄴ08) 鍮溺缸(1795원행四 038ㄱ03)	요강	요강	鍮要江(1706가례 260ㄱ08) 鍮溺江(1812책례 022ㄴ02)

	要江(1795원행五 047ㄱ02)			
154	鍮小養齒鐥(1681가례 023ㄴ03)	양치대야	양칫대야	-
155	伊我(1610책례 078ㄱ07) 忍我(1725책례 052ㄴ02)	잉아	잉아	-
156	芿子(1829진찬二 016ㄴ08) [illegible]子(1719진연一 037ㄱ02) 芿坐(1759책례 029ㄴ04)	넉ᄌᆞ	넉자	-
157	占甫老(1690책례 130ㄴ02) 占乶(1690책례 119ㄱ10) 占甫匠(1690책례 144ㄱ10)	졈불	점불	占甫老匠(1690책례 051ㄱ03) 占甫匠(1690책례 144ㄱ10) 占甫老機(1690책례 133ㄱ09)
158	照羅赤(1873진작 020ㄱ01)	조라치	조라치	詔羅赤 〈연암집14〉 照剌赤 〈世宗實錄〉
159	執介(1721책례 230ㄱ05) 執巨伊(1651책례 054ㄴ04) 執巨(1706가례 265ㄱ05) 鐵執箇(1706가례 261ㄱ11)	집게	집개	執擧 〈경모궁악기조성〉
160	鐵高槽(1706가례 262ㄱ03)	철[쇠] 고조	고조	糆高槽(1706가례 274ㄱ12)
161	艮衣(1873진작 037ㄱ10) 艮里(1651가례 050ㄱ04) 巨里(1873진작 036ㄴ10) 乬里(1736책례 176ㄴ12)	거리	거리	巨衣 〈仁祖國葬都監儀軌〉
162	迲乃(1827진작二 004ㄴ06)	자(ᄌᆞ)래	자래	自乃 〈英祖國葬都監儀軌〉
163	串(1873진작04ㄴ12)	곧치	꼬치	-
164	冬音(1719진연二 051ㄱ01)	두름	두름	乾大鰕五十冬音(1719진연二 051ㄱ01) 三甫半半冬音(1627가례 125ㄴ12) 三甫五冬音(1610책례 080ㄴ12) 三甫二冬音(1610책례 096ㄱ11) 生葦魚五冬音(1611祭器 017ㄴ12)
165	東海(1873진작 028ㄴ11)	동희	동이	麪五東海(1828진작二 010ㄴ09) 酒三東海(1828진작二 010ㄴ09) 魚煎油花麪五東海(1828진작二 016ㄴ12) 牛外心肉麪五東海(1828진작二 018ㄱ07) 刀丫麪五東海(1828진작二 019ㄴ09) 典樂糆一東海(1873진작 028ㄴ11) 淸酒十五東海(1748영건 035ㄴ01)

				夙湯十五東海(1748영건 035ㄴ02) 水阿膠十四東海半(1633영건 056ㄱ12) ① 그릇(동이) ② 단위명사 銅盆 〈古今釋林〉
166	卜子(1719진연二 069ㄴ07)	복ᄌᆞ	복자	醋二卜子(1706가례 210ㄴ03) 臙脂水三卜子(1906가례一 287ㄴ07) 燒酒二十六卜子(1719진연二 069ㄴ07) ① 기름을 되는 데 쓰는 그릇 ② 단위명사
167	沙里(1873진작 001ㄴ02)	사리	사리	木麵二十沙里(1873진작 001ㄴ02) 乾餉三十沙里(1906가례一 281ㄴ02) 乾葛三沙里(1651책례 055ㄴ02) 生葛二沙里(1759가례下 194ㄱ07) 韓沙邑沙里(1762가례下 125ㄴ08) 金加夫沙里(1762가례下 126ㄱ10) 池毻沙里(1676책례 071ㄴ04) ① 국수, 새끼, 실 따위를 동그랗게 포개어 감은 뭉치. ② 국수, 새끼, 실 따위의 뭉치를 세는 단위
168	沙鉢(1706가례 185ㄱ11) 砂鉢(1873진작 032ㄴ09)	사발	사발	沙發(1633영건 041ㄴ08) 牛油六沙鉢(1721책례 239ㄴ11) 肉膏二沙鉢(1765수작二 049ㄴ10) 火具所用夙膏二十四沙鉢(1764영건 165ㄴ11) 松油二百五十七沙鉢(1805영건 097ㄴ03)
169	所應伊(1719진연二 053ㄴ11)	송이	송이	-
170	束(1751책례 091ㄱ05)	뭇	묶음	-
171	月乃(1719진연二 051ㄴ06)	① 타래 ② 돌애 ③ ᄃᆞ리	① 타래 ② 다래 ③ 다리	月乃籐㲯(1722책례 119ㄱ04) 月乃藤(1722책례 129ㄱ01) 月乃匠(1696가례 217ㄴ05)
172	條里(1802가례上 238ㄴ09)	오리	오리	① 실, 대, 나무 따위의 가늘고 긴 물건 ② 그것을 세는 단위명사
173	鍾子(1873진작 001ㄴ09)	죵ᄌᆞ	종지	① 그릇(종지) ② 박공이나 대문짝에 박는

				장식쇠 ③ 壽福字를 드문드문 놓은 무늬 ④ 단위명사
174	注之(1719진연二 058ㄱ06) 注只(1736책례 077ㄴ01) 㽵之(1887진찬二 058ㄱ10)	주지	-	① 미역, 다시마 따위의 한 묶음을 이르는 말 ② 깃대의 끝이나 가마 등의 뚜껑 꼭대기를 아름답게 꾸미기 위하여 다는 꽃모양으로 된 장식
175	貼(1736책례 160ㄴ10)	접	접	-
176	吐里(1827진작二 020ㄴ04)	토리	토리	① 실을 둥글게 감은 뭉치 ② 실몽당이를 세는 단위
177	把(1690책례 066ㄱ05)	발/바리	바리	① 마소의 등에 잔뜩 실은 짐을 세는 단위 ② 길이의 단위

5. 참고문헌

[眞宗孝純后]嘉禮都監儀軌 〈奎 13105〉
[莊祖獻敬后]嘉禮都監儀軌 〈奎 13109〉
[仁祖莊烈后]嘉禮都監儀軌 〈奎 13061〉
[純宗純宗妃]嘉禮都監儀軌 〈奎 13180〉
[景宗端懿后]嘉禮都監儀軌 〈奎 13092〉
[正祖孝懿后]嘉禮廳都廳儀軌 〈奎 13114-v.1-2〉
[顯宗明聖后]嘉禮都監儀軌 〈奎 13071〉
[肅宗仁元后]嘉禮都監儀軌 〈奎 13089〉
[景宗宣懿后]嘉禮都監儀軌 〈奎 13094〉
[純祖純元后]嘉禮都監儀軌 〈奎 13122〉
[文祖神貞后]嘉禮都監儀軌 〈奎 13130〉
[憲宗孝顯后]嘉禮都監儀軌 〈奎 13139〉
[憲宗孝定后]嘉禮都監儀軌 〈奎 13143〉
[哲宗哲仁后]嘉禮都監儀軌 〈奎 13147〉
[高宗明成后]嘉禮都監儀軌 〈奎 13153〉
[純宗純明后]嘉禮都監儀軌 〈奎 13174〉
[英祖貞純后]嘉禮都監都廳儀軌 〈奎 13102〉
[肅宗仁敬后]嘉禮都監王世子嘉禮時都廳儀軌 〈奎 13078〉
[肅宗仁顯后]嘉禮都監都廳儀軌 〈奎 13084〉
[昭顯世子]都監儀軌 〈奎 13197〉
[己亥]進宴儀軌 〈奎 14358-1-2〉
[甲子]進宴儀軌 〈奎 14360-1-2〉
[乙酉]受爵儀軌 〈奎 14361〉
園幸乙卯整理儀軌 〈奎 14518〉
慈慶殿進爵整禮儀軌 〈奎 14362〉
[戊子]進爵儀軌 〈奎 14363〉
[己丑]進饌儀軌 〈奎 14368〉
[戊申]進饌儀軌 〈奎 14371-1-3〉

[戊辰]進饌儀軌 〈奎 14374-1-3〉
[癸酉]進爵儀軌 〈奎 14375〉
[丁丑]進饌儀軌 〈奎 14376〉
[丁亥]進饌儀軌 〈奎 14404-1-3〉
[壬辰]進饌儀軌 〈奎 14428-1-4〉
[辛丑]進饌儀軌 〈奎 14446〉
[辛丑]進宴儀軌 〈奎 14464〉
[壬寅]進宴儀軌 〈奎 14479〉
[孝宗仁宣后]中宮殿册禮都監都廳儀軌 〈奎 13066〉
隆熙兩皇后復位時册禮都監儀軌 〈奎 13187〉
[玉山大嬪陞后]册禮都監都廳儀軌 〈奎 13201〉
[景宗宣懿后復位]册禮都監儀軌 〈奎 13097〉
[孝宗]王世子及嬪宮册禮都監儀軌 〈奎 13062〉
[顯宗]王世孫册禮都監儀軌 〈奎 13067〉
[顯宗]世子册禮都監都廳儀軌 〈奎 13068〉
册禮都監儀軌/[册禮都監(朝鮮) 編] 〈奎 12897〉
[莊祖世子受册時]册禮都監儀軌 〈奎 13108〉
[懿昭世孫受册時]册禮都監儀軌 〈奎 13199〉
[英祖王世弟受册時]册禮都監儀軌 〈奎 13099〉
[正祖王世孫]册禮都監儀軌 〈奎 13112〉
[純宗王世子受册時]册禮都監儀軌 〈奎 13169〉
[肅宗世子受册時]册禮都監儀軌 〈奎 13076〉
[文祖]王世子册禮都監都廳儀軌 〈奎 13125〉
懿仁王后尊號大妃殿上尊號中宮殿册禮王世子册禮冠禮時册禮都監儀軌 〈奎 13196〉
[獻懿大院王純穆大院妃完孝憲王義王妃]追封册封儀軌 〈奎 13217〉
[高宗]尊奉都監儀軌 〈奎 13158〉
[文孝世子受册時]册禮都監儀軌 〈奎 13200〉
[明成皇后]國葬都監儀軌 〈奎 13883〉(1895)
[純元王后]國葬都監儀軌 〈奎 13686〉(1857)
[仁祖]國葬都監儀軌 〈奎 13521〉(1650)
[貞純王后]元陵山陵都監儀軌 〈奎 13596〉(1805)
[正祖]國葬都監儀軌 〈奎 13634〉(1800)
[眞宗孝純后]追崇都監儀軌 〈奎 13327〉(1776)

景慕宮改建都監儀軌 〈奎 13633〉(1776)
南別殿重建廳儀軌 〈奎14353〉(1667)
西闕營建都監儀軌 〈奎14350〉(1832)
垂恩廟營建廳儀軌 〈奎13631〉(1764)
永寧殿修改都監儀軌 〈奎 14224〉(1667)
永禧殿營建都監儀軌 〈奎14242〉(1900A)
增建都監儀軌 〈奎 14230〉(1900B)
肇慶壇肇慶廟永慶墓營建廳儀軌 〈奎 14251-v.1-2〉(1900C)
懿昭廟營建都監儀軌 〈奎14237〉(1752)
仁政殿重修儀軌 〈奎14338〉(1857)
祭器都監儀軌 〈奎 14931〉(1612)
眞殿重建都監儀軌 〈奎14241〉(1901)
眞殿重修都監儀軌 〈奎14913〉(1748)
昌慶宮修理都監儀軌 〈奎14915〉(1633)
昌慶宮營建都監儀軌 〈奎14324〉(1830-1834)
昌德宮營建都監儀軌 〈奎14318〉(1833)
昌德宮昌慶宮修理都監儀軌 〈奎14912〉(1652)

강문식(2010), 「규장각 소장 의궤(儀軌)의 현황과 특징」, 『규장각』 37호, 서울대학교 규장각 한국학연구원.
경기문화재단 편(2007), 『화성성역의궤의 건축용어집』, 경기문화재단.
고복남(1986), 『韓國傳統服飾史硏究』, 일조각.
교학사(2001), 『대한한사전』, 교학사.
국립국어연구원(1999), 『표준국어대사전』, 두산동아.
국립문화재연구소 편(1999), 『國譯嘉禮都監儀軌』, 국립문화재연구소.
국립문화재연구소 편(2005), 『국역정조국장도감의궤 一, 二, 三』, 국립문화재연구소.
국립문화재연구소(2007), 『국역국혼정례』, 국학자료원.
김경숙(1989), 「조선조 후기의 호적대장에 나타난 인명 표기 연구」, 동아대 박사학위 논문.
김동소(1999), 『한국어 변천사(제3쇄)』, 형설출판사.
김문식 외(2012), 『조선왕조의궤 현황과 전망』, 국립중앙박물관.

김문식·신병주(2005), 『조선 왕실 기록문화의 꽃 의궤』, 돌베개.
김민수(1997), 『우리말어원사전』, 태학사.
김상보(1995), 『조선왕조 궁중의궤 음식문화사』, 수학사.
김상보(2006), 『조선왕조 궁중 과자와 음료』, 수학사.
김상보(2006), 『조선왕조 혼례연향 음식 문화』, 신광출판사.
김상보(2011), 『다시 보는 조선왕조 궁중음식』, 수학사.
김연주(2000), 「『西闕營建都監儀軌』의 차자 표기 해독」, 『한국말글학』 제17집, 한국말글학회.
김연주(2001), 「營造儀軌의 차자 표기 해독-복수표기를 중심으로」, 『한국말글학』 제18집, 한국말글학회.
김연주(2002a), 「營造儀軌의 工匠道具 표기 연구」, 『언어과학연구』 제20집, 언어과학회.
김연주(2002b), 「營造儀軌의 容器名 표기 해독」, 『민족문화논총』 제25집, 영남대민족문화연구소.
김연주(2002c), 「營造儀軌의 部材名 해독」, 『한국말글학』 제19집, 한국말글학회.
김연주(2003a), 「영건의궤營建儀軌류의 차자 표기 어휘 연구」, 대구가톨릭대학교 박사학위 논문.
김연주(2003b), 「영건의궤류의 차자 표기에 대하여」, 『인문과학연구』 제4집, 대구가톨릭대학교 인문과학연구소.
김연주(2004a), 「영건의궤류의 어휘고찰」, 『한국말글학』 제21집, 한국말글학회.
김연주(2004b), 「영건의궤류의 차자 표기 연구－표기법상의 특징을 중심으로－」, 『한민족어문학』 제45집, 한민족어문학회.
김연주(2004c), 「창경궁수리도감의궤의 차자 표기에 대하여」, 『인문과학연구』 제5집, 대구가톨릭대학교 인문과학연구소.
김연주(2005), 「『서궐영건도감의궤』의 차자 표기 해독－부재명 어휘를 중심으로」, 『인문과학연구』 제6집, 대구가톨릭대학교 인문과학연구소.
김연주(2006a), 「의궤 연구 현황과 과제」, 『한국말글학』, 제23집, 한국말글학회.
김연주(2006b), 「영건의궤(營建儀軌)류 차자표기 용자의 특성 연구」, 『어문학』, 한국어문학회.
김연주(2007), 「영건의궤류 차자 표기의 형태론적 고찰」, 『언어과학연구』, 언어과학회.
김연주(2009a), 『영건의궤류의 차자 표기 연구』, 아세아문화사.
김연주(2009b), 「의궤류 번역에 있어서 차자 표기 해독」, 『민족문화』 제33집,

한국고전번역원.
김연주(2012), 「규장각 소장 가례 관련 연향의궤(宴享儀軌)의 음식 관련 차자 표기 연구」, 『한국사상과 문화』 제64집, 한국사상과 문학회.
김연주(2014), 「의궤의 복식 관련 어휘 연구－규장각 소장 嘉禮 관련 의궤를 중심으로－」, 『한국사상과 문화』 제73집, 한국사상과 문학회.
김영숙(1998), 『한국복식문화사전』, 미술문화.
김왕직(1987), 「조선후기 궁궐 건축의 영조에 관한 연구」, 한양대 석사학위 논문.
김왕직(2000), 『그림으로 보는 한국 건축 용어』, 발언.
김종수 외 번역(2005), 『국역현종무신진찬의궤』, 민속원.
김종훈(1992), 『한국고유한자연구』, 집문당.
김주필(2008), 「『뎡미가례시일긔』의 음운론적 특징」, 『藏書閣』 19, 한국학중앙연구원.
남영신(1996) : 『우리말 분류사전』, 성안당.
남풍현(1981), 『차자 표기법 연구』, 단국대 출판부.
단국대 동양학연구소(1996), 『한국한자어사전』, 단국대 출판부.
두산동아 사서편집국(2002), 『동아 새국어사전』, 두산동아.
박부자(2008), 「『뎡미가례시일긔』의 어휘(2)－器皿과 단위명사를 중심으로－」, 『藏書閣』 19, 한국학중앙연구원.
박부자(2014), 「복식명연구의 현황과 과제」, 『정신문화연구』 37, 한국학중앙연구원.
박성훈(1999), 「度支準折의 借名 表記 研究」, 『漢字漢文教育』 제5집, 韓國漢字漢文教育學會.
박소동 역(1997), 『국역가례도감의궤: 영조정순왕후』, 민족문화추진회.
박소동 역(1999), 『국역친경·친잠의궤』, 민족문화추진회.
박소동 역(2008), 『국역진연의궤1, 2』, 민족문화추진회.
박정자 외(2010), 『역사로 본 전통머리』, 광문각.
백두현(2006), 『음식디미방 주해』, 글누림.
서울대학교 규장각(1996), 『慈慶殿進爵整禮儀軌』, 서울대학교 규장각.
세종대왕기념사업회 한국고전용어사전편찬위원회 편(2001), 『한국고전용어사전』, 세종대왕기념사업회.
송방송 외(2001), 『(國譯)肅宗朝己亥進宴儀軌』, 민속원.
송방송(1999), 『풍정도감의궤』, 민속원.

송방송(2000), 『(國譯)仁政殿樂器造成廳儀軌』, 민속원.
송방송(2008), 『의궤속의 우리 춤과 음악을 찾아서』, 보고사.
송방송(2010), 『악학궤범용어총람』 보고사.
송방송(2010), 『악학궤범용어총람』 송방송, 보고사.
송방송·고방자 외 역(1998), 『(國譯)英祖朝甲子進宴儀軌』, 민속원.
송방송·김은자·이정희(2007), 『(國譯)純祖己丑進饌儀軌卷二』, 민속원.
송방송·김종수(2007), 『(國譯)純祖己丑進饌儀軌 卷首·卷一』, 민속원.
송방송·조경아·이재옥·송상혁(2007), 『(國譯)純祖己丑進饌儀軌 卷三·附編』, 민속원.
수원시(1996), 『(역주)원행을묘정리의궤』, 서울대규장각본.
신영훈(2000), 『우리가 정말 알아야할 우리 한옥』, 현암사.
여찬영 외(2012), 『조선시대 의궤 용어 사전1 – 왕실전례 편 –』, 경인문화사.
오창명(1997), 「의궤에 나타나는 차자표기 연구(1)」, 『한국복식』 단국대학교 민속박물관.
오창명(1999), 「고유 어휘 연구」, 『탐라문화』, 제주대학교 탐라문화연구소.
오창명(2010), 「의궤(儀軌)에 나타나는 고유 복식(服飾) 어휘 – 17세기 의궤를 중심으로」, 『한국언어문학』 73, 한국언어문학회.
오창명·손희하(2008), 「『儀軌』류의 고건축 어휘 해독과 건축 용어 선정」, 『호남문화연구』 42, 전남대학교 호남학연구원.
옥영정(2008), 「한글본 「뎡니의궤」의 서지적 분석」, 『서지학 연구』, 서지학회.
유창돈(1985), 『이조어사전』, 연세대학교 출판부.
윤양노(2005), 「朝鮮時代 宮中 儀禮服飾 硏究 – 正祖朝 〈景慕宮儀軌〉를 중심으로」, 『한복문화』 8, 한복문화학회.
윤양노(2005), 「조선시대 의복구성 용어에 관한 연구 – 『才物譜』를 중심으로」, 『한복문화』 8, 한복문화학회.
이권영(2005), 「조선후기 영건의궤에 기록된 건축연장의 다양성에 관한 연구」, 『건축역사연구』 제14권 1호.
이권영(2005), 「조선후기 營建儀軌에 기록된 건축연장의 다양성에 관한 연구 – 官給 건축연장의 종류와 용도」, 『건축역사연구』 14, 한국건축역사학회.
이민주(2005), 「朝鮮時代 冊禮儀에 나타난 儀式節次와 服飾 硏究」, 성균관대 박사학위 논문.
이민주(2013), 『용을 그리고 봉황을 수놓다』, 한국학중앙연구원.
이은규(1994), 「향약명 차자 표기 해독상의 몇 문제」, 『국어교육연구』 26, 국어교육연구회.
이은규(1996), 「향약명 차자 표기의 통시적 연구 1」, 『어문학』 57, 한국어문학회.
이은주(2008), 「19세기 조선왕실 여성의 머리모양」, 『服飾』 58-3, 한국복식학회.
이의강(2006), 『국역순조무자진작의궤』, 보고사.
이지영(2014), 「음식명 연구의 현황과 과제」, 『정신문화연구』, 제37권 제4호, 한국학중앙연구원.
이화숙(2009), 「조선시대 한글 의궤의 국어학적 연구: 『ᄌᆞ경뎐진쟉졍례의궤』와 『뎡니의궤』를 중심으로」, 대구가톨릭대 박사학위 논문.
이화숙(2009), 「『ᄌᆞ경뎐 진쟉 졍례 의궤』의 어휘와 번역 양상」, 『국어교육연구』 44, 국어교육학회.
전통예술원(2004), 『국역헌종무신진찬의궤』 권수·권1, 민속원.
전통예술원(2005), 『국역헌종무신진찬의궤』 권2, 민속원.
전통예술원(2005), 『국역헌종무신진찬의궤』 권2, 민속원.
전통예술원(2006), 『국역헌종무신진찬의궤』 권3, 민속원.
鮎貝房之進(1956), 「俗字攷(三)」, 『조선학보』 제9집, 조선어학회.
정재홍 외(2003), 『고품격 한과와 음청류』, 형설출판사.
정정남·이혜원(2006), 「儀軌에 기록된 건축용어 연구」, 『화성학연구』 4, 경기대학교 화성학연구소.
조남호(1993), 「한자어의 고유어화」, 『국어사자료와 국어학의 연구』, 문학과지성.
조미라(2005), 「조선후기 순조대 궁중연향 복식에 관한 연구」, 성균관대 석사학위 논문.
조선희(2002), 「한국의 전통 혼례복식에 관한 고찰」, 『유교사상연구』 17, 한국유교학회.
조선희(2010), 「조선시대 역관 복식 연구」, 『한국니트디자인학회 학술대회』, 한국니트디자인학회.
천소영(1992), 『차자 표기』, 일조각.
최범훈(1977), 『漢字音訓借用表記體系研究』, 동국대 한국학연구소.
최범훈(1988), 「한자 차용 표기 방식의 단계적 발전에 대하여」, 『꼭 읽어야 할 국어학논문집』, 집문당.
한국예술학과 음악사료강독회(2004), 『國譯憲宗戊申進饌儀軌 1』, 한국예술종합학교 전통예술원.
한국예술학과 음악사료강독회(2005), 『國譯憲宗戊申進饌儀軌 2』, 한국예술종합학교 전통예술원.
한국예술학과 음악사료강독회(2006), 『國譯憲宗戊申進饌儀軌 3』, 한국예술종합학교 전통예술원.
한국정신문화연구원 편저(2005), 『조선후기 궁중연향문화』1,2,3, 민속원.
한복진(2011), 『우리가 정말 알아야 할 우리 음식 백가지 1』, 현암사.
한영우(2005), 『조선왕조 의궤』, 일지사.
홍정실(1993), 『장석과 자물쇠』, 대원사.
황금연(1997), 「의궤류의 한자 차명 표기 연구」, 전남대 박사학위 논문.
황금연(2002), 「度支準折의 어휘 표기 대한 일 고찰-차자 표기를 중심으로」, 『한국언어문학』 49, 한국언어문학회.
황금연(2005), 「[묶음]의 자질을 갖는 어휘에 대한 일고찰」, 『한국언어문학』 55, 한국언어문학회.
황문환(2010), 『정미가례시일기주해』, 한국학중앙연구원출판부.
황선엽(2000), 「『뎡미가례시일긔』의 어휘(1)-어휘의 일반적인 특징과 인명을 중심으로-」, 『藏書閣』 19, 한국학중앙연구원.
황의숙(1995), 「한국여성 전통복식의 양식변화에 관한 연구」, 『服飾』, 한국복식학회.
황의숙 외(2012), 『아름다운 한복 구성』, 수학사.
황혜성(2001), 『황혜성의 조선왕조 궁중 음식』, 궁중음식연구원.

궁중음식연구원 〈http://www.food.co.kr/〉
네이트 민족문화백과사전 〈http://100.nate.com/minbaek/〉
문화원형백과사전, 2006. 〈http://culturedic.daum.net/dictionary/〉
서울대학교 규장각 한국학연구원 〈http://e-kyujanggak.snu.ac.kr/〉
왕실도서관 장서각 디지털 아카이브 〈http://yoksa.aks.ac.kr/〉
조선왕조실록 〈http://sillok.history.go.kr/〉
한국고전번역원 〈http://www.itkc.or.kr/〉
한국궁중복식연구원 〈http://www.royalcostume.net/〉
한국민족문화대백과사전 〈http://www.encykorea.com/〉
한국역사정보통합시스템 〈http://yoksa.aks.ac.kr/〉
문화컨텐츠닷컴 〈http://www.culturecontent.com/〉

6. 그림 목록

번호	해당 표제어	수록 페이지	그림	출전
1	沙用	196		『정조국장도감의궤』 奎 13634
2	鉢里	187		『철인왕후국장도감의궤(3)』 奎 13860
3	鈔乙煮	208	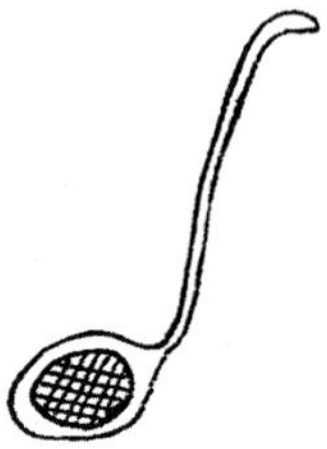	『철인왕후국장도감의궤(3)』 奎 13860

4	銅亇飛箇	174		『명성왕황후국장도감의궤』
5	所羅	211		『명성왕황후국장도감의궤』 奎 13879-v.1-5
6	箇兒	228		『명성왕황후국장도감의궤』 奎 13879-v.1-5
7	凉盆	185		『명성왕황후국장도감의궤』 奎 13879-v.1-5
8	鍮耳只	234	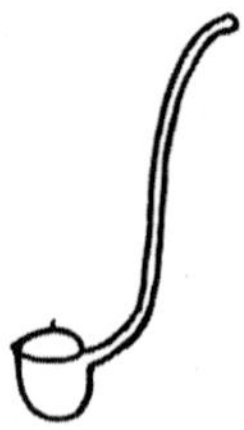	『명성왕황후국장도감의궤』 奎 13879-v.1-5

9	鍮煮	230		『명성왕황후국장도감의궤』 奎 13879-v.1-5
10	鍮耳鐥	233		『명성왕황후국장도감의궤』 奎 13879-v.1-5
11	東海	382		『명성왕황후국장도감의궤』 奎 13879-v.1-5
12	召兒	214		『기축진찬의궤』 奎 14368
13	赤金	239		『명성왕황후국장도감의궤』 赤金 奎 13879-v.1-5

14	赤亇	112		『명성왕황후국장도감의궤』 赤亇 奎 13879-v.1-5
15	流蘇	97		『고종정해진찬의궤』 流蘇奎 14404-1-3
16	飛頭履	90	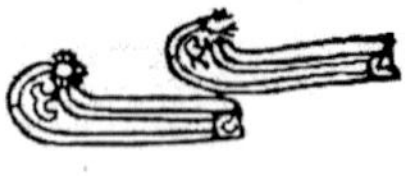	『고종정해진찬의궤』 飛頭履 奎 14404-1-3

찾아보기

|가|

|나|

|다|

|마|

|바|

|사|

|아|

|자|

|차|

|카|

|타|

|파|

|하|

김 연 주(金娟珠)

대구가톨릭대학교에서 2003년 「영건의궤류의 차자 표기 어휘 연구」로 박사학위를 받으면서 의궤와의 인연을 시작했다. 이후 여러 편의 의궤 관련 논문과 『영건의궤류의 차자 표기 연구』를 엮으면서 의궤와의 만남을 자축하였고, '조선시대 차자표기 자료 DB구축 사업'과 '조선시대 의궤 용어 사전 편찬 사업' 등 의궤 관련 과제들을 수행하면서 의궤와의 인연을 더욱 단단히 다졌다.

현재는 '의궤와의' 또는 '의궤를 통한' 다양한 소통의 가능성에 '여전히' 관심을 두고 있다.

조선시대 의궤 차자 표기 연구
– 규장각 소장 가례嘉禮 관련 의궤를 중심으로 – 값 36,000원

초판 인쇄 2015년 08월 11일
초판 발행 2015년 08월 18일
지 은 이 김연주
펴 낸 이 한정희
펴 낸 곳 경인문화사
등록번호 제10-18호(1973. 11. 8)
주 소 서울특별시 마포구 마포대로4다길 8
전 화 02)718 - 4831~2
팩 스 02)703 - 9711
홈페이지 http://kyungin.mkstudy.com
E-mail kyunginp@chol.com

ISBN : 978-89-499-1148-9 93710